江北年鉴

JIANGBEI YEARBOOK

（2023）

宁波市江北区史志中心　编

方志出版社
Publishing House of Local Records

图书在版编目（CIP）数据

江北年鉴. 2023 / 宁波市江北区史志中心编. — 北京：方志出版社，2023.11
ISBN 978-7-5144-5998-2

Ⅰ. ①江… Ⅱ. ①宁… Ⅲ. ①区（城市）－宁波－2023－年鉴 Ⅳ. ①Z525.54

中国国家版本馆CIP数据核字（2023）第253124号

责任编辑：李晓晓
责任校对：张玉霞
责任印制：梅中英
出 版 者：方志出版社
地　　址：北京市朝阳区潘家园东里9号（国家方志馆4层）
邮　　编：100021
网　　址：http://www.zgfzcb.cn
发　　行：方志出版社图书营销中心（010-67110500）
印　　刷：浙江中恒世纪印务有限公司
开　　本：889毫米×1194毫米　1/16
印　　张：16.5
字　　数：776千字
版　　次：2023年11月第1版
印　　次：2023年11月第1次印刷
定　　价：300.00元

《江北年鉴（2023）》编辑部

编　　审：姚　英

副 编 审：童荣辉

执行主编：章伟钧

编　　辑：徐　翎　余凌云

编辑说明

一、《江北年鉴》以马克思列宁主义、毛泽东思想、邓小平理论、“三个代表”重要思想、科学发展观、习近平新时代中国特色社会主义思想为指导，坚持辩证唯物主义和历史唯物主义的立场、观点和方法，如实记载全区各领域事物的变化状况，客观反映全区建设社会主义现代化的历史进程，为改革开放和经济建设服务，为历史留存资料、提供借鉴。

二、《江北年鉴》是中共宁波市江北区委员会、宁波市江北区人民政府主办的系统记述全区自然、政治、经济、文化、社会等方面情况的年度资料性文献。本书由宁波市江北区史志中心主持编纂，由区级机关各单位、各街道（镇）及有关企事业单位供稿、校对，区史志中心负责全书的编辑工作。

三、《江北年鉴（2023）》记述时限为2022年1月1日至2022年12月31日，为保持事物的完整性、连续性和可比较性，部分内容、数据作上溯处理。

四、《江北年鉴（2023）》采用分类编辑法。卷首设特载、江北概貌、大事记、专记，正文部分设类目、分目、条目三个层次，其中条目为主要的信息载体，动态记述事物的发展轨迹。卷末设附录和索引。

五、本年鉴类目设计和编排次序是根据年鉴的基本体例和行业归类的特点而设置的，与每一个具体部门的行政级别高低无关。

六、本年鉴所采用的统计数据一般以区统计局口径为准；区统计局未作统计的，由各业务部门和相关单位提供。部分数据合计数呈相对数，是由于单位取舍不同而产生的计算误差，本书均未作机械调整。数字用法、标点符号用法分别采用国家标准《出版物上数字用法》（GB/T 15835—2011）、《标点符号用法》（GB/T 15834—2011），计量单位采用国家技术监督局1993年12月发布的《量和单位》系列国家标准。考虑到社会使用习惯，全书中亩不统一换算。

七、根据行文需要，本年鉴单位名称采用全称和简称并用的办法。第一次出现时用规范全称，其后括注简称，后文全部使用简称。

八、本年鉴基础资料由全区各单位撰稿人提供，编纂过程中对有关内容进行核实、补充和调整，最终经征求供稿单位意见后形成定稿。年鉴资料的出处一般为各单位年度工作总结、大事记、单位宣传刊物、媒体报道等。

九、本年鉴卷首设中、英文目录，卷末附有主题索引和图片索引，按主题词首字汉语拼音字母顺序排列。文中信息可通过目录、索引、书眉获得。

▲1 月 19 日，江北区开展“留在江北 过年挺好”——江北区“迎新春 送温暖”留工优工活动。

▲1 月 21—24 日，中国人民政治协商会议第六届宁波市江北区委员会第一次会议召开。

▲1月23日，宁波市江北区第十二届人民代表大会第一次会议开幕。

▲1月29日，召开中国共产党宁波市江北区第十届纪律检查委员会第二次全体会议。

▲2月15日，在富邦荪湖山庄荪湖厅举行“城市向北 未来已来”江北区城市开发座谈会暨第一批出让土地推介会。

▲3月2日，公安江北分局举行驰援北仑抗疫大队凯旋仪式。

▲3 月 4 日，宁波市首家金融主题书房暨育才公益书房正式开放。

▲3 月 7 日，宁波市江北区工商业联合会（总商会）第五次代表大会召开。

▲3月8日，举行“巾帼创智汇 共筑和美梦”——江北区庆祝“三八”国际妇女节暨北岸巾帼创业创新联盟启动仪式。

▲3月14日晚，江北公安驰援前湾新区开展疫情防控工作。

▲3 月 18 日，江北区人民政府与北京银行宁波分行签订《银证战略合作协议》。

▲3 月 22 日，宁波姚江美术馆开馆。

▲4月26日，江北区举办甬台两地农旅主题文化线上交流活动。

▲4月28日，召开江北区庆祝“五一”国际劳动节暨劳模先进表彰大会。

▲5月16日，江北区8个街道（镇）综合行政执法队全部完成挂牌，江北区成为宁波市首个全域化实施“一支队伍管执法”地区。（邬佳燕　摄）

▲5月18日，江北区召开全区经济工作会议。

▲5月23日，宁波惠贞书院举办“喜迎二十大 携手共富路”江北——莲都山海协作“庆六一 暖童心”结对帮扶活动。

▲5月26日，姚江二通道（慈江）工程——慈江闸站通过由市发改委组织的竣工验收。

▲5 月 31 日，江北援沪医疗队凯旋合影。

▲5 月 31 日，市、区司法局在洪塘举办行政复议基层服务点揭牌仪式。

▲6月，文创港滨江水岸样板段完成竣工验收。

▲6月6日，江北区首个青少年网络素养拓展基地、江北区青少年网络普法基地在“小纽扣”直播间授牌并直播。

▲6月8日，江北区与湖北省襄阳市樊城区缔结友好城区战略合作框架协议签约仪式举行。

▲6月14日，江北区新迁建的首个固定爱心献血屋在万象城广场正式启用。

▲6月14日，宁波首个“3+N”多元共治联络室揭牌成立。（邬佳燕　摄）

▲6月21日，江北区“假日学校”启动暨“花儿向阳 喜迎二十大”青少年研学夏令营开营。

▲6 月 24 日，全省首条“有礼巴士”从江北发车。

▲6 月 27 日，洪塘派出所被授牌市级“枫桥式公安派出所”。

▲6 月 30 日，在江北区“书记向前冲 · 共富加速跑”暨“北岸红 · 全域强”新时代党建高地创建行动推进会上，全区 6 个示范性党建联盟获授牌。

▲7 月 11 日，中国共产主义青年团宁波市江北区第十五次代表大会召开。

▲7月13日，宁波市江北区人民政府与北京银行股份有限公司宁波分行在文创港（宁波市人才之家）举办政银座谈交流会，并签订全面战略合作协议。

▲7月14日，“智享侨梦苑 创业在宁波”宁波市侨商会代表团走进江北活动举办。

▲7月14日，“智享侨梦苑 创业在宁波”宁波市侨商会与江北区政府签订招商引资战略协议。

▲7月15日，老外滩晚风市集系列活动。

▲7月20日上午，江北区举办民营经济法治建设峰会。

▲8月，余姚江特大桥钢桁梁拼装场。

▲8月8日，宁波建筑服务产业园2.0新基地开工。

▲9月9日，老外滩中秋无人机表演。（康静　摄）

▲9 月 16 日，江北区首个慈善信托项目顺利签约。

▲9 月 23 日，宁波市江北区成立产业教授赋能联盟。

▲11 月 1 日，“欢庆二十大 同绘共富路”奉化、江北文化走亲作品展举行。

▲11 月 4 日，江北区组织参加浙江（四川）旅游交易会。

▲11 月 5 日，“Up Beauty·潮起甬城向未来”暨第三届宁波老外滩中外女性魅力之夜在老外滩举办。

▲11 月 24 日，江北区妇联联合江北区人民法院在宁波国际妇女之家建立全市首个涉外家事特设“共享法庭”。

▲11 月 26 日晚，2022 新时代慈孝典范发布仪式在姚江美术馆举行，为第十三届中华慈孝节主体活动之一。

▲12 月 5 日，宁波浙大校友产业园揭牌。

▲12 月 7 日，江北区科技服务业集聚区启动暨大连理工大学宁波科技园开园仪式举行。

▲12 月 9 日，中国少年先锋队宁波市江北区第九次代表大会开幕。

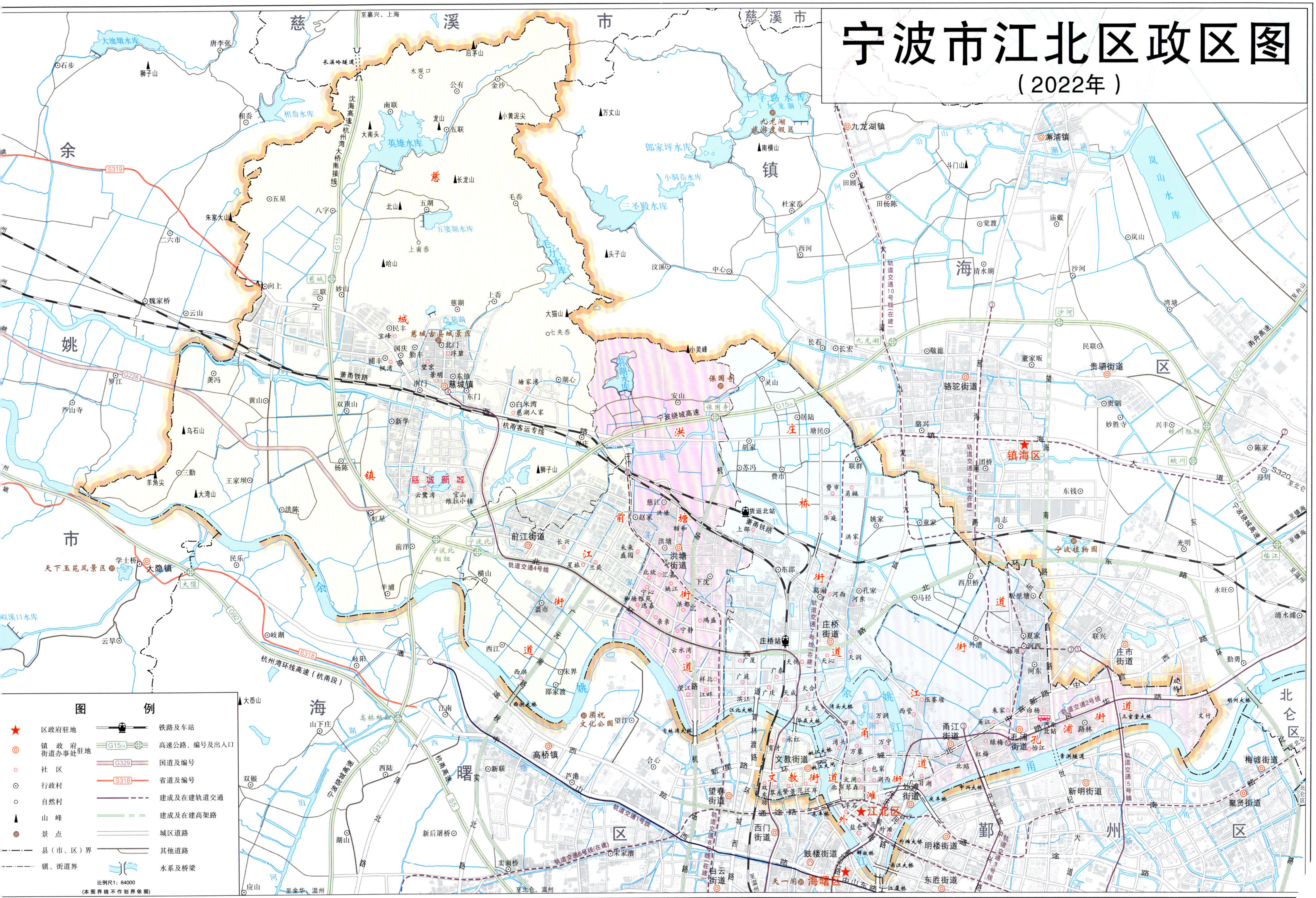

编制单位：浙江省工程勘察设计院集团有限公司　地图审核号：浙甬S（2023）31

目录

· 特 载 ·

· 江北概貌 ·

· 大事记 ·

· 专 记 ·

·中共宁波市江北区委员会·

·宁波市江北区人民代表大会·

·宁波市江北区人民政府·

·政协宁波市江北区委员会·

·中共宁波市江北区纪律检查委员会·

·群众团体·

·法治　军事·

·农业　农村·

·财政　税务·

·金融　保险·

·综合经济管理·

·卫生　体育·

·社会民生·

·街道、镇·

·附 录·

·索 引·

Contents

Special Records

Overview of District

Chronicle

Features

CPC Committee of Jiangbei District

People's Congress of Jiangbei District

District People's Government of Jiangbei

CPPCC Committee of Jiangbei District

CPC Discipline Inspection Committee and Supervision Committee of Jiangbei District

Mass Organizations

Rule of Law & Military

Agriculture & Rural Areas

Industrial & Industrial Park

Commerce & Trade Market

Foreign Trade and Economy

Transportation

Post and Telecommunications & Information Industry

Fiscal & Taxation

Financial & Insurance

Integrated Economic Management

Urban and Rural Construction and Management

Environment & Tourism

Education & Science and Technology

Culture & Communication and Media

Health & Sports

Civil Life

Street & Town

Appendix

Index

全面学习贯彻党的二十大精神
坚定推进“两个先行”服务建设“六个之都”
团结奋发争先奋斗打造中国式现代化示范城区

——在区委十届三次全体（扩大）会议上的报告

区委书记　张国锋

（2022 年 12 月 30 日）

一、区委十届一次全会以来的工作回顾

区委十届一次全会以来，区委常委会团结带领全区上下深学笃行习近平新时代中国特色社会主义思想，紧扣迎接和学习宣传贯彻党的二十大精神这条主线，认真贯彻习近平总书记“疫情要防住、经济要稳住、发展要安全”重要指示，坚决落实“稳进提质、除险保安、塑造变革”工作任务，对标争先、攻坚克难、真抓实干，实现了现代化滨海大都市创智和美城区建设良好开局。一年来，区委常委会主要抓了九方面工作：

一是强化政治引领，展现新一届区委忠诚履职的使命担当。严格落实“第一议题”制度，区委常委会和区委理论学习中心组分别开展集体学习 34 次和 25 次，及时全面深入学习贯彻习近平总书记重要讲话和重要指示批示精神，把坚定捍卫“两个确立”转化为坚决做到“两个维护”的实际行动。深入学习宣传贯彻党的二十大精神，组织开展“六学六进六争先”学习活动，认真落实省第十五次党代会、市第十四次党代会精神，校准蓝图目标和方向路径，细化思路举措和载体抓手，以理念迭代、实干实效推进上级决策部署落地生根。全面压紧压实意识形态工作责任制，建立党史学习教育常态化长效化机制，推动党的创新理论入脑入心。坚持以“七张问题清单”为牵引，举一反三抓好典型问题整改，提高重点领域问题闭环管理能力。积极配合省委巡视工作，自觉、诚恳、全面接受监督检查。

二是突出纾难解困，推动区域经济持续企稳向好。以最大力度和决心开展稳进提质十大攻坚行动，坚决稳住区域经济基本盘。前三季度实现地区生产总值 619.3 亿元，同比增长 4%，增速重回全市前列。按照顶格、精准、全面、高效原则，推动上级各类政策直达快享，制定出台 3 个“十条”区级新政，兑现各类稳链纾困惠企资金超过 12 亿元。深入实施“投资扩量”攻坚行动，建立“153”统筹调度机制，争取专项债额度 18.4 亿元，获国家政策性开发性金融工具 2 亿元，前 11 个月实现固定资产投资 309.1 亿元，增长 10.7%。加快发展消费新业态和外贸新形态，精准投放七轮 6500 万元消费券，组织三批次 100 余家企业出海参展，前 11 个月实现限上社会消费品零售总额 411.2 亿元、外贸进出口总额 793.4 亿元，增幅分别位居全市第二和第一。深入开展“百名干部助百企”“百名干部服务百大工程”行动，着力破解企业经营和项目推进难题 1100 余个，在“万家民营企业评营商环境”中位列全省第四位。

三是加快转型升级，厚植高质量发展的潜力与后劲。深入实施“产业提级”攻坚行动，编制服务业三年行动计划，加快培育 4 条数字经济产业链和“323”现代服务业产业体系，前三季度规上数字经济核心产业增加值、其他营利性服务业营收分别增长 29% 和 60.8%，两化融合发展总指数跻身全省十强。深化“招商提质”攻坚行动，突出招商引资“头号工程”地位，成立区投资促进委员会，建立“一盘棋”大招商统筹机制，前 11 个月实际利用外资 2.1 亿美元，签约亿元以上项目 79 个。实施一流企业培育工程，新增上市企业 1 家、国家级单项冠军 2 家、国家级“专精特新”小巨人企业 9 家、省级数字工厂标杆培育企业 2 家、省级亩均效益领跑者企业 9 家。提升产业平台能级，前洋经济开发区获批省级“两业融合”试点园区，江北高新区挂牌认定为省级高新技术产业园区，北岸国际港航创新发展区获评全省首批现代服务业创新发展区。以二次开发激活产业空间，创新小微园建设模式，盘活提升低效工业用地 504 亩。深入实施创新驱动发展战略，全面启动产才融合引领区建设，高新技术企业数突破 280 家，新增国家级和省级研发机构 11 家，国家和省市引才计划入选数量预计创新高。

四是围绕拥江发展，以重点区块建设拉开城市框架带动城市更新。加快国土空间总体规划编制，明确“一带两轴三核四片”空间格局，积极开展全域国土空间综合整治先行试点，“三区三线”划定成果正式启用。深入开展“征拆提效”攻坚行动，10 个计划项目启动征拆，12 个遗留项目实现清零，累计拆除 84.6 万平方米，获评省级无违建创先争优示范区。完善指挥部专班工作机制，稳步推进 177 个重点实施项目，八大重点区块开发建设进入新阶段。构建内联外畅的综合交通体系，服务保障通苏嘉甬铁路、邵家渡大桥以及轨道交通 3 号、4 号、7 号和 8 号线等省市重大工程开工建设，西洪大桥建成通车。加快城乡有机更新，有序推进 14 个未来社区、2 个未来乡村建设，分别完成城中村和老旧小区改造 130.5 万平方米和 175.5 万平方米，老旧小区和农贸市场改造提升三年行动顺利收官。

五是深化城乡融合，构筑全域共融共进共富共美新图景。全面推进非农化、非粮化整治，稳产保供能力持续增强，粮食种植面积达 5.78 万亩，粮食产量 2.44 万吨。深入推进“市场化改革 + 集体经济”“数字化改革 + 强村富民”省级改革试点，不断激活农村闲置资源。以五大片区组团为引领，实施农业“双强”行动，大力发展农村电商、民宿经济。全面实施城乡风貌整治提升行动，滚动推进“精特亮”工程，高质量打造 4 条精品线路、4 个特色街区和 20 个亮点工程，慈城老城传统风貌样板区入选全省首批共同富裕现代化基本单元。深入推进绿色低碳发展，持之以恒打好污染防治攻坚战，落地落实“甬有碧水”攻坚行动和“无废城市”创建，累计整治淘汰高耗低效、落后产能和“散乱弱”企业 353 家，培育三星级绿色工厂 40 家。

六是聚焦变革重塑，一体融合推进三大改革。坚持全面深化改革、数字化改革、共同富裕示范区重大改革任务一体融合推进。扎实开展 31 项省、市领导领衔的重大改革项目和 7 项区级重点改革项目，滚动实施 17 项省级以上重大改革试点，“一件事”集成改革入选全国法治政府建设示范项目和全省县乡法治政府建设“最佳实践”项目，全面深化改革综合考评全省优秀。深入推进数字化改革 8 个省级重大应用和 2 个市级试点应用衔接贯通，迭代实施 22 个数字化改革省级先行先试项目，7 个重大应用子场景入列全省重大改革（重大应用）“一本账 S2”，数字化改革整体评价成绩位列全省第一档。立足共同富裕示范先行，聚焦“扩中”“提低”改革，开展居民增收挖潜等八大行动，实施 9 类重点群体激励计划，前三季度城乡居民收入分别达到 6.27 万元和 3.89 万元，收入倍差缩小到 1.61。

七是坚持民生优先，不断满足辖区群众对美好生活的向往。深入实施稳就业惠民生攻坚行动，创新灵活就业、产教融合形式，深化重点群体帮扶，前 11 个月城镇新增就业人数 1.53 万人，城镇登记失业率控制在 3.5% 以内。落实企业职工基本养老保险全国统筹和基本医疗保险全省统筹，系统推进人社部基本公共服务标准化试点“社银通”项目。构建“一老一小”全龄友好型政策体系，推进居家养老服务质量提升，完善老年教育和托幼一体化服务网络。大力实施“医学高峰”计划，深入推进医共体建设，优化城乡公共卫生服务布局。拓展升级“优学江北”品牌，稳妥完成民办义务教育规范工作，扎实推进“双减”，获评全国义务教育优质均衡发展区，全市率先创建全国学前教育普及普惠区并通过省级评估。扎实推进“浙江有礼・礼尚北岸”市民文明素质养成行动，全力服务全国文明典范城市创建高分通过省测评估。

八是提升治理效能，巩固各领域除险保安成果。深入开展“平安护航二十大”百日攻坚行动，实现“六个零发生”目标，持续营造安全稳定的社会环境。慎终如始抓好常态化疫情防控，不断优化完善防控体系、防控措施，坚决有力打好突发疫情阻击战，加强群防群治能力建设，实现高效统筹疫情防控和经济社会发展的多目标平衡最优。全面开展“基层治理提升年”行动，迭代升级“141”基层治理体系，“大综合一体化”行政执法改革、城乡现代社区建设九大改革十六大行动成效明显。常态化开展“治隐患、保平安、促转型”“三必看三必查”行动，持续推进信访积案动态清零，纵深开展扫黑除恶斗争，有效应对“轩岚诺”“梅花”台风影响，前11个月平安考核失分预警情况扣分全市最少。深入推进法治江北建设，法治浙江（法治政府）考评位列全省第一。

九是全面从严治党，打造新时代党建高地和清廉建设高地。贯彻新时代党的建设总要求，落实落细“五张责任清单”，纵深推进全面从严治党。扎实推进“五强”领导班子建设，构建全链条干部培养体系，实施年轻干部教育管理“风纪扣”工程，推动队伍结构、干部能力进一步优化提升。制定十届区委巡察工作规划，高质量完成两轮区委巡察，配合做好市委专项巡察。深入开展“五问五破冲在前、五比五先当表率”作风建设专项行动，完善“北岸赛马・亮榜晒绩”“书记向前冲”等工作机制，持续锻造“主动抓、抓主动，具体抓、抓具体”的优良作风。落实“红色根脉强基工程”，深化党建引领、“共富工坊”建设助力乡村振兴，构建“甬爱E家”服务矩阵，全面建优组织体系、建强组织功能。锲而不舍落实中央八项规定精神，持续纠治“四风”问题，累计查处违反中央八项规定精神问题21起，批评教育帮助和处理党员干部29人。一体推进“三不腐”，教育党员干部深刻汲取张飞宇、邵志芳等案件教训，累计立案108起、党纪政务处分112人。

一年来，区委总揽全局、协调各方，支持人大依法履职，支持政府依法行政，支持政协民主监督；统筹统战、史志、双拥、群团、对口协作等各项工作围绕中心、各尽所能；新一届区委常委会坚持以上率下，带头坚定理想信念，带头践行实干担当，带头推进自我革命，营造了心往一处想、劲往一处使的干事创业良好氛围。这些成绩的取得，是各地各部门团结奋斗、开拓进取的结果。在此，我代表区委常委会，向大家表示衷心的感谢！

同时，我们也清醒认识到当前工作中仍然存在的不足，特别是产业转型的速度不够快，经济稳进提质的基础还不够牢固；重点区块开发建设的资源要素瓶颈制约亟待破解；安全生产等领域还存在一些风险隐患，信访的质效有待进一步提升；改革的标志性成果还不够多，共同富裕建设的路径还不够宽；部分干部作风能力与现代化建设的要求仍不相匹配。对这些问题，必须高度重视，切实加以解决。

二、认真学习深刻领会党的二十大精神，高举旗帜、凝聚力量奋进新征程

党的二十大内涵丰富、博大精深，只有全面、系统、深入学习，才能完整、准确、全面领会。党的二十大召开期间和闭幕后，习近平总书记发表了一系列重要讲话，提出“五个牢牢把握”和“三个全面”等重大要求，为我们学习贯彻落实党的二十大精神指明了方向、提供了遵循。我们要按照习近平总书记的要求和上级的相关部署，坚持历史和现实、理论和实践相结合，深刻领悟党的二十大精神的核心要义和实践要求，切实把思想和行动统一到党的二十大精神上来。

一是要从过去十年铸就的历史伟绩中深刻领会“两个确立”的决定性意义，筑牢“两个维护”的思想和政治根基。党的二十大全面总结了新时代十年的丰硕成果，再次彰显了“两个确立”的决定性意义，进一步明确了这是最大的政治、最大的大局、最大的原则。“两个确立”贯通历史与现实，符合必然逻辑和客观规律，体现了全党意志、反映了人民心声、顺应了时代要求。回望历史，我们党能够取得革命、建设、改革的伟大胜利和辉煌成就，很重要的经验就是确立和维护坚强领导核心、坚持科学理论。展望未来，“两个确立”是党应对一切不确定性的最大确定性、最大底气、最大保证，只有坚决维护习近平总书记党中央的核心、全党的核心地位，始终坚持习近平新时代中国特色社会主义思想的科学指导，才能凝聚磅礴力量推动中华民族伟大复兴。我们要透过成就看成因、立足征程看领航，

深刻领悟“两个确立”的决定性意义，不断提高政治判断力、政治领悟力、政治执行力，始终忠诚核心、拥戴核心、紧跟核心，始终在思想上政治上行动上同以习近平同志为核心的党中央保持高度一致，坚定不移当好“两个确立”的忠诚拥护者和“两个维护”的示范引领者。

二是要从理论创新诠释的真理伟力中深刻领会习近平新时代中国特色社会主义思想的世界观与方法论，增强守正创新的理论和行动自觉。党的二十大对习近平新时代中国特色社会主义思想的理论内涵、时代价值和历史地位作出了新的阐释，明确了“六个必须坚持”的世界观和方法论，深刻揭示了这一科学思想的理论品格和鲜明特质。习近平新时代中国特色社会主义思想用马克思主义之“矢”去射新时代中国之“的”，科学回答了中国之问、世界之问、人民之问、时代之问，实现了马克思主义中国化时代化的新飞跃，是当代中国的马克思主义、二十一世纪的马克思主义，是中华文化和中国精神的时代精华，是党和人民实践经验和集体智慧的结晶，是全党全国人民为实现中华民族伟大复兴而奋斗的行动指南。我们要学深悟透做实习近平新时代中国特色社会主义思想，牢牢把握“两个行”的重大论断、“两个结合”的时代要求、“六个必须坚持”的根本遵循，深刻领会蕴含其中的道理学理哲理，坚持好、运用好贯穿其中的立场观点方法，以思想的力量激扬奋进的力量，以理论的主动把握历史的主动。

三是要从新征程上锚定的远大伟景中深刻领会以中国式现代化全面推进中华民族伟大复兴的中心任务，扛起砥砺奋进的使命和责任担当。党的二十大立足世情国情党情的新形势新要求，明确了新时代新征程上党的中心任务，对中国式现代化的中国特色、本质要求和前进路上必须把握的重大原则进行了系统阐释，发出了以中国式现代化全面推进中华民族伟大复兴的动员令。中国式现代化是中国共产党和中国人民长期探索的成果，体现了马克思主义关于人类社会发展规律的重要观点，推动中华民族伟大复兴进入了不可逆转的历史进程，拓宽了发展中国家走向现代化的新路径，为开创人类文明新形态贡献了中国智慧、中国方案。以中国式现代化全面推进中华民族伟大复兴，锚定了新时代新征程我们党的使命任务，是中国之路、中国之治、中国之理的集中体现，为科学社会主义注入了全新的时代内涵。我们要始终保持战略定力，锚定战略目标，扛起历史使命，牢牢把握中国式现代化的精髓要义，全面贯彻中国式现代化的本质要求，为推动中国式现代化作出更多江北贡献。

四是要从崭新道路擘画的宏图伟业中深刻领会全面建设社会主义现代化国家的战略布局，谱写基层实践的先行和示范篇章。党的二十大擘画了全面建设社会主义现代化国家、全面推进中华民族伟大复兴的宏伟蓝图，明确了实现强国复兴的“两步走”战略安排，部署了未来五年开局起步关键期的主要目标任务。这一宏伟蓝图既有总体方略、发展规划、整体方案，又有正确的路线图、科学的施工图、完备的计划书、可行的时间表，彰显了党对大局大势和发展规律的深刻把握，体现了党对中国式现代化规律性认识的深化，反映了中国人民追求更加美好生活的需要，突显了抓关键和补短板的战略考量，为我们在新征程中抢占国际竞争制高点、有力有效应对重大风险挑战、确保“中华复兴号”巨轮行稳致远指明了方向。我们要牢牢把握全面建设社会主义现代化国家的战略布局和突破重点，把中央决策、省市委部署与江北实际结合起来，一步一个脚印地把党的二十大作出的重大决策部署付诸于行动、见之于成效，以基层实践推进先行示范。

五是要从管党治党彰显的大党伟志中深刻领会以党的自我革命引领社会革命的赶考动员，保持永远在路上的清醒和坚定意志。党的二十大聚焦走好新征程赶考之路，深刻分析了“四种考验”“四种危险”，强调要以党的自我革命引领社会革命，对持之以恒推进全面从严治党、深入推进新时代党的建设新的伟大工程作出系统部署。勇于自我革命是党百年奋斗培育的鲜明品格，是党能够不断战胜困难、取得胜利的最大优势，是跳出治乱兴衰历史周期率的第二个答案，彰显了百年大党刀刃向内的勇气、坚守初心的情怀。面对新征程，以自我革命引领社会革命，体现了党时刻保持解决大党独有难题的清醒和坚定，体现了党持之以恒推进全面从严治党的坚强决心，体现了党赢得人民拥护、巩固长期执政地位的坚定信心。我们要始终牢记“两个永远在路上”，认真落实新时代党的建设总要求，坚定不移把全面从严治党向纵深推进，持之以恒深化以自我革命引领社会革命的江北实践，在新的赶考路上交出高分答卷。

六是要从矢志不渝的发展伟愿中深刻领会团结奋斗的时代要求，汇聚同心同向的智慧和力量源泉。党的二十大站在新的历史起点上，郑重告诫全党做到“三个务必”，号召全党全军全国各族人民紧密团结在党中央周围，坚定信心、同心同德，埋头苦干、奋勇前进，为全面建设社会主义现代化国家、全面推进中华民族伟大复兴而团结奋斗。团结奋斗是赢取胜利、创造伟业的关键所在。中国共产党能够领导人民取得新民主主义革命、社会主义革命和建设伟大胜利，开辟现代化建设新局面，推动中国特色社会主义进入新时代，创造了令人刮目相看的人间奇迹，最关键的就是党带领人民团结奋斗。团结奋斗是把握历史主动、开辟美好未来的必由之路。当前我们依然面临风高浪急甚至是惊涛骇浪的重大考验，只有在党的旗帜下团结成“一块坚硬的钢铁”，才能跨越雄关漫道、穿越惊涛骇浪、实现民族复兴。我们要全面弘扬和践行团结奋斗精神，坚持全心全意为人民服务的根本宗旨，始终保持奋斗者的姿态，凝聚各方智慧和力量，齐心协力战胜前进路上的各种困难挑战，共同谱写中国式现代化的江北篇章。

三、全面贯彻落实党的二十大战略决策，以现代化滨海大都市创智和美城区的发展实践打造中国式现代化示范城区

党的二十大科学擘画了以中国式现代化全面推进中华民族伟大复兴宏伟蓝图，并对我国未来五年乃至更长时间的发展作出了科学部署。省委十五届二次全会、市委十四届三次全会对标对表全面建设社会主义现代化国家的战略安排，迭代完善了省第十五次党代会、市第十四次党代会部署的总体要求、奋斗目标，分别提出了“谱写中国式现代化浙江篇章”和“打造中国式现代化市域样板”的目标任务。区委以党的二十大精神为统领，坚持好运用好习近平新时代中国特色社会主义思想的世界观和方法论，按照省委、市委全会的部署，科学把握中国式现代化的内涵要求，研究制定了《中共江北区委关于全面学习贯彻党的二十大精神，以“两个先行”为引领，奋力推进“五个争创”，高质量打造中国式现代化示范城区的决定》，明确了江北现代化建设“两步走”的总体安排，迭代完善了未来五年推进“五个争创”、打造“现代化滨海大都市创智和美城区”的目标体系、工作体系、政策体系、评价体系，现提交全会审议。

打造中国式现代化示范城区，是时代大势所趋、事业发展所需，是服务“国之大者”、奋进新征程的必然要求，是加快高质量发展、建功新时代的必然选择，是创造美好生活、展现新作为的必然路径。要把宏伟蓝图变成美好现实，必须坚持党建统领，坚定不移沿着习近平总书记指引的方向奋勇前进，不断增强党的政治领导力、思想引领力、群众组织力、社会号召力，在新征程上凝聚起团结奋斗的磅礴力量；必须坚持人民至上，深入践行以人民为中心的发展思想，坚持为民谋利、为民尽责、为民担当，以共同富裕先行的生动实践，不断实现人民对美好生活的向往；必须坚持示范争先，锚定新发展阶段的江北历史使命，提高站位、找准方位、明确定位，以探索性实践、系统性变革打造标志性成果、推进现代化示范；必须坚持问题导向，从现实着眼、从长远出发，补齐短板弱项，攻克重点难点，努力走出一条质量更高、效益更好、结构更优的高质量发展新路子。未来五年是加快建设现代化滨海大都市创智和美城区的关键时期，必须持之以恒抓好八个方面工作。

（一）坚持把“两个确立”转化为“两个维护”的高度自觉，奋力在对标看齐上先行示范。“两个确立”是推进新时代党和国家事业发展的必然选择。要把坚定捍卫“两个确立”转化为坚决做到“两个维护”的思想自觉、政治自觉、行动自觉，实现维护意识、维护行动、维护能力、维护效果的高度统一。一是要坚定不移用党的二十大精神统一思想行动。始终把学习好、宣传好、贯彻好党的二十大精神作为当前和今后一个时期最重要的政治任务，认真开展主题教育，落实多形式、分层次、全覆盖的全员培训，引导党员干部深入理解内涵、精准把握外延，与时俱进更新理念、创新路径，不断把党的二十大擘画的宏伟蓝图、部署的重大决策转化为基层的发展实践，坚决做到“总书记有号令、党中央有部署、省市有要求，江北见行动、走在前”。二是要坚定不移沿着“八八战略”指引的道路奋勇前进。忠实践行“八八战略”、努力打造“重要窗口”，这是习近平总书记为浙江量身定做的总方略、把脉定向的总遵循、领路定标的总指引。要深刻感悟“八八战略”穿越时空、历久弥新的真理伟力，学懂弄通做实“八八战略”蕴含的辩证法和方法论，立足江北发展基础和发展优势，把“国家所需、省市所能、江北所长、群众所盼”统筹结合、系统谋划，以实干实绩彰显“八八战略”的实践伟力和实践成果。三是要坚定不移守好“红色根脉”、传承红色基因。充分挖掘和利用好红色资源优势，深入开展理论研究和宣传诠释，加强区委党校、真理园、宁波两新红领学院等理论学习宣教阵地“软实力”建设，全面实施党的创新理论学习教育计划，建立健全“四

史”学习教育常态长效机制，推动理想信念教育常态化制度化，引导党员干部持续增强“四个自信”，自觉做共产主义远大理想、中国特色社会主义共同理想的坚定信仰者和忠实践行者。

（二）坚持以数创赋能都市经济高地建设，奋力在转型升级上先行示范。数创赋能是打造中国式现代化示范城区的关键支撑。要完整准确全面贯彻新发展理念，以壮大实体经济为着力点，加快打造以现代服务业为主体、先进制造业为支撑的都市经济高地。一是要深入实施创新驱动战略。积极融入、主动服务甬江科创区建设，以省级可持续发展创新示范区建设为抓手，激发市场主体创新活力，培育壮大高新技术产业，做强国电投宁波氢能研究院、大连理工大学宁波研究院等产学研平台，做优以“宁波人才之家”为主体的人才服务品牌，构建创新链、产业链、人才链深度融合发展的良好生态，加快建设高能级创新型城区和产才融合引领区。二是要建设现代化产业体系。纵深推进数字经济“一号发展工程”，实施数字经济高质量发展行动，以“产业大脑＋未来工厂”引领都市工业智能化、数字化转型，加速迈入数字经济营收“千亿俱乐部”。实施战略性新兴产业五年“双倍增”计划，超前布局新一代信息技术、新能源、生物医药等新兴产业，培育一批新的增长引擎。大力实施服务业高质量发展三年行动计划，着力打造服务业“323”产业体系，推动服务业规模和质量实现跨越式提升。三是要拓展产业发展空间。探索浙江前洋经济开发区“两业融合”新路径，打造新经济发展高地和生产性服务业高地。加快江北高新区“万亩千亿”平台提质增效，建设国家级功能材料创新型产业集群。推动北岸国际港航创新发展区做大做强，服务全市锻造硬核力量。加快新兴产业育成区指标落地、产业导入和基建提速，建设新兴产业智造城。深入推进工业地块“二次开发”和闲置楼宇“整规提升”，探索形成低效空间“潮变”的新模式、新路径。四是要培育壮大市场主体。强化政策、服务、资源综合集成，纵深开展“上规上市上云上榜”行动，“一企一策”实施百强企业培育工程，扎实推进科技型初创企业、高新技术企业倍增计划，大力培育链主型、骨干型、龙头型、领军型现代企业，持续壮大上市公司、单项冠军和“专精特新”小巨人企业队伍。

（三）坚持以有机更新带动城市品质提升，奋力在拥江发展上先行示范。城市有机更新是推进中国式现代化示范城区的重要载体。要坚持以新型城镇化、全域都市化为导向，加快城市发展理念、路径、模式系统性变革，打造“城产人文”紧密融合的拥江未来之城。一是要以规划引领国土空间治理。树立“精明紧凑”的城市发展理念，紧扣全市新一轮国土空间总体规划布局，强化发展规划引领和国土空间规划约束功能，统筹空间布局、产业结构、人口规模，兼顾城乡、经济、生活、生态、安全等多元需求，科学编制《江北区国土空间总体规划（2021—2035年）》，深入开展全域国土空间综合整治试点，大力推进资源重组、功能重塑、空间重构、产业重整，实现国土空间布局合理化、生态保护系统化、资源配置高效化、城乡建设品质化。二是要以区块开发重塑城市功能。坚持“拆改留”并举，以指挥部专班模式推动重大区块开发建设，引领全域功能品质提升。加快老外滩区域文化挖掘、业态更新、品质提升，高质量创建国家级步行街区。推进宁波文创港“东进西连北拓”，打造都市经济新引擎和城市蝶变新地标。高标准实施永红区块、城市（庄桥）拓展区有机更新，全面提升中心城区品质能级。加速姚江新城项目布局、功能导入、产业培育，努力建设科技人才高地、数字服务高地和总部经济集聚区。统筹慈城古县城、千年保国寺和荪湖旅游度假区的山水人文历史资源，启动新一轮慈城古县城保护开发三年行动计划，协同打造翠屏山中央公园南门户。三是要以文化赋能彰显城市气质。立足“港源”“城始”独特优势，主动融入三江文化长廊、大运河（宁波）国家文化公园、翠屏山文旅融合区等市级重大文化地标建设，力争引进一批重大文化设施项目，加快推进一批新型文化空间建设。深挖慈孝文化、开放文化等特色文化，加大对历史街区、历史建筑的保护利用，持续办好中华慈孝节、海丝音乐节等品牌活动，扎实开展全域文明创建行动，不断提升宁波文创港、宁波音乐港、外滩时尚港的文化功能承载力，以地域特色文化彰显城市内涵气质，以文明典范创建塑造城市环境品质。

（四）坚持全域均衡、协调、绿色发展，奋力在城乡融合上先行示范。城乡融合是打造中国式现代化示范城区的有效路径。要坚持农业农村优先发展，畅通城乡要素流动，构建优势互补的空间适配体系，持续锻造以城乡融合撬动全域高质量发展的强大引擎。一是要推进乡村全面振兴。坚决落实粮食安全责任制，牢牢守住粮食安全底线红线。大力推进国家级农业现代化示范区建设，促进农文旅深度融合，做强做精现代都市休闲农业，打响“江北农好”品牌，推动农业产业提质增效。以片区组团发展为总路径，以省级强村富民乡村集成改革双试点为主抓手，大力推进农村经济集成式、多元化发展，提高农村集体经济“造血”功能。深入开展“千万工程”，全方位推动乡村产业、人才、文化、生态、组织振兴，示范打造一批新时代美丽乡村。二是要持续提升城乡环境风貌。滚动建设城乡未来社区、未来乡村，优化特色个性化场景营造，形成具有一定带动性的未来社区、未来乡村示范工程。有序推进城中村改造，巩固老旧小区改造成果，加快补齐城乡基础设施短板。纵深开展“精特亮”创建，打造一批生态廊道、口袋公园、街心绿地和郊野公园，全域全景展示山脉、水脉、文脉、城脉、经脉交融的大美江北。三是要加快推进城乡建管一体化。积极争取并大力推进轨道交通、骨干道路、跨江通道等省市重点项目建设，持续完善便捷高效的城市立体路网。统筹城乡路网建管，争创“四好”农村路省级示范区。加快地下综合管廊建设及智能化改造，实现城乡污水处理动态管理和全域覆盖。四是要推动低碳绿色发展。扎实开展生态文明创建，持续有力打好污染防治攻坚战，深化“甬有碧水”“清新空气”行动，推进“无废城市”建设，全面修护城市生态空间。积极稳妥推进碳达峰碳中和，扎实开展节能降碳专项行动，积极推进落后设备、低效产能腾退淘汰，严控高耗能、高污染产业入驻，不断提高有序用电、节能技改等服务水平，推动工业、建筑、交通等领域清洁低碳转型。

（五）坚持变革重塑激发活力释放动力，奋力在改革开放上先行示范。深化改革开放是打造中国式现代化示范城区必须坚持的重大原则。要继续发挥江北的改革基因、开放特色，主动破解深层次体制机制障碍，有力有效利用两个市场、两种资源，增强现代化建设的动力和活力。一是要坚持以数字化改革引领全面深化改革。围绕“1612”体系架构，聚焦改革跑道，突出实战实效，深化治理端、服务端建设，推进省级重大应用贯通落地、特色场景应用创新研发。要发挥改革“关键一招”的作用，滚动推出“牵一发动全身”的重大改革项目，加快形成一批突破性、标志性成果。二是要持续提升对内对外开放水平。强化招商引资“头号工程”，完善职责、队伍、工作、政策、考核体系，持续优化大招商的工作体系和格局。把恢复和扩大消费摆在优先位置，主动融入全市国际消费城市建设，增强消费信心，改善消费条件，创新消费场景，提升主要商圈服务辐射能级，优化完善15分钟便民生活服务圈，积极繁荣发展首店经济、夜间经济、周末经济，加快消费升级步伐。大力发展直播经济、跨境电商、金融保险等开放型经济，培育壮大外贸新模式新业态，鼓励支撑外贸企业出海抢订单、拓市场，推进侨梦苑、直播经济集聚区和老外滩金融保险创新港建设。积极服务共建“一带一路”，深度融入长三角一体化发展，协同唱好杭甬“双城记”。加强各领域交流合作，高质量做好东西部协作、对口支援、山海协作工作。三是要着力营造一流创业创新环境。对标营商环境“一号改革工程”，持续深化“放管服”改革、商事制度改革、“证照分离”改革，推动土地、资本、人才、技术、数据等资源要素自由流动、高效配置，不断激发市场主体活力。继续开展“质量强区”建设，积极推进标准化战略，加强专利管理服务体系建设，加大知识产权保护力度，提升辖区企业核心竞争力。推进国企实体化转型和规范化经营，进一步壮大国有经济实力。持续打好减负降本、助企纾困组合拳，深入开展“三稳三提”企业服务专项行动，提高各类服务的精准性实效性，支持保障市场主体平稳运行。

（六）坚持以人民为中心的发展理念，奋力在民生优享上先行示范。增进民生福祉是打造中国式现代化示范城区的重要着力点。要紧紧抓住群众最关心最直接最现实的利益问题，坚持尽力而为、量力而行，采取更多惠民生、暖民心的举措，着力解决急难愁盼问题，不断满足辖区群众对美好生活的向往。一是要突出教育事业优先发展。以办好人民满意的教育为行动指南，加快托幼一体化扩面提质，大力开展优师、强师培养工程，巩固拓展全国义务教育优质均衡发展区建设成果，积极争创全国学前教育普及普惠区，一体推进学前教育、义务教育、终身教育均衡优质有序发展，弘扬尊师重教的社会风尚。二是要强化卫生事业内涵发展。深化落实“医学高峰”计划，以打造区级强院为重点，扎实推进第九医院体制机制优化调整，深化地区医疗合作，不断提高医疗服务水平。扎实推进国家健康促进示范区建设，健全公共卫生体系，加强疫情防控救治体系和应急能力建设，推进基层医疗卫生机构布局优化、功能提升，增强医疗卫生服务能力，持续提高居民健康素养水平。三是要优化社会保障体系建设。深化实施“乐业江北”行动，引导支持劳务协作、灵活用工、自主创业等就业新形态持续健康发展，努力实现更加充分、更高质量的就业。落实多层次社会保障体系建设，扩大社会保险覆盖面，推进保障性住房扩面。积极应对人口老龄化，健全养老服务体系，推动医康养融合发展，有力夯实“幸福江北”品牌。广泛开展全民健身活动，促进群众体育和竞技体育全面发展。保障妇女儿童合法权益，促进残疾人事业健康发展，加强优抚优待工作，深化新型慈善体系建设，切实温暖弱势群体、补强薄弱领域，有效增强人民群众的获得感、认同感。

（七）坚持共建共治、整体智治，奋力在社会治理上先行示范。治理体系和治理能力现代化是打造中国式现代化示范城区的题中之义。要坚持党的领导、人民当家做主、依法治国有机统一，全面提升区域治理现代化水平。一是要打造全过程人民民主的基层实践典范。支持和保障人大、政协依法行使职权，深入推进民主选举、民主协商、民主决策、民主管理、民主监督，持续擦亮“代表夜聊”“委员议事”等特色品牌。发挥社会主义新型政党优势，引导各民主党派和无党派人士积极建言献策、凝聚共识，推进宗教事务治理现代化，做好新时代港澳台侨和“宁波帮”工作，完善大统战工作格局。二是要持续深化“县乡一体、条抓块统”县域整体智治改革。坚持以重大集成改革理清事项权责、迭代治理体系、整合监管力量、优化考评机制，完善网格化管理、精细化服务、信息化支撑的基层治理平台，不断提升平战一体、高效灵敏的网格最小单元作战能力。纵深推进“大综合一体化”行政执法改革，以事项清单化、队伍专业化、手段智能化、管理规范化为主攻方向，努力形成全域行政执法新格局。三是要不断夯实基层治理社会基础。坚持和发展新时代“枫桥经验”，健全矛盾纠纷全周期管理，加强和改进人民信访工作，畅通和规范群众诉求表达、利益协调、权益保障通道。坚持共建共治共享理念，系统重塑城乡社区建设的新架构、新机制、新模式、新场景，构建“舒心、省心、暖心、安心、放心”的城乡现代社区幸福共同体。四是要建设更高水平的平安江北、法治江北。牢固树立总体安全理念，推进除险保安常态化长效化，迭代完善问题常态发现、动态管控、闭环整改工作机制，推动公共安全治理模式向事前预防转型。深入推进法治江北建设，加强普法宣传，提升法治素养，丰富法治供给，夯实法治基础。建立健全大安全应急框架，坚持平战一体、快响激活，及时精准有效化解各领域风险隐患，坚决维护政治安全、社会安定、百姓安宁。

（八）坚持以永远在路上的决心纵深推进全面从严治党，奋力在自我革命上先行示范。奋斗新征程、走好赶考路，关键在党，关键在党要管党、从严治党。要全面落实新时代党的建设总要求，以政治建设为统领，切实扛起全面从严治党主体责任，增强自我净化、自我完善、自我革新、自我提高的自觉性和主动性，全面打造党建和清廉建设高地。一是要全面加强党的领导。充分发挥区委总揽全局、协调各方作用，健全和完善党委议事决策机制，推动各项决策科学化和民主化，迭代升级党建统领问题管控机制，不断提高把方向、谋大局、作决策、抓落实能力。全面落实意识形态责任制，管住管好线上线下各类阵地，做大做强主流思想舆论，不断提高凝聚力和引领力。发挥政治巡察“利剑”作用，强化省委巡视、市委巡察整改和成果运用，有序推进区委巡察工作。二是要系统重塑干部队伍。树牢实干实绩的选人用人导向，系统重塑立体化考评、科学化选任、精准化培育、规范化管理的体制机制，在思想淬炼、政治历练、实践锻炼、专业训练中锻造高素质专业化江北铁军队伍。要加强干部队伍梯队建设，多领域、多渠道选拔任用年轻干部。三是要整体提升基层基础。深入实施“北岸红·全域强”新时代党建高地建设行动，全面提升农村、社区、两新组织等各领域党建工作水平，持续整顿后进基层党组织，以制度化常态化激励机制抓好村社干部关心关爱，把基层党组织建设成为有效实现党的领导的坚强战斗堡垒。四是要持续深化正风肃纪反腐。锲而不舍落实中央八项规定精神，深化整治普遍发生、反复出现的问题，推动作风建设常态化长效化。紧盯“关键少数”，完善权力运行监督机制。以“永远吹冲锋号”的状态，一体推进“三不腐”，深化整治权力集中、资金密集、资源富集领域和群众身边的腐败问题。实施“北岸清·全域廉”工程，大力培育新时代廉洁文化，做细做优清廉建设颗粒度，加快打造政治清明、政府清廉、干部清正、社会清朗、文化清新的清廉江北。

赢得青年，就能赢得竞争、赢得未来。全区各级党组织要把青年工作作为战略性工作来抓，深入实施全区中长期青年发展规划，大力推进青年发展型城区建设，更好把青年团结起来、组织起来、动员起来。广大青年生逢其时、重任在肩、大有可为，要坚定不移听党话、跟党走，怀抱梦想又脚踏实地，让青春在全面建设现代化滨海大都市创智和美城区的火热实践中绽放绚丽之花。

宁波市江北区人民代表大会常务委员会工作报告

——在宁波市江北区第十二届人民代表大会第二次会议上

区人大常委会主任　费伟华

（2023 年 2 月 1 日）

2022 年主要工作回顾

2022 年是区十二届人大常委会依法履职的开局之年。常委会在区委的坚强领导下，坚持以习近平新时代中国特色社会主义思想为指导，以迎接和学习贯彻党的二十大为主线，认真落实中央人大工作会议和省市区党代会精神，深入践行全过程人民民主，紧紧围绕推进“两个先行”、打造“两个高地”，建设现代化滨海大都市创智和美城区，不断推动全区人大工作迭代升级、高质量发展，圆满完成区十二届人大一次会议确定的目标任务。一年来共召开常委会会议 9 次，听取和审议“一府一委两院”专项工作报告 29 项，组织开展执法检查 6 次，作出决议决定 21 项，审查规范性文件 8 件，任免国家机关工作人员 57 人次。

一、把牢正确政治方向，履行好对党忠诚的政治机关职责，奋力推动人民代表大会制度在江北的新实践

坚持以党的最新思想统领人大工作。不断强化理论武装，落实“第一议题”学习制度，把深入学习习近平总书记关于坚持和完善人民代表大会制度的重要思想和关于全过程人民民主的重要论述，作为做好人大工作的基本功和必修课，自觉用以武装头脑、指导实践、推进工作。推动中央人大工作会议精神落地见效，及时出台落实中央人大工作会议精神和省委意见分工方案。制定年度学习清单，全年开展集中学习 30 余次。党的二十大胜利召开后，常委会党组及时传达学习大会精神，开展专题研讨，进一步坚定人民代表大会制度自信，努力推动新时代人大工作守正创新发展。

坚持党对人大工作的全面领导。认真落实中央决策和省市区委部署要求，确保在抓大事、议大事、成大事上精准发力、持续用力。坚持向区委请示报告制度，一年来就有关重大事项向区委报告 50 余次，提请区委常委会研究决定 13 项。区委主要领导高度重视人大工作，出席常委会会议，以代表身份开展接待选民活动，每季度听取人大工作汇报，及时作出批示提出要求。常委会班子围绕区委中心任务，积极参与经济稳进提质、助企纾困、招商引资、抗台防汛等工作，完成都市工业发展等区委点题任务，组织开展“助力江北稳进提质十大攻坚行动”“六访六促”等代表主题活动，收集、转办、督办基层企业和群众反映的意见建议 653 件，推动解决 320 件，为我区统筹实现“疫情要防住、经济要稳住、发展要安全”贡献了人大力量。

坚持能力作风提升展现工作新格局。换届后，常委会紧扣更好发挥根本政治制度优势这一“时代之问”，以“等不得、慢不得”的紧迫感，深入探索“实践之真”，推动人大系统呈现新气象，人大工作迈上新台阶，人大干部展现新风貌。大力推进“五问五破、五比五先”作风建设专项行动，建立机关干部“月述职”制度，在市人大重点工作“季交流”两次通报中，江北人大各项指标均位居前列，全区人大代表、人大干部干事创业精气神得到全面提振。“代表夜聊”活动受到全国人大的关注，入选 2022 年度全省基层单元建设最佳实践案例。“人大数智监督综合集成应用”等数字化系统建设初见成效，相关理论研究成果在内参刊出，报送全国人大常委会，得到市委主要领导批示肯定。

二、保证人民当家作主，履行好人民至上的权力机关职责，着力开辟践行全过程人民民主的新征程

积极探索践行全过程人民民主。扩大人民群众对人大工作的有序参与，有效构建调研、座谈、论证、咨询、听证等民意汇集机制，在年度监督议题、代表问政问题、代表

建议线索等的征集上，实行“开门征题”。认真办理群众线上线下来信来访，积极回应群众诉求。参与上级人大立法工作，一年来组织基层代表与群众参与了《宁波市公筷使用规定》等16部地方性法规的立法调研，提出立法修法建议420余条，采纳率居全市前列。推动基层协商民主制度化发展，“直播夜聊”“主题夜聊”等形式不断拓展，“阿拉找代表”线上平台建成运行，代表联系选民线上、线下两条渠道有效贯通。全年共组织开展“代表夜聊”活动123次，参与代表545人次，收集民生事项1237件，问题解决率89.2%，受到了群众的欢迎和拥护。

有效行使重大事项决定与任免权。贯彻常态化、制度化行使重大事项决定权要求，探索实施“小切口”重大事项决定工作，聚焦事关人民群众重大切身利益的具体问题，依法认真审议，分别作出深化“双减”推进家校协作工作、保障住宅区消防车通道畅通等决定。贯彻《浙江省民生实事项目人大代表票决制规定》，坚持民生实事项目“非打包项目”票决、落选项目当年不安排财政资金等有效做法，并把工作重点放在候选项目的阳光征集、项目实施的有效监督上，使政府民生实事项目真正符合民意、造福人民。坚持党管干部和人大任免有机统一，依法行使人事任免权，认真执行宪法法律知识考试、任前见面、表态发言、组织宪法宣誓等程序。强化干部任后监督，专门听取区政府19个组成部门主要负责人的依法履职情况报告，有效形成人事任免工作闭环。

深入推进人大制度研究、阐释和宣传。加强区级层面人民代表大会制度的研究，及时总结全区人大工作实践的经验做法，形成理论成果报送上级人大常委会。传播人大声音、讲好人大故事，深入挖掘新一届常委会履职重点亮点，多角度宣传人大各项工作，深化公众对人大工作的认识。在去年8月举行的代表问政会上，12家省、市主流媒体参与现场报道，7名“00后”大学生到场体验中国式民主。将宣传和监督有机融合，对常委会满意度测评、“代表夜聊”、代表建议办理等情况及时跟进公开报道。在《新江北》开辟代表联系选民版块，在“江北阳光人大”微信公众号设置“代表风采”“民主微实践”等专栏，广泛深度报道新时代我区人大代表为民办事履职成效。一年来，人民代表报、人民网等国家省市媒体报道我区人大工作成果60余篇次，《241名市区两级人大代表首次“云”视察》荣获宁波市人大好新闻奖一等奖。

全面深化街道、镇和开发区人大工作。深入贯彻省乡镇人大工作条例和街道人大工作条例，健全主任会议成员分工联系指导街道、镇人大工作机制，完善专项工作交流、季度工作晾晒、年度工作研讨等制度。坚持全区“一盘棋”思维，制定工作规范，加强统筹指导，上下联动开展活动、推进工作。探索开展开发区人大工作，实现人大监督全覆盖。各街道、镇人大积极作为，紧紧依靠代表履行各项职责，在助推中心工作、加强财政监督、反映社情民意、推动基层治理等方面发挥了重要作用，全区人大工作凝聚力和整体水平得到持续提升。代表微站、共享法庭、代表亮身份等一些创自基层的做法开展得有声有色，受到了广大代表和选民的肯定，慈城镇人大再次荣获市人大基层立法联系点先进单位称号，并得到省人大通报表扬。

三、提升工作质量水平，履行好务实高效的工作机关职责，努力实现促进共同富裕高质量发展的新目标

紧扣发展之要，推动区域经济高质量发展。密切关注全区宏观经济运行，加强计划执行情况监督，围绕争创高质量发展建设共同富裕先行标兵任务，将共同富裕主要指标涉及的工作作为审议的重点。组织代表视察前洋经济开发区发展情况，对国家级制造业单项冠军企业、专精特新“小巨人”企业培育工作提出意见，助力我区不断激发经济增长内生动力。推动旅游经济发展，审议“灵山慈水休闲生态带”精品线路建设情况的报告。围绕实施“双碳”战略，听取我区省级可持续发展创新示范区建设工作汇报。开展节约能源执法检查，推动政府整治淘汰高耗低效、落后产能和“散乱弱”企业353家，腾出低效工业用地504亩。依法审议、票决政府重大投资建设项目，加强对项目必要性、可行性和项目投资规模的初审。围绕提高国有资产质量和效益，首次开展企业国有资产管理专项监督。强化预算审查，提高财政绩效，推动政府相关部门修订完善绩效管理及评估制度3项。听取审计查出问题整改情况的报告，对债务管理工作提出意见。

紧扣治理之需，助力提高城乡管理水平。着眼于拓展我区未来发展空间，开展省土地管理条例执法检查，听取国土空间规划的编制和实施情况汇报，专题调研全域国土空间综合整治工作，建议政府要统筹兼顾眼前利益和长远利益，注重因地制宜，强化协同配合，科学做好国土空间规划编制，提升国土空间整治整体效益。持续推动改善生

态环境，依法听取2021年度江北区生态环境状况和生态环境保护目标完成情况报告，对区可回收物分拣中心、污水处理设施和废弃矿山等管理情况进行了视察。紧盯环境保护关键领域，开展《宁波市河道管理条例》执法检查，审议全区农村生活污水管网规划建设管理工作报告，提出了强化规划执行，补齐工作短板，建立健全农村生活污水处理设施长效运维管理机制等审议意见。针对基层关注度较高的住房问题，常委会打出监督“组合拳”，连续审议了新建商品住宅全装修管理、高层住宅建筑消防安全、电梯质量监管三个专项工作报告，开展住宅小区物业管理专项调研，要求区政府采取有效措施提高监管水平，真正让老百姓住上“舒心房”“安心房”。

紧扣民生之急，促进不断保障和改善民生。新冠疫情发生以来，医疗卫生成为群众关注的民生热点，着眼于推动全区公共卫生服务事业的发展，常委会审议了我区基层医疗卫生服务体系建设情况的报告，直接推动了慈城镇中心卫生院CT项目采购、市区两级特色专科申报等工作的落实。推进“优学江北”建设，督促“双减”政策走深走实，回应群众关心关切。围绕实施就业优先战略，开展就业促进法执法检查，提出了构建支持保障体系、健全就业协调机制等10条意见。贯彻“为民解困”理念，开展0～3岁婴幼儿照护服务专项监督，主任会议听取社会救助工作情况的汇报，建议区政府进一步加强部门协调和政策协同，建立复合型救助标准，着力培养困难群众的“造血”功能。推进文化强区建设进程，对《宁波市全民阅读促进条例》实施情况进行了检查，引导全社会参与阅读，形成爱读书、读好书、善读书的浓厚氛围。

紧扣法治之义，推进营造良好法治环境。首次采用“综合＋小切口”方式审议法治政府建设报告，在听取整体工作情况的基础上，重点审议区政府优化法治化营商环境有关工作，增强了法治政府建设监督的实效。推进政府依法行政，省市区三级人大联动开展《浙江省综合行政执法条例》专项执法检查，积极助推基层社会治理法治体系建设。持续关注《宁波市养犬管理条例》贯彻落实，专门听取了我区养犬管理工作的汇报。聚焦司法领域热点难点问题，对检察起诉阶段适用认罪认罚从宽制度的案件开展类案监督。为推动审判机关司法能力水平的提高，常委会将人事任免权和监督权有机结合起来，对5名员额法官个人依法履职工作报告进行了审议，并以满意度测评的方式作出客观公正评价，增强了员额法官自觉接受监督的意识。

四、尊重代表主体地位，履行好联系群众的代表机关职责，全力凝聚新时代江北发展的新力量

基层单元建设功效不断呈现。坚持把基层单元打造成保障人民当家作主的一线窗口，以管用实用和长效运行为目标，全面推进代表联络站迭代升级，让“小单元”迸发出“大能量”。构建工作制度支撑体系，实行常委会领导包干连片机制，出台人大代表进网格、人大核心业务下沉、国家机关负责人进联络站等工作办法。以数字化改革撬动牵引，打造“一屏二码七应用＋两特色”体系，多跨协同发挥“联、商、督、促、智”功效，推动代表联系群众“全天候、零距离”，使基层单元更有活力、更可持续、更好发展。全区8个基层单元开展各类接待活动628次，代表进站4394人次，国家机关工作人员进站1392人次，推动解决问题3879件，实现代表动起来、场景用起来、数据跑起来、工作实起来。

代表建议办理机制不断完善。坚持把代表建议工作当成“人民大事”去办，通过实行建议撰写专项培训、三重审核把关等措施，严把建议提出质量关。依托“阳光建议”平台，推动代表建议全内容、全过程、全方位公开，接受人民群众监督。注重问题实际解决率，做好建议督办文章，不断健全建议大户集中面商、重点建议集中评议等机制，推行“代表意见征询表”代表填写后由各代表中心组统一收回的做法，以往建议办理A类件由承办单位自行确认，改为由常委会专业工委和代表共同确认。经过代表与各承办单位的共同努力，区十二届人大一次会议代表提出的198件建议全部按时办结，问题解决率达到64.7%，这些富有建设性的建议推动解决了一大批群众关心关注的急难愁盼问题。

代表履行职责作用不断凸显。坚持推进代表工作能力建设，制定新一届代表履职培训计划，突出学习重点，拓宽学习领域，全面提升代表履职本领。深化“双联系”“主任接待日”等制度内涵，不断扩大代表参与常委会工作的广度和深度，“无人机云视察”“线上直播调研”等活动形式得到广泛开展，代表履职“舞台”进一步拓展。全体人大代表充分展现新时代代表风采，奋斗在本职工作的第一线，战斗在代表履职的最前线，积极参与“代表夜聊”，督办民生实事项目实施，围绕疫情防控、文明典范城市创建、乡村振兴、未来社区建设等工作，开展实地视察、督查、走访和暗访等活动，推动解决群众反映的各类

问题，进一步凝聚了促进区域发展的强大合力。

各位代表，区人大常委会各项工作取得的成绩，是区委坚强领导的结果，是常委会组成人员和全体代表共同努力的结果，同时也得益于上级人大的关心指导，得益于“一府一委两院”和各街道、镇人大的协作配合，得益于区政协、社会各界和全区人民的大力支持。在此，我谨代表区人大常委会，表示崇高的敬意和衷心的感谢！

在总结成绩的同时，我们也清醒地看到存在的问题和不足，主要是：推动人民代表大会制度生动实践有待深化，人大理论制度的研究宣传还需进一步加强；依法监督的刚性韧劲有待增强，服务保障全区改革发展大局的成效还需进一步提升；代表群众参与人大工作的载体还不够多，践行全过程人民民主渠道还需进一步拓宽；人大干部对做好新时代人大工作的理念认知、变革创新、技术应用还不适应，变革力和引领力有待进一步强化。我们要高度重视这些问题，在今后的工作中认真研究加以改进。

2023 年主要工作任务

2023 年是全面贯彻落实党的二十大精神的开局之年，也是本届人大常委会乘势而上、聚势而强、再创新局的重要一年。区人大常委会工作的指导思想是：高举习近平新时代中国特色社会主义思想伟大旗帜，深入学习贯彻党的二十大精神，在中共江北区委的坚强领导下，按照区第十次党代会和区委十届二次、三次全会部署，坚持以人民为中心，深入践行全过程人民民主，依法有效行使宪法和法律赋予的各项职权，为我区以“两个先行”为引领，奋力推进“五个争创”，高质量打造中国式现代化示范城区作出人大贡献。

新的一年，常委会将继续胸怀“国之大者”，以坚定的政治定力展现根本政治制度优越性。坚持不懈用习近平新时代中国特色社会主义思想凝心铸魂，深入学习贯彻党的二十大精神，切实把“两个确立”的政治共识转化为做到“两个维护”的实际行动。坚持把学深悟透习近平法治思想、习近平总书记关于坚持和完善人民代表大会制度的重要思想摆在突出位置，深刻领会并充分发挥好人民代表大会制度两个“重要制度载体”作用，不断探索保障人民当家作主、依法治国的实现渠道，始终担负起宪法法律赋予的职责，为走好走稳“必由之路”提供根本政治制度保障。坚持把全面加强党的领导贯彻体现到人大工作的全过程各领域，做到“区委一有部署、人大就有行动”，确保区委工作重心在哪里，人大工作就跟进到哪里，力量就汇聚到哪里，作用就发挥到哪里。

新的一年，常委会将继续聚力“区之大计”，增强助推中国式现代化示范城区建设的责任担当。聚焦中国式现代化示范城区建设“大场景”、找准人大工作“小切口”，加强法定职权的集成运用、有效贯通，全力助推区委十届三次全会部署落细落实。依法审议计划、预决算、审计、国资管理等报告，开展“十四五”规划纲要实施中期评估，听取招商引资情况汇报，推动全区数字经济发展和服务业高质量发展三年行动计划实施。关注政府债务管理，票决区政府重大投资建设项目，审议 2022 年节能降耗管理、“全域景区化”等工作报告，对预算绩效管理开展监督。推进城乡建设与管理水平提升，审议江北区国土空间总体规划（2021—2035 年）、2022 年度生态环境状况和生态环境保护目标完成情况的报告，视察江北高新区产业发展和全区工业地块“二次开发”、翠屏山中央公园南门户建设，听取 2023 年国土空间规划编制和实施、铁路及轨道交通建设、农田“两非”整治后半篇文章等工作的汇报，对校园周边交通安全开展专项监督。聚焦民生热点，分别听取和审议城乡托幼服务一体化建设、职业技能提升、劳动保障监察等工作，关注住宅小区消防安全，对全区公共文化设施建设开展视察。推动依法治区进程，加强宪法宣传，做好上级人大立法调研任务，审议法治政府建设报告，听取“八五”普法中期工作汇报，开展员额检察官履职评议，对科学技术普及、未成年人保护、住宅小区物业管理、农村集体资产管理等方面法律法规的执行情况进行检查。

新的一年，常委会将继续心系“民之所盼”，在践行全过程人民民主中凝聚代表力量贡献代表智慧。坚持把“人民”二字贯穿工作始终，不断完善代表与公民参与全过程人民民主机制，支持和保障代表依法履职，确保人大工作体现人民意志、保障人民权益。严格落实向代表通报工作情况、征求意见、参加常委会活动、召开代表问政会等制度，为代表充分履职创造条件。建设人大践行全过程人民民主研习实践基地，继续推动“代表夜聊”深入开展，使民主民意表达的平台和载体更加丰富，代表群众参与基层治理的渠道更加畅通。以“时时放心不下”的责任感，激励引导代表密切联系群众，推动解决群众身边的“贴心事、操心事”，激励引导代表当先锋、走在前、作表率，在全区经济社会发展主战场上贡献智慧力量。以“6+6”

工作法，纵深推进“阳光建议”，促使代表建议办理由“答复满意”向“问题解决”转变，促进建议及时成果转化、落实落地，推动更多社会资源和民生服务下沉到一线、汇聚到基层、落实到群众心头。

新的一年，常委会将继续把牢“创新之要”，在坚持守正持续创新中擦亮江北人大品牌。突出以问题导向、实践导向谋划创新思路，变“时时找惯例”为“大胆创先例”，不断推动人民代表大会制度在基层与时俱进发展。推进基层单元体系化、规范化、特色化建设，实现基层单元常态长效运行，打造具有江北辨识度的标志性成果。高标准推进数字化改革，加快“人大数智监督综合集成应用”等系统的建设推广，更好撬动人大工作系统迭代、整体提升。围绕“盯住法”“管好钱”“把牢图”履职重点，开展联动监督、新出台法规施行“前端”介入监督等创新做法。贯彻人大协商理念，扩大论证、听证、评估、暗访等方式方法在人大工作中的运用。健全根据民意确定监督议题、第三方参与监督、公民旁听等机制，探索重点议题常态化监督与阶段性监督相结合，迸发更多“1+1 ＞ 2”的监督能级。深化民生实事项目票决制，继续实施“小切口”重大事项决定，不断提升决定工作质量。推进开发区人大工作，设立开发区人大代表联络站。

新的一年，常委会将继续聚焦“履职之能”，努力提升常委会及机关的塑造变革能力。按照打造变革型组织要求，强化唯实惟先、争先创优导向，突出抓好常委会组成人员、人大代表和人大机关干部的能力建设，练好人大工作基本功。突出制度建设和制度执行，不断完善组织制度、工作制度、议事规则和程序机制。强化与上级人大的工作协同，认真执行省人大“月晾晒”、市人大“季交流”工作机制。加强街镇人大工作和建设，密切全区人大工作协作交流，着力构建区街(镇)联动、全区统筹的良好格局。加强人民代表大会制度的研究和宣传，全方位、多角度宣传人大新风貌、展现代表新风采，彰显根本政治制度的优越性。推进全面从严治党，持之以恒纠“四风”、树新风，提升“五问五破、五比五先”活动实效，全面展现为民履职、务实担当、清正廉洁的人大形象。

政府工作报告

——在江北区第十二届人民代表大会第二次会议上

代区长　许会祥

（2023年2月1日）

一、2022年工作回顾

2022年是本届政府的起始之年。过去一年，面对异常复杂严峻的外部形势和超预期因素冲击，我们坚持以习近平新时代中国特色社会主义思想为指导，全面贯彻党的二十大精神，认真落实中央和省、市决策部署，在区委的坚强领导下，在区人大、区政协的监督支持下，坚定不移贯彻新发展理念，沉着有力应对各种风险挑战，高效统筹疫情防控和经济社会发展，承压奋进、锐意进取，经济社会发展主要指标好于全省全市，实现了现代化滨海大都市创智和美城区建设良好开局。

我们坚决贯彻习近平总书记“疫情要防住、经济要稳住、发展要安全”的重要指示，全力以赴干好三件大事：

坚决扛起疫情防控的政治责任。因时因势迭代优化疫情防控措施，落实落细“七大机制”和“五快循环”，以最快速度、最小代价打赢突发疫情阻击战。全面提升医疗救治和服务保障能力，发放“爱心防疫包”9.5万份，努力确保从“防传染”向“保健康、防重症”平稳转换。

坚决扛起经济稳进提质的发展责任。深入实施经济稳进提质十大攻坚行动，推动常态化挂联协调和专班化攻坚督导，以江北的“稳”和“进”为全省全市发展大局作贡献。全年实现地区生产总值860.3亿元，增长4.9%，增速位列全市第三；一般公共预算收入102亿元，同口径增长6.5%，增速位列全市第三；城镇居民人均可支配收入7.9万元，农村居民人均可支配收入4.8万元，收入倍差缩小到1.65；实现外贸自营进出口总额847.2亿元，增长18.1%，其中出口570.7亿元，增长20.1%，增速均位列全市第一。

坚决扛起除险保安的主体责任。扎实开展除险保安百日攻坚行动，全面排查整治各类风险隐患，常态化开展扫黑除恶、打击电信网络诈骗等专项行动，毫不松懈抓好安全生产，有效应对“轩岚诺”“梅花”连续台风影响，动态化解信访积案，高质量完成平安护航党的二十大各项任务。连续17年荣获省“平安区”称号。

一年来，围绕区人代会确定的目标任务，我们主要做了七个方面工作：

（一）全力助企纾困稳链，经济运行总体平稳

坚持主动有为，以超常规力度推进经济稳进提质，携手各类市场主体共度时艰。助企政策有力落实。第一时间全面顶格落实上级稳经济一揽子政策，调整优化“1+X”经济政策体系，制定出台3个“十条”区级新政，兑付助企纾困稳链资金超12亿元，为企业退税减税降费37.7亿元。发展要素有序保障。争取专项债券18.4亿元，投放政策性开发性金融工具2亿元，均创历史新高。成立区普惠金融服务中心，为小微企业提供政府性融资担保10.7亿元。加强用地和能耗保障，出让土地23宗1529亩，统筹形成6.9万吨标煤能耗指标供给，全社会用电量增长4.6%。实施重点产业链供应链白名单制度，强化重点物资运输保障。市场活力有效复苏。创新推出“订制式”政务服务模式，推进企业全生命周期服务集成改革，新增市场主体1万余户。深入开展“百名干部助百企”“百名干部服务百大工程”行动，办结企业诉求1100余件。在“万家民营企业评营商环境”中位列全省第四。

（二）全力加快转型升级，产业基础稳中加固

促进传统产业转型、优势产业升级、新兴产业集聚，做大做强都市经济。都市工业提质增效。向隆机械、澳玛特等13个亿元以上项目开工建设，爱柯迪、格劳博等26个重点项目建成投用。深入推进低

效工业用地二次开发，释放产业发展空间504亩，智能装备制造产业园等3个小微产业园开工建设。新增37家规上数字经济核心企业，智能传感器行业产业大脑入选省级产业大脑培育名单，数字经济发展获省政府督查激励。推进行业数字化改造，两化融合发展总指数跻身全省前十。现代服务业加快发展。实现服务业增加值580.3亿元，增长6.2%。港航服务业营业收入突破290亿元，高端商务、科技服务、软件信息、保险行业收入再创新高。持续推动两业融合，科技服务业集聚区启动建设。推进商务楼宇整规，新增亿元楼、千人楼2幢。加强旅游基础设施建设，北山游步道精品段完成改造提升，新增等级民宿6家。产业平台能级提升。浙江前洋经济开发区数字港航、数字贸易等十大百亿产业集群销售额突破3000亿元，江北高新区认定为省级高新园区，江北功能材料产业平台入选省“万亩千亿”新产业平台。前洋E商小镇获评全省数字变革最佳实践案例，膜幻动力小镇省级考核优秀。老外滩金融保险创新港新引进3家市级以上金融机构，宁波直播电商经济集聚区带动线上线下交易额超650亿元，北岸国际港航创新发展区挂牌全省首批现代服务业创新发展区。企业培育成效显著。实施一流企业培育工程，金田集团位列“2022中国民营企业500强”第67位，宁波远洋在上交所主板上市，长阳科技获评国家知识产权示范企业，柯力传感通过国家企业技术中心认定。引导企业专精特新发展，新增国家级制造业单项冠军2个、专精特新“小巨人”9家，高新技术企业达282家，国家科技型中小企业达328家。推动企业质效提升，宁水集团和东力传动获得市政府质量奖，三星医疗电气、新胜中压电器等5家企业入选省级亩均效益领跑者名单。

（三）全力推进动力变革，发展后劲不断增强

抢抓政策机遇期和窗口期，向投资要潜力、向创新要活力、向改革要动力，凝聚高质量发展强大合力。深化投资拉动。实施投资扩量攻坚行动，完成固定资产投资333.9亿元，增长10.7%。落实重大项目“1244”统筹推进机制，优化项目开工和投资入统流程，强力推进113个区重点项目提速开工，市级重点项目投资完成率位列全市第一。投资结构不断优化，制造业、高新技术产业、基础设施投资增速均快于全市。强化创新驱动。深化省级可持续发展创新示范区建设，浙江创新中心北岸中心、大连理工大学宁波科技园、宁波浙大校友产业园挂牌运行，新增省级以上研发机构11家，获评省科技工作成绩突出集体，洪塘湾获评省级双创示范基地。启动产才融合引领区建设，实施“产业教授”引育计划，24个项目入选甬江人才工程，引进各类人才1.2万余人，新增技能人才8000余人。加快科技攻关和成果转化，14项科研成果获省科学技术奖，技术交易额增长65.3%。实施改革撬动。数字化改革提升实战实效，参与的基层智治改革创新实践获评省改革突破金奖，“新产品研发服务”“舒心住”等特色场景应用推广使用。共同富裕重大改革全面推进，获评全国农业农村信息化发展先进区，省“市场化改革+集体经济、数字化改革+强村富民”集成改革试点建设启动，在全市率先公开县域基本公共服务标准。全域国土空间综合整治试点先行。开投、北坤两家国企获得AA+主体信用评级。

（四）全力实施开放带动，内外循环持续畅通

立足中心城区开放优势，坚持“走出去”和“引进来”相结合，整合内外市场、资源要素为我所用。招商引资持续发力。成立区投资促进委员会，重塑“一盘棋”大招商统筹机制，蔚来汽车等79个亿元以上项目签约落地。引进内资194.3亿元；实际利用外资2.3亿美元，完成率位列全市第一。开放合作持续扩大。积极融入长三角一体化发展，承接大都市北翼和翠屏山中央公园重大战略，主动服务通苏嘉甬铁路建设。成立“助企稳贸”服务联盟，建立企业出国“白名单”，组织三批次100余家外贸企业出境抢订单，累计签发RCEP原产地证书758份。备案（核准）中方投资额近2亿美元，增长82.5%。高标准做好四川越西东西部协作、丽水莲都山海协作及其他对口支援合作工作。消费潜力持续激活。开展促消费活动，万象城、江北万达、来福士等商业综合体人气逐渐恢复，累计发放消费券6600万元，实现社会消费品零售总额449.7亿元，增长8.2%，增速位列全市第二。发展消费新业态新模式，实现网络零售额158.6亿元，增速位列全市第一。完成一刻钟便民生活圈全域试点建设。

（五）全力推动全域统筹，城乡面貌加快提升

坚持以融合化引领新型城市化、全域都市化和全域景区化，加快打造城乡融合标杆区，扮靓全域美丽新形象。城市建设扎实推进。完善国土空间总体规划编制，启用“三区三线”划定成果。征收集体土

地2077亩，完成房屋征收签约28万平方米，清零清场12个项目，开工建设胡坑基等4个安置房项目。轨道交通7号线、8号线进展顺利，清泉路、洪大路等6条主次干道开工。高质量推进“精特亮”工程，文创智岸活力线入选“最美精品线路”。完成30个住宅小区的消防安全隐患整治，开工建设13个未来社区，老旧小区和农贸市场改造提升三年行动顺利收官，慈城古城、灵山慈水入选省级城乡风貌样板试点。获评省“无违建”创先争优示范区。区块开发加速推动。老外滩获评首批国家级旅游休闲街区和省级示范智慧商圈，6号地块成功出让。慈城古县城旅游配套设施持续完善，抱珠楼等场馆相继开业，慈城镇获评全省千年古城复兴和小城市培育考核“双优秀”。姚江新城实现启动区土地指标全覆盖，西洪大桥实现通车，邵家渡大桥及接线工程有序推进。文创港滨江水岸项目一、二期竣工，启动地块二、三期开工。新兴产业育成区开发实质性启动，高发汽车、新兴智能制造产业园等项目开工建设。保荪片区全面启动“三横六纵”路网建设，荪湖研学旅营地等项目加快推进。城市（庄桥）拓展区完成远洲南侧地块出让，天鑫未来社区开工建设。永红区块加快城市设计方案研究，完成姚江东路及滨江休闲带建设。湾头、压大、北高教等功能区块建设稳步推进。乡村振兴深入实施。粮食稳产保供能力持续增强，种植面积达4.9万亩，收储粮食达1.6万吨。“菜篮子”产品稳定供应，生猪出栏量达1.2万头。入选国家农业现代化示范区创建名单。乡村面貌整体提升，打造艺术赋能村3个、省级特色精品村2个，外漕村和毛岙村通过省级未来乡村验收。实施“消薄”攻坚行动，所有行政村实现经营性收入超30万元，低收入农户人均可支配收入超2万元。生态环境有效治理。打好蓝天碧水净土保卫战，开展碳达峰碳中和“6+1”行动。建成省级清新空气示范区。推进实施“甬有碧水”行动，江北下沉式再生水厂建成投用，修复管网200千米，包家河、张桂家河等4条内河完成整治，地表水市控以上断面水环境功能区达标率100%。稳步推进“无废城市”建设。整治“低散乱弱”企业291家，淘汰落后产能企业32家，建成三星级绿色工厂40家。

（六）全力增进民生福祉，共富行动蹄疾步稳

坚持以人民为中心的发展思想，一般公共预算民生支出增长26%，高质量完成八方面民生实事工程，发展成果惠及更多百姓。社会保障稳步提升。开展稳就业惠民生攻坚行动，健全灵活就业服务保障体系，建成全市首个零工驿站，城镇新增就业1.5万人。落实养老保险全国统筹，“社银通”入选人社部基本公共服务标准化试点项目，完成省社会救助特困供养集成服务试点，在全市率先推开长期护理保险试点工作。新增保障性租赁住房5300余套。退役军人服务保障体系进一步健全。公共服务均衡配置。教育事业加快发展，惠贞高级中学、江北中心学校等4所学校投用，3所幼儿园开园，4所“公参民”学校顺利转公。卫生事业不断推进，市九院公卫楼建成投用，前江街道社区卫生服务中心开工建设，慈城镇中心卫生院迁建工程抓紧施工，获评省级健康区。“一老一小”服务持续优化，新增8家标准化老年食堂、1家智慧养老院和1家5A级居家养老服务中心，每千人拥有婴幼儿照护服务机构托位数达3.5个，大闸、湖西等4个社区入选省首批共富基本单元“一老一小”服务场景。文化软实力进一步增强。高标准助推全国文明典范城市创建，打造“浙江有礼·礼尚北岸”品牌。建成70个“15分钟品质文化生活圈”、2个城市书房。浙江前洋经济开发区获评市首批数字文化产业集聚区，联合动力获评省文化产业示范基地。基层治理不断加强。区社会治理智治云图应用上线，基层治理“一件事”入选全国基层治理创新典型案例。深化“大综合一体化”行政执法改革，街镇一线执法力量占比超过85%，获评全国行政执法先进集体。打造全市首个“社工管理云平台”，入选省级城乡社区治理和服务创新实验区试点。

（七）全力强化忠诚担当，自身建设全面加强

着力打造高素质专业化的政府团队，加快建设整体智治、唯实惟先的现代政府。强化政治统领。把政治建设摆在首位，深入学习贯彻党的二十大精神，忠诚拥护“两个确立”、坚决做到“两个维护”，坚持重大问题向区委报告制度，深化党组会议“首题必政治”和集体学习制度，抓好巡视、巡察、审计反馈意见整改，推动各项重大决策部署在政府系统快落地、早见效。强化依法行政。定期召开“一府两院”联席会议，政务服务“一件事”集成改革入选全国法治政府建设示范项目，法治政府考核位列全省第一，在《中国政府透明度指数报告》中位列全国第二。依法接受人大监督、自觉接受政协民主监督，办理人大建议198件、政协提案169件，办理结果满意率分别达96.9%和98.2%。强化协同攻坚。迭代升级

"1586"专项行动，优化工作专班力量配置，实行扁平化决策、专班化攻坚、赛马式考核。用好区政府项目管理平台，累计纳管610个项目，督查工作不断加强。强化作风建设。严格落实中央八项规定精神，扎实开展"五问五破、五比五先"作风建设专项行动。推进清廉江北建设，压实政府系统党风廉政建设主体责任，共查处违反中央八项规定精神问题20起，批评教育帮助和处理党员干部28人。落实政府"过紧日子"要求，加强财政资金绩效管理，非急需非刚性支出得到有效压减。

同时，大力支持国防和军队建设。民宗、史志、档案、外事、科协、统计等工作切实加强，工会、共青团、妇联、残联、文联、老龄、慈善、红十字、关心下一代等事业取得新成效。

各位代表，刚刚过去的2022年是极不平凡的一年。我们见证了党的二十大胜利召开，经受住了世纪疫情和全球通胀等大战大考，广大企业逆势进取、基层干部砥砺担当、全区上下众志成城，克服了一系列困难，闯过了一道道难关，现代化滨海大都市创智和美城区建设迈出扎实一步。这是市委、市政府和区委科学决策、正确领导的结果，是区人大、区政协加强监督、大力支持的结果，是全区人民同心同德、共同努力的结果。在此，我代表区人民政府，向辛勤工作在各行各业的全区人民，向给予政府工作积极支持的人大代表和政协委员，向各民主党派、工商联、无党派人士、各人民团体，向驻区部队、消防救援队伍，向离退休老领导、老同志，向所有关心和支持江北发展的同志们、朋友们，表示衷心的感谢！

在肯定成绩的同时，我们也清醒看到，去年主要经济指标完成情况不及预期，经济社会发展还存在不少困难和问题：经济稳进提质的基础还不牢固，创新策源能力不强，大好项目招引不足，发展动能转换步伐亟须加快；重点领域和关键环节的改革仍需深化，土地、资金、人才等要素制约难题还要抓紧破解；城市能级有待提升，基础设施体系有待完善，城市有机更新还需加快；优质公共服务供给仍然不足，医疗、养老等领域仍有短板；统筹发展和安全面临诸多挑战，安全生产、疫情防控、社会治理等领域仍有风险隐患；政府工作人员的专业能力和责任意识需要进一步提升，少数干部"懒作为""怕担当"现象依旧存在。对这些问题，我们还需进一步加大力度，切实推进解决。

二、2023年目标任务和重点工作

2023年是全面贯彻党的二十大精神的开局之年，是实施"十四五"规划承上启下的重要一年，做好各项工作意义重大。

政府工作的总体要求是：以习近平新时代中国特色社会主义思想为指导，全面贯彻落实党的二十大精神，按照中央决策和省委、市委、区委部署要求，完整准确全面贯彻新发展理念、服务构建新发展格局，牢牢把握"六个更好统筹"，忠实践行"八八战略"，助力打造"六个之都"，坚持稳中求进工作总基调，围绕全面实施"五个争创"，加快构建都市型现代产业体系，加快推动新旧发展动能转换，加快提升中心城区城市能级，加快营造一流营商环境，加快补齐促进共同富裕短板，推动现代化滨海大都市创智和美城区建设取得新突破，为打造中国式现代化示范城区开好局起好步。

建议主要预期目标为：地区生产总值增长6%，研发投入强度达到3.2%，一般公共预算收入、城乡居民人均可支配收入与经济增长基本同步，城乡居民收入倍差持续缩小；固定资产投资增长8%；社会消费品零售总额增长8%；外贸自营进出口总额占全国比重保持稳定；城镇新增就业1万人，城镇登记失业率控制在3.5%以内；能源和环境指标完成上级下达的计划目标。

实现上述目标，我们要做到"五个坚持"：

坚持"强信心、争一流"的工作理念。当前，江北发展面临的困难和挑战客观存在，但经济韧性强、长期向好的基本面没有改变。应变局、育新机、开新局，最根本的是要集中精力做好自己的事，把主动权牢牢掌握在自己手中，最大程度增强江北自身发展的确定性。要坚定发展信心，锚定区委十届三次全会明确的目标任务，借助江北持续向好的政治生态、历年积累的工作基础、坚韧奋斗的文化基因，多做增信心、暖人心、聚民心的工作，营造"干部敢为、地方敢闯、企业敢干、群众敢首创"的浓厚氛围，努力创造一流业绩、实现一流目标。

坚持"强主体、惠民生"的工作目标。牢记市场主体是经济发展的基础所在、活力所在，只有留得青山，才能赢得未来。牢记群众满意是政府工作的根本目的、根本标准，只有群众拥护，才能基业长青。要深入基层一线，多一些"感同身受"，近一些"人间烟火"，持续优化政务环境、法治环境、市场环境、人文环境，不断促进公共服务优质共享，像爱护眼睛一样爱护企业，像对待家人一样服务群众，助企纾困，为民解忧，让企业在江北创业更安心、群众在江北生活更舒心。

坚持“强优势、补短板”的工作思路。围绕发展所需、江北所能、群众所盼、未来所向，着力在固根基、扬优势、补短板、强弱项上下功夫。充分发挥中心城区和宁波大都市北翼门户的区位优势和自身资源优势、产业基础优势，抢抓翠屏山中央公园、甬江科创区规划建设的战略机遇，深挖“港源城始”内涵，提升“枕山拥江”品质，巩固现代产业和实体经济优势，增强创新发展和改革攻坚动能，努力补齐发展空间、城市能级、人口规模上的短板弱项，为高质量发展奠定扎实基础。

坚持“强投资、扩需求”的工作重点。需求收缩是影响当前经济增长的重要因素。要把有效投资作为扩大内需的关键所在，把重点项目建设和招商引资作为经济发展的第一抓手。牢牢把握构建新发展格局的战略部署，更好统筹国内循环和国际循环，千方百计帮助企业拓市场、抢订单、优产能。坚持“项目为王”理念，全力推进项目建设，持续扩大有效投资，把今天的增量抓成明天的产出、未来的实力。强化招商引资“头号工程”，坚持“一切围着项目转，一切盯着项目干”，为经济稳定可持续增长注入强劲内生动力。

坚持“强改革、重实干”的工作路径。没有改革，就没有政府各项工作的新进展新局面；没有实干，再好的蓝图也只是空中楼阁。全面深化改革，推动高质量发展，没有捷径，唯有实干。要坚持问题导向，敢啃“硬骨头”、敢趟“深水区”、敢打“攻坚战”，优质高效做好改革各项工作，不断解决新老问题，破除发展障碍。坚持结果导向，切实提升政府执行效率和落实能力，以政策的“准”和“实”，干部的“闯”和“拼”，奋力推动江北经济社会发展的“稳”和“进”。

围绕以上要求和目标，今年着力抓好十方面重点工作：

（一）聚焦提质增效，加快构建现代化产业体系

坚持把发展经济的着力点放在实体经济上，推动先进制造业、现代服务业和现代农业深度融合发展，打造具有区域竞争力的现代化产业集群。

做精都市工业。加快推动先进制造业量质齐升，规上工业增加值增长8%以上。实施产业强链工程，大力推动优势产业转型升级、新兴产业发展壮大，做大高端金属合金、汽车零部件和智能装备等优势产业集群，做强光学膜、磁性材料和智能传感产业等新兴产业链。实施数字经济“一号发展工程”升级版，制定出台高质量发展数字经济行动方案，落实自动化、数字化和智能化技改项目50个，实现规上企业数字化改造全覆盖，数字经济核心产业增加值增长15%。持续培育“大优强、绿新高”企业，实施新一轮“凤凰行动”，力争国家级制造业单项冠军、专精特新“小巨人”企业数量稳步增长。

做强现代服务业。全面实施服务业高质量发展三年行动，加快港航服务、现代商贸、高端商务三大优势型服务业转型升级，推动文化休闲、生活服务两大品质型服务业精细发展，引导金融保险、科技服务、软件信息三大功能型服务业提质增效，打造“323”服务业产业新体系，服务业增加值增长7%以上。大力发展楼宇经济，抓实新建楼宇“二次招商”和存量楼宇“整规提升”。加快生活性服务业便利化、品质化发展，完善一刻钟便民生活圈功能布局。推进省级两业融合试点园区和试点企业创建。促进旅游产业恢复发展，通过省级全域旅游示范区复核，达人村争创AAAA级景区。加强房地产市场预期引导，支持居民合理住房需求。

做优现代农业。牢牢守住耕地和永久基本农田红线，推进现代化粮食示范田工作。全面落实粮食安全责任制，确保粮食种植面积稳定在4.9万亩，实现生猪产能1.6万头。实施科技强农、机械强农行动，切实提高农业生产效益。深入推进农业规模化、精品化、数字化、品牌化发展，打造“慈城年糕”“宁波牛奶”“江北稻米”“微型盆景”四条全产业链，抓好“艺创鞍山”“田园北郊”两个都市休闲农业精品项目，推进农业数字工厂和未来农场建设，进一步打响“江北农好”品牌。

做大产业平台。浙江前洋经济开发区推动直播经济、数字港航、软件信息等产业深度融合，深化北门户区形象展示和功能提升，高质量打造两业融合省级样板园区。江北高新区深化“万亩千亿”新产业平台建设，加快金力永磁、正力药品等产业项目竣工投用，积极打造国家级膜材料产品研发中心。新兴产业服务中心支持园区企业增容调绿和增资扩产，大力实施工业用地二次开发。宁波直播电商经济集聚区、北岸国际港航创新发展区和老外滩金融保险创新港抓好产业链重点企业招引集聚，持续做大做强区域影响力。前洋E商小镇和膜幻动力小镇进一步推动高能级产业集群发展，打造产业更特、创新更强、体制更优、形态更美、辐射更广的特色小镇2.0版。优化完善园区基础配套设施和公共服务体系。

（二）聚焦项目攻坚，加快夯实高质量发展基础

坚持以项目看发展论英雄，加大招商引资力度，推动区块联动开发，加快构筑江北经济高质量发展的“四梁八柱”。

大力开展招商引资。强化招商规划、政策、要素和项目统筹，落实落细“14878”大招商工作机制，建立健全重大招商项目推进制度。实施招商提质攻坚行动，搭建“一把手招商”赛马平台，全面推进区块招商、产业链招商和二次招商。聚焦京津冀、长三角、珠三角等重点区域，开展新一轮驻外招商。举办系列推介会、高管圆桌会等投资促进活动。推动招商资源共享，探索“飞地招商”。引进内资 220 亿元，实际利用外资 2.9 亿美元以上。

全力开发重点区块。老外滩通过国家级步行街创建验收，白沙历史文化街区实现招商落地。慈城古县城加大原水泥厂等地块招商力度，推进东南段城墙等项目建设，迎春路商业街建成开放。文创港加快地块出让和项目施工，推进客厅二期建设。姚江新城启动核心区地块开发，配合做好宁波奥体中心二期 6 万人体育场和国际交流中心建设。新兴产业育成区启动征地拆迁，加快基础设施建设，打造“宁波·都市智造谷”。城市（庄桥）拓展区完成天鑫未来社区剩余地块出让，启动庄兴路高铁下穿节点工程。保苏片区争取重大文商旅项目落户开工。永红区块全面加速拆迁，争取更多项目开工建设。湾头、慈城新城等重点区块建设有新进展。

加速建设重大项目。坚持能早则早、能快则快、能开则开，加强重大项目全周期管理，用好专业化投资数据库平台，做深项目前期谋划，实施在建项目动态跟踪，尽快形成更多实物工作量。计划实施重点建设项目 102 个，完成投资 224 亿元。大力促进产业投资，开工建设汽车智能化科创产业园等 13 个产业项目。通过政府投资和政策激励有效带动全社会投资，力争制造业投资、民间投资保持较快增长。加强项目要素保障，积极做好新一轮国家专项债项目接续储备和申报工作，争取更多项目取得政策性开发性金融工具支持。

（三）聚焦创新引领，加快建设更高水平科创强区

坚持创新在现代化建设全局中的战略核心地位，推动创新链产业链资金链人才链深度融合，加快提升创新发展水平。

夯实创新主体基础。强化企业创新主体地位，新增高新技术企业 50 家以上、科技型中小企业 130 家以上。建立重点产业链靶向攻关清单，实施关键核心技术攻关项目 10 个以上。深化重点研发投入企业培育计划，支持企业创建各级各类研发机构，开展规上企业研发“诊断 + 提升”行动，打造光电新材料国家级创新型产业集群。

提升创新载体能级。主动融入甬江科创区建设，加强与宁波大学、中科院宁波材料所等科研院校合作，推进产学研深度融合。提升产业技术研究院集聚辐射功能，加快大连理工大学宁波科技园、浙大科技园江北园区建设。推进双创载体建设，做优北高教园区等创新平台，力争国家级科技企业孵化器实现零突破。

优化创新生态体系。打造创新链产业链融合发展示范区，建设一批科技成果转化载体和服务机构。推进知识产权强区建设，每万人高价值发明专利量达到 28 件。推动人才赋能中心建设，引育市级以上重点人才工程项目 15 个，新增院士工作站 2 家、博士创新站 15 家。强化科技金融支持，用好科技信贷风险池，鼓励产业链链主企业设立创新发展基金。

（四）聚焦开放合作，加快推动国际国内双循环

保持推进高水平对外开放的战略定力，增强国内国际两个市场两种资源联动效应，多措并举扩内需、促消费。

加大开放合作力度。全面融入长三角一体化发展、杭甬“双城记”、宁波都市圈建设等大局，全力保障通苏嘉甬铁路、宁波市域铁路慈溪线等线性工程项目建设，争取翠屏山中央公园南侧公园大道、宁波大道等规划道路尽早落地。推进中东欧对外交流品牌提升，承办第三届中国—中东欧国家博览会相关活动，共建中东欧进口商品销售平台。做深做实东西部协作、山海协作及其他对口支援合作工作。

促进内外贸一体化发展。积极推进国家级外贸转型升级基地创建，落实“百团千企拓市场”专项行动，深化“助企稳贸”服务联盟，持续提高出口信保覆盖率，拓展多元化出口市场。推动外贸新模式新业态发展，优化服务贸易结构，促进数字贸易发展，跨境电商、服务贸易进出口额均增长 10% 以上。积极推动内外贸融合发展，加速培育内外贸一体化基地试点和龙头企业。

促进消费扩容升级。把恢复和扩大消费摆在优先位置，开展系列促消费活动，大力发展首店经济、夜间经济、周末经济，引育更多品牌首店、钻级餐饮、星级酒店。更加精准投放消费券，促进餐饮、汽车、文旅等消费升级。打造省县域

商业体系建设示范区，持续提升核心商圈品质形象。强化质量品牌培育，新增“品字标”品牌企业 3 家。

（五）聚焦改革攻坚，加快汇聚跨越发展新动能

以数字化改革为牵引，进一步深化重要领域和关键环节改革，形成更多具有江北辨识度的标志性成果。

提高数字化改革实战实效。推进省级重大应用贯通落地，加快特色场景应用创新研发。深化“平台 + 大脑”建设，提升江北全域治理运行平台一网统管效力，加快发展物联网智能感知网络，推动数字孪生城市建设。深化“一件事”集成改革，“一网通办”率达到 92% 以上。推进省级强村富民乡村集成改革试点建设，开展低效资产分析研判，探索市场化组团发展模式和闲置农房开发利用机制，引导乡村业态更新更替。

推进要素市场化配置改革。主动承担要素市场化配置综合改革试点相关任务，推动资源要素向优质企业、重大项目、重点区域集中。深化低效工业用地二次开发改革，支持优势企业自主改造、鼓励社会资本积极参与、深化政府收储再开发，规范工业用地二级市场管理。强化“亩均论英雄”改革，扩大亩均评价结果应用范围，倒逼低效企业转型提升，推动工业上楼打造“垂直工厂”。深化国家农村集体产权制度改革试点建设。加快国企实体化转型和现代企业制度建立。

实施营商环境“一号改革工程”。切实落实“两个毫不动摇”，迭代升级高质量发展产业扶持政策体系，加大金融支持实体经济力度，接续抓好一揽子政策直达快享，用“真金白银”提振企业发展信心。深入推进市场主体全生命周期服务改革，探索实施项目审批、知识产权保护等“一件事”集成改革，落实行政许可事项清单和市场准入负面清单管理制度。完善企业服务经理人制度，继续开展“百名干部助百企”“百名干部服务百大工程”行动，切实为企业解难题、办实事。推进信用社会打造，健全信用分级分类监管和信用修复告知制度。

（六）聚焦城市建设，加快践行新型城市化道路

加快全域统筹发展，推进一张图规划、一盘棋建设、一体化管理，进一步打开江北城市拥江发展大框架大格局。

优化都市空间规划。加快国土空间总体规划向下传导速度，有序推进详细规划编制和调整，配合实施姚江两岸等城市空间规划设计。对接落实《宁波市城市更新试点实施方案》，整体连片推进“老外滩—德记巷”等六大重点片区城市更新。加快全域国土空间综合整治规划编制，深化整治示范启动片区建设，新开工整治项目 20 个。抓紧都市空间新区块谋划，探索正大花园、洪塘老街等 10 个街区改造提升方案。

开展征拆提效攻坚。加大征拆力度，新启动征收计划项目 18 个、建筑面积 90 万平方米，推进征拆储备项目适时转为计划项目，力争全年签约面积突破 100 万平方米，实现近年来新高。实施清零扫尾，抓紧完成邵家渡大桥及接线工程等遗留项目的清零清场。推进阳光征收“数字化一件事”应用场景建设，统筹货币安置与调产安置两种方式相协调。

加强基础设施建设。大步迈向“轨交时代”，加快形成“一环六射”的轨道交通网络。新改建 10 条主次干道，推动江北大道、宏图路等道路改造提升工程开工，完成洪大路、北海路等城市道路建设。推进水利、电力、电信、排污等基础设施项目建设，建成姚江新区综合管廊一期（广元大道）项目，加快江北下沉式再生水厂配套管网建设，推动 220 千伏洪塘变电站迁建，进一步提升区域基础设施保障能力。

（七）聚焦全域提升，加快展现高品质城乡形象

以人为核心推进城市有机更新，提升城乡品质，打造更为宜居、韧性、智慧的美丽家园。

推动城市品质提升。滚动实施“精特亮”工程，高质量打造精品线路 4 条、特色街区 4 个、亮点工程 20 个。实施物业服务品质提升行动，加强无物业管理小区基础服务，推进既有住宅加装电梯工作。完善街区设施、街景灯光、公园绿地等公共配套，提升打造甬江北岸、姚江新城滨水公共空间。一体推进城中村、城乡结合部、老旧小区整治改造，完成未来社区建设项目 9 个。开展迎亚运专项整治，完成高速出入口改造、道路平坦、人行道净化等专项行动。

加快乡村振兴打造。持续深化“千万工程”，深入开展美丽村庄宜居家园建设行动，启动慈江村和湖心片区全域土地综合整治，推进压赛更新改造三期工程。改善农村人居环境，统筹推进美丽田园、美丽河湖、美丽农房建设，新增省级未来乡村 2 个以上。实施强村富民行动，健全片区组团发展模式，确保 90% 以上的行政村经营性收入超过 50 万元；推动农村承包地经营权抵押贷款扩面，有效增加农民财产性收入；深化“一户一策”干部帮扶制度，确保低收入农户增收 10% 以上。

提升生态环境质量。积极争创

国家级生态文明建设示范区，持续打好污染防治攻坚战，守护蓝天碧水净土。常态化做好生态环保督察问题整改，有效整治挥发性有机物、扬尘污染、秸秆焚烧问题，空气质量优良天数比例保持在91%以上。深化全域治水攻坚，开展农村生活污水提标纳管，加快打造省级“污水零直排区”标杆街镇。全域推进“无废城市”建设，强化固废分类处置和资源化利用。稳步推进“双碳”行动，不断深化绿色低碳产业体系建设。

（八）聚焦全民共享，加快创造群众向往的美好生活

坚持发展为了人民，尽力而为、量力而行，加快社会事业发展，用心用力用情擦亮民生幸福品牌。

优先发展教育事业。持续提升教育优质均衡水平，适度超前加大教育投入，开工建设天鑫未来小学和洋市配套学校，完成江北外国语学校二期、湾头九年一贯制学校二期建设。实施“未来学校”校长培育计划，探索优质教师定向培养模式。持续推进“双减”工作，做优课后服务。

全面发展健康事业。均衡布局优质医疗资源，新建湾头、孔浦社区卫生服务中心，实施区儿童医院、区妇幼保健中心迁建工程，新增医疗床位200张。提升区域医疗服务水平，深化“医共体”体系建设和能力提升，推进市第九医院综合改革。巩固慢病综合防控示范区创建成果，促进中医药传承创新发展，区中医院完成扩容提升。借亚运东风，推动高质量全民健身公共服务体系发展，加快姚江传骑运动线建设，打造山地户外运动品牌。

繁荣发展文化事业。全面实施文化江北建设“十大工程”，精心策划中华慈孝节等系列活动，加快推进姚江音乐公园、区图书馆新馆等文化地标建设，深化“书香江北”全民阅读品牌，擦亮“慈孝文化”“开放文化”等金名片。常态化推进全国文明典范城市创建，开展文明好习惯养成行动。推动媒体深度融合，不断增强新媒体平台综合影响力。

（九）聚焦普惠保障，加快打造共同富裕鲜活样板

着力解决群众急难愁盼问题，聚焦办好民生实事，深化“扩中提低”，让共同富裕更加真实可感。

加大社会保障力度。实施就业优先行动，打造技能人才高质量发展示范区，促进高校毕业生、退役军人等重点群体就业，确保零就业家庭动态清零。扩大社会保险覆盖面，切实做好灵活就业人员、新业态从业人员参保工作，户籍人口基本养老、医疗保险参保率保持全市前列。建立健全长期护理保险制度体系，推动护理服务项目标准化。做好住房保障工作，新增保障性租赁房2300套。加强国防后备力量建设，继续做好退役军人服务保障。深入实施中长期青年发展规划，大力推进青年发展型城区建设。

关心关爱老弱幼小。围绕“老有所养”，完善养老服务体系建设，新建区级养老机构，推进居家养老服务中心（站点）一体化运营，新建智慧养老院1家、标准化老年食堂2家，每日助餐老人数达到1400人次。围绕“幼有所育”，优化生育支持政策体系，推进全国学前教育普及普惠区创建，新增幼儿园托位数300个，托幼一体化托位占比超过80%。围绕“弱有所扶”，优化完善社会救助政策，精准帮扶残疾人士，巩固提升慈善和红十字事业，城乡居民最低生活保障标准提高到每人每年1.47万元。

全力办好民生实事。进一步加大民生支出财政投入力度。精准聚焦身边可见、真实可感的民生问题，列出十方面民生实事候选项目，分别是：完善交通基础设施、提升区域防洪能力、加大安居保障力度、打造友好人居环境、提升文化服务水平、拓展“一老一小”照护、提升医养服务水平、推进技能人才引育、提升港城面貌展示、完善城市功能绿带。待大会表决后将认真抓好落实，力求把实事办好，让代表满意，让群众受益。

（十）聚焦除险保安，加快实现全域社会治理现代化

坚决守牢安全发展底线，有效防范化解重大风险，不断提升社会治理体系和治理能力现代化水平。

持续优化疫情防控。不断完善疫情防控工作机制，全面实施“乙类乙管”工作方案，打好疫情防控平稳转换、平稳渡峰主动仗。突出保健康、防重症、强救治、优服务，扩容医疗救治资源，强化医疗物资储备保障，加快重点群体疫苗接种，补齐农村疫情防控短板，提升民政服务保障能力。加强科普宣传，更有针对性地开展爱国卫生运动，引导居民群众做好个人防护。

维护城市公共安全。聚焦危化品运输、道路交通、建筑施工、城镇燃气等重点行业领域，开展突出问题专项整治。切实做好强台风、强降雨和极端天气防御准备，实施甬江、姚江干堤提升工程，最大限度防范和化解洪水、内涝、森林火灾等灾害风险。实施农贸市场提质升级行动，抓好食品药品全链条监管、特种设备全生命周期监管，争创省级食品安全示范区。加强能源安全管理，做好消防安全工作。

保持社会和谐稳定。围绕省“平安区”创建目标，持续开展平安建设攻坚行动。持续开展扫黑除恶斗争，加强电信诈骗、养老诈骗打击治理。深化“公安大脑”建设，提档升级“雪亮工程”。加强重大风险防范化解，妥善处置企业流动性风险、涉众型经济金融风险。

提高基层治理水平。深化“县乡一体、条抓块统”县域整体智治改革，推动全域智治中心、基层治理四平台和全域网格的流程优化和力量整合。深化城乡现代社区建设，推进社区综合服务体和小区自治站试点工作，加强专职社工队伍建设。深化“大综合一体化”行政执法改革，提升“一支队伍管执法”的治理效能。完善三级矛调体系建设，压实信访工作责任。

三、切实加强高水平现代政府建设

新的征程，政府工作要有新的担当、新的作为、新的成效。要始终坚持以习近平新时代中国特色社会主义思想为指导，推动政府管理方法和治理手段的现代化。

（一）提高政治能力，铸牢忠诚之魂。持之以恒学深悟透做实党的二十大精神，自觉践行贯穿其中的一系列新理念新思想新战略。持续增强“四个意识”、坚决做到“两个维护”，服务“国之大者”，弘扬斗争精神，勇担时代重任，坚决贯彻落实党的路线方针政策。坚持“一张蓝图绘到底、一个步调抓到底”，推进中央和省委、市委重大决策部署在江北的落地落细，以扎实行动和有效成果体现对党的绝对忠诚。

（二）深化依法行政，厚植法治之基。深入贯彻习近平法治思想，以法治定规矩、划界限、促治理，把政府工作全面纳入法治轨道。深化政府规范化建设，加强重大行政决策事前论证和事后评估，严格执行重大行政决策程序，持续抓好巡视和审计问题整改。依法接受区人大及其常委会监督，自觉接受区政协民主监督，主动接受社会舆论监督。推进政务公开与政务服务深度融合，不断提高政府的透明度和公信力。

（三）强化专业智治，激发变革之力。树牢“整体政府”理念，加快变革型组织、创新型政府建设，推进政府工作的流程优化和制度重塑。深入建设数字政府，强化数字赋能和实战实效。常态化开展专班攻坚“北岸赛马”、重点工作绩效评估、区政府领导挂联协调服务等，强化定期会商、清单管理、闭环推进和精准督查机制，把制度优势转化为治理效能和工作效能。

（四）锤炼工作作风，恪守为民之心。树立正确政绩观，严格落实中央八项规定精神，驰而不息纠治“四风”。加强和改进调查研究，推动行政执法权限、力量和资源下沉，落实落细尽责豁免、容错纠错机制，采取有效措施减轻基层负担。坚持求真务实、攻坚克难，防止简单化、乱作为、不担当、不作为，不断提升破解难题和应对风险能力。

（五）加强廉政建设，常修从政之德。严格履行全面从严治党主体责任，纵深推进政府系统廉政建设，营造风清气正的政治生态。坚持以制度管权、管人、管事、管钱，聚焦关键少数，加强重点领域、重点环节、重点岗位等廉政风险防控工作。坚持“俭”字为要、过紧日子，深化预算管理制度改革，持续压减一般性支出和非急需非刚性支出，集中财力办好大事、办优实事。

名词解释

1．“1586”专项行动：2022年，江北区委、区政府深入推进的专项行动，“1”即坚持以数字化改革为总抓手，“5”即深化投资扩量、招商提质、征拆提效、产业提级、“精特亮”提升五大攻坚行动，“8”即组建老外滩、文创港、慈城古县城、姚江新城、城市（庄桥）拓展区、永红区块、新兴产业育成区、保荪片区八大开发建设指挥部，“6”即建立涵盖“任务谋划、部署、推进、验收、考评、赛比”全过程、全要素的六大保障机制。

2．“1244”统筹推进机制：2022年，宁波市出台的重大项目统筹推进机制，即构建“一条链”重大项目全过程管理，形成“双回路”工作推进体系，成立“四大办”统筹协调服务，建立“四级”协调会商运行机制。

3．基层智治改革创新实践：“县乡一体、条抓块统”县域整体智治改革是浙江省委十四届八次全会提出的13项战略抓手之一，即坚持整体思维，以县域为整体对各类资源进行统筹调配，以明责、减负、赋能、增效为目标，持续提升基层一线治理能力。

4．RCEP：区域全面经济伙伴关系协定，是亚太地区规模最大、最重要的自由贸易协定，由包括中国、日本、韩国、澳大利亚、新西兰和东盟十国共15方成员制定。

5．“三区三线”划定：2022年，自然资源部以国土调查成果为基础，全面开展“三区三线”划定工作，划定城镇、农业、生态空间和生态保护红线、永久基本农田保护红线、城镇开发边界，作为调整经济结构、规划产业发展、推进城镇化不可逾越的红线。

6. “精特亮”：宁波市提出的精品线路、特色街区、亮点工程的创建工作。

7. “社银通”：是人社部门与银行建立合作关系，在银行网点挂牌设立人社经办网点，利用合作银行的网络、设施、场地、人员，让群众、企业可以就近办理人社业务的一项便民举措。

8. “大综合一体化”行政执法改革：2022 年，浙江省成为全国唯一的“大综合一体化”行政执法改革国家试点，对行政执法进行结构性、体制性、机制性系统集成改革，更大范围整合执法职责，优化配置执法资源，健全执法协同机制，实现部门间、区域间、层级间一体联动。

9. “五问五破、五比五先”专项行动：2022 年，宁波市开展的机关作风建设专项行动，“五问五破”指的是问争先劲头足不足，坚决破除甘愿躺平“混日子”思想；问担当精神够不够，坚决破除推诿扯皮“怕担责”心态；问为民情怀深不深，坚决破除脱离群众“不走心”现象；问底线思维牢不牢，坚决破除心存侥幸“碰运气”心理；问法纪意识严不严，坚决破除不知敬畏“没规矩”行为。“五比五先”指的是比格局提境界、立先行之志；比实干促担当、扛先行之责；比业务强本领、增先行之能；比干劲看作为、闯先行之路；比实绩展风采、成先行之势。

10. “两个毫不动摇”：党的十九大指出，必须毫不动摇巩固和发展公有制经济，毫不动摇鼓励、支持和引导非公有制经济发展。

11. “千万工程”：“千村示范、万村整治”工程的简称，是“绿水青山就是金山银山”理念在浙江农村的成功实践。

12. “港源城始”：2022 年，省委常委、市委书记彭佳学在宁波市十六届人大一次会议参加江北代表团讨论时指出，江北作为宁波从内河港迈向海港的起点，是宁波港的重要源头，老外滩更是海上丝绸之路的“活化石”、宁波港的起锚地、“宁波帮”的出发地；江北有以句章故城为起点的两千五百年建城史、以慈城开衙立县为标志的一千二百年建县史，是宁波建城史的重要起始。

13. “14878”大招商工作机制：以区投资促进委员会为统领，四大平台、八个街镇为招商主力军，协同七个行业招商部门、八大重点区块指挥部，构建大招商格局。

14. “飞地招商”：打破行政区划限制，把“飞出地”的资金和项目放到行政上互不隶属的“飞入地”的街镇、园区，通过规划、建设、管理和税收分配等合作机制，从而实现互利共赢的招商模式。

15. “品字标”：是综合体现浙江企业和产品标杆形象的区域公共品牌。自 2013 年省委、省政府提出打造“浙江制造”品牌以来，“品字标”已成为浙江一流企业和一流产品的代名词。

16. “一网通办”：打通不同部门的信息系统，群众只需操作一个办事系统，就能办成不同领域的事项。

17. “扩中提低”：扩大中等收入群体规模，提高低收入群体收入。这是浙江省探路共同富裕示范区建设的主要举措之一。

18. 托幼一体化：托育（托班）、幼儿园教育一体化。

19. “乙类乙管”：将乙类传染病采取乙级的管理措施。为高效统筹新冠疫情防控，从 2023 年 1 月 8 日起，对新型冠状病毒感染实施“乙类乙管”。

中国人民政治协商会议第六届宁波市江北区委员会常务委员会工作报告

——在宁波市江北区政协六届二次会议上

区政协主席　邹宇明

（2023 年 1 月 31 日）

2022 年工作回顾

2022 年是六届区政协的开局之年。一年来，在中共江北区委的坚强领导和省市政协的悉心指导下，区政协及其常委会坚持以习近平新时代中国特色社会主义思想为指导，深入学习贯彻习近平总书记关于加强和改进人民政协工作的重要思想，坚持守正创新、变革重塑，聚焦专门协商机构新定位、双向发力新内涵、“三个重要”新要求，创新构建“同心向党、双周协商、委员议事、资政建言、履职管理”五张清单工作体系，围绕党政中心大局和人民群众重大关切积极履职尽责，为江北全面建设现代化滨海大都市创智和美城区贡献了政协智慧和力量。我们的有关改革探索得到全国政协主席批示，中国人民政协理论研究会副会长、全国政协文化文史和学习委员会副主任刘佳义率调研组赴我区开展专题调研，并给予高度肯定。

一、同心向党，强化政治引领

强化理论武装，夯实思想政治根基。坚持不懈用习近平新时代中国特色社会主义思想凝心铸魂，坚持“首题必政治”的第一议题学习，把迎接与宣传贯彻中共二十大精神作为主线，开展党组理论学习中心组学习会、党组会议、常委会会议、主席会议学习共 42 次，深学笃行中共十九届历次全会、中共二十大精神等，深刻领悟“两个确立”的决定性意义，增强“四个意识”、坚定“四个自信”、做到“两个维护”。建立党史学习教育常态化长效化机制，推动党的创新理论入脑入心。

坚持党的领导，把牢正确政治方向。坚定不移将党对政协工作的全面领导贯穿履职的全过程各方面，认真落实省第十五次党代会、市第十四次党代会、区第十次党代会精神。严格落实请示报告制度，年度工作要点、协商计划、党组重要工作等重大事项，坚持提请区委常委会研究批准后实施；每季度政协主席向区委书记报告工作，与区长交流意见。切实加强政协党的建设，充分发挥政协党组把方向、管大局、保落实的重要作用，召开政协系统党的建设工作会议，研究部署党建工作；完善政协党的组织体系建设，机关党总支、支部完成换届选举；深化推进“两个全覆盖”，专委会功能型党支部结合自身特色开展形式多样的主题活动 20 多场，推动党建履职“双提升、双促进”。

广泛凝心聚力，筑牢团结奋斗共识。坚持以深化合作聚共识，与区政府班子开展工作对接；与区委组织部联合出台《关于建立区政协与区委组织部工作协同机制的意见》；与区法院班子进行座谈交流。完善主席会议成员与党外委员、民族宗教界人士的联络联系制度；密切保持同住江北省市政协委员和各族各界代表人士的经常性联系；支持政协之友联谊会开展形式多样的团结联谊活动，以走亲促进凝心，以凝心实现聚力。坚持以翰墨文史聚共识，积极开展文史研究、文艺创作、调研采风等活动，举办文史交流座谈会，新聘任 3 名文史研究馆馆员，出版《江北文史》两期，编印《江北非遗》，参与《浙江城市名片》编辑；举办“喜迎二十大·书画颂党恩”书画展；挖掘江北茶文化深厚历史底蕴，成立茶文化促进会；建言全区 12 处红色革命历史遗迹保护和利用，赓续传承“红色根脉”。整合文史研究馆、书画院、联谊会、茶促会等，高标准打造立体多元、开放共享的“星星甬共”凝聚共识大平台、文化交融新窗口；深化“同韵”“同创”“同裳”等“同心”系列委员工作室建设，浙江前洋双创委员会客厅晋升省政协四星级会客厅。

二、双周协商，服务中心大局

献计市区重大发展战略。围绕市委“翠屏山中央公园建设”战略进行专题调研，在实地考察成都龙泉山城市森林公园、湖南张家界武陵源核心景区、长株潭绿心中央公园等地的基础上，撰写《打通“六脉”，献计“六策”，共创宁波现代化滨海大都市》的调研报告，并在市委“翠屏山中央公园和余慈地区统筹规划”工作座谈会上交流发言，建言“整山、修水、融城、聚人、彰文、强经”，得到市委、市政府领导高度肯定。聚焦“重点区块产城人文融合发展”，开展“书记委员面对面”协商，积极建言浙江前洋经济开发区、文创港、老外滩、慈城等重点区块建设，区委书记与委员、群众热烈互动，现场签批协商纪要，很多意见建议被区委、区政府吸纳并转化为相关政策、措施。紧盯“全域国土空间综合整治”市政协全会提案，市区政协联动开展专项民主监督，将《关于推进姚江新城全域国土空间综合整治，加快城中村改造项目的建议》列为重点提案，区长亲自领办，主席会议成员督办，助力推进资源重组、空间重构。

助推区域经济社会高质量发展。坚决贯彻落实总书记“疫情要防住、经济要稳住、发展要安全”指示要求，主席会议成员带队全力助企纾困，分7个助企小组累计走访企业139家，现场协调解决问题40余项，收集问题120余条，并提出意见建议，形成专报得到区委书记批示肯定，区政府逐条研究落实；常委会会议专题协商“精特亮”创建，高质量建言4条精品线路、4个特色街区、20个亮点工程建设及下步工程谋划，助力全域共融共进、共富共美。持续关注老外滩建设，主席会议专题视察老外滩特色业态场景、文化挖掘展示、街区智慧治理等，助力泛老外滩文商旅融合发展。围绕“双碳”时代工业经济高质量发展、庄桥站片区开发、新兴产业育成区规划建设、打造直播经济集聚区等开展对口协商，提出意见建议40余条，共商高质量发展新路径。

助力群众生活品质改善。积极践行“两山”理念，召开“关注森林”工作会议，开展“古树名木保护”民主监督，调研全区115株古树名木保护情况。持续就全国文明典范城市创建、无废城市建设、垃圾分类等开展视察监督；专题督查重点河道流域治理、重点项目管养维护，助力江北天更蓝、山更绿、水更清、环境更优美。聚焦群众关心关切，专题协商“提升居家养老服务”，建言14项“一件事”服务场景建设，助力构建高水平养老服务体系。围绕“双减”工作提质增效、公共卫生应急能力提升、社区专科门诊建设等开展调研协商，让人民群众获得感、幸福感、安全感更加充实、更有保障、更可持续。全力以赴助力“防疫”“防台”，机关干部全员发动当好“守门员”“宣传员”“服务员”，累计下沉36批次、200多人次；委员们闻令而动当好“先行者”“守卫者”“战斗者”，奋战救治一线、踊跃捐款捐物、参加志愿服务；台风“梅花”登陆之际，主席会议成员带队纷赴一线排查风险隐患、落实防范措施；委员们坚守岗位、迎难而上，筑牢安全防线。

三、委员议事，增进民生福祉

牢记民生之本，拓展平台渠道。推动省政协“民生议事堂”工作要求落地落实，持续规范和完善“委员议事”，形成“政协‘六议’搭台、委员‘六事’唱戏”的议事格局。推动履职触角延伸，实现乡镇街道“民生议事堂、委员工作室、社情民意联系点”三位一体建设全覆盖，推行流动“协商驿站”，让“民生议事堂”真正走进了田间地头、企业车间、公园弄堂等；推动线上线下融合，作为唯一协同单位，积极参与市政协“委员议事－数字化场景应用”建设。“委员议事”已成为具有鲜明辨识度、广泛影响力的江北政协工作金名片。

破解群众之难，助力共同富裕。向全区人民发出《做争创高质量发展建设共同富裕先行标兵模范》倡议书。积极参与“助力共同富裕示范区建设专题协商”活动，坚持在小切口中体现大民生，累计开展“委员议事”36场。其中，聚焦“一老一小”，开展“长兴托育园建设、老旧小区适老化改造、老年活动室改造提升、老年食堂建设”等议事近10场，助力“全龄友好”；聚焦“除险保安”，开展“店面房瓶改管、防溺水设施建设、电瓶车充电桩改造”等议事，助力打造“共富”安全环境；聚焦“精神富裕”，开展“名人故居修复和文化提升、传承发扬慈孝文化、‘骑’进越野公园、文化礼堂内涵提升”等议事，更好满足人民群众多样化、多层次、多方面的精神文化需求。

广献利民之策，提升提案质效。坚持提案履职为民导向，在提案提出、协商办理、成果转化等方面下功夫，确保提案提得“准”、办得“好”、落得“实”。创新开展提案线索调研征集“基层活动月”，发动委员与部门、群众开展座谈交流，做到协商前置；把“慈江村未来乡村村民建房”“独居老人智能家居设备改造”“城乡接合部小区供水设施改造”等民生类提案列为重点提案，并选取10件纳入“委员议事”，推动融合履职，提高提案办理质量；全年169件提案全部办复，办理工作满意率100%。积极向市政协提交“加快湾头片区公共服务配套建设”“村级物业提升改造”等提案15件，不断为江北民生发展“鼓与呼”。

四、资政建言，力促提质增效

发扬学习“好传统”。坚持学习开路，完善以党组理论学习中心组为龙头的学习制度体系，打造“知行学堂”“委员讲堂”“机关讲堂”“青年论坛”等全覆盖的学习品牌，创新开展“清单式学习”“联合式学习”。大力倡导“书香政协”，组织机关干部围绕中共二十大、省市区党代会等开展学习研讨，积极参与“奋进新征程、建功新时代”“争当政协履职排头兵”等网络读书活动，全年共举办各类学习活动60多场次，切实营造学思用贯通、知信行合一的浓厚氛围，读出了浓浓的“浙江味、江北味、政协味”，推动了学习与思想进步、能力提升、履职增效的共融互促。

夯实调研“基本功”。牢固树立“精品政协”理念，始终坚持“没调研不协商、无准备不建言”，主席会议成员每人领衔一项重点课题；其中，“重点区块产业导入”课题，借鉴市政协成功经验，创新实施“1+4”调研模式，形成1个主报告、4个子报告，确保调研成果和建言资政的高质量，让协商更增“底气”。高度重视政协理论研究工作，精心选择“基层政协高质量发展模式”“党对政协工作领导的重要阵地”“加强委员会客厅建设”等开展专题研究，为基层政协工作创新发展提供了理论支撑和实践指导。其中，《进一步发挥“民生议事堂”作用的实践路径研究》等两篇获评省政协优秀论文。

发出政协“好声音”。充分发挥参政议政作用，六届一次会议期间，委员们在深入调研的基础上，聚焦软件信息业发展、金融科技创新、打造乡村共富实践样板、未来社区建设等主题进行大会发言，提交材料17篇，为江北经济社会发展出谋划策，得到区委、区政府主要领导高度肯定；充分发挥社情民意信息“直通车”作用，报送社情民意信息80余篇，其中《亟待扎牢野生动物园管理的制度笼子》《测土配方施肥推广面临四大难点亟待重视》《消防救援大队改革后涉水救援三大难点亟待突破》等信息被全国政协采用，反映社情民意信息工作连续6年位居全市各区县政协第一。宣传工作再创佳绩，全年共在《人民政协报》、《联谊报》、浙江政协同心苑、《宁波政协》等国家、省市媒体登载120余篇，其中，《引领聚合力、增信齐奋进——江北区政协搭建凝聚共识大平台记事》等2篇在人民政协报头版刊发，并获评浙江省第四届人民政协好新闻“优秀新闻作品”，进一步扩大了江北政协的影响力、美誉度。

五、履职管理，着力固本强基

制度更趋成熟定型。贯彻落实中央政治协商条例，全面梳理、完善各类工作制度17项，推动政协工作与时俱进、提质增效。其中，修订全体会议、常委会会议、主席会议等工作规则，有效提高工作制度化、规范化和程序化水平；制定《加强常委会自身建设》《加强界别工作的意见》《强化委员责任担当》等文件，进一步激发委员履职尽责的积极性、主动性；优化完善办文、办会、办事等内部管理机制，推动日常工作运转更加规范有序。

委员更显责任担当。主席会议成员常态化走访看望委员，提升委员归属感和责任感。举办政协委员履职能力提升线上培训班，参与率超90%；推行“以老带新”委员能力提升行动，安排履职经验丰富的资深委员，以“一对一、一对多”形式加强对新任委员的指导，提升委员履职水平。完善“积分制”履职规则，以制度化、科学化、规范化推进委员履职；推动委员进“网格”，把履职触角延伸到“最小单元”；组织委员赴四川越西县、新疆库车市等地开展对口帮扶；发动委员积极参与捐资助学、公益救援、创业指导、志愿服务、慈善事业等社会公益，让群众感到委员就在身边。

机关更富活力效能。强化正风肃纪，深入贯彻落实中央八项规定精神及实施细则和省市区委有关规定，配合做好省委巡视工作，大力支持派驻纪检监察组履行职责；召开党风廉政建设工作会议，制定全面从严治党主体责任清单；深入开展“五问五破冲在前、五比五先当表率”作风建设专项行动，持续营造忠诚担当、风清气正的政治氛围。扎实推进“五型机关”建设，不断提升干部“开口能说、提笔能写、遇事能干”水平，择优招选3名年轻干部充实机关队伍，支持机关干部赴党校授课、参加全区年轻干部培训班、参与“国学堂”分享交流等活动。深入推进“委员之家”“机关办公”“全会一点通”等数字化应用建设，创新工作交流模式，推动实现“掌上履职、掌上议政、掌上办公”，不断丰富政协履职方式。

一年来，中共江北区委高度重视政协工作，不断加强和改进对政协工作的全面领导，各级各部门全力支持政协工作，为政协履职创造了良好条件。区政协六届一次会议以来，区委常委会6次专题听取政协工作汇报；区委主要领导亲自联系政协工作，区政府主要领导亲自领办重点重要提案；区委、区政府主要领导8次出席政协重要会议活动，对政协履职成果做出批示14件次；区党政领导参加政协各类协商会议活动50余人次。区政协过去一年取得的成绩和进步，是习近平新时代中国特色社会主义思想科学指引的结果，是中共江北区委坚强领导和省市政协精心指导的结果，是区人大、区政府和各级各部门、社会各界大力支持的结果，是区政协各参加单位和全体政协委员共同努力的结果。在此，我代表区政协常委会，表示衷心的感谢和崇高的敬意！

在总结成绩的同时，我们也清醒地认识到，对照新时代新征程的使命任务，对照党委、政府和上级政协的工作要求，对照广大群众和委员的期待需求，我们的工作还存在一定的差距短板，还有不小的改进提升空间。主要表现在：政协在全过程人民民主中的地位与作用尚需进一步凸显，专门协商机构作用还需进一步发挥，凝聚共识职能还需进一步彰显，推动数字赋能政协工作的思路举措还需进一步深化，委员和机关干部的履职积极性、主动性、创造性还需进一步激发，等等。对此，我们将在今后的工作实践中认真加以研究，切实予以改进。

2023年工作任务

今年是全面贯彻落实中共二十大精神的开局之年，也是实施"十四五"规划承上启下的关键之年。区政协工作的总体要求是：高举习近平新时代中国特色社会主义思想伟大旗帜，在中共江北区委的坚强领导下，认真贯彻落实中共二十大精神，深刻领悟"两个确立"的决定性意义，深刻把握以中国式现代化全面推进中华民族伟大复兴的中心任务，深刻理解新时代新征程对人民政协工作的部署要求，坚持发扬民主和增进团结相互贯通、建言资政和凝聚共识双向发力，充分发挥专门协商机构作用，深入践行全过程人民民主，迭代完善"五张清单"，进一步发挥政治协商、民主监督、参政议政职能，为江北开创现代化滨海大都市创智和美城区建设新局面、奋力打造中国式现代化示范城区贡献智慧和力量。

一、牢牢把握"两个确立"的决定性意义，高站位打造"同心向党"新高地，确保"方向不偏、步伐不乱"

政协之政是政治之"政"。坚持中国共产党的领导是成立政协时的初心所在，是人民政协事业发展进步的根本保证，必须找准领航奋进的坐标点，在政治上同心同德，在思想上同心同向，在行动上同心同行。旗帜鲜明讲政治。毫不动摇坚持党对政协工作的全面领导，不断提高全体委员和干部的政治判断力、政治领悟力和政治执行力，切实把坚决拥护"两个确立"转化为坚决做到"两个维护"的实际行动。持之以恒抓贯彻。把学习贯彻中共二十大精神作为首要政治任务，在全面学习、全面把握、全面落实上下功夫，认真开展主题教育活动；积极响应省委"六学六进六争先"和省政协"矢志不渝跟党走、同心奋进新征程"系列活动，通过中心组学习、知行学堂、委员讲堂、基层宣讲等形式，不断推动习近平新时代中国特色社会主义思想扎根铸魂，确保中共二十大精神在政协落地见效。深化委员读书、机关论坛等活动，制定理论学习清单；持续推进政协理论研究，以创新理论成果指导履职实践。一以贯之强党建。加强党组对政协工作根本性、全局性、长远性问题的研究谋划，更加注重提高政协党建的制度性建设和规范化水平，持续深化"两个全覆盖"；以深化"同心向党"党建品牌为抓手，积极探索政协党建工作新模式，规范功能型支部建设，组织和引导党员委员和党员干部更好发挥先锋模范作用；锲而不舍落实中央八项规定精神及其实施细则，认真落实全面从严治党主体责任和"一岗双责"，认真做好省委巡视整改工作，持续推进全面从严治党。

二、紧紧锚定"新时代新征程"的使命任务，高品质打造"双周协商"新格局，确保"商以求同、协以成事"

政协之责是协商之"责"。专门协商机构既是政协的性质定位，又是政协的工作定位。找准区域治理的关键点，唱好协商这台"大戏"，助力江北在打造"中国式现代化示范城区"的新征程上开好局、起好步，是政协义不容辞的职责。献策都市经济高质量发展。聚焦数字经济"一号工程"，围绕"数创赋能都市经济高地建设"，举办书记（区长）委员面对面协商，深化"1+N"调研模式，围绕深入实施创新驱动战略、建设现代化产业体系、拓展产业发展空间、培育壮大市场主体等深入调研，助力现代都市休闲农业、都市工业、现代服务业发展。聚焦打造一流营商环境，借鉴市政协"阿拉甬商有话讲"，探索谋划搭台政企协商的实招、新招，为共商难题破解之道、增强企业发展信心，建箴言献良策；深入开展"三稳三提"企业服务专项行动，助力提高各类服务及政策的精准性、实效性。建言提升现代化城乡品质。紧盯翠屏山中央公园规划建设，就打造翠屏山南门户区便捷交通圈组织专题调研，为江北当好中央公园的“门厅”和城市“中庭”出谋划策；围绕老外滩国家级步行街创建、文创港“东进西连北拓”、城市拓展区有机更新、姚江新城开发建设、慈城古县城保护开发等开展视察调研，助力城市功能重塑；紧盯市政协《关于以城市更新为牵引　高水平推进城市空间治理现代化的建议》全会提案，围绕全域国土空间综合整治试点，未来社区、未来乡村建设等开展民主监督、视察调研，助力实现资源配置高效化、城乡建设品质化；持续聚焦生态文明主题，开展“关注森林”系列活动，围绕森林城市、无废城市、碳达峰碳中和等开展民主监督，助力打好污染防治攻坚战。助力提升基层治理能力。紧盯县域整体智治改革，围绕“基层治理‘一件事’全过程智治”“建强基层网格治理单元”等，做好专题调研“连续剧”，推动建设人人有责、人人尽责、人人享有的社会治理共同体。发动委员通过多形式履职积极参与除险保安、普法宣传，助力政治更加安全、社会更加安定、百姓更加安宁。

三、始终坚持“人民至上”的价值追求，高质量打造“委员议事”金名片，确保“协商于民、协商为民”

政协之本是为民之“本”。“人民”二字是政协最鲜明的底色，更是沉甸甸的责任。区县政协“开门就是群众，出门就是基层”，找准基层群众的关切点，实现人民对美好生活的向往，是政协始终如一的奋斗目标。续写民呼我为“新篇章”。深入践行全过程人民民主，加强制度化、规范化、程序化功能建设，提高深度协商互动、意见充分表达水平，确保委员“议得出来”、群众“听得进去”、成果“落得了地”。不断延伸“委员议事”触角，推广流动“协商驿站”，扩大群众代表参与面，让议事更具“烟火气”“泥土味”。重点选择便民设施提升、消防安全整治、老旧小区改造等民生关切开展“委员议事”36场次。扩大共同富裕“朋友圈”。根据区委统一部署，积极开展与杭州相关城区政协的交流协作，搭建合作平台，助力唱好杭甬“双城记”；积极投身对口帮扶、山海协作，拓展共富渠道，推动“委员议事”等与四川越西县、新疆库车市、丽水莲都区等对口帮扶协作地区政协联动，助力共同富裕；发动各界委员积极投身思想帮扶、产业帮扶、社会民生帮扶，彰显政协“大爱”。奏响履职为民“协奏曲”。坚持把提案办理作为履职为民的重要抓手，着力深化办理协商意识、规范办理协商程序、健全办理协商机制、提高办理协商成效。不断完善委员联系群众、服务群众工作格局，聚焦老百姓的就业、教育、医疗、养老、居住等问题，综合运用协商议政、调研视察、民主监督、社情民意信息、“三服务”等多种形式开展履职，让群众的获得感成色更足、幸福感更可持续、安全感更有保障。

四、深刻领会“两个结合”的时代意蕴，高水平打造凝心聚力新载体，确保“文化自信，文以化人”

政协之要是引领之“要”。中共二十大报告指出，要把马克思主义基本原理同中国具体实际相结合、同中华优秀传统文化相结合。这是新时代凝聚共识、引领思想的基础，必须找准凝心聚力的发力点，推进文化自信自强，筑牢团结奋斗的“根”与“魂”。坚持以文润心。大力推进“书香政协”建设，充分发挥文史资料“存史、资政、团结、育人”作用，加强对“港源城始”、大运河（宁波段）文化带、茶文化等特色文化研究，整合政协文史研究工作，进一步编好《江北文史》；探索文史研究与文艺创作、短视频相结合，策划“最忆是江北”微视频，宣传江北历史、人文、饮食、民俗、风景，用优秀传统文化润民心、聚人心、增信心。坚持用情联心。不断完善政协委员联系界别群众制度，发动委员深入基层宣传好、阐释好中央和省市区委决策部署，面向社会传播共识、引导预期、提振信心；广泛动员政协委员发挥自身优势，主动担当、积极作为，以“好声音”赢得共鸣，用“正能量”汇聚合力；加强与社会各族各界人士的团结联谊，最大限度把各方面智慧和力量凝聚起来。坚持同心聚人。继续深化“同心”系列委员工作室品牌建设，更好发挥团结引领界别群众的桥梁纽带作用；倾力打造具有政协味道、江北特色、全国影响的“星星甬共”凝聚共识大平台，做到“月月有活动，天天都开门”；大力支持文史研究馆、书画院、茶文化促进会、政协之友联谊会等子平台开展文化创作、交流研讨、文艺展览、国学讲座等活动，以书画会友、以笔墨联谊、以文史聚力，提高各界群众的文化鉴赏水平，打造有一定影响力的“浙东文化”新名片。

五、坚定贯彻“党的自我革命引领社会革命”战略部署，高标准打造江北政协新形象，确保“队伍提能、履职提效”

政协之基是队伍之“基”。加强“两支队伍”能力建设，是政协工作高质量发展的重要前提和根本保障。必须找准队伍建设的着力点，不断推进自我完善、自我革新、自我提高。着力提高委员素质。认真落实“懂政协、会协商、善议政，守纪律、讲规矩、重品行”要求，突出常委会自身建设，树好“领头雁”标杆，带头维护核心、崇尚学习、履行职能、遵守纪律；突出委员队伍建设，加强委员培训、履职管理，健全激励机制，强化纪律约束，优化服务保障，全面提高“四种能力”，以过硬本领书写好高质量委员作业。着力加强机关建设。深入推进“五型机关”建设，突出政治标准，崇尚实干之风，营造良好氛围，培育唯实惟先、善作善成的团队文化，推动机关工作活力更足、效能更高、保障更优；强化干部一线培养、一线历练，打造一支“平常时候看得出来、关键时刻站得出来、危难关头豁得出来”的高素质政协干部队伍，重点培养机关干部写的能力。着力提升履职质效。牢固树立“减量、提质、增效”理念，确保“干在点子上，忙到关键处”，做到“政协出品、必属精品”。深化“数字政协”建设，推进省市政协“协商在线”重大应用贯通，切实以数字化变革增强政协履职开放度、融合度、活跃度。

江北概貌

自然环境

【地域】 江北区位于北纬 29°51′30″～30°03′36″、东经 121°20′54″～121°38′0″。地处宁波市“三江”片，东南临甬江，有甬江大桥、庆丰桥和常洪隧道与鄞州区相通；西南与海曙区隔余姚江相望，并有新江桥、解放桥、永丰桥、江北大桥、青林渡大桥与之相连；西与余姚市、北与慈溪市、东与镇海区接壤。境域东西宽约 27 千米，南北长约 20 千米。总面积 208.73 平方千米。因区域主要出于甬江、余姚江北岸，由此得名。区人民政府驻中马街道（江北区新马路 61 弄），电话区号 0574，邮政编码 315020。

江北区地形呈西北、东南两级阶梯。整个地形总的趋势是西北部高，东南部及中部低，从西北向东南倾斜，渐趋开阔，呈喇叭形地貌，由西北丘陵和东南平原两部分组成。地形多为低山、丘陵、平原。河、湖众多，水网密布。地貌上丘陵占 21.6%，平地占 70.1%，水域占 8.2%，形成“二山一水七分地”的地貌。最高峰为慈城镇境内的尖山，海拔 388 米。

【水文】 江北区属甬江水系，甬江干流沿岸段为干流水系，其他均为姚江水系。境内有大小河流 277 条（不含姚江、甬江在江北的区段，则共 275 条），长 442.99 千米（不含姚江、甬江在江北的区段，则共 400.544 千米），河网率 4.05%（平原河网水面率，不含姚江、甬江干支流）。其中省级河道 1 条，为甬江，河道总长约 9.00 千米；市级河道 2 条，为姚江和慈江，河道总长约 50.38 千米；区级河道共计 12 条，河道总长约 71.50 千米。内河的水位、水量变化，均随姚江水位变化而变化。平原地区受姚江干流影响，汛期洪水大，泄洪时又受甬江潮汐顶托，排水不畅，易形成大面积洪涝，盛夏受副高压控制时，易发生干旱。慈城镇北部山区，溪短流急，洪水集中，易形成小流域洪涝。姚江大闸在 1959 年建成后，闸内形成淡水河。区内有 4 座小（1）型水库及 1 座小（2）型水库，总库容 2167.95 万立方米。

（区农业农村局）

【气候】 江北区 2022 年度（2022 年 1—12 月）天气气候较为异常，台风、强对流、干旱、寒潮等影响严重，年景偏差。年平均气温较往年[1]偏高，年降水量较往年偏高，年降水日数较往年偏少。年内主要气象灾害有台风、强对流、干旱、寒潮、连阴雨（雪）等。冬季（2021 年 12 月至 2022 年 2 月）平均气温较往年略偏低，降水量较往年略偏少，降水日数较往年偏少；季内主要气象灾害为寒潮和连阴雨（雪）过程。春季（2022 年 3—5 月）平均气温较往年偏高，降水量和降水日数均较往年偏少，季内受强降水和冷空气影响，甚至出现“倒春寒”。2 月 28 日入春，较常年[2]偏早 9 天。夏季（2022 年 6—8 月）平均气温较往年偏高，降水量和降水日数较往年偏少；季内主要气象灾害为高温、干旱、强对流和台风过程。6 月 10 日入梅，较常年偏早 2 天，6 月 26 日出梅，较常年偏早 9 天，梅期 16 天，较常年偏少 7 天，梅雨量较往年偏少。秋季（2022 年 9—11 月）平均气温较往年偏高，降水量较往年明显偏高，降水日数较往年偏少。季内主要气象灾害有高温、台风和冷空气（寒潮）过程。11 月 30 日入冬，较常年偏早 4 天。

---

① 往年：建站以来。

② 常年：1991—2020 年。

年平均气温18.1℃，较往年（17.8℃）偏高0.3℃。年极端最高气温41.1℃，出现在8月20日；极端最低气温-4.4℃，出现在12月24日；年高温日数（日最高气温≥35℃）55天，较往年偏多20天，为历史同期第一；低温日数（日最低气温≤0℃）20天，较往年偏少1天。年内2月、5月、9月、10月和12月平均气温较往年偏低；其余各月平均气温均不同程度地偏高，其中3月、8月、11月居历史同期第一高。

年降水量1811.1毫米，较往年（1633.5毫米）偏多177.6毫米（10.9%）。各月降水多寡不均，其中4月、5月、6月、8月、10月较往年均不同程度地偏少，4月偏少2成，5月偏少3成，6月偏少3.5成，8月偏少5成，为历史同期第一少，10月偏少5成；1月、2月、3月、9月较往年均不同程度地偏多，1月偏多3成，2月偏多4成，3月偏多3成，9月为历史同期第一多；其他月份则与往年持平。年降水日数152天，较往年（167天）偏少15天。最长连续降水日数8天，出现于11月28日至12月5日，累计降水量为120.2毫米，较往年同期偏多560.4%。最长连续无降水日数4天，出现于5月6日至5月9日。

主要天气气候事件 **寒潮** 年内冷空气活动频繁，11月和12月共出现2次寒潮过程。其中，11月29日至12月2日受寒潮影响，过程降温幅度大。11月29日白天至12月2日受寒潮天气影响，日平均气温的过程降温幅度16.4℃；平原最低气温0℃～1℃，山区-1℃～0℃，有薄冰。12月1日慈城、洪塘、庄桥等街道（镇）出现降雪，其他地区出现雨夹雪。12月16—20日受寒潮影响，日平均气温过程降温幅度9.9℃，最低气温平原-2℃～-5℃，山区-4℃～-6℃，有严重冰冻。

梅雨 6月10日入梅较常年（6月12日）偏早2天，6月26日出梅较常年（7月5日）偏早9天，梅期16天，较常年（23天）偏少7天，梅雨期面雨量123.5毫米。梅雨总体特点：出梅早，梅雨持续时间短；梅雨量少；梅雨期内出现极端强对流天气。6月24日下午到夜里，接连出现两轮风雹天气，其间，伴有强雷电和局地冰雹、雷雨大风和短时强降水，面雨量29.8毫米，最大慈城镇绿野山居站43.2毫米。其中第一轮出现在14—17时，面雨量11.1毫米，过程最大降水量和最大滑动小时雨强均出现在文教街道姚江公园站29.1毫米，14时55分前后城区多地出现冰雹，最大直径3厘米左右，15时前后城区出现雷雨大风，最大文教街道姚江公园站7级（15.5米/秒）。第二轮出现在21—24时，面雨量17.8毫米，最大洪塘街道保国寺站33.3毫米，最大滑动小时雨强保国寺站30.3毫米（21时33分至22时33分），21时前后全区多地出现雷雨大风，其中8级及以上大风1个站，7级风有2个站，6级风有6个站，最大慈城镇绿野山居站8级（18.3米/秒）。梅雨期内出现如此剧烈的强对流天气历史罕见。

台风 年内影响台风2个，分别是2212号“轩岚诺”、2213号“梅花”。其中“轩岚诺”是有气象记录以来首次在台湾以东洋面以“V”形怪异路径行进的台风。虽然其降水一定程度上缓解了盛夏期间的旱情，但“轩岚诺”超强台风级维持时间长达104小时，全区普遍出现7～9级个别10级大风，最大慈城镇绿野山居站25.6米/秒(10级)。8级以上大风累计1512分钟。“梅花”是2022年首个登陆华东沿海且登陆我国最强、江北区有气象记录以来过程雨量第三大的台风。全区面雨量355.3毫米，最大雨量中心位于慈城镇北部山区，最大单站雨量442.8毫米（慈城镇英雄水库站），最大小时雨强53.5毫米（洪塘街道洪塘站）。“梅花”带来的强降水较“烟花”“菲特”更为集中，而且打破江北区有气象记录以来台风期间1小时、3小时、6小时和12小时雨强历史极值。“梅花”登陆后移速快、短时强降水持续时间长，短历时降水强度大，并出现了“风、雨、潮”三碰头，致灾强度等级为“特重”。

连阴雨（雪） 1月22日至2月23日江北区出现持续性连阴雨（雪）天气过程，时间长达32天，其中1月29日夜里至30日上午伴有短时雨夹雪，2月23日早晨出现短时降雪（无积雪）。全区面雨量218.4毫米，最大前江街道福山正达站260.2毫米。慈城站210.6毫米，降水日数26天，降水量和降水日数均为有气象记录以来同期最多。

高温热浪 夏季共出现三轮（7月4—17日、7月20—28日、7月31日至8月26日）大范围、持续性罕见高温热浪过程，高温综合强度为有气象记录以来最强。其中35℃以上高温日数54天、38℃以上28天，均为有气象记录以来同期最多；40℃以上高温日数12天，比往年偏多9天。所有街道（镇）极端最高气温均在40℃以上，其中洪塘街道洪塘站达45.0℃（8月23日），为江北区有气象记录以来最高气温。

（成迪芳）

政区人口

【历史沿革】 江北区现境历史悠久。春秋及战国前期为越国辖地，战国中期以后为楚国辖地。公元前222年，秦定楚江南地，属句章县，直至唐初。公元621年，句章县废，改置姚州、鄞州，公元625年，鄞州废，更置鄮县，今江北境遂属鄮县。唐开元二十六年（738），朝廷于越州鄮县别立明州，并析鄮县为慈溪、奉化、翁山（今舟山），今江北区分属慈溪县和鄮县。元和四年（809），分鄮县地置望海镇于甬江口，五代后梁开平三年（909），改鄮县为鄞县，改望海镇为望海县，次年改为定海县。从此至清初，江北现境始终分属慈溪、鄞、定海3县。清康熙二十六年（1687），定海县改为镇海县。1927年废道，划鄞县城厢及近郊置宁波市。1931年1月，宁波市裁撤，地复入鄞县。此后至中华人民共和国成立，今江北境域分属慈溪、鄞、镇海3个县。

1949年6月24日，宁波市人民政府成立。11月3日，江北区公所建立，次年6月撤销。1951年5月，成立江北区人民政府，1956年2月撤销，街道直属市政府。1958年，置江北街道办事处。1959年2月，组建江北城市人民公社（与街道办事处一套班子、两块牌子）。1969年，建立江北人民公社革命委员会，12月，改区建置，更名为江北区革命委员会。1978年10月，江北区被定为市辖区一级（县级）政权建置。1980年10月，复名江北区人民政府。1984年1月，镇海区庄市乡路林、双桥、联成3个村划归市郊区。3月28日，市郊区（大部分区域）和江北区合并组建新江北区，下辖槐树、中马、白沙、孔浦4个街道办事处，庄桥、慈城2个镇，洪塘、湾头、北郊、洋市、费市、裘市、半浦、乍山、妙山、云湖10个乡。1985年，洪塘乡撤乡建镇。之后，经扩镇并乡、撤镇建街道、撤村建居等改革，区内行政建置几经调整。

2020年6月11日，根据《宁波市人民政府关于调整江北区街道行政区划的批复》（甬政发〔2020〕35号），辖区行政区划作如下调整：中马街道、白沙街道合并，设立外滩街道；调整孔浦街道、甬江街道行政区划，将甬江街道白杨社区成建制划入；调整庄桥街道行政区划，江北大道以南部分以洋市中心河东侧岸线为基准，其余边界保持不变；调整洪塘街道行政区划，以茅家河西侧岸线为界，将现洪塘街道分设为洪塘街道和前江街道。至2022年底，全区下辖7个街道和1个镇，分别为外滩街道、孔浦街道、文教街道、甬江街道、庄桥街道、洪塘街道、前江街道和慈城镇，共有85个社区、65个行政村。

【人口】 2022年末，全区公安户籍人口283276人、119418户。总人口中男性136721人、女性146555人。全年全区出生人口（含补报）1950人。

（区史志中心）

经济和社会发展

2022年，面对异常严峻复杂的外部形势和超预期因素冲击，区委、区政府带领全区上下全面贯彻中共二十大精神，认真落实中央和省、市决策部署，坚定不移贯彻新发展理念，沉着有力应对内外部冲击与挑战，全区承压奋进、锐意进取，经济社会发展大局和谐稳定，实现了现代化滨海大都市创智和美城区建设的良好开局。

【综合】 国民经济稳进提质 全年全区实现地区生产总值860.3亿元，按可比价格计算，同比增长4.9%。其中，第一产业增加值8.9亿元，增长5.4%；第二产业增加值271.1亿元，增长2.1%；第三产业增加值580.3亿元，增长6.2%。三次产业结构比为1.0 ∶ 31.5 ∶ 67.5。

财政收支稳定增长 全区财政总收入累计完成177.5亿元，同口径增长11.0%，其中一般公共预算收入完成101.9亿元，同口径增长

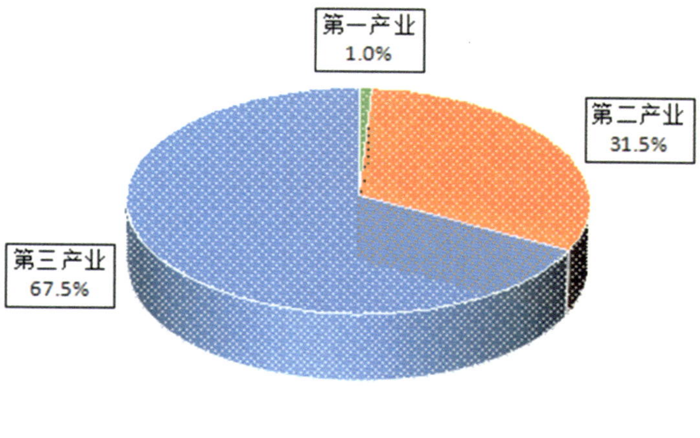

图1 2022年度江北区三次产业结构示意图

6.5%。全区一般公共预算支出累计94.6亿元，全年民生领域投入66.0亿元，民生领域支出占一般公共预算支出的比重达69.8%。其中公共安全经费3.6亿元、教育经费13.1亿元、科学技术经费5.0亿元、文化旅游体育与传媒经费1.1亿元、社会保障和就业经费10.5亿元、卫生健康经费7.1亿元、节能环保经费0.7亿元、城乡社区经费12.3亿元、农林水经费7.0亿元、住房保障支出经费5.6亿元。

【农业、农村】 现代农业蓬勃发展 全年农林牧渔业总产值13.8亿元，同比增长5.6%；以“智慧化、高效化、生态化”提升农业现代化水平，持续推动农业一二三产全面振兴，全市第二个入选国家级农业现代化示范区，连续两年成为国家县域农业农村信息化发展先进县。

改革创新持续深化 入选全省“市场化改革＋集体经济”“数字化改革＋强村富民”强村富民乡村集成改革试点，荣获全国农村集体产权制度改革工作先进集体、省农村土地承包经营权确权登记颁证成绩突出集体称号。农村集体经济监管入选省强村富民乡村集成改革典型案例50强。

数字赋能智慧三农 迭代升级农村集体资产“智管家”，进入“浙里帮农促富”跑道，入选省委改革办88件基层治理一件事清单，推动村民由治理“对象”走向治理“主体”；入选全省“五水智治”数字化建设、省水域监管“一件事”场景应用试点，打通省、市监管壁垒，实现水域监管跨部门、跨层级协同应用，运用天地一体监管技术，实现河湖水面的监管全覆盖。

全域美丽更加彰显 围绕“精特亮”、未来乡村、精品村建设，打造了2个省级特色精品村、1个示范街道、1条风景线、9个新时代美丽乡村达标村、6个精品村、10个梳理式改造村，建设了2个省级未来乡村试点和“姚江古渡传承线”；高质量推进“水美江北”，承办全市水环境治理工作现场会。

【工业、建筑业】 工业生产稳健运行 全年全区规模以上工业增加值实现189.9亿元，同比增长1.3%。28个行业大类中13个行业增加值实现正增长。全年规模以上工业销售产值实现1101.8亿元，下降1.4%，其中出口交货值216.4亿元，增长8.4%。

新兴动能优势明显 规模以上工业中，高新技术产业、装备制造业、战略性新兴产业增加值分别同比增长5.1%、5.7%和13.2%。规上工业新产品产值同比增长5.3%，高于规上工业产值增速7.0个百分点，新产品产值率达49.3%，比上年提高3.3个百分点。

建筑业生产保持活跃 全年全区实现建筑业增加值45.9亿元，同比增长4.6%。

【固定资产投资、城乡建设】 固定资产投资较快增长 全年全区固定资产投资同比增长10.7%。分领域看，交通运输投资增长115.3%，工业投资增长29.5%，高新技术产业投资增长52.2%，基础设施投资增长117.0%，生态环保、城市更新和水利设施投资增长143.9%。房地产开发投资增长-5.2%。

城市更新稳步推进 全区共有14个未来社区启动建设，全部入选省级创建名单，其中大闸、湾头已完成创建并入选全省第二批未来社区名单；6个“一老一小”场景通过市级评审，4个入选首批省级场景；慈城老城传统风貌样板区成功入选浙江省首批17个城乡风貌样板区名单。

住房保障进一步优化 2022年底，全区共有实物配租在保家庭2191户，发放租赁补贴4184户，总金额2245.69万元。解决环卫工人住房难问题，将其纳入公租房外来务工人员保障范围，已先后纳保192户。全年共改造31个老旧小区，总户数1.63万户，面积175.5万平方米，总投资5.73亿元。

【城市管理、交通建设】 城市管理精细化升级 累计完成“三改”267.3万平方米，完成率668%；“拆违”84.7万平方米，完成率188%；江北区S319甬余线获评省级绿化美化精品道路。街道（镇）一线执法力量占比达到85.7%，设立全省首个“3+N”多元共治联络室。推进城乡排水“一体化”管养进程，获全市排水行业最高荣誉“排水杯”三连冠。开展“安全生产‘除险保安’大排查大整治”“燃气管线普查”等专项行动，全年完成餐饮燃气报警器安装3510家，完成率100%。全年度完成148条道路、114座桥梁常规检测，18座桥梁“桥头跳车”整治，实施19条道路结构检测、6条道路脱空检测，全区公共照明设施平均亮灯率99.95%。完成姚江、甬江堤防11项改造修复，同步开展姚江、甬江约10千米旧江堤安全鉴定，确保城市运行安全有序。

城市基建有序提升 全年共实施市级项目15个，包括邵渡路及接线、下白沙路等13条主次干道及过江通道，绿化工程1个，管网工程1个，总投资约130.9亿元，完成投资20.6亿元。实施区级项目29个，总投资约28.7亿元，完成投资6.8亿元。

【国内贸易、金融、旅游】 消费领域提振回暖 全年实现社会消费品零售总额449.7亿元，同比增长8.2%。加速推进老外滩国家级步行街创建，争取老外滩业态提升专项资金3000万元，20余个优质项目成功落户。精准投放七轮6500万元江北消费券，直接带动消费超12亿元。积极繁荣夜间经济，注重特色挖掘，举办2022年春夏灯光秀活动，在各大商圈打造集展示、演绎、消费、体验于一体的夜间经济市集模式。首创线上直播电商综合服务平台，全区拥有直播相关企业250余家，直播电商交易额超200亿元，带动线上线下销售额超300亿元。全区实有市场主体74130户，市场主体同比增长4.60%，其中个体工商户32043户，增长2.96%。全年新设市场主体量9556户，同比增长1.30%，其中个体工商户新设4684户，增长21.76%。

金融市场稳健运行　年末全区共有30家银行业金融机构，全年实现人民币本外币存款余额1770亿元，同比增长20.2%，比年初净增278亿元；本外币贷款余额1642亿元，同比增长13.5%，比年初净增178亿元。保险业机构共计20家，全年实现保费收入达46.5亿元，同比增长25.6%。服务实体经济及对接资本市场方面成效突出，全区共有上市企业10家，其中年内新增1家企业上市，辅导期企业4家，新增甬股交挂牌企业40家。

全域旅游发展迈出加速度　老外滩获评国家级休闲街区，慈城古县城民宿集群成功入围首批宁波市民宿产业集聚区；“江北夜未央”夜经济品牌成功入选市文旅局共富培育试点，达人村完成创建国家AAAA级旅游景区景评。纳入省“微改精提”系统项目共34个，总计划投资约2亿元，实际完成投资约1.9亿元；全国文旅项目管理系统实际完成投资62.2亿元，文旅项目获批专项债5.1亿元。

【外向型经济】外贸领域稳增提质　全年进出口总额达854.8亿元，同比增长17.6%，份额较上年度进一步提升。在全市首创“白名单”绿色通道机制，全面支持企业走出去，累计帮助287批次342人完成出入境审批手续。抓实包机出境服务。23家企业40人次参加宁波市包机，达成意向订单约1亿美元。建立“助企稳贸”服务联盟，打造一站式综合服务机制，开展企业线上线下业务培训近1000家次，累计上门服务200余家次，解决问题80余项。

招商指标争先进位　全年全区实到外资共计22925万美元，国内招商引资已实到194.3亿元，浙商回归已实到资金109.3亿元。全区谈成重大招商引资项目89个，预计总投资200亿元以上；落户服务业项目4614个，重点服务业项目111个，其中现代商贸业49个、港航服务业3个、互联网软件业9个、科技服务业8个、金融服务业7个、直播经济4个、休闲旅游业2个、建筑服务业22个、人力资源服务业7个。

【科技、教育、人才】科技创新坚持自立自强　全社会R&D经费支出占GDP比重达到3.02%，实施科技创新“163”攻坚行动，开展“科技政策扎实落地年”活动，全年兑现经费1.8亿元，惠及企业500余家次。高新技术企业突破280家，国家科技型中小企业突破300家，8家企业入选全省创新能力500强，全区新增省级以上企业研发机构11家，各级研发机构总数达到299家，承担国家、省市研发计划19项，14个成果获省科学技术奖，高新技术产业增加值达到134.4亿元，高新技术产业投资增速达52.2%。省级光电新材料高新园区成功认定为省级高新园区，大连理工大学宁波研究院获批为国家自然科学基金依托单位，新增省级以上众创空间（孵化器）4家，累计达到14家。

教育水平不断提升　全年教育经费共计14.2亿元。惠贞高级中学、江北中心学校、养正书院、宁大附属学校二期竣工投用，上海交大教育集团宁波实验学校揭牌，江北区灵峰学校、江北区普迪学校、江北区尚德学校和宁波大学青藤书院4所学校全部转公。全区有义务段学校36所，其中公办34所、民办2所，在校生42502名。全区有幼儿园（园区）71所，在园幼儿16589名，提前三年达到省共同富裕2025年目标，公办幼儿园覆盖率70%。成立1个区级托育服务中心、3个街道（镇）托育服务分中心、32个幼儿园托育部，提供托位1200个，占全区托位总数70%。全区教育系统共有在编教师2987名，有省特级教师8名，市名校长、骨干校长17名，市级以上名师骨干66名，高级职称教师509名，其中正高级7名。全区共有区级老年大学2所，街道（镇）级分校8个，社区（村）教学点107个，新增老年学员10408人次。全年开展教育培训活动超过1600场，参与活动超过10万人次，完成劳动力预备教育40人，“双证制”毕业673人。

人才智力集聚持续加快　举办甬上乐业——2022宁波就业创业大会，开展招聘活动超50场，引进高校毕业生等青年人才超1.3万人，国家级、省级企业博士后工作站分别新增1家、5家。开展技能培训3.4万人次，新增技能人才10974人，高技能人才6137人。

【文化、卫生、体育】 文化文博事业走上新台阶 推进省民生实事工程及“爱在江北 和风惠民”区民生实事项目，建成70个15分钟品质文化圈、2个城市书房及1个文化驿站。向下延伸8个街道（镇）图书分馆二级网点，推进117个村（社区）图书室三级网点。开展2022宁波阅读进行式江北站、喜迎二十大百场戏曲下乡演出、走读江北等13类活动。清供摆件制作技艺和玉成窑紫砂制作技艺2个项目入选第六批省级非遗代表性项目申报市级推荐名单。

卫生健康事业全面提升 年末全区共有各级各类医疗卫生机构229家，区属医疗机构床位数1948张，卫生专业技术人员5494人。全区人均期望寿命达83.13岁，健康素养水平40.42%，每千人拥有婴幼儿照护服务机构托位数达3.5个。市第九医院顺利通过二甲复评。推进“互联网+智慧健康”建设，拓展线上签约服务，通过“健康宁波”实现线上签约，为宁波市首家试点成功区县。全年查处无证行医42起，罚没款金额93万余元，没收药品、医疗器械价值8万元。开展医疗机构疫情防控专项检查，停业整顿医疗机构13家，立案处理17起。

体育事业持续推进 年末全区共有篮球场159个（其中灯光篮球场29个）、门球场10个、笼式足球场12片、网球场19个、气排球场9个、乒乓球场88个，安装、更新健身路径30套，健身路径总数达到355套。全区AAA级体育协会达12家，AAAAA级体育协会1家，体育指导员总数达到2563人，296个晨晚练点坚持开展或指导健身活动。竞技体育继续保持领先，省运会获得赛事金牌总数位居全市第三、团体总分和奖牌数位居全市第二。宁波山地自行车公开赛获评长三角地区体育旅游精品赛事，易力加数字化系统获省首届体育科技创新大赛银奖。

【人民生活】 城乡居民收入差距缩小 全年全区城镇居民人均可支配收入79480元，增长3.3%；农村居民人均可支配收入48088元，增长5.6%。城乡居民收入倍差为1.65：1，比上年缩小0.04。

【社会保障、就业】 社会保障体系更加健全 全区社保参保缴费人数超21.7万人，净增9395人，户籍人口参保率达99.5%；户籍人口医疗保险参保总人数为27.79万人，医保参保率达99.52%。“15分钟医保服务圈”区域全覆盖，全区8个街道（镇）可办理医保全部24个事项，147个社区（村）可办理11个医保高频服务事项，全年受理各类医保业务10万余人次。

社会救助和社会福利不断升级 全年共发放低保金1688.45万元、特困供养金299.45万元、儿童福利保障金277.09万元。为1148户家庭开展临时救助，累计发放临时救助资金369.11万元，为超1.38万人次困难群众发放物价补贴183.33万元。全年完成居家养老服务站点新建、提升共12家，其中A级1家、AA级9家、AAA级2家。提供124078人次居家养老政府购买服务，提供结算总工时168256小时。全年大中型水库移民后期扶持直补资金共发放89.34万元。

就业形势保持总体稳定 开展稳就业惠民生攻坚行动，惠及企业4.18万家次，惠企资金2.75亿元，城镇新增就业16102人，就业困难人员再就业813人，城镇登记失业率控制在3.5%以内。发放创业担保贷款2320万元，创业带动就业比例达到1：7。

和谐劳动关系有力推进 全年劳动监察受理案件1383件，涉及人数4072人、金额5222万元；受理劳动争议案件1201件，涉及人数1532人，结案金额3792万元。成立区级劳动纠纷调解中心，创新建立工程领域全过程欠薪预警防治机制。

【生态建设、社会安全】 环境质量保持稳定 大气环境质量$PM_{2.5}$为23微克/立方米、优良率87.3%，地表水市控以上断面水质功能达标率100%、断面优良率80%、“千吨万人”以上饮用水水源地水质达标率100%。深入推进绿色低碳发展，成为全市第一个实现电镀、印染、化工重污染行业全面清退的区域。垃圾秸秆露天焚烧治理“一件事”改革，入选第二批全省生态环境系统共同富裕最佳实践名单和宁波市首批共同富裕最佳案例成果。

高水平建设“平安江北” 开展“一厂多租”“护航一号”等专项执法，处罚119起，罚款303.4万元。全年完成建设综合减灾示范社区34处，其中国家级18处、省级16处；累计培育3支社会应急救援力量队伍；新组建1支25人区级综合森林火灾应急救援队伍。全年办理法律援助721件；累计调处各类矛盾纠纷6448件，调处成功率99.8%，涉案金额达4.04亿元。成立江北区基层法律服务中心，合法性审查数量达931件；成立全省首个执法监督指导站，推进行政复议基层服务点建设，办理复议申请87件。创建完成国家级民主法治示范村1个、省级民主法治示范村（社区）9个。

说明

1．本公报所列各项数据均为初步统计数。

2．地区生产总值（GDP）、产业增加值绝对数按现价计算，增长速度按不变价计算。

3．规模以上工业企业指年主营业务收入2000万元及以上工业企业。

限额以上批发、零售、住宿、餐饮指：

批发业：年主营业务收入2000万元及以上；

零售业：年主营业务收入500万元及以上；

住宿业：年主营业务收入200万元及以上；

餐饮业：年主营业务收入200万元及以上。

（区统计局）

大事记

1月

11日 市委副书记、市长裘东耀到江北区开展“助企开门红”活动。裘东耀先后到宁波惠尔顿婴童安全科技股份有限公司、宁波威孚天力增压技术股份有限公司、爱柯迪智能制造科技产业园项目建设工地调研。

12日 区政府召开一季度“开门红”工作推进会，区委副书记、区长杨正平出席会议并讲话。杨正平强调，要深入贯彻落实中央和省、市经济工作会议精神，以起步就是冲刺的状态，把开局当决战抓，确保实现一季度“开门红”和社会大局和谐稳定，以优异成绩迎接党的二十大胜利召开。

14日 根据中央和省委、市委的统一部署要求，区委常委会召开2021年度党史学习教育专题民主生活会。市委常委、组织部部长郑敏强出席会议并讲话，区委书记张国锋主持会议并作表态发言。市党史学习教育第二巡回指导组、市纪委市监委、市委组织部有关人员到会指导。民主生活会上，张国锋通报了2020年度区委常委会民主生活会整改措施落实情况和2021年度党史学习教育专题民主生活会征求意见情况，并代表区委常委会作对照检查，区委常委逐一开展了批评和自我批评。在认真听取发言后，郑敏强对民主生活会开展情况给予充分肯定。他指出，此次民主生活会会议主题聚焦突出，会前准备扎实充分，开展批评认真坦诚，整改措施具体实在，达到了统一思想、明确方向、凝聚合力的目的。

17日 区政府召开全体（扩大）会议，审议《政府工作报告（审议稿）》，总结回顾上年江北区经济社会发展情况，研究部署新一年政府工作。

19日 市委组织部副部长，市人力社保局党组书记、局长，一级巡视员陈瑜带队到江北区开展“助企开门红”活动，先后走访宁波惠之星新材料科技有限公司、科诺精工科技有限公司，就企业经营情况、人力资源管理、人才政策等方面开展调研，与会领导充分肯定企业发展及人力资源方面的成绩，希望企业能充分用好人才政策，特别是年底的留工优工政策，推动企业实现新发展新跨越。

20日 市生态环境局党组书记、局长林伟明到江北区调研毛岙村、江北大河、下沉式再生水厂等生态环境工作，听取江北区生态环境相关工作汇报。

21日 在区政协六届一次会议即将开幕之际，区领导张国锋、杨正平、邹宇明，以及其他大会主席团常务主席等到各界别组讨论室看望区政协委员。

22日 中国人民政治协商会议第六届宁波市江北区委员会第一次会议开幕。大会的执行主席是邹宇明、李云来、张颖、丁月珍、罗世均、葛黎明、李斌、翁卫、丁星驰、王任、王瑛、王之野、朱吉、朱佩韵、朱建明、朱浩玮、许肖辉、杜碧升、李友增。区领导张国锋、杨正平、费伟华、许会祥等到会祝贺。

同日 区十二届人大一次会议举行预备会议。区委书记张国锋，区委副书记、区长杨正平参加会议，区人大常委会主任费伟华主持会议，区人大常委会副主任谢德维、戴瑜、施樱芬、张立伟、孙新土、励可达等出席会议。会议选举产生区十二届人大一次会议主席团和秘书长，通过了区十二届人大一次会议议程和区十二届人大一次会议计划预算审查委员会名单。

23日 宁波市江北区第十二届人民代表大会第一次会议开幕，与会的200名区人大代表肩负重托、满怀豪情地步入宁波大剧院，履行宪法和法律赋予的神圣职责，听取政府工作报告。在大会主席台就座的有：大会主席团全体成员，区委常委，副区长，区政协副主席，区人民法院代院长、区人民检察院代检察长以及其他副区级领导，部分担任过江北区正区级领导职务的离退休老干部、东航部队有关领导。参加会议的还有区十二届人大一次会议列席人员和出席区政协六届一次会议的全体委员。

24 日　中国人民政治协商会议第六届宁波市江北区委员会第一次会议在圆满完成各项议程后闭幕。闭幕大会审议通过了《做争创高质量发展建设共同富裕先行标兵模范倡议书》和区政协六届一次会议决议。

25 日　宁波市江北区第十二届人民代表大会第一次会议在圆满完成预定的各项议程后胜利闭幕。下午 3 时 30 分许，区十二届人大一次会议举行第四次全体会议。大会以按表决器方式，通过了 2022 年区政府民生实事项目、区十二届人大有关专门委员会组成人员人选名单、江北区人民政府工作报告决议、江北区 2021 年国民经济和社会发展计划执行情况与 2022 年国民经济和社会发展计划决议、江北区 2021 年财政预算执行情况和 2022 年财政预算决议、江北区人大常委会工作报告决议、江北区人民法院工作报告决议、江北区人民检察院工作报告决议。

2月

8 日　江北区召开全区领导干部大会暨“1586”专项行动动员部署会，区委副书记、区长杨正平在会上总结上年“147”专项行动取得的成绩，部署 2022 年“1586”专项行动工作任务。

同日　区委书记张国锋深入辖区工业企业，开展“助企开门红”和工业企业疫情防控、复工复产专题调研。他先后到宁波江北激智新材料有限公司和宁波恒帅股份有限公司，走进企业的进口物料仓库和生产车间，详细了解企业疫情防控举措落实和复工复产情况。在召开的座谈会上，张国锋听取了区新兴产业服务中心、区经信局、区卫生健康局关于疫情防控和复工复产情况汇报。

10 日　区委书记张国锋带队先后到梅鹤路（环城北路—文开路）工程和宁波文创港核心区滨江水岸项目剩余段（三期）工程建设现场，深入项目现场、建设一线，开展重大项目开工建设和疫情防控专题调研。

11 日　市统计局副局长许海燕一行到江北区开展工业、投资开门红调研，先后走访金田集团、宁波金山双鹿有限公司等重点企业，高度评价江北对全市经济的贡献，细致问询企业生产经营遇到的难题。

14 日　区委书记张国锋带队到东航机关开展走访慰问，双方共叙军民鱼水深情，共谋军地高质量发展。

15 日　区委人才工作会议召开。区委书记张国锋在会上强调，全区上下要认真学习贯彻习近平总书记关于人才工作系列重要论述，全面落实中央和省委、市委人才工作会议精神，围绕区第十次党代会确定的目标定位、奋斗路径和具体部署，始终坚持党管人才的原则，持续深化实施人才强区战略，真正把人才优势转化为江北竞争优势、发展胜势，以超常规的举措、超常规的力度推进产才融合引领区建设，为全面建设现代化滨海大都市创智和美城区增添动能、筑牢底盘。

16 日　市委常委、市纪委书记、市监委代主任叶怀贯到江北区调研全面从严治党工作。叶怀贯一行依次参观了爱柯迪股份有限公司、全国廉政教育基地“清风园”。座谈会上，叶怀贯在听取了区委常委、区纪委书记、区监委主任黄华斌关于江北区纪检监察工作情况汇报后表示，江北区近年来经济社会高质量发展，呈现“精而强”的鲜明特征，特色街区和示范村社建设成效显著，城市品位和群众生活品质有新跃升，这与纪检监察工作高质量推进密不可分。

同日　市人大常委会主任张平到江北区调研了解人大工作和建设情况，联系走访基层代表，共谋新一届人大及其常委会履职思路，区委书记张国锋陪同参加。张平对江北区的人大特色工作以及代表履职水平予以充分肯定。

同日　区委副书记、区长杨正平到慈城镇虹星村、妙山村调研农业农村工作，强调要认真贯彻落实中央农村工作会议精神，立足打造共同富裕先行标兵和城乡融合发展标杆示范，加快落实农业农村建设各项重点工作任务，全面展现共同富裕美好社会新景象。

17 日　区检察院举行 2021 年度总结表彰大会。区委副书记、政法委书记许会祥出席会议并讲话。会议回顾总结了 2021 年检察工作开展情况，展望谋划 2022 年重点工作，对 2021 年涌现出的先进集体和先进个人进行了表彰。

18 日　江北区召开基层治理四平台及网格建设提升研讨会，区委副书记、政法委书记许会祥出席会议并讲话。会上，文教街道就基层治理四平台和网格建设迭代升级工作开展情况作交流。各街道（镇）和相关单位分别从现有网格建设情况、“一格两群”建设情况、如何有效发挥网格员作用、对网格员的培训激励机制等问题进行探讨。

28 日　全区基层党建和人才工作述职评议会召开。

同日　区委常委会（扩大）会议召开，传达学习市第十四次党代会精神，研究部署全区贯彻落实意见。

同日　市疫情防控办组织督查评估小组组长、市委政法委副书记杨红斌对江北区疫情防控“六大机制”应急能力建设开展评估工作。评估期间，督查评估组先在区疫情防控应急指挥中心听取了各部门工作汇报并查阅相关台账资料，随后进行实地检查，重点督查评估江北区疫情防控社区管理能力等方面情况。

3月

2日　省人大常委会副主任、省总工会主席史济锡到江北区调研工会工作。省总工会党组成员、副主席吴海瑜，市人大常委会副主任、市总工会主席李谦，市总工会党组书记、副主席朱学峰，区委书记张国锋，区人大常委会副主任许光明，省、市、区总工会相关部门负责人参加调研。

3日　江北区召开国家生态文明建设示范区暨省级“无废城市”创建工作推进会，介绍相关工作情况，安排部署2022年创建工作。

8日　市人大常委会党组副书记宋越舜到江北区调研。现场视察宁波中策动力机电集团有限公司，听取企业负责人对企业发展情况汇报，并调研慈城古县城保护开发情况。

9日　省统计局副局长金川一行就统计执法到甬调研江北区，到慈城镇现场交流、查阅文件，详细询问统计人员工作情况、统计法学习情况等，后续到长阳科技股份有限公司调研，询问企业生产经营情况及统计日常工作。

12日　江北区召开全区疫情防控工作专题会。区委副书记、区长杨正平强调，全区上下要充分认识当前疫情的严峻形势，及时把握当前疫情的最新变化，全力压实疫情防控工作责任，切实健全疫情防控工作机制，确保疫情防控的各项措施落到实处，为江北经济社会发展创造安全稳定的环境。

14日　区委召开全区领导干部会议，传达学习全国两会精神特别是习近平总书记重要讲话精神，部署江北区学习宣传贯彻工作。

16日　江北区召开2022年区人大代表建议批评意见和政协委员提案交办会。会议回顾总结过去5年和2021年江北区人大建议批评意见及政协委员提案办理工作情况，安排部署2022年办理工作。

18日　全区数字化改革专题会召开。多个部门汇报改革创新试点工作推进情况、2022年数字化改革工作思路等，进一步总结过去做法、谋划未来发展，并借鉴交流先进地区改革经验。

同日　全区党建工作会议召开。会议强调，要深入贯彻习近平总书记关于党的建设的重要论述，学习中央、省市相关会议精神，按照区委的部署要求，坚持一心一意谋发展、聚精会神抓党建，以“创造‘震撼’、不留‘遗憾’”的紧迫感，加快提升党的组织力战斗力，以高质量党建持续引领高质量发展，为全面建设现代化滨海大都市创智和美城区提供更加坚强的保障。

同日　在省、市疫情防控工作会议后，区委常委会立即召开扩大会议，贯彻落实上级关于疫情防控的最新部署，研究江北区疫情防控工作。

22日　省委组织部副部长曹锦喜到江北区调研“县乡一体、条抓块统”改革试点工作。在区社会治理中心，曹锦喜听取江北区“县乡一体、条抓块统”改革试点进展情况和文教街道党建引领微网格治理工作汇报，对相关改革试点工作给予肯定。

23日　全区巡察工作会议暨十届区委第一轮巡察工作动员部署会召开。

25日　市委副书记、代市长汤飞帆在江北区调研。汤飞帆强调，要深入贯彻市第十四次党代会精神，坚决扛起新发展阶段宁波历史使命，拉高标杆、勇毅奋进，大力激发变革动力，有效激活创新动能，奋力跑出高质量发展加速度，确保现代化滨海大都市建设不断展现新景象。

28日　市人大代表江北中心组组织市人大代表开展数字化防汛防台会前视察活动。视察以“线上+线下”形式进行。市人大代表、区委书记张国锋通过线上直播，全程观看参与视察活动。

30日　市委常委、宣传部部长金彦到江北区调研宣传思想文化工作，强调要深入贯彻市十四次党代会精神，勇担使命、积极作为，不断提升宣传思想文化工作质量和水平，努力为宁波建设现代化滨海大都市做出更多江北贡献。

同日　省人大常委会党组书记、副主任梁黎明率省人大常委会调研组到江北区，围绕贯彻落实全国两会精神、打造践行全过程人民民主省域典范、助推高质量发展建设共同富裕示范区等开展调研。市人大常委会主任张平、市人大常委会副主任胡军及市人大常委会秘书长彭朱刚等参加相关活动。

4月

2日　中共宁波市江北区十届区委审计委员会第一次会议召开，

区委书记、区委审计委员会主任张国锋主持。会议传达学习习近平总书记关于审计工作的重要指示精神和李克强总理听取审计署工作汇报时的讲话要求，以及省委审计委员会第7次会议精神、市委审计委员会第6次会议精神和各级审计工作会议精神，学习《中共浙江省委审计委员会关于加强市县党委审计委员会工作的实施意见》和《浙江省内部审计工作规定》，听取区审计局关于2021年审计工作情况和2022年审计工作总体安排，审议区委审计委员会组成人员调整方案和2022年度审计项目计划。

3日　区委书记张国锋，区委副书记、区长杨正平赴一线检查疫情防控和森林防火工作，并看望慰问坚守岗位的工作人员。

5日　区委书记张国锋以“四不两直”方式到基层一线多个点位，暗访督查疫情防控措施落实情况。张国锋先后到路林市场等地，实地查看疫情防控相关措施落实情况。

6日　区总工会八届六次全体委员会议召开，会议总结2021年全区工会工作，安排部署2022年工作任务，听取区总工会常委会工作报告。

9日　市十六届人大一次会议江北代表团举行全体会议，审议市政府工作报告。市委常委、组织部部长郑敏强出席并讲话。

10日　在全市疫情防控视频连线会议后，江北区立即召开会议部署疫情防控工作。针对疫情防控形势相关部门进行交流发言，进一步细化落实防控举措。

14日　全市疫情防控工作视频会议结束后，区疫情防控工作领导小组召开专题会议，研判部署下一阶段全区疫情防控工作。

17日　全区疫情防控工作部署会召开，总结前一阶段防控工作，部署下一阶段重点任务。区委书记张国锋强调，全区上下要严格贯彻落实上级部署要求，充分认识到当前严峻复杂的疫情防控形势，持续保持高度重视高度警惕的工作状态，再接再厉、久久为功，切实落实好疫情防控举措，巩固扩大当前来之不易的阶段性成果，决战决胜奋力打赢疫情歼灭战。

20日　江北区召开保障物流畅通促进产业链供应链稳定会议，对下一阶段保通保畅保供工作进行部署。

22日　全区城乡融合发展大会召开。张国锋指出，过去一年，全区上下深入践行“绿水青山就是金山银山”发展理念，城乡开发稳步推进，产业融合提质提效，大美江北持续靓化，改革创新走在前列，优质均衡打响品牌，在奋力争创“重要窗口”实践样板、建设共同富裕先行标兵的征程上迈出新的步伐。

24日　区委召开区委常委会（扩大）会议，专题分析一季度经济社会形势，研究部署下一阶段工作。

25日　市政协主席徐宇宁带队到高新区和江北区，就“优化制造服务业供给　助推先进智造新高地建设”课题开展调研。徐宇宁一行先后走访西北工业大学宁波研究院、中策动力机电集团有限公司，询问产品应用和科技团队建设情况。他强调，要加快产研紧密融合，促进产研精准对接，强化产研融合服务，提升制造业创新能力，有力助推先进智造新高地建设。

27日　全区建设平安江北暨政法维稳信访工作会议召开。会上通报2021年度相关突出贡献集体、个人以及2021年度平安考核情况，区市场监管局、江北公安分局、洪塘街道、慈城镇作交流发言，区委平安办通报除险保安工作情况和下一步安排。

28日　江北区举行庆祝“五一”国际劳动节暨劳模先进表彰大会，对2019—2021年度江北区“劳动模范”“模范集体”和2022年“江北工匠”进行表彰。

5月

2日　全区疫情防控视频连线会议召开。会议强调，全区上下要严格落实市委、市政府部署要求，进一步统一思想、坚定信心、闻令而动，全面紧起来、严起来、动起来，全力以赴落实好疫情防控各项措施，以最快速度打好打赢疫情防控阻击战。

9日　区委书记张国锋到商贸企业开展助企纾困专项调研，深入一线了解企业所需所想，听取意见建议，为企业长远发展加油鼓劲纾困解难。

10日　全区文明委全体（扩大）会议暨创建全国文明典范城市推进会召开。会议强调，要全面贯彻落实上级部署要求，对标对表全市创建工作总目标，以更高标准、更严要求、更实作风，聚焦短板弱项克难攻坚，落细落实各项创建任务，奋力续写城市文明新篇章，努力展现“创智和美”新形象，为全市大局作出更多江北贡献。

同日　市督考办副主任程双对带队，到慈城镇妙山福利院、湖西社区城市书房现场督查省民生实事项目进展情况。

11日　区委常委会召开会议，专题传达学习贯彻习近平总书记在中央政治局常委会会议分析当前新冠疫情防控形势、研究部署抓紧抓实疫情防控重点工作时的重要讲话精神。

同日　区委书记张国锋到老外滩区块开展专题调研，走访位于来福士商圈的浙江和义观达律师事务所，考察老外滩景观改造提升工程、沿线重点业态项目及甬江堤防江北区（美术馆—白沙公园）段提升加固工程建设现场。在随后的座谈会上，张国锋详细听取了外滩街道关于老外滩国家级步行街创建进展及2022年度街道整体工作思路汇报。

同日　市人大常委会副主任戎雪海率队到江北区调研指导乡村振兴工作和《宁波市农业机械化管理条例》实施情况。

同日　副市长、公安局局长王顺大率队到慈城镇调研“大综合一体化”行政执法改革工作，详细了解慈城镇行政执法改革进展现状，调研属地工作推进中所面临的实际困难及采取的对策措施，强调要认清改革任务重要性，抢抓改革红利机遇期，全力以赴加速推进全市各项目标任务落地见效。

12日　全区招商引资工作推进会召开。会议强调，各级各部门要以更加饱满的热情、更加过硬的作风、更加有力的举措，统筹资源、整合力量，全力以赴抓好招商引资工作，为江北加快建设现代化滨海大都市创智和美城区奠定坚实基础。

17日　江北青少年学习贯彻庆祝中国共产主义青年团成立100周年大会精神座谈会召开。区委书记张国锋在会上强调，全区各级共青团组织和广大青年要深入学习习近平总书记重要讲话精神，始终牢记殷切嘱托，勇担青春使命，在全面建设现代化滨海大都市创智和美城区的生动实践中，贡献更加朝气蓬勃的青春力量。

18日　全区经济工作会议召开。会议强调，全区上下要深入贯彻落实中央决策部署和省、市工作要求，坚定信心奋力前行，真抓实干开拓创新，政企携手共谋发展、共勉共进，合力谱写现代化滨海大都市创智和美城区建设新篇章。

同日　市人大常委会主任张平联区包片督导江北区文明典范城市创建工作，召开座谈会，听取江北区创建工作情况汇报和人大代表意见建议等。

19日　区委书记张国锋专题调研全区文化工作，先后走访姚江美术馆、庄桥街道文化中心、联合动力集团、新马路文化街区。在随后召开的座谈会上，张国锋详细听取江北文化建设情况汇报，以及黄文杰、王少华等专家学者、企业负责人的交流发言。

同日　市人大常委会财经工委主任黄利琴带队在江北区开展惠企纾困政策落实情况及对市人大五年立法规划项目库意见征求的调研，实地走访宁波金山双鹿电池有限公司、宁波联能仪表有限公司，并召开座谈会，听取区政府关于惠企纾困政策落实情况、区人大关于财经监督工作情况及对市人大五年立法规划项目库的意见建议的汇报，征求部分区人大代表、企业代表对完善惠企纾困政策的意见建议。

20日　区委书记张国锋到孔浦街道及文创港区块开展专题调研，先后走访文竹社区、云创1986特色街区，详细查看了解便民服务窗口、网格化管理和街区改造提升工作。在召开的座谈会上，张国锋听取了相关工作汇报，对取得的发展成绩给予肯定。对于下一步发展，张国锋强调，要进一步提高站位审时度势，在全市、全区发展大局中找定位谋发展，发挥区域独特资源优势，系统谋划积极作为，努力实现区域更高质量发展。

23日　江北区召开八大指挥部专题汇报会。会上，区发改局汇报八大指挥部总体情况，老外滩开发建设指挥部、城市（庄桥）拓展区指挥部汇报了工作推进情况，其他指挥部作书面汇报，相关开发建设指挥部指挥长作了交流发言。

同日　区委副书记、政法委书记许会祥到洪塘街道检查文明典范城市创建和疫情防控工作。许会祥一行先后到姚江花园、宁沁家园、鞍山村等，现场检查卫生环境、楼道堆放、宣传窗设置、非机动车停放等情况，仔细查看了出入口的防疫措施，并与一线工作人员交流了解工作流程和各项防控措施落实情况。

24日　区委书记张国锋深入辖区企业开展稳企纾困专题调研，到企业生产研发一线，与企业家面对面交流，了解企业发展中存在的困难和问题，听取企业家意见和建议，政企携手共谋发展。

25日　区委书记张国锋到甬江街道调研经济社会发展情况，先后走访宁波江北人力资源产业园、宁波中车时代传感技术有限公司，在随后召开的座谈会上，张国锋听取甬江工作汇报，充分肯定街道取得的成绩。对于街道下一步工作，张国锋强调，甬江要深入贯彻落实区委、区政府部署要求，以坐不住、等不起、慢不得的紧迫感，发挥区域特色优势，加快推进产业发展、社会治理、区块更新、党建统领等重点工作，努力在创智和美城区建设中挑大梁、当先锋，为全区发展作出新的更大贡献。

同日　区委副书记、政法委书记许会祥到庄桥街道开展河长制履职活动，了解后大河河道治理和管护情况。

26日　区委副书记、区长杨正平到宁波文创港调研滨江水岸项目、中兴大桥两侧地块项目等重点项目推进情况，现场协调解决项目推进过程中的相关问题。

30 日　省司法厅党委委员、副厅长钱德海一行到江北区外漕村考察“全国民主法治示范村”创建工作，实地调研外漕村文化礼堂及“五码应用”“一村一图”智慧村居数字管理建设等情况，并召开座谈会听取外漕村民主法治村建设工作汇报。

31 日　在宁波（前洋）直播中心，江北区通过“线下＋线上直播”，以“沉浸式”廉政教育情景剧的形式，正式启动年轻干部全链条教育管理监督“风纪扣”工程。区委书记张国锋在启动仪式上向全区年轻干部致清廉寄语。

同日　全区民营企业家座谈会暨区工商联（总商会）五届一次主席（会长）会议召开。会上，通报区工商联 2022 年重点工作，多名企业家围绕工业制造、外贸发展、物流运输、文旅融合以及面临困难、下一步打算等方面进行交流发言。

6 月

2 日　江北区召开稳进提质攻坚行动工作推进会。会议强调，要认真贯彻落实近期中央和省市召开的重要会议精神，根据省市工作要求，结合当前全区发展的工作实际，对稳进提质十大攻坚行动进行再明确、再部署、再落实，更好地推动江北经济稳进提质、社会和谐稳定，为省市大局作出更多贡献。会上，区防控办、区发改局、区经信局等 8 个牵头单位分别就稳进提质十大攻坚行动的具体目标、工作举措等进行汇报。

8 日　江北区与湖北省襄阳市樊城区缔结友好城区战略合作框架协议签约仪式举行，两地共话情谊、共商合作、共谋发展，携手描绘强化交流互通、推动共赢发展新篇章。

9 日　区委理论学习中心组（扩大）专题学习会召开，会议深入学习贯彻习近平总书记关于加强和改进人民信访工作、巡视工作的系列重要论述精神，以及关于人权事业发展的重要讲话精神和相关法规、文件精神。

14 日　区委全面依法治区委员会（扩大）会议暨“大综合一体化”行政执法改革推进会召开。会议通报 2021 年法治江北建设工作情况及 2022 年重点工作，就“大综合一体化”行政执法改革推进工作作具体部署，审议并通过依法治区相关文件，相关单位在会上作述职述法和交流发言，并举行大综合一体化“3+N”多元共治联络室揭牌仪式。

15 日　安徽省蚌埠市怀远县党政代表团到江北区开展结对合作考察交流。怀远县党政代表团一行先后到宁波威孚天力增压技术股份有限公司、宁波伊士通控制技术有限公司、宁波金田铜业（集团）股份有限公司等，深入考察江北区电子信息、高端装备制造、汽车零部件等产业发展情况。在随后召开的两地党政联席会上，两地分别介绍经济社会发展情况，并签订江北区与怀远县落实甬蚌结对合作帮扶工作相关协议。

16 日　全区稳进提质攻坚行动推进会召开。会议强调，要全面深入贯彻落实上级部署要求，进一步提高思想站位，充分认识当前经济社会发展形势，持续加快推进稳进提质攻坚行动，紧盯目标全力以赴，破难奋进争先进位，确保高质量完成半年度工作任务，为全市发展大局作出更大贡献。会上，平安建设攻坚行动专班、稳企业强主体畅循环攻坚行动专班、稳外贸稳外资促消费攻坚行动专班、促进房地产平稳健康发展攻坚行动专班等发言。

17 日　宁波大学与江北区校地合作交流会召开，双方分别介绍江北区经济社会发展情况、宁波大学周边环境整治情况，以及宁波大学发展建设情况，并就进一步深化校地合作开展交流。

同日　市政协副主席陈仲朝带领市政协“数字化改革推进情况专项民主监督”第二监督调研组到江北区调研数字化改革，就区社会治理中心建设情况进行实地考察，现场听取基层治理四平台迭代升级情况、“162”与“141”体系应用贯通等工作情况。座谈会上，区委副书记许会祥汇报江北区数字化改革总体进展情况和一体化智能化公共数据平台建设情况汇报。

同日　市妇联党组书记、主席俞泉云，市女企业家协会一行到江北区开展“稳进提质促发展”走访调研。

24 日　区委城乡现代社区建设指导委员会第一次会议召开。会议强调，各部门、各街道（镇）要牢固树立“一盘棋”思想，提高站位、主动作为，落实责任强担当、高效协同强统筹、闭环管理强落实，全力保障现代社区建设高质高效，打造出一批具有鲜明江北辨识度的标志性成果，在全市、全省的现代社区建设工作中创出江北模式、打响江北品牌。

27 日　区委常委会（扩大）会议暨全区领导干部大会召开，学习传达省第十五次党代会精神和市委十四届二次全体（扩大）会议精神，研究部署全区贯彻落实意见。

30 日　“书记向前冲·共富加速跑”暨“北岸红·全域强”新时代党建高地创建行动推进会在两新红领学院召开。区委书记张国锋向全体村社书记宣讲省第十五次党代会精神。

7月

4日　市支援合作局副局长陈昊到江北区调研对口支援工作，听取区对口支援局相关工作汇报。

5日　市人大常委会副主任胡军带队到江北区开展“助力经济稳进提质八大攻坚行动”专题调研。

6日　国家发展改革委就业司副司长常铁威一行到江北区考察调研共富工作，先后考察洪塘街道云水湾祥云幼儿园、宁波电商经济创新园竹成集团。

同日　副市长金珊等一行人到江北区调研经济稳进提质工作，实地查看路林综合农贸菜市场，听取了全区经济稳进提质工作汇报。

8日　全区稳进提质攻坚行动工作例会召开。会上，扩投资优结构攻坚专班、稳企业强主体畅循环攻坚专班、稳外贸稳外资促消费攻坚专班汇报阶段工作情况及下一步计划，其余七个专班作书面交流。

11日　共青团宁波市江北区第十五次代表大会胜利召开。大会听取共青团宁波市江北区第十四届委员会工作报告，选举产生共青团宁波市江北区第十五届委员会委员、候补委员，产生共青团宁波市江北区第十五届委员会常务委员会委员和书记、副书记。

13日　在全省数字经济高质量发展大会上，区委书记张国锋作为宁波唯一代表作交流发言。

同日　副省长成岳冲到宁波市调研长期护理保险（以下简称长护险）试点工作情况，并到江北福寿康医养服务公司调研长护险居家护理服务开展情况。

15日　中共江北区委十届二次全体（扩大）会议召开。区委书记张国锋代表区委常委会作工作报告。

18日　区文学艺术界联合会第四次代表大会召开。省文联副主席、市文联主席、党组书记杨劲到会指导并讲话。

20日　全区民营经济法治建设峰会举行。市委统战部副部长、市工商联党组书记王建云，区委书记张国锋，以及全区相关部门负责人和各行业重点民营企业代表参会。会上，公安江北分局、区检察院、区法院、区司法局分享介绍民营经济法治建设的工作经验成果和下一阶段举措。

同日　副市长金珊到江北区调研长护险深化试点工作，看望慰问长护险服务对象，了解长护险定点服务机构平常上门服务情况，并到慈城镇步韬益寿院调研养老机构长护险护理服务情况，听取江北区关于深化长护险试点工作情况的汇报。

22日　区委全面深化改革委员会全体会议暨全区数字化改革和高质量发展建设共同富裕工作推进会召开。区委改革办、区共富办传达上级会议精神，汇报相关工作进展和下一步工作要点、任务计划，6家单位分别围绕重点改革和共同富裕工作推进情况作汇报。

同日　舟山市城乡风貌办一行20余人到江北考察学习慈城老城传统风貌样板区建设工作。

25日　区科学技术协会第九次代表大会开幕。市科协主席刘立群到会指导并讲话。

26—27日　四川省凉山彝族自治州越西县党政代表团到江北区开展东西部协作考察交流，双方一致同意进一步深化对接合作，共同推动两地东西部协作工作再上新台阶。越西县领导陈路、蒋勇、阿七伍甲、曲木尔足、朱宏飞、曾凡玉，区政府领导吴耀明、顾国兴、程莉等参加。

28日　区十二届人大常委会召开第四次会议。区委书记张国锋出席会议并讲话。区人大常委会主任费伟华主持，区人大常委会副主任谢德维、戴瑜、施樱芬、张立伟、励可达、许光明及委员共31人出席会议。

29日　全区“除险保安”百日攻坚行动暨创建全国文明典范城市工作推进会召开。会议，部署了全国文明典范城市创建工作，公安江北分局、区应急管理局、庄桥街道3家单位作表态发言。区政府领导杨正平、吴耀明等出席。

同日　市长汤飞帆到江北区开展部队“八一”慰问，区委副书记、区长杨正平，副区长邹刚陪同慰问。

8月

1日　区委书记张国锋以“四不两直”的方式，到医院、菜市场和社区、村，暗访督查文明典范城市创建和疫情防控工作。

2日　市督考办副主任程双对、督查二处处长周健儿一行到江北区孔浦街道现场督查国务院“互联网+督查”线索关于云创1986青年国度房租及物业费上涨问题最新进展情况。宁波大学、集星云创商业管理有限公司就该问题汇报了工作开展情况，区政府党组成员陈宏雄全程陪同。

同日　市人大教科文卫工委副主任张建国带队到江北区开展义务教育发展专题调研，座谈会上分别听取区教育局、区委编办、区财政、区人社局工作汇报，市人大代表余勇、区人大代表俞倩、慈城镇人大代表徐扬威及部分教师代表就宁波市义务教育均衡发展提出问题及建议。区人大常委会副主任施樱芬参加座谈。

4日 省委第八巡视组巡视宁波市江北区工作动员会议召开。会前，省委第八巡视组组长郑建余主持召开与区委书记张国锋、区委副书记许会祥的见面沟通会，通报了有关工作安排。会上，郑建余作了动员讲话，对做好巡视工作提出要求。省委第八巡视组副组长何丽娟传达了全省巡视巡察工作会议暨十五届省委第一轮巡视动员部署会精神。市委常委、市纪委书记、市监委主任叶怀贯参加会议并讲话。张国锋主持会议并作表态发言。

8日 区十二届人大常委会召开第五次会议，会议决定任命许会祥为江北区人民政府副区长，代理江北区人民政府区长职务。

12日 省市场监管局一级巡视员马剑平到江北区座谈交流电大工商学院征拆事宜，听取全区征拆工作进展，对江北区征拆方案予以初步认可。

16日 副市长金珊带队到江北区开展挂联协调服务工作，先后到白沙菜市场调研文明典范城市创建工作，到宁波万象城调研数字人民币应用推广情况及特种设备安全情况。

同日 市人大常委会民宗侨外工委主任李红国到江北区开展基层单元民宗侨外功能模块建设调研，并走访荣誉市民所在企业，实地到宁波中俄人文科技合作创新中心、宁波微总部科技发展有限公司了解企业运营情况，并召开座谈会，就如何上下联动高质量推进市人大常委会“聚焦践行全过程人民民主，通过应用数字化改革成果推进核心业务下沉，以数字化手段变革赋能人大履职”等工作展开讨论。

17日 市应急管理局局长陈强到江北区调研安全生产工作，高度评价江北区2022年以来安全生产工作，要求要以更高标准、更严要求抓好安全生产工作，着眼于基层能力建设要加强辅助力量；要综合施策落实主体责任硬措施，加快责任体系全覆盖，加强人员培训，特别是专职网格员培训；要创新实施安全顾问制度，针对中小企业能力不足问题，处理好安责险关系，统筹处理大综合一体化，确保力量常驻。

同日 全市服务业高质量发展大会召开，会上颁发了省级以上“两业融合”试点区域和企业、省级现代服务业创新发展区等奖项。浙江前洋经济开发区荣获省级“两业融合”试点区域称号，成为全市首个获得此试点的功能园区。同时，开发区企业宁波柯力传感科技股份有限公司、宁波水表（集团）股份有限公司荣获省级“两业融合”试点企业称号。

18日 市食药安办督查组到江北区督查，实地检查宁波新天地餐饮管理有限公司、宁波市江北广厦菜市场、浙江永辉超市有限公司宁波江北万达分公司、宁波市江北阿东水果专业合作社等单位食品安全情况，并听取了全区食品安全工作汇报。

22日 市人大代表江北中心组第二小组开展“数字赋能、助企纾困”视察调研活动。实地考察爱科迪股份有限公司5G智能工厂、宁波爱发科真空技术有限公司，并座谈交谈。

25日 中国中医科学院副院长唐旭东到江北区考察调研并座谈交流名医堂项目落户慈城镇事宜。

同日 省教育厅厅长毛宏芳到江北区督查规范民办义务教育发展工作，听取全区规范民办义务教育发展工作情况及进一步深化全国义务教育优质均衡发展区工作情况的汇报。

26日 市人大常委会农业农村工委副主任裘蓉到江北甬江街道乡村振兴助力站调研并召开座谈会，征求《宁波市供水和节约用水（草案）》、乡村振兴工作等建议。

27日 区政府召开全体（扩大）会议。会议强调，要从严抓作风、实干促发展，全力以赴推进经济稳进提质，以实际行动迎接党的二十大胜利召开。

31日 山东省海阳市委书记刘海彬带队考察江北康赛妮集团，先后实地调研数字化工厂，与企业签约座谈，希望康赛妮在纺织产业链上继续支持海阳产业链发展。

9月

4日 市委常委、组织部部长郑敏强到江北区检查督导台风“轩岚诺”防御工作。

7日 市人大常委会副主任胡军到江北区开展养老服务执法检查和基本养老服务体系建设专项视察，实地考察慈孝乐园和慈乐居家养老服务中心，随后召开座谈会，听取区政府关于基本养老体系建设情况汇报、区人大养老服务监督和基层单元建设情况，并征求市区人大代表和基层群众的意见建议。

同日 市人大财经工委到江北区交流人大数字财经监督系统迭代升级相关情况，并征求区人大财经工委意见建议。

8日 江北区举行庆祝第38个教师节表彰大会。

13日 全省防御第12号台风“梅花”视频会议结束后，区委副书记、代区长许会祥第一时间主持召开会议，全面贯彻省、市会议精神，对全区防台工作进行再部署、再细化。

14日 省民政厅创新建设“现代社区”金名片试点中期评估组到

江北区开展评估工作，实地调研甬江街道北郊片党群服务中心、江北区行政服务中心，听取全区基层治理一件事工作情况汇报。

19 日　全国政协调研组到江北区开展加快推进居家和社区适老化改造民主监督性调研工作，实地视察优护万家居家养老服务中心、慈乐 5A 级居家养老服务中心，调研慈湖人家社区困难老人居家适老化改造情况。

20 日　市督考办副主任程双对一行到江北区孔浦街道北高教园区（里夏、文萃小区、云创 1986 街区）现场督查宁波大学周边拆迁改造工作推进情况，并专题听取支持宁波大学高质量推进“双一流”建设第一批工作清单落实情况汇报。

20—21 日　湖北省黄冈市黄州区代表团到江北区学习考察，实地考察保国寺古建筑博物馆、洪塘湾、宁波（前洋）直播中心、前洋 E 商小镇、达人村，并召开江北区—黄州区对口合作工作座谈会。

23 日　召开区委法院工作会议。会议深入学习贯彻习近平法治思想，全面落实上级相关会议精神，研究部署法院工作，努力以新时代人民法院工作的新气象，助推新征程上江北创智和美城区建设新发展。

同日　全区安全生产及疫情防控工作会议召开。

27 日　市人大常委会副主任戎雪海带领立法工作组走进孔浦街道代表联络站，召开《宁波市预防和制止家庭暴力条例（修订草案）》的立法调研座谈会，听取有关部门和市区两级代表及基层立法联系点的意见建议。

28 日　市检察院副检察长吕海庆走进文教街道代表联络站，听取市、区两级代表对检察工作的意见建议。

同日　省残联党组书记、理事长蔡国春一行到江北区调研残疾人工作，实地调研庄桥街道卧床困难残疾人家庭居家病房项目，宁乐残疾人之家，市精神病院、区文化中心无障碍改造情况，恰如家养老助残服务中心等。

30 日　江北区举行烈士纪念公祭仪式，区直机关、公安干警以及社会各界相关代表参加活动。

10 月

5 日　江北区召开除险保安工作会商会，会商前一阶段相关专班机制运转情况，部署下一阶段重点工作。相关专班、职能部门、街道（镇）围绕除险保安工作开展情况和下一步工作重点作汇报。

10 日　全区“1586”专项行动推进会召开。会上，老外滩开发建设指挥部、城市（庄桥）拓展区指挥部、姚江新城开发建设指挥部汇报相关工作进展，区房屋征收管理服务中心汇报征拆提效攻坚行动进展，其他指挥部和攻坚专班作书面汇报，相关牵头区领导作交流会商。

12 日　市政府发展研究中心主任张健一行到江北区调研 2022 年经济社会发展总体情况并交流 2023 年工作思路、重点任务和重大项目初步设想。

12—13 日　丽水市莲都区委副书记、区长张妍带队到江北区开展山海协作交流对接。

14 日　市人大常委会主任卢叶挺带领市人大社会建设工委到洪塘人大代表联络站开展主题活动，区人大社会建设工委共同参与。活动围绕“基本养老服务体系建设”开展座谈交流，并举行“宁波人大重点群体汇民驿站”授牌仪式。

16 日　全区广大干部群众以各种方式收看收听了中国共产党第二十次全国代表大会开幕会现场直播，聆听习近平代表第十九届中央委员会向大会所作的报告。

18 日　市总工会一级调研员刘宁华一行到江北区对市级劳模工匠创新工作室候选对象进行评审验收，先后走访史朋飞、杨建强、楼昔伦 3 个劳模工匠创新工作室，就工作室的团队建设、创新科研、师徒结对、科技孵化等工作进行工作指导和评审打分。

26 日　区委常委会（扩大）会议暨全区领导干部大会召开，传达学习党的二十大精神，研究部署全区学习宣传贯彻工作。并就文明城市创建工作进行安排。

28 日　市人大常委会副主任许亚南带领调研组到江北区江北天主教堂、市基督教两会开展《宁波市宗教活动场所管理办法》实施情况调研，并召开座谈会。

同日　全省数字化改革推进会召开。江北区迭代升级建设的房地产领域“舒心住”应用在大会上得到省委书记袁家军点评肯定。

31 日　省市区三级人大代表走进庄桥街道人大代表联络站，开展接待活动，就物业小区管理问题进行专题交流。

11 月

3 日　由安徽省蚌埠市委常委、怀远县委书记王庆武带队的怀远县党政代表团到江北区开展考察交流，双方深入贯彻落实两地省委、市委部署要求，围绕携手打造长三角区域城市合作典范目标，持续深化区域协作、互利共赢、协同发展，进行深入交流。

4日　由区委书记张国锋带队的江北区党政代表团到丽水市莲都区开展山海协作工作交流对接。当天，代表团一行到莲都区大港头镇西坑口村，进行走访和慰问。随后，到莲都区农文旅示范点大港头镇大港头村参观相关文旅线路、场馆建设等。在召开的莲都—江北山海协作暨结对帮扶座谈会上，双方签订《山海协作乡村振兴示范点共建合作协议》，进一步深化乡村振兴相关工作。

7日　省市场监管局局长章根明到江北区调研电大工商学院拟迁建地块并召开学院迁建工作座谈会。

11日　在全市疫情防控工作视频连线会后，江北区立即召开会议，部署安排全区下一步疫情防控工作。

16日　下午，副市长金珊到江北富强鑫（宁波）机器制造有限公司、宁波正力药品包装有限公司开展“三稳三提”企业服务专项活动，并检查企业安全生产工作。

21日　全区文物工作会议召开，贯彻落实全国文物工作会议精神，总结上一阶段全区文物工作情况，部署下一阶段重点任务，并与8个街道（镇）签订文物安全责任状。

29日　学习宣传贯彻党的二十大精神市委宣讲团专题宣讲会暨区委理论学习中心组学习会举行。市委宣讲团成员、市直机关工委常务副书记朱志坚作专题宣讲。

12月

1日　区委书记张国锋听取慈城镇2023年度工作思路汇报，谋划研究2023年重点工作。会上，慈城镇汇报2022年工作情况和2023年工作思路，与会单位进行会商研讨，系统合力谋划慈城2023年工作。

5日　省疫情防控督查组组长、省药监局二级巡视员陈国颂到江北区检查九院、区中医院医疗资源建设及疫苗接种相关工作并听取汇报。

7日　副市长朱欢以人大代表身份到江北区前江街道人大代表联络站开展主题接待活动，以“深学笃行党的二十大精神、勇担强国复兴的宁波使命”为主题，听取人大代表意见建议。

9日　中国少年先锋队宁波市江北区第九次代表大会开幕。区委书记张国锋出席开幕式并讲话，团市委副书记张军到会祝贺。

13日　区委书记张国锋会见日本爱发科集团社长岩下节生。

15日　省人大农工委主任徐鸣华一行到甬江街道调研乡村振兴工作。

30日　中共江北区委十届三次全体（扩大）会议举行，区委书记张国锋代表区委常委会作报告，并在全会结束时讲话。

江北区试点宁波市深化长期护理保险工作

江北区于2017年12月起，开展长期护理保险试点。为进一步深化宁波市长期护理保险制度建设，2022年5月，江北区出台并施行《江北区试点宁波市深化长期护理保险工作实施方案》（下文简称《实施方案》），在原试点基础上进一步深化，于5月17日起在慈城镇开展申请、评估、服务、经办、管理的全流程闭环试点，并按照试点先行、全域推进的总体思路，奋力打造深化长期护理保险试点“江北样板”。

主要前期工作　一是开展全域网格排摸。4月，按照属地管理原则，江北区以村（社区）为网格，组织排摸、统计辖区内因年老、疾病、伤残等原因导致生活完全无法自理的重度失能人员相关信息，并与医保、民政、人社等部门开展信息比对，搭建全区重度失能人员基础数据库，全区累计排摸重度失能人员1192人，其中，试点区域慈城镇累计排摸重度失能人员424人，100%纳入“基础库”，实行动态管理。二是制定出台系列配套政策。在《实施方案》基础上，江北区医保、民政、财政、卫健等部门联合制定《宁波市深化长期护理保险试点江北区方案实施细则》等11个配套文件，明确评估标准、定点机构管理和服务规范，从组织和制度上保障试点工作有序推进，为失能人员得到更好护理服务提供保障。三是推进评估队伍建设。由区医保、卫健、民政等部门组建成立“江北区长期护理保险失能等级评估委员会”，负责失能等级评估工作的组织实施和管理。建立“江北区长期护理保险评估人员库”，相继选聘来自宁波市第九医院、区内八家社区卫生服务中心等医疗机构和养老机构的评估专家11人、评估员320人，开展现场失能等级评估工作，同时邀请宁波市评估委员会核心专家团队对评估人员开展上岗培训。

制度优化创新　一是扩大试点工作对象，实现城乡一体。按照尽力而为、量力而行原则，梯次推进长护险制度建设。试点工作对象在原职工基本医疗保险参保人员的基础上，新增城乡居民基本医疗保险参保人员（不含参加住院医疗保险人员）。2022年6月，试点区域慈城镇首批38人通过长期护理保险失能等级评估。之后，评估工作在全区陆续推进，至年底，共有430人通过长护险失能等级评估。二是新增居家护理服务，贴近实际需求。充分考虑重度失能人员实际情况，在原有机构护理基础上，在试点区域范围内新增居家护理服务方式，以更加契合参保人员实际需求。试点后，符合条件的失能人员可根据自身情况选择入住试点区域范围内定点服务机构接受护理服务，或选择试点区域范围内定点服务机构上门提供居家护理服务。7月1日起，全市首批长护险居家护理服务成功落地江北。至年底，全区累计享受长护险待遇人数1531人，累计为全区重度失能人员提供机构护理服务472238床日、居家护理服务4214小时。三是引育长护服务机构，保障服务供给。以享受长期护理保险待遇的失能人员的护理需求为中心，建立覆盖区、街道（镇）、社区（村）的三级长护定点服务机构，同时充分发挥民政部门嵌入式居家养

老服务中心的作用，鼓励养老机构向社区和居家服务延伸；积极培育辖区内养老服务机构，同时引入全国有丰富长护经验的第三方服务机构，充分保障长期护理服务能力供给。至2022年底，试点区域慈城镇有3家居家护理服务机构开展长期护理保险居家护理服务。全区累计完成26家长护险定点机构纳入工作，其中居家护理12家、机构护理12家，既做居家护理又做机构护理2家，养老护理员750余人。

服务过程监管 一是严格落实工作制度。严格落实初评、复评制度，厘清保障范围及界限，实时把握护理对象身体状况，及时调整护理内容，规范资金统筹和待遇支付标准。至年底，共组织巡查检查失能评估和护理服务情况计77人次。二是实施定期服务回访。组织开展服务机构回访，严格督导各服务机构提升服务品质，着力打击违规行为，维护长护险基金安全和合理支付。年内累计开展各类回访共计38人次，满意率100%。三是开展在线数据监测。结合长护险试点政策，上线一套集参保人员、承办机构、评估机构、护理机构、医保经办监管为一体的长期护理保险管理系统，满足长护险“政府监管、保险经办、社会参与”的多方需求，实现从申请、服务、支付到监管的精细化全流程闭环管理。至年底，在“甬有长护”系统全流程经办申请共计2282人次。

2023年1月起，宁波市“长护险”实现全域覆盖。江北区试点工作在服务机构引入、失能人员评估、护理服务提供等方面进行的全流程探索，为市级层面评估校验政策提供了重要参考，也为全市长护服务落地积累了实践经验。

（区史志中心撰稿，区医疗保障局审定）

农村集体资产“智管家”特色应用获评2022年度全省农业农村数字化改革“优秀应用”

江北区以农村集体资产“智管家”赋能集体经济发展为切入点，探索集体经济全链条数字化管理方案，搭建数字应用“112N”（即一个驾驶舱总控和“一张图”主体，融入“权责”引擎和“算法”引擎和“N”个可配组件）框架体系，全域开展村级资产基础调查、一图一码、产权交易、制度探索，推进登记、管理、交易、监管全链条数字化改革。

2018年8月，江北区启动“智管家”特色应用研发。

首先是全面掌握底数。一是清产核资。联动农业农村、自然资源规划、生态环境等部门，对涉及全区110个村集体经济组织集体资产的47类531项数据，进行全方位立体采集入库，明确财产边界、现状位置、四至范围、所属村社等信息。二是数字赋码。运用数字化手段，对所有资产信息“精准画像”和“身份赋码”，包括资产处置、合同运行状况等信息，建立“一产一码”，共形成110个村集体经济组织近2万条“资产码”，全面掌握集体资产底数，综合制成资产“一张图”。三是全域定点定位。围绕集体经济发展指标，按照资产性质、类别、经营状态等维度，划分多个图层，建立资产“一村一图”，实现对村级各类资产的集成管理，共覆盖全区132平方公里土地、470万平方米厂房，涉及资产总额51亿元。

其次是进行数字化集成和应用场景开发。开发农村“资金码、资产码、人员码、交易码、职责码”五码应用，全区110个村集体经济组织形成五码近15万个。实现村级事务“一码公开”，将村社概况、党务、村务、财务、资产经营等内容进行数字化处理并汇集成“公开码”，张贴在各村公开栏内，方便村民随时随地“扫码”互动交流。探索开发“码上诉求”，将全区覆盖的“村民说事”进行升级，群众可扫码进行“线上互动”。开发收据管理功能，收据申领、使用、报废、核销等环节实现线上闭环管理，有效监管款项去向。

2021年3月，江北区农村集体资产“智管家”应用正式上线。

为实现对村经济合同的数字化监管，江北区启动村经济合同专项治理工作。通过逐一检查各类合同格式内容、执行情况、公允情况，并进行数字化处理，导入合同名称、金额、期限等字段，形成全流程管理电子台账。同步建立问题合同清单，通过司法诉讼、清退重租、协商处置等方式逐一化解。

着眼长效监管，“智管家”还开发了“预警中心”模块，建立红、橙、黄三色预警机制，将问题合同、问题资金、问题资产等10多类事项按运行规则设置风险监测指标，全程监督合同执行、资产运营、资金流转等经济业务，自动提醒各类风险事项到点到人。至2022年底，累计处理红色预警事项1526件，橙色预警事项1180件，黄色预警事项953件，处置率95%以上，带动合同期限和租金超期事项同比减少82%。

在全力推行“智管家”应用的同时，江北区相继出台集体资产监管意见、承包（租赁）合同监管意见、农村集体经济数字化管理暂行办法等文件，全面推行村级小微权力清单47条，农村集体资产管理实现了信息可视化、交易市场化、监管协同化、运行阳光化，强村富民功能被全面激活。

为持续深化并完善“智管家”应用，推进农村产权交易平台建设，进一步提升基层治理效能，2021年7月，“智管家”项目二期开发正式立项。2022年5月，省农业农村厅“浙农经管”应用全面上线，“智管家”成为全省唯一地区特色应用接入该系统，村级财务实现“省、市、区、街道、村”五级联管。

至2022年底，“智管家”共收到村民互动信息547件，处置536件，处置率98%；累计开出“农村二维码”收据1258张，金额2680万元，未发生一起开票收入资金被挪用现象；累计检查合同6509份，发现格式不规范合同518件，执行不及时或不到位合同412件，低价或长期合同326件，问题合同化解率超过90%。

2023年1月6日，浙江省农业农村厅公布2022年度全省农业农村数字化改革“优秀应用”，江北区“智管家”入选。同年4月，“智管家”农村产权交易平台正式上线。

（区农业农村局提供资料、区史志中心撰稿）

中共宁波市江北区委员会

区委办公室工作

【概况】 区委办公室坚持以习近平新时代中国特色社会主义思想为指导，深入践行“五个坚持”，认真落实“28字要求”，积极发挥运转枢纽、参谋助手和桥梁纽带作用。谋划推动“1586”专项行动，全力推进重点区块开发建设，老外滩步行街入选最靓特色街区，慈城老城传统风貌样板区入选全省首批共同富裕现代化基本单元；坚持以改革破难题，谋划打造“重大决策执行平台”数字化应用，数字赋能党委重大决策部署执行，江北区党建统领整体智治考核连续多月蝉联全省第三。建立健全快速、高效、有序的协调机制，定期召开四大办主任联席会议，形成横向联合、纵向联动的工作合力；牵头开展“大走访大调研大服务大解题”活动，把服务更加高效化落实到企业、群众、基层急需处；高标准推进机关作风建设专项行动。

综合协调　提升以文辅政、服务决策水平，紧扣迎接和学习宣传贯彻党的二十大精神这条主线，牢牢把握上级决策部署要求，通过综合文字工作，结合江北实际创造性抓好贯彻落实。特别是动态优化区第十次党代会谋划的蓝图目标，提出“以现代化滨海大都市创智和美城区的发展实践，打造中国式现代化示范城区”的发展路径，切实将上级精神转化为指导江北未来发展的强大动力。提升办文办会水平，持续抓好基层减负和会议文件精简工作，“纳入统计范围文件”发文量严格按照省市要求只减不增；弘扬短实新文风，不断提高文件质量、控制发文量。严格控制以区委、区政府名义召开的会议，严格控制会议规模，严控经费预算，强化会风会纪监督，顺利保障召开区委十届二次全会、三次全会，全区性会议数量严控在市级指标内召开。提升接待工作水平，做好常态化疫情防控下的接待工作，提出“接待五准则”，实现精准服务，全年接待公务考察、检查组70余次，接待党政代表团千余人次；采用“互联网+”模式，收集、筛选、归纳江北区公务考察点信息30个，实现全区“接待点位信息共享”，进一步推进接待工作的标准化、效率化、规范化。

党内法规　坚决贯彻落实习近平总书记关于制度治党、依规治党重要论述，进一步完善联席会议会商、专业部门协审、法律顾问参与的协同审查机制，着力推进制度建设规范化。抓紧抓实《习近平关于依规治党论述摘编》等重要文件、重要著作的系统学习，及时将中央、省、市党内法规审核及规范性文件起草、备案的工作要求传达学习并抓好跟踪落实，进一步增强江北区党内法规工作者的法规素养与业务能力。把握好继承与创新的关系，在全市率先前移文件质量把控关口，编制工作指南，在源头统一规范全区党的规范性文件备案审查工作程序和要求。区级年度开展前置审查24件次、市级文件备案23件次，有效提高全区党的规范性文件的发文质量。建立健全线上线下“全方位”党内法规宣传体系，以“江北发布”为平台，专题图文解读“党内法规”及党内法规制度建设，为纵深推进全面从严治党营造良好氛围。江北区在中央办公厅举办的“贯彻二十大、奋进新征程”党内法规制度建设主题征文中荣获优秀奖。

信息督查　加强信息采集提炼，2022年江北党委信息位列全市第一档。全年累计向区领导报送各类紧急信息380余条，其中1条获得省委主要领导批示肯定；上报的正面经验类信息中，被省委办录用20余篇、市委办录用70余篇；上报的问题类信息中，被省委办录用40余篇、中办录用6篇，中办录用数量居全市前列；得到市委主要领导关注批示信息 3 篇。加强督促检查考评，深化工作载体。坚持组织开展“北岸赛马 亮榜晒绩”专项活动，健全督查“三色交办”制度、督查联动机制、督考结合机制等一系列创新督查机制。聚焦巡视反馈问题、“七张问题清单”、舆论媒体曝光、领导指示批示等重大问题，坚持“联动整改、延伸整改、闭环整改”原则。全年累计办理市、区两级领导批示件 700 余件，完成中央巡视浙江省、宁波市反馈问题联动整改 68 个、省委巡视宁波市反馈问题联动整改 61 个、省委巡视江北区反馈问题整改 33 个，省、市媒体监督栏目曝光问题 11 个均完成整改；完成省、市下派“七张问题清单”问题任务，3 项问题整改案例入选市级示范榜，1 项问题整改案例入选省级重大巡视问题清单示范榜。

机要保密　坚持党管机要保密原则，加强保密人员管理和监督检查力度，抓好机关、单位进驻式保密检查，开展重点行业、系统专项检查，不断深化微信泄密专项整治，持续推进重要军事设施周边安全保密环境整治，依纪依法查处失泄密事件。全力做好党的二十大密码保密保障工作，杜绝发生重大失泄密问题。强化保密文化建设，以“保密故事大家讲”“保密精品课”等活动为抓手，组织创作保密宣传视频展播，形成人人维护国家秘密的良好氛围。江北区创作的保密宣传作品《别让手机变成泄密工具》获省级优秀，江北区获得优秀组织奖，白沙保密文化公园获评宁波市法治宣传教育基地。深化信创工作，建立健全常态化推进和替代产品单轨运行机制，终端在线率保持在 90% 以上，位列全市第一。

（陈　洁）

对台工作

【概况】 2022 年以来，区台办全面贯彻落实习近平总书记关于对台工作的重要指示精神及新时代党解决台湾问题的总体方略，切实把思想和行动统一到中央对台方针政策和省委、市委、区委决策部署上来，坚持把服务对台工作大局与全区中心工作相结合，拓宽交流渠道，密切骨肉亲情，两地经贸合作、文化交流等得到不断深化，各项对台工作取得成效明显。

夯实基础　提高政治站位，把对台工作纳入区委重要议事议程，多次召开区委常委会会议；围绕党的二十大精神，深入开展系列专题学习、专题培训、专题宣讲。发动台胞台属集中观看党的二十大开幕式，集中开展党的二十大精神学习培训班、考察美丽乡村建设。加强组织领导。系统重塑构建“区委统筹、领导小组负总责、成员单位强支撑、台办抓落实”的对台工作新格局，健全完善统筹协调及对涉台重大事项请示报告机制。5 月，区委召开对台工作领导小组成员单位会议；结合干部调整，及时完善和明确区委对台工作领导小组成员的牵头及分工情况。区委主要领导先后 2 次就对台工作作出批示，提出具体工作要求。加强对台干部队伍建设，进一步明确街道（镇）对台工作分管干部和科室负责人，以及社区（村）对台工作联络员、基层交流能手。高质量举办全区台胞台属骨干业务培训班，积极参加全市台办主任培训班、全市对台工作研讨班。深入领会新时代对台工作精神，做好思想引领。组织属地台胞及时学习“九二共识”30 周年座谈会、《台湾问题与新时代中国统一事业》白皮书及党的二十大报告涉台内容。广泛宣传大陆对台方针政策、依法打击“台独”顽固分子及其背后金主行动。江北区台湾地区“九合一”选举市对区专项工作相关经验首次在宁波市台办系统做推广。加强入岛宣传，完成国台办年度重点宣传项目《甬台同心·共富先行》专题片拍摄；积极动员宁波交响乐团台青台属，以两岸婚姻家庭为单位，录制《月亮代表我的心》《迪士尼魔法奇缘》等作品，演奏“两岸一家亲”音乐入岛新篇章。

服务企业　深化经贸交流，搭建服务平台。重点引导台胞台商拓展内销市场，支持和帮助台胞台商顺应“直播+”发展和消费趋势，借助大陆电商平台开展市场营销推广。组织辖区台商积极参与浙台合作周宁波专场活动，促成市台协与前洋直播中心签订《在甬台商台企数字化转型战略合作协议》。承办浙台合作周江北分论坛“数享共富·直播赋能”数字化转型培训班。围绕台商家庭组织开展“魅力女性·如花绽放”三八插花沙龙活动。优化“三张清单”，台资项目富强鑫年产 2000 台特种注塑机生产线项目进入竣工验收阶段、向量科技传感器研发与产业化项目成功入选甬江引才工程项目。深入开展助企纾困专项行动，与区中小企业服务平台合作推出微信“台企小帮帮”，帮助流转咨询和答复问题 100 多件次。新增台籍拔尖人才 1 名，高级人才累计 8 名。深挖经贸合作，围绕“1586”招商提质专项行动，明确各类招商引资和对台政策，坚持“走出去”“引进来”相结合。区台办到上海对接龙前数字项目，为该项目到江北投资兴业提供服务支持；积极推动乐氏同仁堂、智能生理健康辅助、万星汇特色街等一批优质台资项目落地。全年共组织对接和推介活动10余场，台企台商多批次到江北考察。

两地交流　持续深化甬台两地融合发展，重点做好台青工作。为辖区内45名台青骨干建立“一人一档”台胞资料库，动员台青骨干积极加入甬台企业家联盟、“甬台情”志愿团，成立疫情防控小分队等。不定期举办“走创业路·扬复兴旗”台湾青年“筑巢”活动，孵化一批电商直播领域的优秀创业台青。利用暑期江北陆生返甬期间，完成宁波市赴台就读学历陆生联谊会市、区两级换届工作。夯实台胞基层力量，构建司法救助与社会救助协同救助格局，申请到江北关爱救助基金总额300万元。挖掘梳理两岸宗亲资源，利用台胞台属联谊会等民间组织，提供寄送中秋特色月饼、新冠抗原检测试剂、“印象宁波”挂历等服务，凝聚在台宁波乡亲的友我力量。区台办开展“直播+”系列活动，引领两地文化交流。“直播+音乐”，举办第二届“童声合鸣·乐融两岸”甬台两地青少年云端音乐会、第五届海峡两岸乡村振兴论坛分活动“一衣带水·两岸同乐”专场音乐会。“直播+农旅”，组织“云中村里·南北好物”江北、南投两地农旅文化交流，“同植一片土·共富两岸情”两地花卉线上交流等活动。“直播+绘画”，策划“童画卯兔·同心映月”甬台小学生绘画台历制作活动。系列活动先后在《人民日报》（海外版）、央视海峡两岸等央级媒体栏目播出报道10条，全年在市级以上媒体宣传报道25篇。调研完成《后疫情时代“直播+”助力甬台两地合作交流的实践与思考》。

【举办“走创业路·扬复兴旗”台湾青年“筑巢”活动】　1月，区台办以宁波年味为主线，成功举办“宁波美食云上会”活动，携手留甬台青通过线上美食直播、线下美食品鉴和编织吉祥“中国结”的方式喜迎佳节。直播吸引10多万两岸同胞参与线上活动，许多上架产品被抢购一空。

（严巧娜）

4月26日，以“云中村里·南北好物”为主题的2022宁波江北·南投埔里农旅文化线上交流会举行

组织工作

【概况】　2022年，江北区有基层党组织1280个，其中党委69个、党总支76个、党支部1135个；党员24963人，其中女党员9930人、占党员总数39.78%，35岁以下党员5744人、占党员总数23.01%，大专以上学历党员15554人、占党员总数62.31%。

学习教育　在全区组织系统层面，按照省组、市组争先示范行动要求，抓好全员学习、主题宣讲、思路调研等六大举措。在区级机关和街镇层面，分层分类开展学习宣传贯彻活动，特别是把二十大报告和新党章作为干部培训、集中轮训、主体班次、年轻干部培训班的主要内容，依托区委党校、基层党校等阵地，举办二十大精神专题培训20余期，覆盖党员干部3500余人次。以“前洋红色直播中心”为平台，举办“学习二十大、奋进向未来”等系列专题直播活动。在基层党组织层面，深入开展“七学七做”活动，建强用好各级党群服务中心、“甬爱E家”服务驿站、真理园、云湖初心讲堂等开放式组织生活基地，通过“三会一课”“知行课堂”等形式，开展“浙青年·爱学习”北岸青年说等专题学习和“学精神、当标兵、争先行”主题党日活动，累计开展专题学习150余场次，基层书记讲党课1300余场次，实现全区1200余个基层党组织和2.4万余名党员学习全覆盖。在两新组织层面，发挥宁波两新红领学院培训主阵地作用，启动全区410名两新党组织书记学习贯彻党的二十大精神全覆盖轮训，组织开展全市两新党组织学习贯彻党的二十大精神示范培训班；以两新党组织集中换届为契机开展党的二十大精神集中宣讲。依托“甬爱E家”户外新就业群体服务驿站，组织快递员、外卖小哥、网约车司机等群体集中学习党的二十大精神，得到《中国组织人事报》报道。

干部工作 以“五问五破冲在前、五比五先当表率”作风建设专项行动为抓手，聚焦稳进提质、疫情防控、除险保安等重大工作，深入实施干部表现一线调研、打擂赛马、“长班短训”、风采展示等举措，建档立卡干部表现690余份。在全市率先探索实施公务员量化积分与综合研判相融合的职级晋升办法，在全市组织工作推进会作交流发言。强化考察结果研判运用，调整区管干部6批次66人次。

党建工作 全年计划发展党员215名，完成率100%，其中生产、工作第一线189人，占比88%；女性101人，占比47%；大专及以上学历213人，占比99%；高知群体75人，占比34%；青年农民27人，占比13%；产业工人40人，占比19%；非公企业58人，占比27%；社会组织15人，占比7%。作为宁波市全域改革试点，持续深化党建引领基层管理体制改革。突出“微网格”建设，筑强基层“最小作战单元”，深入推进党建联建、城乡社区建设等工作，湾头社区“党建引领、安居九条”“北岸6C”商圈党建等工作得到省委组织部高度肯定。突出新业态、新就业群体，在全市率先打造“甬爱E家”服务站，率先成立小哥关爱基金，得到《人民日报》、央视一套报道。深化探索云湖片、鞍山片直播电商式“共富工坊”运作模式，举办首届公益主播大赛得到《经济日报》等央媒报道。

人才工作 深化落实人才科技“栽树工程”，引进落地浙江创新中心（北岸中心）等高端平台，累计申报入选国家级引才工程14人、国家级人才培养工程3人，省级引才工程32人、省级人才培养8人，市甬江人才工程61人。全区新增青年大学生19037人，其中硕士459人、博士26人。在全市率先启动“产业教授”引育计划，首批聘任“产业教授”14名，成立产业教授赋能联盟，带动产业化项目实现产值超7亿元，入选全市组织工作“十佳特色实践”，得到《经济日报》报道。聚焦人才个性化、多元化服务需求，以“宁波人才之家”为核心枢纽，在重大平台、重点企业建设“企业人才工作服务站”，形成“区—镇街—企业”三级联动服务网络。

公务员工作 区委组织部首次独立承担省考面试组织工作和行政执法类公务员体能测试工作，在体测前作为范本承担全市体测观摩会议，共招录公务员12名、选调生7名。持续完善公务员职务与职级并行制度，设计“5+X”量化积分体系，科学合理做好公务员职级晋升工作，有关做法在全市组织工作重点任务推进会、公务员工作推进会上作交流发言。打造立体化的选调生培养方式，为选调生配备三级帮带导师，组织开展现场教学、阅读分享、教育培训、心理辅导等活动，指导选调生开展国情调研。积极选树公务员先进典型，推荐区教育局获评浙江省人民满意的公务员集体。全区晋升四级调研员及以上职级公务员30名，一级主任科员及以下职级公务员127名。

（杨广磊）

宣传思想与精神文明建设工作

【概况】 江北区以宣传贯彻党的二十大精神为主线，突出以人的现代化为核心，不断深化文明创建、文明实践、文明培育，精神文明建设各项工作扎实有序推进。推动城乡品质、文明素质提升，以文明实践助推社会治理、以社会治理促成文明实践。

文明城市创建 制定下发《江北区2022年争创全国文明典范城市总体方案》《江北区2022年“五月会战·百日攻坚”整改提升重点项目清单》，建立“统筹推进”“闭环管理”“争先创优”三类十大机制，梳理整改提升重点项目28项，构建重点点位领导包联督查、复杂问题部门联合会商、动态问题日清日结的创建工作网络和“日排查、周专报、月回头”的督查指导体系，运用“红黄绿”三色法动态管理277个全域点位，相关经验做法入选市文明办《文明城市创建专报》5期。依托数字平台，形成区级、镇街、村社、网格四级联动，创建问题“主动发现、快速整改、高效闭环”工作格局，日均发现解决问题2000余个，累计整改率达99.9%。专项开展“百日千巷万人”秩序改善行动和“网格拉练”全域排查行动。多部门联合集中开展农贸市场、批发市场、专业市场三类市场专项整治和“空中飞线”整治，整治飞线总长30.34公里。开通定制公交“宁大附院健康巴士”，解决患者就医“最后一公里”，缓解三院周边停车难、停车乱问题。启用“人大代表+执法部门+网格员+志愿者”四驱联动，以网格为最小创建单元抓整改提升，不断提高老旧小区创建水平。

未成年人思想道德建设 关爱未成年人，举办童心向党红色宣讲活动，成立“北岸·星火”红领巾巡讲团。高子越、王沐易、俞苏轩3人入选市级新时代好少年，启动新时代好少年事迹巡讲，开展“少年有礼”文明实践活动及“校园有礼”系列活动。新申报上海交大教育集团宁波实验学校、宁波市江北区慈城中心小学、宁波福山正达外国语学校、宁波市江北区甬江实验学校共4家学校创建市级文明校园，宁波市江北区庄桥中心小学创建国家级文明校园。

宣传思想　全年区委理论学习中心组围绕省、市党代会精神、党内法规、纪检监察等内容组织开展理论学习20场次。组织“北岸·星火”宣讲联盟、“传党音”宣讲小分队等基层宣讲团队深入基层围绕党的十九届六中全会、省十五次党代会等主题开展宣讲，累计宣讲30余场次。宣讲稿件《共富路上的“变”与“不变”》入选省委宣传部优秀宣讲稿合集。数字化应用“新思想武装教育”正式上线浙政钉，应用方案成功入选《2022年全省重大改革（重大应用）“一本账S2”》数字文化系统“理论在线”应用子场景试点。推进社科普及基地建设，建成省级基地2家、优秀市级社科普及基地1家、市级重点社科普及基地1家、区级基地20家，市社科讲坛授课点5个，积极申报省首批理论宣讲点18个、理论宣讲研修基地1个，入选宁波市社科联2022年度社科普及基地科普活动立项项目1个，“宋韵宁波”文化传承体验活动项目1个，初步形成思源公园革命烈士纪念馆老兵宣讲团“革命的初心故事”科普宣讲、冯定纪念馆社科普及活动等社会科学品牌。

精神文明建设　制定《“浙江有礼·礼尚北岸”文明实践行动实施方案》，全面打造“浙江有礼·礼尚北岸”区域品牌，开展“有礼、育礼、尚礼、见礼”四大板块12项行动，全省首条“有礼巴士”江北开线。承办1—4月宁波好人发布活动，选树区文明使者和有礼榜样，拍摄有礼宣传公益片。开展“有礼江北　由你打卡”文明随手拍、空瓶打卡等行动。加大道德模范和典型人物的宣传力度，全年入选“浙江好人”2人、“宁波好人”15人。建设完成道德模范示范街—湖西路示范街。新时代文明实践中心（所、站）规范化建设实现全域覆盖。围绕喜迎党的二十大、走好共富路、践行“浙风十礼”等主题，开展理论宣讲、先进典型表彰、群众性文体活动等文明实践活动1300余场次。《城市客厅席地坐》《甬城公筷新时尚》2个案例入选“浙江有礼”省域文明新实践典型案例。不断拓展新时代文明实践阵地建设，重点培育以“童氏宗祠践行孝德”为品牌的童家村新时代文明实践站、以“志愿服务”为品牌的湾头社区新时代文明实践站等14个示范实践所站。以“政务服务”为特色品牌的江北区行政服务中心新时代文明实践基地（全国文明单位）挂牌建成；完成区级文明实践中心改建提升。

志愿者服务　全区在志愿We平台新增注册志愿者12999人、志愿服务组织616家，通过志愿We平台发布活动6400余场次，参与志愿者7万余人次，服务群众超30万人次，累计信用时长45万小时以上。举办江北区新时代文明实践志愿服务项目大赛，择优参加省（市）大赛。举办每月“1”起来·文明看江北——江北区“共富同行”志愿服务十大行动发布暨志愿服务示范线开线仪式。开展“万朵鲜花送雷锋”活动，学雷锋志愿服务主题月全区开展活动105场，参与志愿者9000余人次；培树“慈尚军嫂”、“老漂族”、“五老志愿者协会”、河西老兵志愿突击队等志愿服务品牌队伍。甬江街道湾头社区入选全国学雷锋志愿服务“四个100”先进典型；宁大附院“爱的天使”志愿者大队负责人岑利波获评浙江省志愿服务“五个20”典型选树最美志愿服务工作者；第九医院爱心1+1志愿者团队、云创志愿We站等获评宁波市“六个10”学雷锋志愿服务先进典型。

乡风文明建设　加强对文明村、镇、家庭的常态化管理，积极培育全国文明村4个、省级文明村2个，新评市级文明村3个（慈城镇三勤村、慈城镇向上村、庄桥街

3月1日，在庄桥公园举办每月“1”起来·文明看江北——江北区“共富同行”志愿服务十大行动发布暨志愿服务示范线开线仪式

道胡家村），区级文明村创建率实现100%。外滩街道阮信根等8户家庭获评市级文明家庭。举办“学习贯彻二十大 乡风文明‘甬’当先”有礼助共富系列活动，以文艺造血、志愿服务为载体，文明实践由城市向乡村延伸。

【江北区新时代文明实践志愿服务项目获省（市）奖项】 2022年，江北区参加浙江省志愿服务项目大赛，《爱心“We”站——打造劳动者“幸福志愿家”》获银奖；参加2022年宁波市新时代文明实践志愿服务项目大赛，《向阳而生——江北区“工疗结合”心智残疾人就业帮扶志愿服务项目》获银奖；《漂有所属——助力“老漂族”社区融入》《“助茧成蝶”——江北区帮扶现役随军军嫂》获铜奖。短视频《为孤寡老人点亮明灯》《九院留甬“志”的年味》获“留甬过年别样暖”——宁波志愿者陪您过新年视觉征集大赛一等奖。

（陈仰文）

统一战线工作

【概况】 2022年是党的统一战线政策提出100周年，江北区以党的二十大精神为指引，深入学习贯彻习近平总书记关于做好新时代党的统一战线工作的重要思想，围绕中心、服务大局，守正创新、创先争优，形成一批具有鲜明江北“全域统战”辨识度的标志性成果。

统战基础工作 迭代构建大统战工作格局，切实加强党对统一战线工作的绝对领导，区委召开统战工作会议，全面总结近10年统战工作成效，明确新时代江北统战工作任务。全区各级党委（党组）统战工作主体责任全面落实。建立区委统一战线工作领导小组“1+3+N”组织体系，实现协调机制、落实机制、评价方法系统重塑，连续3年在全区开展统战工作落实情况督查。全面推动新乡贤助力共同富裕示范带建设，甬商回归全年签约及落户项目6个，总投资约39.71亿元。建设全市首批世界“宁波帮·帮宁波”家园，着手打造凝聚宁波帮和帮宁波人士力量联络联谊、共赢发展新平台。慈城镇试点打造“慈动力”乡贤助共富示范带，构建6大动力源和3大示范组团，相关工作得到省市肯定。牵头制定全市基层统战标准化建设社区统战工作规范文本，形成4大创建目标和4大标准体系，全面融入城乡现代社区和未来社区（乡村）建设，经验做法得到市委统战部肯定。

统战思政建设 江北区坚持以“甬同心·跟党走”品牌为统领，以思想政治引领为核心，统揽统战领域阵地建设、活动开展、联络联谊等工作，打造“甬同心”系列工作品牌矩阵。聚焦学习宣传贯彻党的二十大精神，在全区统筹推进主题宣讲和实践活动，先后举办统战系统知识竞赛、“固初心 筑同心 争进位”主题教育、民营经济人士能力素养提升培训班、自由职业者同心文艺宣讲、“感党恩 听党话 跟党走”主题讲经讲道等活动100余场。其中，“民营企业党校联盟”活动得到中央统战部《每日汇报》录用，墨西哥海外侨务工作联络站实现学习党的二十大精神专题座谈会与海外招商活动有机融合。打造“江北统战”宣传力提升工程，推出“共富我来说”“书记谈统战”“学习贯彻党的二十大精神”专题文章50余篇，10余篇稿件得到央视、“中国统一战线杂志”公众号、“浙江统战”等宣传推广。

多党合作 推进民主党派基层组织规范化建设，农工党江北支部升格为农工党江北基层委员会，开展“两岸一家亲”书画交流等品牌活动，8名民主党派成员、无党派人士受聘为江北区人民检察院特约检察员和特邀监督员。全区民主党派开展民主协商7次、民主监督6次，收集调研课题17个，编印形成《各民主党派基层组织优秀社情民意信息和调研文章》。全面贯通多党合作在线、党外代表人士全链条服务应用，累计上报社情民意400余篇、调研报告90余篇，新增党外代表人士信息300余条，14篇议政建言获区委、区政府主要领导批示。全面加强党外干部队伍梯队建设，推动江北区党外代表人士队伍建设提升计划，召开组统联席会议2次，举办党外干部能力提升专题培训班，出台规范性文件《中共江北区委关于加强新时代党外知识分子思想政治工作和无党派代表人士队伍建设的若干意见》。打响“甬江同心”“知行惠民”公益服务品牌，民革“博爱牵手”品牌入选市民主党派助推共同富裕十佳案例，疫情防控期间开展“一份热餐送卡友”“助企复产战疫贷”等暖心活动，累计捐款捐物200余万元。

党外知识分子和新的社会阶层人士 全域提升党外知识分子和新的社会阶层人士统战工作，研究出台江北区《关于加强新时代党外知识分子思想政治工作和无党派代表人士队伍建设的若干措施》；区知联会完成换届工作，会长由副区长程莉担任。深入开展“红色研学”“寻美江北”“知新共富”等主题活动，区知联会、区新联会联合打造为环卫工人送清凉“知新合益”公益项目，与慈城公有村结对共建并开展“同心助农”直播及志愿服务活动。

深入推进“知识新力量”“海归甬担当”活动，组织开展“留·在江北”企业家座谈会、宁波市港航物流金融科技服务发展路径座谈会等活动，推动“新力甬动”基层三级联动协同共建，文创港同心e家获评市级新的社会阶层人士统战工作实践创新基地。成立自由音乐人联谊会、庄桥樟香自由文艺者联合会，依托书画展览、文艺宣讲等形式，加强自由职业者统战工作。

民族宗教 推动民族宗教“两个先行区”创建工程，巩固统战领域大平安格局。指导慈城镇培育省级民族团结进步创建重点单位，承办浙阿“百校十万‘石榴籽’青少年融情工程”夏令营活动，建设石榴红家园、驿站、工作室、志愿服务队和宣讲团10余个，慈城镇、江北就业管理中心、宁波恒帅获评市级民族团结进步创建重点培育单位。强化党对民族宗教工作的领导，召开全区民族宗教工作会议、宗教专项工作会议、民宗领域“除险保安”工作推进会等，举办全区宗教领域依法行政培训班。持续加强宗教团体、场所建设，全面从严治教各项规定进一步落实。“五教同行队伍”在全省消防技能大比武中获得团体项目二等奖，基督教江北堂获评省级宗教活动场所消防安全标准化管理“百优争创”活动先进单位，娑罗禅寺获评省级宗教法治宣传教育基地，宝庆讲寺获评省级宗教中国化示范场所和宁波市重点（AAAA级）寺院。

服务非公有制经济 成功召开区工商联第五次代表大会，配齐建强新一届领导班子和执行委员会，其中45周岁以下新生代比例提升至43.4%，硕士以上比例提升至24.1%。区工商联连续5年荣获“全国五好县级工商联”称号，外滩街道商会获评全国“四好”商会。联合公检法司部门举办首届区民营经济法治建设峰会，全网7万余人在线观看，出台《江北区关于优化法治环境助推经济稳进提质二十条措施》，经验做法得到市《每日汇报》录用。创新建设清廉民企“特色带”“标准系”，在建筑、贸易、制造行业打造3条清廉民企“特色带”，形成“4+N”清廉民企建设评价标准，经验做法得到区委书记批示肯定。帮助企业稳进提质，组织召开全区民营企业家座谈会、“亲清直通车·政企恳谈会”、“青蓝接力·师徒结对”企业游学等活动，“走企连心”调研工作收集反馈社情民意信息20余篇，走访日志185条，“两个健康”（非公有制经济健康发展和非公有制经济人士健康成长）跑道数据排名全市第三、全省第八。引导会员企业踊跃投身共同富裕建设，落实11家企业参与“消除薄弱村”行动，牛奶集团资助结对越西县扶贫工作入选市级“万企兴万村”实验项目。

海外统战工作 充分发挥国家级“侨梦苑”平台效能，举办“智享侨梦苑 创业在宁波”宁波市侨商会代表团走进江北活动，谋划建设“e侨梦苑”应用场景，聚焦服务新生代侨胞回国创新创业，中央统战部等中央、省市领导多次听取汇报并给予肯定。打造侨务工作新格局，8号公园成功创建宁波市侨界创业创新示范基地，浙江省涌优金丝楠木博物馆成功创建市级华侨国际文化交流基地，中国侨联文化交流部、省侨联在调研中给予肯定。

港澳台工作 加强香港宁波江北联谊会建设，举办“云同心·同享一轮中秋月”、内地港胞江北行等青年伙伴活动，青年港胞吴宁捐赠价值60万元的无人机自主巡查系统支持江北基层治理工作。“云中村里·南北好物”甬台两地农旅主题文化线上交流会、“童声合鸣·乐融两岸青少年云端演唱会”等“云端联谊”经验做法得到市台办主要领导批示肯定。

（叶　子）

区直机关党的工作

【概况】 2022年，江北区党建工作纳入区直机关工委管理的区级机关、企事业单位57家。工委下设20个党委、25个党总支、293个党支部，管理党员5889人。成立江北机关青年理论学习小组，推进青年干部培养。

开展“五问五破冲在前、五比五先当表率”作风建设专项行动。大力发动青年干部、机关党组织书记、宣讲名师等群体到基层一线，广泛开展“主题大宣讲”240余场。对标“思想大讨论”6项细化任务，在《新江北》开设“一把手”谈作风专栏。利用中心组学习、“三会一课”、组织生活会等形式，围绕“对标找差距、先行必有我”，开展专题讨论230余次。引导机关干部聚焦“五问”深刻查摆问题，主动揭短亮丑，累计查找领导班子问题366个、科室问题1562个、个人问题9272个。进一步深化打擂赛马的争先进位机制，将江北区“1586”专项行动、十大攻坚行动等细化成“赛马”项目，通过现场打擂比干劲、分类亮灯比进度、晒榜亮绩比成果。

充分发挥机关党组织的组织力和动员力，全力投身疫情防控工作。纵向贯通“街镇—村社—小区（自然村）”网格化组织体系，选派1300余名机关干部担任“微网格”指导员，平时抓政策宣传、思想教育、底数排查，战时抓组织动员、应急处置，推动实现“平战转换”无缝对接。动态调整布防力量，组建党

7月8日，青年理论学习小组在江北青少年宫举办“江北区机关青年风采展示活动”

员攻坚小分队，充实一线防疫力量，疫情防控期间共调派机关干部1.5万余人次。选派205名“北领先锋”突击队员，组建临时党委，积极支援北仑“战疫”，大榭街道送来感谢信致敬“北领先锋”支援队。实施关心关爱举措，累计走访慰问4500余人次，提供心理疏导等心理服务2800余人次。

【江北机关青年理论学习小组成立】4月，区直机关工委在全区选取近两年招录的66名优秀高校毕业生成立江北机关青年理论学习小组，健全“专题培训+实践历练+跟班学习”培养机制，围绕“七个一”清单精准推进年轻干部“墩苗”式培养，累计开展学习、研讨、宣讲等活动26场次。举办“喜迎二十大、建功新江北”机关青年干部风采展示活动。

（姜演演）

政策研究与改革

【概况】2022年，区委政研室认真贯彻落实中央及省市各项决策部署，围绕区委中心工作、全区经济社会发展需求开展调查研究，做好重大课题谋划和重要文稿起草；以数字化改革为引领，统筹推进重点领域和关键环节改革创新。江北区连续第四年入列全省年度全面深化改革考评优秀县（市、区），获宁波市2022年度全面深化改革（数字化改革）督查激励。

决策参谋和财经领域研究 抓好重大谋划，开展《江北区“中心城区首位度”问题分析》《深挖港源城始时代价值推动江北高质量发展新突破》《江北区融入翠屏山中央公园规划对策建议》等重大课题研究。高质量起草《关于全面学习贯彻党的二十大精神 以“两个先行”为引领 奋力推进“五个争创”高质量打造中国式现代化示范城区的决定》，提出未来五年的主要目标，明确30项主要任务，在全区持续兴起学习宣传贯彻党的二十大精神热潮。深化服务决策，召开区委财经委第四次会议，对前洋经开发区财政体制调整、防范化解房地产市场风险隐患开展研究。完成《江北区户籍人口主要数据的分析报告》《招商引资主要模式、案例以及常用渠道》《从税收数据看江北区房地产业发展现状》等领导参考信息。

改革统筹协调和创新推动 聚焦热点重点难点，推动区域改革提能级，江北区有26个项目入列省市数字化改革试点，其中，公权力大数据监督应用的人防领域、“大综合一体化”执法监督数字应用的行政执法监督等7个子场景入列《2022年全省重大改革（重大应用）“一本账S2”》，江北基层智治改革创新实践获2022年度浙江省改革突破奖金奖，江北区政务服务“一件事”集成迭代改革、浙有众扶集成改革获2022年度浙江省改革突破奖提名奖。推动区域改革作示范，“政务服务一件事”集成改革被评为全国法治政府建设示范项目和全国基层治理创新典型案例，在市委深改委会议暨市数字化改革推进会上进行汇报交流；新产品研发服务应用在省数字化改革成果展作展示；实施数字经济“一号工程”2.0版，深化数字经济系统建设，在全省数字经济高质量发展大会上汇报交流聚焦“两链”强化“四力”打造数字经济发展新增长级的做法。坚持区域改革宣传，《浙江宁波江北探索“一件事”集成改革，群众企业办事时间大幅缩减 业务集成办理 服务提质增效》《加大减税力度、优化融资服务、促进数字化转型——制造业中小企业纾困，帮扶再发力》在《人民日报》刊发，以《“盘”出来的农村新财富》为题报道宁波市江北区农村集体资产管理交易系统，在央视《经济半小时》栏目播放。

（熊　南）

巡察工作

【概况】 2022年，区委巡察工作领导小组办公室按照全覆盖的要求，组织开展3轮常规巡察，并抽调巡察组参加市里组织的涉水生态问题专项巡察工作。常规巡察区司法局、区人力资源和社会保障局、区文化广电旅游局、宁波文创港开发建设中心（宁波文创港投资开发有限公司）等12个区级部门、1个街道、4个国有企业、19个村（社）党组织。8月，江北区贯彻落实全省巡视巡察工作会议暨十五届省委第一轮巡视动员部署会精神及宁波市委第一提级巡察组巡察江北区纪委监委机关、区委组织部工作动员会相关要求，以全流程规范建设为抓手，通过系统重塑保障区委巡察工作高标准、高质量开展，同时不断加强干部队伍建设。

6月9日，江北区年轻纪检监察干部“八提一补”能力素质提升计划启动仪式举行（何斌 摄）

规范巡察 江北区探索建立“巡前监督信息通报清单”制度，进驻前根据被巡察单位的监督重点，向纪检监察机关和组织、审计等协作单位发送“巡前监督信息通报清单”，照单收集各被巡察单位党组织在履职尽责、党风廉政、财务制度执行等方面问题。迭代升级全省首创的“开巡报告”制度，进一步突出政治巡察首要位置，并根据被巡察单位主责主业，修改形成新的“开巡报告”模板。深化“中期会商”沟通机制，每轮巡察期间巡察办根据各巡察组进展情况和工作需要，综合考虑作出会商安排。根据中期会商研判意见，明确下一步巡察工作重点和方向。对可查性比较强或涉嫌违纪违法的问题线索，及时移送纪检监察机关提前介入处置。坚持运用“三单两书一监督”机制和“重大巡察问题清单”制度，提升巡察反馈问题整改实效。

干部队伍建设 根据巡察对象的特点，抽调12名干部参与2022年的巡察工作；结合区纪委年轻干部“八提一补”行动，抽调三批80后纪检监察干部加强巡察力量。通过专题培训、会议研讨、参加上级培训等形式加强学习教育，提高巡察干部的政治理论水平和业务素质。2月，江北区组织开展为期一周的巡察业务培训班，由巡察办、巡察组的16名干部结合各自工作经历进行授课，使抽调人员在短时间内迅速熟悉巡察工作及相关纪律要求和业务知识。对抽调到巡察组参加巡察工作的干部，由巡察办进行统一的绩效考核，2名抽调干部获评年

8月15日，市委第一提级巡察组巡察江北区纪委监委机关、区委组织部工作动员会召开（何斌 摄）

度考核优秀。

【巡察反馈问题整改落实】 江北区委巡察工作领导小组办公室强化"一岗双责"责任落实，将每轮巡察发现的重点问题以《廉政函告书》形式报送给被巡察党组织的区分管或联系领导，由区分管或联系领导约谈被巡察党组织主要负责人，督促推动被巡察党组织整改落实。建立巡察整改和成果运用规范运行机制，明确区纪委区监委、区委组织部、区委巡察办、区委巡察组在巡察反馈、整改方案和集中整改进展情况报告审核、列席专题民主生活会、日常督办等方面的工作要求和责任，协同推进。加强跟踪督办，建立完善巡察整改台账，加强对未完成整改问题的持续跟踪督办，区纪委监委纪检监察室对未完成整改问题的单位负责人进行约谈，提出整改要求，压实整改责任，直至问题销号。全年问题整改完成率98.8%，推动相关单位制定完善制度规定61项。

（许　洋）

信访工作

【概况】 2022年，江北区落实信息工作责任，完善"党建+信访"体系，提升信访工作数字化水平，采用信访工作五色图和重大信访问题清单指数作为全新的考核办法。初次来访化解率100%，信访事项按期受理率100%，按期办结率99.96%，均位列全市第一；国家级和省级信访积案按期完成动态清零。

信访工作责任落实　完善"党建+信访"体系，区党政主要领导定期听取信访工作汇报，区委常委会会议、区政府常务会议4次研究部署信访工作，信访工作纳入区、街道（镇）两级党建及党委政府领导班子推动高质量发展综合绩效考核。区委理论学习中心组专题学习习近平总书记关于加强和改进人民信访工作的重要思想及《信访工作条例》；积极宣传贯彻《信访工作条例》，并纳入领导干部学法用法培训和党校主体班次学习；建立纪检监察、组织、巡察、信访等部门组成的党委信访工作联合督导机制，开展联合督导2次。坚持越级走访治理，积极践行领导干部开门接访制度，区领导每周两次半天接访、每月定期接访、重点时期每天接访，全年信访值守162日290人次，接待群众337批658人次。江北区连续两年被浙江省信访局评定为可自行安排区级领导公开接访，连续两年成为宁波市唯一无信访重点街道（乡镇）的区（县、市）。

信访工作数字化　江北区依托迭代升级后的"民呼我为"统一平台，结合首问负责即问即办责任制，实现信访事项从受理到办结的全链条闭环管理，确保数万余件涉疫类信访事项在24小时内办结；全年办理网、信、电群众反映事项207717件，其中纳入考核的信访事项51033件。试行区级领导接听群众来电制度，区党政主要领导先后赴市12345热线中心接听群众来电13件次，区人大常委会主任、区政协主席等8名区领导在区矛调中心接听群众来电46件次。区信访局对所有领导接听的来电件、批示件做好督办和反馈。

重点时期信访工作　平安护航党的二十大，江北区成立工作专班。区信访联席办书面通报批评相关单位3次，开展现场督导检查6次。强化应急处置，牵头组建驻点工作组。有序保障省委巡视工作，8月初由区信访局牵头成立信访接待工作组，全权负责信访接待点的群众来访、来电、查收信件等工作。从各单位选调10名有信访工作经验的年轻干部，全程脱产驻点工作。期间，累计受理群众来信93件，接听群众来电52件，接访群众37批62人次。巡视结束后，区信访局向12个职能部门和8个属地街道（镇）集中交办省委巡视组移送的66件信访件，

5月9日，在江北区矛调中心窗口大厅接受群众锦旗

落实省委巡视后的收尾工作。

信访积案化解 成立由区委副书记任组长的信访积案清零专班，专题听取每个积案的基本情况。建立信访积案分级包案制度、区领导包案动态调整机制，按照“五个重新”的要求，通过约访当事人、定期会商等方式，牵头落实实体化解、跟踪回访、日常帮扶等工作。坚持分类施策，落实“全要素建档、全过程管理”，逐案完善“一案一册”；以“四晾晒一通报”为抓手，与各事权单位紧密协作，并督促下发工作提醒单8件次，开展专项督查3次。确保133件国家级、省级交办信访积案按期动态清零，其中实体化解48件、依法终结13件，累计占比45.9%。

不合理信访事项 扎实做好信访事项的听证评议、复查复核等工作，确保“案结事了”。江北区信访事项复查申请率31.43%，顺利完成20%的年度考核目标；一批信访积案和群访事件通过听证终结、复查复核终结等程序，依法终结入库。

提升干部素养 区信访局通过晋升、竞聘、输送等方式，优化干部队伍结构，录用1名高层次人才；培养锻炼5批10名来自各单位跟班学习干部，组织信访业务培训9场，共计150余人参与。区信访局综合科（督查科）科长江平获评2022年全国信访系统优秀督查员，3人获评区级平安建设突出个人。

【江北区信访工作考核】 2022年，江北区根据省市要求，采用信访工作五色图和重大信访问题清单指数（简称“一图一指数”）考核办法。区信访局强化与省、市局对接，制定《江北区重大信访问题清单应用工作机制》《江北区重大信访问题清单管控力量化指数评价细则》等文件，明确从问题发现到整改销号的全流程工作指引，构建省、市、区、街四级联动、上下贯通的严密工作体系。全区7项省市级清单问题提前完成销号率100%的年度目标；1项“房地产类信访问题”晋级市级重大信访问题清单示范榜、1项防范化解房地产领域风险隐患问题整改案例晋级市级“七张问题清单”总示范榜。

（徐　骥）

机构编制管理

【概况】 2022年，区委编办始终秉持“谋大局、争一流、求创新、强落实”的核心理念，以机构职能优化协同高效为着力点，持续深化基层管理体制改革、“大综合一体化”行政执法改革，统筹优化机构编制资源配置，有序推进城乡现代社区建设。

基层管理体制改革 江北区作为宁波市深化基层管理体制改革全域改革试点，牵头制定印发《江北区深化基层管理体制改革试点工作方案》，从创新基层体制机制、强化编制资源统筹、强化清单管理制度、优化考核评价机制4个方面着手，提出20项具体举措，细化形成涉及22个区级部门与8个街道（镇）的《任务清单》。组织召开全区推进会，对落实改革试点任务进行全面部署，压实工作责任，相关经验做法在《中国机构编制》杂志第6期《地方改革实践》专栏刊登。推进基层“大部制”改革，制定出台《江北区深化基层管理体制改革 推进基层大部制实施方案》，整理编制两期《关于推进基层大部制改革有关政策答复口径》。制定《江北区街道（镇）岗位管理办法》《江北区街道（镇）事业编制周转管理办法（试行）》。由编办牵头，会同组织、财政、人社等部门制定出台《区级部门派驻街道（镇）机构和人员管理办法（试行）》。完善基层权责体系，继续按照“群众有关注、基层有呼声、部门有需求”的原则，结合近年来基层发生频次高的热点难点问题，编制并印发“食品安全监管、劳动人事争议、打击电信网络新型违法犯罪”等6项第二批“属地管理”事项责任清单及其配套工作导则、范例及流程图，进一步完善属地管理“一清单、一导则、一范例、一流程、七机制”的“4+7”工作体系。同时，继续做好监管事项认领工作。

整体智治改革 以慈城镇为试点，推行“赋权执法＋属地联动执法”的基层“一支队伍管执法”模式，拟定“属地联动执法”工作方案，制定关于“属地联动执法”的9大机制。9月，慈城镇作为唯一乡镇代表，在全省“大综合一体化”行政执法改革大会上交流“一支队伍管执法”的经验做法。创新编制并印发“违法违规停车、企业欠薪、危险化学品违法违规存运、违法违规出租居住房屋”等两批次15项涵盖54个具体应用场景的多跨协同属地联动执法“一件事”清单。推动执法力量下沉，出台《区级行政执法队伍下沉人员选派办法（试行）》。统筹执法编制资源，出台《江北区行政执法队伍编制周转管理办法》，审核确定4名周转编制用于区综合行政执法队、自然资源行政执法队公务员招录指标。加强街道（镇）法律服务力量，设立区基层法律服务中心，选调具有法律职业资格证书的人员。推进城乡现代社区建设，精准审定功能职责，形成88项城市社区工作事项清单、99项农村社区工作事项清单，以及28项城乡社区特色管理服务清单。按照城市社区专职工作者员额测算体系，核定全区城市社区专职工作者员额766名。会同区委组织部、区社会治理中心、区民政局、区农业农村局，完成72个城市社区和24个城镇化村“五定”规定的制定，作为宁波样板提交市现社办审核。

机构编制管理 优化中小学教职工编制管理，统筹考虑学校之间、城乡之间教育资源配置等因素，在中小学教职工编制总量范围内重新调整各中小学编制核定数，通过挖潜和统筹等手段，核增区教育局所属中小学编制337名，并要求区教育局盘活编制资源，保证专任教师编制；建立非编聘用制教师队伍，多渠道缓解教育系统用编压力。以近10年统计年鉴中的区域人口数据、全员人口生育健康服务平台数据、人口信息管理系统数据以及第七次人口普查数据等为基础，研究学龄人口与公办中小学教师资源配置需求之间双向影响的作用机理。运用中国人口与发展研究中心研发的国际人口预测软件（PADIS-INT）对江北区2023年至2035年义务教育阶段学龄人口进行预测，结合现有资源配置情况和优质均衡的发展目标，为未来全区中小学教师编制资源配置提供决策参考。保障高层次人才队伍建设，会同组织、财政、人社等部门，出台区级高层次人才“编制池”专项管理办法，从区级事业编制总量中划出部分事业编制，实行专编专用，动态管理。江北区作为宁波机构编制报告数字化应用试点地区，年初编制机构编制报告数字化应用操作手册、开展全区线上直播培训，对各部门、各街道（镇）上报的62份报告内容提出330条反馈意见。相关做法得到“宁波机构编制”公众号发布推广，并在《浙江机构与编制》杂志第一期刊登。

事业单位登记管理 做好幼儿园登记设立工作。根据省委编办《关于开展公办幼儿园办园体制改革创新配套政策试点工作的通知》《登记设立的公办幼儿园事业单位法人登记政策解答》文件精神，结合全区审批设立公办幼儿园数量少的情况，多次与区教育局对接，开展幼儿园资质摸底、方案指导、材料审核等工作，并主动向事业单位登记管理局沟通请教，全年完成首批3家幼儿园的登记设立工作。开展事业单位“双随机、一公开”检查。联合海曙区事业单位登记管理局开展2022年事业单位“双随机、一公开”抽查，完成全区4家事业单位上门实地检查。同时，到海曙开展相关单位交叉检查。完成2022年事业单位法人年度报告公示工作，年度报告公示134家，完成率100%。

（邵燕红）

老干部工作

【概况】 2022年，江北区加强老干部思想政治建设，不断提升离退休干部服务管理水平，深化“银辉耀江北”品牌建设。全区有离休干部17人，其中机关离休10人，事业单位离休3人，企业离休1人，易地离休干部3人；抗日战争时期参加革命工作的2人，解放战争时期参加革命工作的12人。区级退休干部25人，区管退休干部360人。新增退休党支部2个，“银辉”党支部1个，党建联络员实现全覆盖；加强“银辉”党建平台建设，明确建设标准，对各单位联络员进行专项培训，建成老党员驿站8个、党建共享基地4个、党建品牌工作室4个。

思想政治建设 组织离休干部开展政治学习，每月上门送教辅导或者寄送学习资料；开展老干部政治思想教育活动、党的二十大精神学习等活动累计20多次。通过离退休党支部、每月政治学习日、老干部兴趣小组等平台，向全区老干部传达习近平总书记在全国“双先”表彰大会上的重要讲话精神、中央办公厅印发的《关于加强新时代离退休干部党的建设工作的意见》、全省老干部局长会议精神要点内容、省市区重大决策部署，介绍江北亮点特色工作。举办区级老领导读书会1期；开展离退休干部党支部书记培训班1期，累计参加老干部60余人次。开展“喜迎二十大·银辉助共富”书画诗词摄影征集活动，组织引导全区广大离退休干部以优秀的艺术作品来歌颂党的辉煌历程，展现共同富裕美好愿景。组织老干部“走基层、看变化、促发展”活动，参加省、市、区级重要会议和活动11次；组织区级老领导外出考察活动4次。

服务管理工作 区老干部局以精准高效为目标，做好老干部养老参谋协调工作和服务保障工作。在春节、重阳节、夏季，工作人员坚持全面上门走访联系制度，集中走访慰问时实行医生随访制度。全年走访慰问老干部120余人次，电话或短信慰问老干部350多人次。引导区老干部工作领导小组成员单位根据行业优势和特长，设计项目为老同志办实事。对接区卫健局为区级退休干部开通第三医院“就医绿色通道”，为家住江北的离休和区级退休干部开通家庭医生服务；对接区司法局为有家庭纠纷的区级退休干部提供上门法律咨询。联合区教育局开展老干部“一人一艺”系列活动，联合区科协开展“携手跨越数字鸿沟”智能手机操作普及工程；

5 月 27 日，江北区级老干部开展“走看促”活动

组织区级老领导年度集中体检，认真落实好老干部生活医疗待遇。运用社区网格化管理，做好离休干部就近学习、活动并落实相关经费，并为离休干部提供亲情化、个性化服务。健全离休干部“三个保障机制”（离休费、医疗费、财政支持），落实“两费”待遇，做好护理费、高龄护理费及生活不能自理特殊护理费的发放工作；落实专项资金发放家政服务费；实行本地、易地安置离休干部同等服务。

组织活动　持续贯彻《中国共产党支部工作条例（试行）》，深化落实江北区离退休干部党支部“六有一提升”工作标准。提升离退休干部党组织的组织力，扩大“银辉耀江北”品牌影响力。开展“围绕中心服务助力”活动，深化畅谈建言活动；加强离退休干部党支部书记队伍建设，定期召开全区老干部工作恳谈会和老干部工作联络员会议。6 月，组织离退休干部赴慈城镇毛岙村开展“建言乡村治理，助力共同富裕”活动；指导区“五老”志愿者协会成立银辉党支部，围绕党委、政府中心工作发挥“五老”优势。组织全区老干部立足社区，开展“社会治理·银辉有我”志愿服务行动，进行垃圾分类、公筷公勺公益宣传、治安巡逻、“陋习随手拍”等活动累计 15 场，服务群众 2800 余人。在庄桥河西社区成立以退伍老兵为成员的“老兵爱心工作站”，发扬老兵们“退役不褪色，退伍不退志”的红色精神，助力辖区疫情防控、文明城市创建等。组织开展“银辉”志愿服务进农村文化礼堂、“大手牵小手”关爱结对助学行动、“情暖夕阳红”敬老院志愿服务活动；组织“银辉”宣讲团深入基层开展各类宣讲活动 30 余场，受众 1000 余人。

（侯　丽）

档案工作

【概况】 2022 年，江北区认真贯彻上级各项决策部署，围绕中心服务大局，进一步加强档案信息化建设，推进档案规范化管理，扎实档案资源建设，不断提升档案服务能力。

档案信息化建设　落实《浙江省档案事业发展“十四五”规划》《关于新时代全面推进档案工作数字化转型意见》，至“十四五”末，县（市、区）以上机关和国有企事业单位 100% 创建省级规范化数字档案室的目标，区医疗保障局、区金融发展服务中心等 9 家单位成功创

10 月 14 日，江北区举办退休干部智能手机短视频制作培训班

建为省级规范化数字档案室。进一步提高江北区档案工作核心业务数字化运行水平，丰富数字档案应用典型场景。区档案馆申报档案工作数字化转型先行区试点，建设集监管服务于一体的区域数字档案管理服务平台，协同打造“浙里数字档案”应用，该项目进入正式开发部署阶段。

基层档案规范化建设 切实履行档案行政管理职能，加强基层档案业务规范化建设。在全区推进浙江省档案室业务建设评价工作，按照“抓示范、立标杆、带整体”的思路，继续抓好档案工作服务农村基层试点工作。12月底，庄桥街道、洪塘街道、前江街道、慈城镇及所辖行政村顺利通过市级试点验收，实现全区村级档案工作规范化建设全覆盖。在常态开展全区档案安全专项检查的基础上，联合区委机要保密局、区大数据中心等单位开展涉密档案保密管理专项检查行动，完成55家单位保密自查自纠工作。组织开展全区档案年检工作，在全区各单位开展自查评分的基础上，实地抽查5家单位，促进档案整理和保管工作规范化、标准化。

档案文化建设 2月，通过数字媒体、专业网站等形式面向全社会公开征集档案徽标，并从全国众多优秀设计作品中评选出最优方案。将档案徽标作为传递档案文化的重要符号，打造档案战线服务党和国家工作大局、服务人民群众品牌良好形象。6月，在第十五个国际档案日前后，举办《忆·江北》系列摄影作品展；组织国际档案日主题征文活动，收集征文13篇。联合区文化广电旅游局开展“执艺为殳”2022江北区抗疫专题艺术创作展活动，宣传抗疫工作感人事迹，弘扬社会正能量。积极做好档案工作动态信息报送，在国家、省、市、档案网等发表报道信息16篇，其中1篇被国家级刊物录用、2篇被省市级期刊录用。

档案法治建设 深入开展档案安全风险治理，不断完善档案安全监管机制。新增行政执法人员3名，按照“互联网+监管”的工作要求，开展2022年档案工作执法监督检查工作。全年完成双随机执法检查16次、重点专项检查1次，检查对象包含2家重点建设项目、12家立档单位、1家档案服务外包企业和区档案馆，在纳入监管的立档单位中抽查覆盖率约20%，掌上执法率100%。“6·9”国际档案日，区档案馆走进机关、社区、广场，向社会各界宣传档案法规、档案知识，制作并分发档案宣传品。12月初，通过举办档案法海报展览、制作普法小视频、档案法知识竞赛、群众参与普法答题、制作普法动画等形式，开展《中华人民共和国档案法》宣传，营造依法管档的浓厚氛围。

档案资源建设及服务 按照“达标一家、接收一家”的标准，稳步落实江北区档案进馆工作，确保高质量按时完成档案移交任务。进馆2019年机构改革中6家撤销单位档案，接收文书档案936卷，24147件，照片1310件，实物257件。依法接收全区疫情防控档案和脱贫攻坚档案，建立疫情防控档案、脱贫攻坚档案专题数据库，归集疫情档案文书类一文一件6880件，照片1142件，视频539件；脱贫攻坚文书类案卷129卷，卷内1970件，一文一件385件，照片48件，视频111件，数据量97.7GB。完善档案开放机制，完成馆藏档案21个全宗82070件的开放鉴定。优化开放档案的查阅服务，接待查档人数1257人，调卷1773卷，其中线上999人、调卷734卷，线下258人、调卷1039卷。

（冯　莹）

党史地方志工作

【概况】 2022年，江北区党史地方志工作深入挖掘史志资源，充分调动可利用要素，党史三卷时期编研成果相继完成，部门志、基层志有序推进，革命遗址保护工作取得新进展。

史志编研 配合省委党史和文献研究室组织的《忠实践行“八八战略”全记录》课题研究，收集整理2002年至2022年区委历年全会报告及江北重大特色工作专题资料，梳理区委在“八八战略”指引下推动江北经济社会发展所取得的历史性成就和发生的历史性变革，以《以改革引领城乡高品质发展　奋力打造创智和美城区》为题形成编写大纲，完成初稿撰写。深化党史三卷时期相关研究工作，加快形成研究成果。《中共宁波市江北区委文件选编》（1990—1997）、（1998—2002）于6月出版，党史三卷时期区委文件选编工作全面完成。《中国共产党宁波江北百年历史大事记（1921—2021）》按照市委党史研究室审读意见完成补充修改后顺利出版。整理完成《〈浙江省党史和文献部门科研成果目录集（1980—2021）〉宁波章》江北部分资料及已出版史志文献成果数字化资料共20部。确定蒋子瑛、冯定等党史人物专题研究项目，新征集到冯定重要史料262份，约1.5G，完成蒋子瑛纪念专题，于12月蒋子瑛100周年诞辰纪念日前夕在《宁波日报》刊发。坚持志、鉴、报、研同步驱动，持续深化地情文献资料整理和研究。《江北区统计志》通

过终审并完成编印，《江北区审计志》和《江北区司法行政志》完成出版稿审读。启动《宁波市扶贫支援志（1978—2021）》供稿工作，召开组稿任务分解会议落实资料收集及撰写任务，并完成初稿供稿。全面完成2021年度史志年报资料征集整理，共征集到电子资料5.51G，按要求整理上报市委党史研究室年度资料1.83G；启动《江北年鉴（2022）》组稿工作，进入出版流程；确定《慈城镇年鉴》列入2023年编写计划；落实宁波月鉴组稿上报工作，常态化、多渠道收集全区重大事项、重要活动等信息，强化信息编审，落实源头审稿，全年共上报信息118条。编纂完成《宁波老外滩史料选编（1842—1933）》，进入出版阶段。整理完成《宁波市江北区政府工作报告汇编（1980年10月—2022年1月）》，完成编印。

宣传教育　动态掌握全区革命遗址现状，征集补充最新图照资料，更新市级中共党史教育基地遗址现状资料。配合区委办做好全区革命历史类纪念设施、遗址和爱国主义教育基地建设管理情况核查工作。开展革命遗址和纪念设施保护前期工作。结合区政协“双周协商·红色遗迹的保护”协商主题，形成专题发言材料，经与各有关单位广泛深入交流，围绕协商建议，进一步落实革命遗址和纪念设施常态化保护和利用宣传工作，重点开展革命遗址背后故事挖掘，积极参与起草革命遗址保护和利用宣传方案。针对已灭失的革命遗址开展专项调研，通过查找史料、寻访知情人等，印证各资料真实性，明确各遗址具体位置。密切与区新四军历史研究会的协作，配合完成区新四军历史研究会五届四次会员大会资料及第二十四期会刊，围绕清明节、烈士公祭日等节点，组织老同志参加庄桥革命烈士纪念碑、慈湖烈士陵园等祭扫活动，承担相关宣讲任务。配合区文保所、庄桥街道就联群村疑似“朱洪山祖居”开展现场查看及史料研究，据实提供史料参考。指导庄桥街道完成革命遗址补助资金绩效评估工作。

（徐　翎）

宁波市江北区人民代表大会

综 述

【概况】 2022年，江北区十二届人大共有代表206人。在当选的206名代表中，党政干部41名，占19.90%；工人农民107名（其中一线工人农民74名），占51.94%；专业技术人员52名，占25.24%；其他（军队和宗教人士）4人，占1.94%；非中共党员74名，占35.92%；妇女68名，占33.00%。全年共召开常委会会议9次，听取和审议“一府一委两院”专项工作报告29项，组织开展执法检查6次，作出决议决定21项，审查规范性文件8件，任免国家机关工作人员57人次，顺利完成了各项工作任务。

履行好对党忠诚的政治机关职责 不断强化理论武装，落实“第一议题”学习制度，全年开展集中学习30余次。党的二十大胜利召开后，常委会党组及时传达学习大会精神，开展专题研讨。推动中央人大工作会议精神落地见效，及时出台落实中央人大工作会议精神和省委意见分工方案。坚持向区委请示报告制度，一年来就有关重大事项向区委报告50余次，提请区委常委会研究决定13项。常委会班子围绕区委中心任务，积极参与经济稳进提质、助企纾困、抗台防汛等工作，收集、转办、督办基层企业和群众反映的意见建议653件，推动解决320件。大力推进“五问五破、五比五先”作风建设专项行动，建立机关干部“月述职”制度，在市人大重点工作“季交流”两次通报中，江北人大各项指标均位居前列。“代表夜聊”活动受到全国人大的关注，入选2022年度全省基层单元建设最佳实践案例。

履行好人民至上的权力机关职责 积极探索践行全过程人民民主，在年度监督议题、代表问政问题、代表建议线索等的征集上，实行“开门征题”。参与上级人大立法工作，一年来组织基层代表与群众参与了《宁波市公筷使用规定》等16部地方性法规的立法调研，提出立法修法建议420余条，采纳率居全市前列。“直播夜聊”“主题夜聊”等形式不断拓展，“阿拉找代表”线上平台建成运行，代表联系选民线上、线下两条渠道有效贯通。全年共组织开展“代表夜聊”活动123次，参与代表545人次，收集民生事项1237件，问题解决率89.2%，受到了群众的欢迎和拥护。贯彻常态化、制度化行使重大事项决定权要求，探索实施“小切口”重大事项决定工作，分别作出深化“双减”推进家校协作工作、保障住宅区消防车通道畅通等决定。依法行使人事任免权，认真执行宪法法律知识考试、任前见面、表态发言、组织宪法宣誓等程序，专门听取区政府19个组成部门主要负责人的依法履职情况报告，有效形成人事任免工作闭环。加强区级层面人民代表大会制度的研究，传播人大声音、讲好人大故事，《人民代表报》、人民网等国家、省、市媒体报道江北区人大工作成果60余篇次，《241名市区两级人大代表首次“云”视察》荣获宁波市人大好新闻奖一等奖。深入贯彻省乡镇人大工作条例和街道人大工作条例，健全主任会议成员分工联系指导街道、镇人大工作机制，完善专项工作交流、季度工作晾晒、年度工作研讨等制度。探索开展开发区人大工作，实现人大监督全覆盖。

履行好务实高效的工作机关职责 推动区域经济高质量发展，围绕争创高质量发展建设共同富裕先行标兵任务，将共同富裕主要指标涉及的工作作为审议的重点。组织代表视察前洋经济开发区发展情况，对国家级制造业单项冠军企业、专精特新“小巨人”企业培育工作提出意见。审议“灵山慈水休闲生态带”精品线路建设情况的报告。围绕实施“双碳”战略，听取江北区省级可持续发展创新示范区建设工作汇报，开展节约能源执法检查。

围绕提高国有资产质量和效益，首次开展企业国有资产管理专项监督。强化预算审查，提高财政绩效，推动政府相关部门修订完善绩效管理及评估制度3项。着眼于拓展江北区未来发展空间，开展省土地管理条例执法检查，听取国土空间规划的编制和实施情况汇报，专题调研全域国土空间综合整治工作。依法听取2021年度江北区生态环境状况和生态环境保护目标完成情况报告，开展《宁波市河道管理条例》执法检查，审议全区农村生活污水管网规划建设管理工作报告。针对基层关注度较高的住房问题，常委会打出监督“组合拳”，连续审议了新建商品住宅全装修管理、高层住宅建筑消防安全、电梯质量监管3个专项工作报告。审议区基层医疗卫生服务体系建设情况的报告，直接推动了慈城镇中心卫生院CT项目采购、市区两级特色专科申报等工作的落实。推进“优学江北”建设，督促“双减”政策走深走实。开展就业促进法执法检查、0～3岁婴幼儿照护服务专项监督。推进文化强区建设进程，对《宁波市全民阅读促进条例》实施情况进行了检查。首次采用“综合+小切口”方式审议法治政府建设报告，省市区三级人大联动开展《浙江省综合行政执法条例》专项执法检查，专门听取了区养犬管理工作的汇报。聚焦司法领域热点难点问题，对检察起诉阶段适用认罪认罚从宽制度的案件开展类案监督。对5名员额法官个人依法履职工作报告进行了审议，并以满意度测评的方式作出客观公正评价。

履行好联系群众的代表机关职责 坚持把基层单元打造成保障人民当家作主的一线窗口，构建工作制度支撑体系，实行常委会领导包干连片机制，出台人大代表进网格、人大核心业务下沉、国家机关负责人进联络站等工作办法。以数字化改革撬动牵引，打造“一屏二码七应用+两特色”体系，多跨协同发挥“联、商、督、促、智”功效。全区8个基层单元开展各类接待活动628次，代表进站4394人次，国家机关工作人员进站1392人次，推动解决问题3879件，实现代表动起来、场景用起来、数据跑起来、工作实起来。代表建议办理机制不断完善，通过实行建议撰写专项培训、三重审核把关等措施，严把建议提出质量关。依托“阳光建议”平台，推动代表建议全内容、全过程、全方位公开，不断健全建议大户集中面商、重点建议集中评议等机制，推行“代表意见征询表”代表填写后由各代表中心组统一收回的做法，以往建议办理A类件由承办单位自行确认，改为由常委会专业工委和代表共同确认。区十二届人大一次会议代表提出的198件建议全部按时办结，问题解决率达到64.7%。代表履行职责作用不断凸显，制定新一届代表履职培训计划，深化“双联系”“主任接待日”等制度内涵，“无人机云视察”“线上直播调研”等活动形式得到广泛开展。全体人大代表充分展现新时代代表风采，积极参与“代表夜聊”，督办民生实事项目实施，围绕疫情防控、文明典范城市创建、乡村振兴、未来社区建设等工作，开展实地视察、督查、走访和暗访等活动，推动解决群众反映的各类问题，进一步凝聚了促进区域发展的强大合力。

（周　寅）

重要会议及重要活动

【区第十二届人民代表大会第一次会议】 宁波市江北区第十二届人民代表大会于1月22—25日召开，会议听取和审查了江北区人民政府工作报告、江北区2021年国民经济和社会发展计划执行情况与2022年国民经济和社会发展计划草案的报告、江北区2021年财政预算执行情况和2022年财政预算草案的报告、江北区人民代表大会常务委员会工作报告、江北区人民法院工作报告、江北区人民检察院工作报告；审议和票决了2022年区政府民生实事项目；选举产生江北区第十二届人民代表大会常务委员会主任、副主任、委员，江北区人民政府区长、副区长，选举江北区监察委员会主任、江北区人民法院院长、江北区人民检察院检察长，江北区出席宁波市第十六届人民代表大会代表；表决通过区十二届人大有关专门委员会组成人员人选名单。

【区十一届人大常委会会议】 第43次会议　1月10日下午，区人大常委会召开第四十三次会议。区人大常委会主任费伟华，副主任谢德维、戴瑜、施樱芬、张立伟、孙新土、励可达及委员共29人出席会议。会议由区人大常委会主任费伟华主持，副区长程莉，区监委、区法院、区检察院负责人，区人大常委会有关委办、区委组织部、慈城镇人大及区政府有关部门负责人列席会议。会议听取了区人大常委会办公室主任田万获所作的关于区人大常委会工作报告（送审稿）和区人大常委会2022年工作要点（草案）的起草说明，讨论通过了区人大常委会工作报告

（送审稿），表决通过了区人大常委会2022年工作要点。会议听取和审议了区政府办公室主任孔宇受区政府委托所作的关于2021年区政府民生实事项目完成情况的报告，以及区人大常委会代表工委主任杨建荣所作的关于2021年区政府民生实事项目督办情况的报告，并对2021年区政府民生实事项目完成情况开展了满意度测评。会议听取和审议了区政府办公室主任孔宇受区政府委托所作的关于2022年区政府民生实事候选项目情况的报告，表决通过了区政府提请的2022年区政府民生实事候选项目，并提请区十二届人大一次会议审议。会议审议和通过了2022年区政府民生实事项目票决办法（草案）会议审议并表决通过了区人大常委会各街道工委2021年工作情况和2022年工作计划的报告，并作出决议。会议审议通过了区十二届人大一次会议计划预算审查委员会名单（草案）。会议审议并表决通过了区十二届人大一次会议主席团和秘书长名单（草案）、各代表团召集人和列席人员名单。

第44次会议　宁波市江北区第十一届人民代表大会常务委员会第四十四次会议于2022年1月19日在区政府八楼会议室举行。区人大常委会副主任谢德维、戴瑜、施樱芬、张立伟、孙新土、励可达及委员共28人出席会议。会议由区人大常委会副主任谢德维主持，区政府党组成员陈宏雄，区监委、区法院、区检察院负责人，区人大常委会有关委办，区委组织部负责人列席会议。会议审议和通过了有关市代表辞职事项。经投票表决，决定接受陈秀忠辞去宁波市第十五届人大代表职务的请求，同时作出接受辞职请求的决定。会议听取了区人大常委会副主任戴瑜受主任会议委托所提出的市代表补选议案，通过了《关于江北区第十一届人民代表大会常务委员会第四十四次会议补选宁波市第十五届人民代表大会代表的办法》，经投票表决，决定补选郑敏强、朱欢、张国锋为宁波市第十五届人大代表。

【区十二届人大常委会会议】　第1次会议　3月29日，区十二届人大常委会召开第一次会议。区人大常委会主任费伟华，副主任谢德维、戴瑜、施樱芬、张立伟及委员共31人出席会议。会议由区人大常委会主任费伟华主持，副区长朱恩青，区政府党组成员陈宏雄，区法院院长傅勇，区检察院检察长董顺来，区监委、区委组织部、区人大常委会有关委办、区政府有关部门等负责人以及部分区人大代表列席会议。会议听取了区综合行政执法局局长刘鸿雁受区政府委托所作的关于江北区排水（污水）系统情况报告审议意见研究处理（落实）情况的报告，区科技局局长孙雄鹰受区政府委托所作的关于江北区推进高能级创新型城区建设工作情况报告审议意见研究处理（落实）情况的报告，区文化广电旅游局副局长王艳春受区政府委托所作的关于江北区旅游经济发展情况再监督报告审议意见研究处理（落实）情况的报告，区发改局局长张云受区政府委托所作的关于区政府贯彻实施《浙江省粮食安全保障条例》报告审议意见研究处理（落实）情况的报告，区残联理事长程欲晓受区政府委托所作的关于江北区无障碍社区建设推进工作情况报告审议意见研究处理（落实）情况的报告。常委会组成人员对上述五个报告审议意见处理（落实）情况进行了满意度测评。会议要求区人大常委会办公室会后将满意度测评结果函告区政府，并予以公布。会议听取和审议了区司法局局长林幼红受区政府委托所作的关于江北区2021年度法治政府建设工作情况的报告。会议听取了区住建局、区商务局、区市场监管局、区医疗保障局4个部门主要负责人2021年度依法履职情况报告，并书面审议了其他区政府组成部门主要负责人2021年度依法履职情况报告。会议还书面审议了区法院关于2021年江北区行政审判情况的报告、区检察院关于2021年江北区行政检察和行政公益诉讼情况的报告。常委会组成人员认为，过去的一年，区政府及各部门在深化法治教育、推进数字化改革、完善行政决策机制、创新监管机制、加强基层社会治理等方面取得了积极成效。同时，常委会组成人员和代表围绕进一步优化政府职责配置、健全依法重大行政决策机制、强化对行政权力的制约和监管、加强政府法治力量建设等方面提出了意见建议。会议听取和审议了区市场监督管理局局长任剑峰受区政府委托所作的关于电梯质量监管工作情况的报告。常委会组成人员认为，近年来，区政府强化安全底线、红线意识，加快深化电梯安全监管改革创新试点工作，不断提升电梯质量安全监管水平，切实预防和减少电梯事故，全区电梯质量安全状况整体呈现平稳趋势。同时，常委会组成人员和代表就如何加强对非智能化监管电梯的管理等内容进行了询问，围绕加强电梯安全宣传教育、提升电梯管理效能、深化电梯智慧监管等方面提出了意见建议。会议要求，常委会有关工作机构根据调研报告、常委会组成人员提出的意见和建议整理形成审议意见，经主任会议研究通过后，交区政府研究处理。会议听取和审议了副区长朱恩青所作的关于江北区2021年度生态环境状况和生态环保目标完成情况的报告。常委会组成人员认为，过去一年，区政府及相关部门坚持以习近平生态文明思想为指导，认真贯彻落实上级党委政府关于生态环境保护系列部署要求，推动全区生态环境不断改善，取得了较好成绩。同时，常委会组成人员和代表就如何为甬江片区、北高教园区污水出路争取更多输送空间以及如何提升改善甬江、孔浦片区水质等内容进行了询问，围绕加大大气环境综合治理力度、加大治水工作统筹力度、重视农污设施提升改造工程质量、提高噪音扰民治理水平等方面提出了意见建议。会议听取和审议了区发改局局长张云受区政府委托所作的关于2022年区政府重大投资建设项目的报告，区人大常委会财经工委主任程璐所作的关于2022年政府重大投资建设项目的审查报告，经投票表决，通过了2022年重大投资建设项目。会议审议通过了《关于设立江北区第十二届人民代表大会常务委员会代表资格审查委员会的决定》。会议审议通过了区十二届人大常委会各工作委员会委员名单。会议进行了人事任免事项。经依法投票表决，决定任命田向杰为宁波市江北区人民政府办公室主任、张云为宁波市江北区发展和改革局局长、施晓亮为宁波市江北区经济和信息化局局长、夏伟飞为宁波市江北区教育局局长、孙雄鹰为宁波市江北区科学技术局局长、步捷为宁波市江北区民政局局长、林幼红为宁波市江北区司法局局长、邹旭明为宁波市江北区财政局局长、叶欣海为宁波市江北区人力资源和社会保障局局长、应立波为宁波市江北区住房和城乡建设局局长、周朝辉为宁波市江北区农业农村局局长、戴雪嵘为宁波市江北区商务局局长、周少植为宁波市江北区文化广电旅游局局长、孙俊伟为宁波市江北区卫生健康局局长、董其练为宁波市江北区退役军人事务局局长、陆志峰为宁波市江北区应急管理局局长、郏文珍为宁波市江北区审计局局长、任剑峰为宁波市江北区市场监督管理局局长、姚杰为宁波市江北区统计局局长、虞祖平为宁波市江北区医疗保障局局长、刘鸿雁为宁波市江北区综合行政执法局局长。任命张倍滴为宁波市江北区人大常委会孔浦街道工作委员会副主任，李善敏为宁波市江北区人民检察院检察员。免去郎强的宁波市江北区人大常委会孔浦街道工作委员会副主任职务。

第2次会议 6月10日下午，区十二届人大常委会召开第二次会议。区人大常委会主任费伟华，副主任谢德维、戴瑜、施樱芬、张立伟、励可达、许光明及委员共32人出席会议。会议由区人大常委会主任费伟华主持，区政府党组成员陈宏雄，区法院院长傅勇，区检察院检察长董顺来，区监委、区委组织部、区人大常委会有关委办、区政府相关部门、孔浦街道办事处、慈城镇政府等负责人以及部分区人大代表列席会议。会议听取和审议了区政府党组成员陈宏雄所作的关于《宁波市河道管理条例》贯彻实施情况报告，以及区人大常委会副主任许光明所作的关于《宁波市河道管理条例》贯彻实施情况的执法检查报告。会议听取和审议了区新闻出版局局长谢碧波所作的关于《宁波市全民阅读促进条例》贯彻实施情况报告，以及区人大常委会教科文卫民宗侨外工委主任武献敏所作的关于《宁波市全民阅读促进条例》贯彻实施情况的执法检查报告。会议听取和审议了区住建局局长应立波受区政府委托所作的关于新建商品住宅全装修管理工作情况的报告。会议进行了人事任免事项。经依法投票表决，决定任命刘天恩为宁波市江北区人民法院副院长、审判委员会委员、审判员，朱亚芸为宁波市江北区人民法院副院长，陈建贞为宁波市江北区人民法院洪塘人民法庭副庭长。免去杨江敏的宁波市江北区人民法院副院长、审判委员会委员、审判员职务，葛先国的宁波市江北区人民法院副院长职务，牛乃洪的宁波市江北区人民法院立案庭（诉讼服务中心）副庭长职务，胡朝霞的宁波市江北区人民法院审判员职务。

第3次会议 6月28日上午，区十二届人大常委会召开第三次会议。区人大常委会主任费伟华，副主任谢德维、戴瑜、施樱芬、张立伟、励可达、许光明及委员共32人出席会议。会议由区人大常委会主任费伟华主持，常务副区长吴耀明，区法院院长傅勇，区检察院检察长董顺来，区监委负责人，区人大常委会有关委办、区政府相关部门负责人以及部分区人大代表列席会议。会议听取和审议了常务副区长吴耀明所作的关于节约能源"一法一办法"贯彻实施情况的报告，以及区人大常委会副主任张立伟所作的关于节约能源"一法一办法"贯彻实施情况的执法检查报告。会议听取和审议了常务副区长吴耀明所作的关于《中华人民共和国就业促进法》贯彻实施情况的报告，以及区人大常委会副主任励可达所作的《中华人民共和国就业促进法》贯彻实施情况的执法检查报告。会议听取和审议了区检察院副检察长王淑玲所作的区检察院关于适用认罪认罚从宽制度情况的报告，以及区人大常委会监察司法工委主任郑伟明所作的关于江北区适用认罪认罚从宽制度情况的督查报告，并书面听取了区法院关于适用认罪认罚从宽制度情况的报告。会议进行了人事任免事项。经依法投票表决，任命邹永明为宁波市江北区人民法院审判委员会委员、行政审判庭（综合审判庭）庭长，谢星为宁波市江北区人民法院慈城人民法庭副庭长，姚薇为宁波市江北区人民法院立案庭（诉讼服务中心）副庭长，王玮瑶为宁波市江北区人民法院刑事审判庭副庭长，葛静霞为宁波市江北区人民法院民事审判庭副庭长，赖薇薇为宁波市江北区人民检察院检察委员会委员，魏俊丽为宁波市江北区人民检察院检察委员会委员。免去陈剑锋的宁波市江北区人民法院审判委员会委员、行政审判庭（综合审判庭）庭长职务；邹永明的宁波市江北区人民法院庄桥人民法庭副庭长职务；谢星的宁波市江北区人民法院刑事审判庭副庭长职务。

第 4 次会议　7 月 28 日上午，宁波市江北区第十二届人民代表大会常务委员会第四次会议于 2022 年 7 月 28 日在区政府八楼会议室举行。区人大常委会主任费伟华，副主任谢德维、戴瑜、施樱芬、张立伟、励可达、许光明及委员共 31 人出席会议。会议由区人大常委会主任费伟华主持，区委书记张国锋出席会议并发表讲话，常务副区长吴耀明，区监委主任黄华斌，区法院院长傅勇，区检察院检察长董顺来，区人大常委会有关委办、区委组织部、区政府有关部门、部分街道办事处、慈城镇政府负责人以及部分专工委委员、区人大代表列席会议。会议听取和审议了区综合行政执法局局长刘鸿雁受区政府委托所作的关于江北区农村污水管网规划建设管理工作情况的报告，以及区人大常委会城建环保工委主任郁明彪所作的关于江北区农村污水管网规划建设管理工作情况的调研报告。会议听取和审议了区财政局局长邹旭明受区政府委托所作的关于 2021 年江北区财政决算草案的报告，区审计局局长郏文珍受区政府委托所作的关于 2021 年江北区预算执行和其他财政收支的审计工作报告，区发改局局长张云受区政府委托所作的关于 2022 年上半年江北区国民经济和社会发展计划执行情况的报告，区财政局局长邹旭明受区政府委托所作的关于 2022 年上半年江北区财政预算执行情况的报告；书面审议了区应急管理局、区金融发展服务中心 2022 年上半年部门预算执行情况的报告；听取了区人大常委会财经工委主任程璐所作的关于 2021 年江北区财政决算草案的审查结果报告、江北区 2022 年上半年经济运行情况的调研报告以及江北区 2022 年上半年预算执行情况的调研报告。会议听取和审议了区卫健局局长孙俊伟受区政府委托所作的关于江北区基层医疗卫生服务体系建设情况的报告，以及区人大常委会教科文卫民宗侨外工委主任武献敏所作的关于江北区基层医疗卫生服务体系建设情况的调研报告。会议进行了人事免职事项。经依法投票表决，免去汤珏红的宁波市江北区人民检察院检察委员会委员、检察员职务。会议审议和通过了有关区代表辞职事项。

第 5 次会议　8 月 8 日上午，区十二届人大常委会召开第五次会议。区人大常委会主任费伟华，副主任谢德维、戴瑜、施樱芬、张立伟、励可达、许光明及委员共 32 人出席会议。会议由区人大常委会主任费伟华主持，副区长顾国兴，区监委主任黄华斌，区法院院长傅勇，区检察院检察长董顺来，区委组织部、区府办负责人列席会议。会议通过了区政府有关人事事项。会议听取了副区长顾国兴受区长杨正平委托提出的关于提请任命许会祥职务的议案，经依法表决，决定任命许会祥为宁波市江北区人民政府副区长。会议审议并表决通过了关于接受杨正平请求辞去宁波市江北区人民政府区长职务的决定，并报宁波市江北区人民代表大会备案。会议审议并表决通过了区人大常委会副主任谢德维受主任会议委托提出的关于提名许会祥副区长代理宁波市江北区人民政府区长职务的议案，经依法表决，决定许会祥副区长代理宁波市江北区区长职务。会议进行了人事免职事项。经依法表决，免去汪荣秋的宁波市江北区人大常委会甬江街道工作委员会主任职务。

第 6 次会议　9 月 29 日，区十二届人大常委会召开第六次会议。区人大常委会主任费伟华，副主任谢德维、戴瑜、施樱芬、张立伟、励可达、许光明及委员共 29 人出席会议。会议由区人大常委会主任费伟华主持，副区长程莉、区政府党组成员陈宏雄，区法院院长傅勇，区检察院检察长董顺来，区监委、区人大常委会有关委办、区政府有关部门、有关街镇负责人以及部分专工委委员、区人大代表列席会议。会议听取了区法院 5 位员额法官个人履职情况的报告，以及区人大常委会监察司法工委主任郑伟明所作的关于员额法官履职评议工作情况的报告，并对员额法官履职情况进行了满意度测评。会议听取和审议了区发改局局长张云受区政府委托所作的关于区政府提请撤销和新增重大投资建设项目有关情况的报告，以及区人大常委会财经工委主任程璐所作的关于区政府提请撤销和新增重大投资建设项目的审查报告。经审议，会议票决通过了区政府撤销和新增重大投资建设项目。会议听取和审议了区财政局局长邹旭明受区政府委托所作的关于2022年江北区政府债务限额和新增地方政府债券预算调整方案的报告。经审查，会议决定批准2022年江北区政府债务限额和新增地方政府债券预算调整方案。会议听取和审议了区财政局局长邹旭明受区政府委托所作的关于2022年江北区拟动用预算稳定调节基金方案的报告。经审查，会议决定批准2022年江北区动用预算稳定调节基金方案。会议听取和审议了自然资源和规划江北分局局长褚有为受区政府委托所作的关于《浙江省土地管理条例》贯彻实施情况的报告，以及区人大常委会城建环保工委主任郁明彪所作的关于《浙江省土地管理条例》贯彻实施情况的执法检查报告。会议听取和审议了区文广旅游局局长周少植受区政府委托所作的关于"灵山慈水休闲生态带"精品线路建设情况的报告，以及区人大常委会农旅工委主任吴易凝所作的关于"灵山慈水休闲生态带"精品线路建设情况的调研报告。会议听取和审议了区教育局局长夏伟飞受区政府委托所作的关于进一步减轻义务教育阶段学生作业负担和校外培训负担工作情况的报告，以及区人大常委会教科文卫民宗侨外工委主任武献敏所作的关于进一步减轻义务教育阶段学生作业负担和校外培训负担工作情况的调研报告。会议听取和审议了区住建局局长应立波受区政府委托所作的关于高层住宅建筑消防安全工作情况的报告，以及区人大常委会社会建设工委主任项水平所作的关于高层住宅建筑消防安全工作情况的调研报告。会议书面听取和审议了区政府关于《浙江省综合行政执法条例》贯彻实施情况的报告。

第7次会议　11月29日下午，召开区十二届人大常委会第七次会议。区人大常委会主任费伟华，副主任谢德维、戴瑜、施樱芬、张立伟、励可达、许光明及委员共32人出席会议。会议由区人大常委会主任费伟华主持，区纪委书记、监委主任黄华斌，区政府党组成员陈宏雄，区法院院长傅勇，区检察院检察长董顺来，区委组织部、区人大常委会有关委办、区政府有关部门、慈城镇政府负责人以及部分专工委委员、区人大代表列席会议。会议听取了区发改局局长张云受区政府委托所作的关于江北区贯彻实施节约能源"一法一办法"工作情况审议意见研究处理(落实)情况的报告，区教育局局长夏伟飞受区政府委托所作的关于执行进一步推进学龄前儿童、老年人和残疾人全民健身工作的决定的情况和对江北区全民健身工作情况报告审议意见研究处理（落实）情况的报告，区卫健局局长孙俊伟受区政府委托所作的关于江北区基层医疗卫生服务体系建设情况报告审议意见研究处理（落实）情况的报告，区农业农村局局长周朝辉受区政府委托所作的关于江北区贯彻落实《宁波市河道管理条例》情况审议意见研究处理（落实）情况的报告，区人社局局长叶欣海受区政府委托所作的关于江北区贯彻实施《中华人民共和国就业促进法》情况审议意见研究处理（落实）情况的报告。常委会组成人员对上述报告审议意见处理（落实）及决定执行情况进行了满意度测评。会议听取了区审计局局长邬文珍受区政府委托所作的关于2021年度区本级预算执行和其他财政收支审计工作报告反映问题整改情况的报告。会议听取和审议了区财政局局长邹旭明受区政府委托所作的关于2021年度江北区企业国有资产管理情况的专项报告、书面听取和审议了区政府关于2021年度江北区国有资产管理情况以及区人大常委会财经工委主任程璐关于2021年度江北区企业国有资产管理情况的调研报告。会议听取和审议了区财政局局长邹旭明受区政府委托所作的关于江北区2022年财政收支预算调整草案的报告。会议听取和审议了区财政局局长邹旭明受区政府委托所作的关于2022年江北区地方政府债务限额和新增地方政府债券预算调整草案的报告。会议听取和审议了区人大常委会教科文卫民宗侨外工委主任武献敏所作的关于《江北区人大常委会关于进一步深化"减轻义务教育阶段学生作业负担和校外培训负担"推进家校协作工作的决定（草案)》的起草情况、区人大常委会社会建设工委主任项水平所作的关于《江北区人大常委会关于进一步保障住宅区消防车通道畅通的决定(草案)》的起草情况。经依法表决，通过了《江北区人大常委会关于进一步深化"减轻义务教育阶段学生作业负担和校外培训负担"推进家校协作工作的决定》《江北区人大常委会关于进一步保障住宅区消防车通道畅通的决定》。会议书面听取和审议了2022年度规范性文件备案审查工作情况的报告。会议听取了区政府办公室主任田向杰受区政府委托所作的关于区十二届人大一次会议代表建议、批评和意见办理情况的报告和区人大常委会代表工委主任杨建荣所作的关于区十二届人大一次会议代表建议、批评和意见督办情况的报告。会议听取了区人大常委会办公室主任田万获所作的关于召开区十二届人大二次会议有关事项的说明及筹备工作情况报告，作出了关于召开区十二届人大二次会议的决定。会议审议并表决通过了区十二届人大二次会议的议程（草案）。会议审议并表决通过了关于接受杨正平请求辞去市十六届人大代表职务、何川辞去区十二届人大代表职务、邹刚请求辞去区十二届人大代表职务、田向杰请求辞去区十二届人大代表职务的决定。会议进行了人事任免事项。经依法表决，任命吴姗为宁波市江北区人民法院审判委员会委员、审判员，赵会为宁波市江北区人民法院审判员。免去邹娟的宁波市江北区人民法院洪塘人民法庭庭长职务，赵永标的宁波市江北区人民法院审判委员会委员、审判员职务，梁京炎的宁波市江北区人民法院审判员职务。

第 8 次会议　12 月 22 日召开江北区第十二届人民代表大会常务委员会第八次会议。区人大常委会主任费伟华，副主任谢德维、戴瑜、施樱芬、张立伟、励可达、许光明及委员共 25 人出席会议。会议由区人大常委会主任费伟华主持，区委组织部负责人列席会议。会议通过了《关于江北区第十二届人民代表大会常务委员会第八次会议补选宁波市第十六届人民代表大会代表的办法》，听取和审议了区人大常委会副主任谢德维受主任会议委托所提出的市代表补选议案，经投票表决，决定补选陈国军、李颖毅为宁波市第十六届人大代表。会议进行了人事任免事项。经依法表决，任命黄前潮为宁波市江北区人大常委会甬江街道工作委员会主任。免去任斌的宁波市江北区监察委员会委员职务。

【区十一届人大常委会主任会议】

第 96 次会议　1 月 7 日，区人大常委会主任费伟华主持召开了区十一届人大常委会第九十六次主任会议，副主任谢德维、戴瑜、施樱芬、张立伟、励可达出席会议。会议听取了区人大常委会办公室主任田万获关于区十一届人大常委会第四十三次会议工作方案的汇报，并进行了研究。会议听取了区委组织部常务副部长任国安关于区十二届人大一次会议主席团和秘书长建议名单、各代表团召集人名单、列席人员名单等三组建议名单草案有关情况的说明，并进行了研究。会议听取了区人大常委会财经工委主任程璐关于区人大计划预算审查委员会名单草案有关情况的说明，并进行了研究。会议听取了区政府办公室主任孔宇关于 2022 年区政府民生实事候选项目征集情况的汇报，并进行了研究。会议听取了区人大常委会代表工委主任杨建荣关于 2021 年区政府民生实事项目督办情况以及满意度测评有关准备情况的汇报，并进行了研究。会议听取了区人大常委会各街道工委主任关于各街道工委 2021 年工作情况和 2022 年工作计划报告起草情况的汇报，并进行了研究。会议听取了区人大常委会办公室主任田万获关于区十二届人大有关专门委员会主任委员人选通过办法（草案）起草情况的汇报，并进行了研究。会议听取了区人大常委会办公室主任田万获关于区人大常委会工作报告（送审稿）和区人大常委会 2022 年工作要点（草案）起草情况的汇报，并进行了研究。会议听取了区人大常委会办公室主任田万获关于区十二届人大一次会议日程（草案）、区十二届人大有关专门委员会主任委员人选通过办法（草案）起草情况的汇报，并进行了研究。会议听取了区人大常委会代表工委主任杨建荣关于 2022 年江北区政府民生实事项目票决办法（草案）起草情况的汇报，并进行了研究。

第 97 次会议　1 月 19 日，区人大常委会副主任谢德维主持召开了区十一届人大常委会第九十七次主任会议，副主任戴瑜、施樱芬、张立伟、孙新土、励可达出席会议。会议听取了区人大常委会办公室主任田万获关于区十一届人大常委会第四十四次会议工作方案的汇报，并进行了研究。会议听取了区人大常委会代表工委主任杨建荣关于市代表辞职事项以及市代表补选事项的汇报，并进行了研究。

【区十二届人大常委会主任会议】

第 1 次会议　2 月 24 日，区人大常委会主任费伟华主持召开了区十二届人大常委会第一次主任会议，副主任谢德维、戴瑜、施樱芬、张立伟、励可达、许光明出席会议。会议听取了区财政局总经济师陈燕平受区政府委托所作的关于江北区 2021 年债务管理情况和 2022 年债务管理计划的汇报，以及区人大常委会财经工委主任程璐关于江北区 2021 年债务管理情况和 2022 年债务管理计划初审意见的汇报，并进行了研究。会议听取了区人大常委会监察司法工委主任郑伟明关于《关于听取和审议法治政府建设情况报告的实施方案》起草情况的汇报，并进行了研究。会议听取了区人大常委会城建环保工委主任郁明彪关于《听取和审议区政府关于 2021 年度生态环境状况和生态环境保护目标完成情况报告的实施方案》起草情况的汇报，并进行了研究。会议听取了区人大常委会代表工委主任杨建荣关于《宁波市江北区人大常委会关于决定设立江北区第十二届人民代表大会常务委员会代表资格审查委员会的决定（草案）》起草情况的汇报，并进行了研究。会议听取了区人大常委会办公室主任田万获关于2021年度区人大工作绩效考评情况的汇报，并进行了研究。

第2次会议　3月21日，区人大常委会主任费伟华主持召开了区十二届人大常委会第二次主任会议，副主任谢德维、戴瑜、施樱芬、张立伟出席会议。会议听取了区人大常委会办公室主任田万获关于区十二届人大常委会第一次会议工作方案的汇报，并进行了研究。会议同意该方案，要求办公室做好会务保障工作。会议听取了区政府常务副区长吴耀明受区长杨正平委托所作的关于提请区政府人事任命事项、区委组织部常务副部长任国安受部长何川委托所作的关于区人大常委会人事任免事项、区检察院副检察长王淑玲受检察长董顺来委托所作的关于提请区检察院有关人事任命事项的汇报，并进行了研究。会议同意将上述人事任免事项提交区十二届人大常委会第一次会议审议。会议听取了区人大常委会监察司法工委主任郑伟明关于常委会听取和审议区政府以及相关部门关于法治政府建设工作报告准备情况的汇报，并进行了研究。会议原则同意上述报告，要求监察司法工委根据主任会议意见进一步修改完善后，提交区十二届人大常委会第一次会议审议。会议听取了区发改局局长张云关于2022年区政府重大投资建设项目说明情况的汇报，以及区人大常委会财经工委主任程璐关于2022年区政府重大投资建设项目初审意见的汇报，并进行了研究。会议原则同意该报告，要求根据主任会议意见作进一步修改完善后，提交区十二届人大常委会第一次会议审议。会议听取了区人大常委会城建环保工委主任郁明彪关于常委会听取和审议区政府关于2021年江北区环境状况和环保目标完成情况报告准备情况的汇报，并进行了研究。会议同意将该报告提交区十二届人大常委会第一次会议审议。会议听取了区人大常委会城建环保工委主任郁明彪关于江北区排水（污水）系统情况审议意见落实情况及满意度测评工作准备情况的汇报，并进行了研究。会议同意将该审议意见研究处理（落实）情况报告提交区十二届人大常委会第一次会议，并进行满意度测评。会议听取了区人大常委会教科文卫民宗侨外工委主任武献敏关于推进高能级创新型城区建设工作情况审议意见落实情况及满意度测评工作准备情况的汇报，并进行了研究。会议同意将该审议意见研究处理（落实）情况报告提交区十二届人大常委会第一次会议，并进行满意度测评。会议听取了区人大常委会教科文卫民宗侨外工委主任武献敏关于《江北区人大常委会关于开展〈宁波市全民阅读促进条例〉执法检查的实施方案》起草情况的汇报，并进行了研究。会议同意该方案，要求会后以办公室名义发文。会议听取了区人大常委会农旅工委主任吴易凝关于旅游经济发展情况再监督审议意见落实情况及满意度测评工作准备情况的汇报，并进行了研究。会议同意将该审议意见研究处理（落实）情况报告提交区十二届人大常委会第一次会议，并进行满意度测评。会议听取了区人大常委会农旅工委主任吴易凝关于区政府贯彻实施《浙江省粮食安全保障条例》审议意见落实情况及满意度测评工作准备情况的汇报，并进行了研究。会议同意将该审议意见研究处理（落实）情况报告提交区十二届人大常委会第一次会议，并进行满意度测评。会议听取了区人大常委会农旅工委主任吴易凝关于《江北区人大常委会关于开展〈宁波市河道管理条例〉执法检查的实施方案》起草情况的汇报，并进行了研究。会议同意该方案，要求会后以办公室名义发文。会议听取了区人大常委会社会建设工委主任项水平关于常委会听取和审议区政府关于电梯质量监管工作报告相关准备情况，以及工委相关调研情况的汇报，并进行了研究。会议原则同意该报告，要求社会建设工委根据主任会议意见进一步修改完善后，提交区十二届人大常委会第一次会议审议。会议听取了区人大常委会社会建设工委主任项水平关于江北区无障碍社区建设推进工作情况审议意见落实情况及满意度测评工作准备情况的汇报，并进行了研究。会议同意将该审议意见研究处理(落实)情况报告提交区十二届人大常委会第一次会议，并进行满意度测评。会议听取了区人大常委会办公室主任田万获关于区十二届人大常委会各工作委员会委员名单（草案）起草情况的汇报，并进行了研究。会议原则同意该名单（草案），要求根据主任会议意见作进一步修改完善后，提交区十二届人大常委会第一次会议审议。

第3次会议　4月18日，区人大常委会主任费伟华主持召开了区十二届人大常委会第三次主任会议，副主任谢德维、戴瑜、施樱芬、张立伟、励可达、许光明出席会议。会议听取了区人大常委会监察司法工委主任郑伟明关于2021年度法治政府建设情况报告审议意见起草情况的汇报，并进行了研究。会议听取了区人大常委会城建环保工委主任郁明彪关于江北区2021年度生态环境状况和生态环境保护目标完成情况报告审议意见起草情况的汇报，并进行了研究。会议听取了区人大常委会社会建设工委主任项水平关于江北区电梯质量监管工作情况报告审议意见起草情况的汇报，并进行了研究。

第 4 次会议　5 月 6 日下午，区人大常委会主任费伟华主持召开了区十二届人大常委会第四次主任会议，副主任谢德维、戴瑜、施樱芬、张立伟、励可达、许光明出席会议。会议听取了区财政局局长邹旭明受区政府委托所作的关于江北区 2021 年预算绩效管理工作的汇报，以及区人大常委会财经工委主任程璐关于江北区 2021 年预算绩效管理工作初审意见的汇报，并进行了研究；会议听取了浙江前洋经济开发区管委会主任朱仰钢受区政府委托所作的关于浙江前洋经济开发区发展情况的汇报，以及区人大常委会财经工委主任程璐关于促进浙江前洋经济开发区发展建议的汇报，并进行了研究；会议听取了区人大常委会财经工委主任程璐关于《区人大常委会关于开展〈中华人民共和国节约能源法〉和浙江省实施办法执法检查的方案》起草情况的汇报，并进行了研究；会议听取了区人大常委会监察司法工委主任郑伟明关于《区人大常委会关于对江北区适用认罪认罚从宽制度的案件开展类案监督的工作方案》起草情况的汇报，并进行了研究；会议听取了区人大常委会社会建设工委主任项水平关于《区人大常委会关于联动开展就业促进法执法检查暨组织各级人大代表参与主题监督活动的实施方案》起草情况的汇报，并进行了研究。

第 5 次会议　6 月 2 日，区人大常委会主任费伟华主持召开了区十二届人大常委会第五次主任会议，副主任谢德维、戴瑜、施樱芬、张立伟、励可达、许光明出席会议。会议听取了区人大常委会办公室主任田万获关于区十二届人大常委会第二次会议工作方案的汇报，并进行了研究；会议听取了区法院副院长杨江敏受院长傅勇委托所作的关于提请区法院有关人事任免事项的汇报，并进行了研究；会议听取了区人大常委会城建环保工委主任郁明彪关于常委会听取和审议区政府关于新建商品住宅全装修管理工作情况报告相关准备情况，以及工委相关调研情况的汇报，并进行了研究；会议听取了区人大常委会教科文卫民宗侨外工委主任武献敏关于常委会听取和审议区政府关于《宁波市全民阅读促进条例》贯彻实施情况工作报告相关准备情况，以及执法检查组相关检查情况的汇报，并进行了研究；会议听取了区人大常委会教科文卫民宗侨外工委主任武献敏关于《关于听取和审议我区基层医疗卫生服务体系建设情况报告的实施方案》起草情况的汇报，并进行了研究；会议听取了区人大常委会农旅工委主任吴易凝关于常委会听取和审议区政府关于《宁波市河道管理条例》贯彻实施情况工作报告相关准备情况，以及执法检查组相关检查情况的汇报，并进行了研究；会议听取了区人大常委会代表工委主任杨建荣关于《江北区人大常委会组成人员联系区人大代表和选民办法》起草情况的汇报，并进行了研究。

第 6 次会议　6 月 8 日，区人大常委会副主任谢德维主持召开了区十二届人大常委会第六次主任会议，副主任施樱芬、张立伟、励可达、许光明出席会议。会议听取了区法院院长傅勇所作的关于提请区法院有关人事任免事项的汇报，并进行了研究。

第 7 次会议　6 月 21 日，区人大常委会主任费伟华主持召开了区十二届人大常委会第七次主任会议，副主任谢德维、戴瑜、施樱芬、励可达出席会议。会议听取了区人大常委会办公室主任田万获关于区十二届人大常委会第三次会议工作方案的汇报，并进行了研究。会议听取了区法院院长傅勇所作的关于提请区法院有关人事任免事项、区检察院副检察长王淑玲受检察长董顺来委托所作的关于提请区检察院有关人事任命事项的汇报，并进行了研究。会议听取了区人大常委会监察司法工委主任郑伟明关于常委会听取和审议区检察院关于适用认罪认罚从宽制度情况报告、书面听取区法院关于适用认罪认罚从宽制度情况报告的相关准备情况，以及类案监督工作组有关调研情况的汇报，并进行了研究。会议听取了区人大常委会财经工委主任程璐关于常委会听取和审议区政府关于节约能源“一法一办法”贯彻实施情况报告相关准备情况，以及执法检查组相关检查情况的汇报，并进行了研究。会议听取了区人大常委会社会建设工委主任项水平关于常委会听取和审议区政府关于《中华人民共和国就业促进法》贯彻实施情况报告相关准备情况，以及执法检查组相关检查情况的汇报，并进行了研究。会议分别听取了区人大常委会城建环保工委主任郁明彪关于对江北区新建商品住宅全装修管理工作情况报告的审议意见、区人大常委会教科文卫民宗侨外工委主任武献敏关于对《宁波市全民阅读促进条例》贯彻实施情况报告的审议意见，区人大常委会农旅工委主任吴易凝关于对江北区贯彻实施《宁波市河道管理条例》的审议意见的汇报，并进行了研究。

第 8 次会议　7 月 8 日，区人大常委会主任费伟华主持召开了区十二届人大常委会第八次主任会议，副主任谢德维、张立伟、励可达、许光明出席会议。会议听取了区人大常委会办公室主任田万获关于《区人大常委会2022年数字化改革工作方案》和《调整区人大数字化改革工作专班方案》起草情况的汇报，并进行了研究。会议听取了区人大常委会教科文卫民宗侨外工委主任武献敏关于《关于听取和审议我区义务教育“双减”政策落实情况报告的实施方案》起草情况的汇报，并进行了研究。会议听取了区人大常委会监察司法工委主任郑伟明关于《江北区人大常委会关于开展员额法官履职评议工作实施方案》起草情况的汇报，并进行了研究。会议听取了区人大常委会监察司法工委主任郑伟明关于对区检察院关于适用认罪认罚从宽制度情况报告的审议意见的汇报，并进行了研究。会议听取了区人大常委会财经工委主任程璐关于对《中华人民共和国节约能源法》和《浙江省实施中华人民共和国节约能源法办法》贯彻实施工作情况报告的审议意见的汇报，并进行了研究。会议听取了区人大常委会社会建设工委主任项水平关于对江北区贯彻实施《中华人民共和国就业促进法》工作情况报告的审议意见的汇报，并进行了研究。

第9次会议　7月21日，区人大常委会主任费伟华主持召开了区十二届人大常委会第九次主任会议，副主任谢德维、戴瑜、施樱芬、张立伟、许光明出席会议。会议听取了区人大常委会办公室主任田万获关于区十二届人大常委会第四次会议工作方案的汇报，并进行了研究。会议听取了区检察院副检察长缪敏受检察长董顺来委托所作的关于提请区检察院有关人事免职事项的汇报，并进行了研究。会议听取了区财政局局长邹旭明受区政府委托所作的关于江北区2022年上半年政府债务管理情况的汇报，以及区人大常委会财经工委主任程璐关于江北区2022年上半年政府债务管理情况初审意见的汇报，并进行了研究。会议听取了区财政局局长邹旭明受区政府委托所作的关于宁波市江北区2021年财政决算草案报告有关准备情况的汇报，并进行了研究。会议听取了区审计局局长郛文珍受区政府委托所作的关于2021年度宁波市江北区本级预算执行和其他财政收支的审计工作报告准备情况的汇报，并进行了研究。会议听取了区人大常委会财经工委主任程璐关于常委会听取和审议区政府关于江北区2022年上半年预算执行情况报告、书面审议部分部门预算执行情况报告准备情况，以及工委相关调研情况的汇报，并进行了研究。会议听取了区人大常委会财经工委主任程璐关于常委会听取和审议区政府关于江北区2022年上半年国民经济和社会发展计划执行情况报告准备情况，以及工委相关调研情况的汇报，并进行了研究。会议听取了区人大常委会城建环保工委主任郁明彪关于常委会听取和审议区政府关于农村污水管网规划建设管理工作情况报告准备情况，以及工委相关调研情况的汇报，并进行了研究。会议听取了区人大常委会教科文卫民宗侨外工委主任武献敏关于常委会听取和审议区政府关于区基层医疗卫生服务体系建设情况报告准备情况，以及工委相关调研情况的汇报，并进行了研究。会议听取了区人大常委会农旅工委主任吴易凝关于《听取和审议“灵山慈水休闲生态带”精品线路建设情况报告的实施方案》起草情况的汇报，并进行了研究。

第10次会议　7月27日上午，区人大常委会主任费伟华主持召开了区十二届人大常委会第十次主任会议，副主任谢德维、戴瑜、施樱芬、张立伟、励可达、许光明出席会议。会议听取了区人大常委会办公室主任田万获关于汪荣秋辞去江北区第十二届人民代表大会代表职务请求的汇报，并进行了研究。

第11次会议　8月4日下午，区人大常委会召开第十一次主任会议。区人大常委会主任费伟华主持召开了区十二届人大常委会第十一次主任会议，副主任谢德维、戴瑜、施樱芬、张立伟、励可达、许光明出席会议。会议听取了区人大常委会办公室主任田万获关于区十二届人大常委会第五次会议工作方案的汇报，并进行了研究。会议听取了区政府常务副区长吴耀明受区长杨正平委托所作的关于提请区政府人事任命事项、区委组织部常务副部长任国安受部长何川委托所作的关于区人大常委会人事免职事项的汇报，并进行了研究。会议听取了区人大常委会财经工委主任程璐关于对江北区2022年上半年预算执行情况报告的审议意见、江北区2022年上半年国民经济和社会发展计划执行情况报告的审议意见，城建环保工委主任郁明彪关于对江北区农村污水管网规划建设管理工作情况报告的审议意见，教科文卫民宗侨外工委主任武献敏关于对江北区基层医疗卫生服务体系建设情况报告的审议意见的汇报，并进行了研究。

第12次会议　8月8日，区人大常委会主任费伟华主持召开了区十二届人大常委会第十二次主任会议，副主任谢德维、戴瑜、施樱芬、张立伟、励可达、许光明出席会议。会议研究提出《关于许会祥副区长代理宁波市江北区人民政府区长职务的决定（草案）》，并提交区十二届人大常委会第五次会议审议。

第 13 次会议　8 月 31 日，区人大常委会主任费伟华主持召开了区十二届人大常委会第十三次主任会议，副主任谢德维、戴瑜、施樱芬、张立伟、励可达、许光明出席会议。会议听取了区经信局局长施晓亮受区政府委托所作的关于江北区制造业单项冠军企业、专精特新“小巨人”企业培育情况，以及区人大常委会财经工委主任程璐关于江北区制造业单项冠军企业、专精特新“小巨人”企业培育调研情况的汇报，并进行了研究。会议听取了区科技局局长孙雄鹰受区政府委托所作的关于省级可持续发展创新示范区建设情况，以及区人大常委会教科文卫民宗侨外工委主任武献敏关于江北区省级可持续发展创新示范区建设调研情况的汇报，并进行了研究。会议听取了区民政局局长步捷受区政府委托所作的关于江北区社会救助工作情况，以及区人大常委会社会建设工委主任项水平所作的关于江北区社会救助工作调研情况的汇报，并进行了研究。

第 14 次会议　9 月 21 日，区人大常委会主任费伟华主持召开了区十二届人大常委会第十四次主任会议，副主任谢德维、戴瑜、励可达、许光明出席会议。会议听取了区人大常委会办公室主任田万获关于区十二届人大常委会第六次会议工作方案的汇报，并进行了研究。会议听取了区发改局副局长邱媛受区政府委托关于区政府重大投资建设项目调整方案说明情况以及区人大常委会财经工委主任程璐关于区政府重大投资建设项目调整方案审查情况的汇报，并进行了研究。会议听取了区财政局局长邹旭明受区政府委托所作的关于 2022 年江北区政府债务限额和新增地方政府债券预算调整方案起草情况的汇报，并进行了研究。会议听取了区财政局局长邹旭明受区政府委托所作的关于 2022 年动用预算稳定调节基金方案报告的汇报，并进行了研究。会议听取了区人大常委会监察司法工委副主任张涛琳关于常委会听取和审议员额法官履职评议工作准备情况以及工委有关调研情况的汇报，并进行了研究。会议听取了区人大常委会监察司法工委副主任张涛琳关于常委会书面听取和审议区政府关于《浙江省综合行政执法条例》贯彻实施情况的汇报，并进行了研究。会议听取了区人大常委会城建环保工委主任郁明彪关于常委会听取和审议区政府关于《浙江省土地管理条例》贯彻实施情况报告准备情况以及常委会执法检查情况的汇报，并进行了研究。会议听取了区人大常委会教科文卫民宗侨外工委主任武献敏关于常委会听取和审议区政府关于进一步减轻义务教育阶段学生作业负担和校外培训负担工作情况报告准备情况以及工委有关调研情况的汇报，并进行了研究。会议听取了区人大常委会农旅工委主任吴易凝关于常委会听取和审议区政府关于“灵山慈水休闲生态带”精品线路建设情况报告准备情况以及工委有关调研情况的汇报，并进行了研究。会议听取了区人大常委会社会建设工委主任项水平关于常委会听取和审议区政府关于高层住宅建筑消防安全工作情况报告准备情况以及工委有关调研情况的汇报，并进行了研究。

第 15 次会议　9 月 29 日，区人大常委会主任费伟华主持召开了区十二届人大常委会第十五次主任会议，副主任谢德维、戴瑜、张立伟、励可达、许光明出席会议。会议听取了区人大常委会代表工委主任杨建荣关于《江北区人大机关各委办核心业务下沉人大代表联络站工作办法（草案）》起草情况的汇报，并进行了研究。会议听取了区人大常委会代表工委主任杨建荣关于《宁波市江北区国家机关负责人走进人大代表联络站工作办法（草案）》起草情况的汇报，并进行了研究。会议听取了区人大常委会代表工委主任杨建荣关于《关于“代表进网格”构建践行全过程人民民主最小单元实施办法（草案）》起草情况的汇报，并进行了研究。

第 16 次会议　10 月 26 日下午，区人大常委会主任费伟华主持召开了区十二届人大常委会第十六次主任会议，副主任谢德维、戴瑜、施樱芬、张立伟、许光明出席会议。会议听取了公安江北分局副局长洪斌受区政府委托所作的关于养犬管理工作情况的汇报，以及区人大常委会监察司法工委主任郑伟明关于调研情况的汇报，并进行了研究；会议听取了自然资源规划江北分局局长褚有为受区政府委托所作的关于国土空间规划编制与实施情况的汇报，以及区人大常委会城建环保工委主任郁明彪关于调研情况的汇报，并进行了研究；会议听取了区农业农村局局长周朝辉受区政府委托所作的关于江北区“非农化”“非粮化”综合整治工作情况的汇报，以及区人大常委会农旅工委主任吴易凝关于调研情况的汇报，并进行了研究；会议听取了区人大常委会监察司法工委主任郑伟明关于对郭晓寅等 5 位员额法官的履职评议意见及对区法院队伍建设的意见建议、城建环保工委主任郁明彪关于对《浙江省土地管理条例》贯彻实施情况执法检查报告的审议意见、教科文卫民宗侨外工委主任武献敏关于对进一步减轻义务教育阶段学生作业负担和校外培训负担工作推进情况报告的审议意见、农旅工委主任吴易凝关于对江北灵山慈水休闲生态带精品线路建设情况报告的审议意见、社会建设工委主任项水平关于对江北区高层住宅建筑消防安全工作情况报告的审议意见的汇报，并进行了研究。

第 17 次会议　11 月 21 日，区人大常委会主任费伟华主持召开了区十二届人大常委会第十七次主任会议，副主任谢德维、戴瑜、施樱芬、张立伟出席会议。会议听取了区人大常委会办公室主任田万获关于区十二届人大常委会第七次会议工作方案的汇报，并进行了研究；会议听取了区法院院长傅勇所作的关于提请区法院有关人事任免事项的汇报，并进行了研究。会议听取了区人大常委会监察司法工委主任郑伟明所作的关于 2022 年度规范性文件备案审查工作情况的汇报，并进行了研究。会议听取了区审计局局长邬文珍受区政府委托所作的关于 2021 年度宁波市江北区本级预算执行和其他财政收支审计工作报告反映问题整改情况的汇报，并进行了研究。会议听取了区财政局局长邹旭明受区政府委托所作的关于 2021 年江北区企业国有资产管理情况专项报告、关于 2021 年度江北区国有资产管理情况以及区人大常委会财经工委主任程璐有关调研情况的汇报，并进行了研究。会议听取了区财政局局长邹旭明受区政府委托所作的关于宁波市江北区 2022 年财政收支预算调整方案报告的汇报，并进行了研究。会议听取了区财政局局长邹旭明受区政府委托所作的关于 2022 年江北区地方政府债务限额和新增地方政府债券预算调整方案报告的汇报，并进行了研究。会议听取了区人大常委会财经工委主任程璐关于江北区贯彻实施节约能源“一法一办法”工作情况审议意见研究处理（落实）情况报告及满意度测评准备情况，区人大常委会教科文卫民宗侨外工委主任武献敏关于推区政府执行区人大常委会进一步推进学龄前儿童、老年人和残疾人全民健身工作的决定的情况和对江北区全民健身工作情况审议意见研究处理（落实）情况报告及满意度测评准备情况，区人大常委会教科文卫民宗侨外工委主任武献敏关于江北区基层医疗卫生服务体系建设情况审议意见研究处理（落实）情况报告及满意度测评准备情况，区人大常委会农旅工委主任吴易凝关于江北区贯彻落实《宁波市河道管理条例》情况审议意见研究处理（落实）情况报告及满意度测评准备情况，区人大常委会社会建设工委主任项水平关于江北区贯彻实施《中华人民共和国就业促进法》工作情况审议意见研究处理（落实）情况报告及满意度测评准备情况的汇报，并进行了研究。会议听取了区人大常委会教科文卫民宗侨外工委主任武献敏关于《江北区人大常委会关于进一步深化“减轻义务教育阶段学生作业负担和校外培训负担”推进家校协作工作的决定（草案）》起草情况、区人大常委会社会建设工委主任项水平关于《江北区人大常委会关于进一步保障住宅区消防车通道畅通的决定（草案）》起草情况的汇报，并进行了研究。

第 18 次会议　12 月 8 日，区人大常委会主任费伟华主持召开了区十二届人大常委会第十八次主任会议，副主任谢德维、戴瑜、施樱芬、张立伟出席会议。会议听取了区政府办公室主任田向杰关于 2023 年区政府民生实事候选项目征集情况的汇报，并进行了研究。会议听取了区人大常委会代表工委主任杨建荣关于开展区人大代表补选工作的汇报，并进行了研究。会议听取了区人大常委会财经工委主任程璐关于对区级企业国有资产管理情况报告的审议意见的汇报，并进行了研究。

第 19 次会议　12 月 21 日下午，区人大常委会主任费伟华主持召开了区十二届人大常委会第十九次主任会议，副主任谢德维、戴瑜、施樱芬、张立伟、励可达、许光明出席会议。会议听取了区人大常委会代表工委主任杨建荣关于《关于江北区第十二届人民代表大会常务委员会第八次会议补选宁波市第十六届人民代表大会代表的办法（草案）》的汇报，并进行了研究。会议听取了区委组织部常务副部长任国安受部长吴微勋委托所作的关于提请区人大常委会人事任命事项、区监委副主任黄颖琦受主任黄华斌委托所作的关于提请区监察委员会人事免职事项的汇报，并进行了研究。

第 20 次会议　12 月 21 日下午，区人大常委会主任费伟华主持召开了区十二届人大常委会第二十次主任会议，副主任谢德维、戴瑜、施樱芬、张立伟、励可达、许光明出席会议。会议听取了区人大常委会副主任谢德维受主任会议委托所作的关于补选陈国军、李颖毅为宁波市第十六届人民代表大会代表议案的汇报，并进行了研究。

【区人大常委会召开江北区人大代表换届选举工作总结会】 1 月 13 日下午，区人大常委会召开江北区人大代表换届选举工作总结会。区人大常委会主任费伟华，副主任谢德维参加会议。会上，各街道（镇）人大负责人就此次换届选举工作开展过程中好的经验做法以及存在的问题和困难进行了深入交流。区人大选举办相关负责人就选举工作中呈现的特色亮点进行了总结。会议指出，自2021年换届工作启动以来，区人大以“快节奏”做“精细活”推进换届选举工作。按照《江北区区镇两级人大代表换届选举工作实施方案》的部署，紧盯时间节点早部署，下沉走访严把关，主动服务强指导，严格依法办事，精心组织实施，狠抓工作落实，确保换届选举工作顺利进行，圆满完成换届选举任务。在全区上下的共同努力下，顺利选举产生新一届203名区人大代表和93名镇人大代表。费伟华对换届选举工作进行了总结，他说，此次换届选举工作各街道镇早谋划、早启动、早准备，及时成立专班，组织工作人员培训，确保了换届选举依法有序进行。在选民登记环节中，江北区首次对“浙江省县乡人大换届选举工作应用场景”进行试点应用，提高数据整理的规范性和精细度，也为换届选举应用场景的完善提升贡献了“江北经验”。同时，换届过程中，面对突如其来的疫情，各选举单位在党委统一领导下，紧盯投票选举日，在时间安排、方法步骤上统筹兼顾、相互衔接、有序进行，确保疫情防控和投票选举“两不误”。接下来，区人大机关干部和各街道镇人大要继续以奋斗的姿态，担当作为，创造性地开展工作，推动江北人大工作迈上新台阶。

【2022年度重要情况通报会暨代表问政会】 8月30日下午，江北区2021年度重要情况通报会暨代表问政会召开，代区长许会祥通报上半年江北区经济社会发展情况，区级民生实事项目实施情况及下半年区政府主要工作安排，会议同时安排了代表问政环节，13位区人大代表围绕全区人民关注的热点难点问题，向政府相关部门和单位提出询问，全体参会代表就被询问部门单位回答情况以及工作开展情况进行满意度测评，进一步加强了代表与部门、单位的沟通联系。

【江北区2023年度人大工作思路研讨会】 11月10日，区人大常委会召开2023年人大工作思路研讨会，总结2021年工作，谋划2023年工作思路。区人大常委会主任费伟华主持，副主任谢德维、戴瑜、施樱芬、张立伟、励可达参加会议，区人大常委会机关各委办、人大各街道工委、慈城镇人大负责人，以及全体人大常委会机关干部参加会议。会上，区人大常委会各副主任围绕人大整体工作和各自分管联系工作，回顾了2022年工作开展情况，提出了2023年的工作思路。人大各街道工委、慈城镇人大分别就2022年人大工作做法、经验、心得等内容进行了交流，并结合各自工作实际交流了2023年初步工作计划，机关各委办作书面交流。

【区人大常委会班子与区人民政府班子对接会】 12月15日，江北区召开人大政府工作对接会。区委副书记、代区长许会祥出席会议并讲话，区人大常委会主任费伟华主持会议。区人大常委会领导谢德维、戴瑜、施樱芬、张立伟、励可达、许光明，区政府领导吴耀明、顾国兴、邹刚、余拥锋、陈宏雄参加会议。在对接会上，区人大常委会党组副书记、副主任谢德维，区委常委、常务副区长吴耀明分别通报了区人大常委会、区政府2022年主要工作情况和2023年工作安排。随后，人大、政府两套班子成员围绕城市规划建设、招商引资、基层社会治理等全区有关重点工作和民生热点进行了交流发言。

（邵健翔）

重点代表建议

【关于开展江北区突发事件下应急物资智能调配课题研究的建议】 励祥敏代表提出《关于开展江北区突发事件下应急物资智能调配课题研究的建议》，针对江北区应急物流管理体系还存在应急物资储存、接驳转运等硬件基础设施不足，功能缺乏，无法满足应急需求；应急物资储备总体规划设计不够，各区域各品类的应急物资缺少详尽的储备方案和目录，难以从整体上准确掌握应急物资的数量及分布状况；所储备的应急物资与实际需求不匹配，区域之间资源分布不平衡；应急物资数字化管理能力不强，各部门之间存在“信息孤岛”等问题。建议区政府以课题形式对应急物资区域保障体系现状整理、应急物资常态化配置方案设计、应急物资优化调度方案设计、应急物资运输保障信息平台设计等开展研究。区应急管理局党委班子高度重视，针对江北自然灾害工作现状，积极推进区级应急物资储备库建设。对辖区内应急物资储备情况进行摸排和盘库清点，并联合多部门开展应急物资采购工作。通过平台可实时调取区应急物资仓库储备信息、仓库负责人信息，依托平台“应急救援”功能模块，可实现以社会治理中心平台为数据中枢的应急物资调拨。同时，建立跨部门应急物资信息共享和物资调拨机制，多环节监管，持续强化应急、发改、财政等部门和受灾街道（镇）高效协同应对重大自然灾害。

【关于进一步提升居家养老服务质量的建议】 李钢代表提出《关于进一步提升居家养老服务质量的建议》，针对江北区居家养老存工作中还存在居家养老服务体系不够完善，服务内容不够全面；服务对象指向不明，居家养老质量不高；小区配套设施落后，车辆停滞在绿化带或小区通道上，无障碍环境缺失，给老人的居住出行带来不便等问题。建议区政府完善建立居家养老的网格化管理服务体系。例如，定期组织社工进行居家养老的专题培训，以网格化管理为单位，楼道、社区间定期交流工作情况；建立居家养老个人档案，根据老人需求，采取全托、日托、上门等不同层次的服务方式，为居家老人提供生活照料、康复护理、助餐助行、紧急救援、精神慰藉等服务并根据服务收取一定费用。加强老旧社区内配套养老、无障碍等适老设施设备的建设、改造。区民政局高度重视，加快完善共建体系，通过建立“政府+”共建体制、落实“政策+”保障机制、创新“社会+”投入模式，高标准夯实居家养老服务基础。加强设施建设，扎实开展省市养老民生实事项目、持续推进居家养老服务设施、创新开展居家养老服务设施活力化改造等建设，打造“高品质”提高居家养老服务水准。

【关于加强庄桥北部区域道路停车管理的建议】 周百忠代表提出《关于加强庄桥北部区域道路停车管理的建议》，针对庄桥街道荣吉西路一些货车碾压绿化带停在荣吉西路的辅道上，如东保公路，卡车乱停经常造成狭窄的路面发生拥堵，超重的卡车还压坏了路面，不但给居民出行带来很大安全隐患，而且噪声、粉尘严重影响附近居民生活，居民反响强烈。建议交警部门加强道路交通执法、加大处罚力度，树立明确标志标识，严禁货车随意路边停靠，严禁乱鸣喇叭制造噪音，严格控制货车携带粉尘进入该区域，实施限时或限牌措施，避免大型货车进入东保路等居民密集的道路。对此，江北交警大队开展农村地区机动车乱停乱放交通违法行为整治工作，严查农村地区机动车乱停乱放交通违法行为，切实维护好辖区道路交通秩序，努力提高道路交通安全系数。2021年在辖区多条道路上推出货车“两定一让”（定道、定速、右转让行）来规范货车行车秩序，取得良好的效果。

【关于江北住宅小区排水管网长效化管理养护的建议】 侯晓桦代表提出《关于江北住宅小区排水管网长效化管理养护的建议》，针对无物业小区养护主体不明确、物业小区养护投入低以及小区管网责任主体和日常运维缺失等现象，建议区政府在全区层面建立无物业小区内部管网、隔油池等基础设施长效化管养措施，先行开展试点，以污水零直排样板区创建为契机，明确无物业小区管网养护主体，建立无物业小区管网管理养护制度。同时，对于新建小区物业企业进驻服务时，要将小区排水管网的运维养护纳入物业合同，费用建议从物业管理费列支，若存在排水管网缺陷的，修复建议从物业维修基金列支。对此，区综合行政执法局高度重视，以“控新理旧”为主线，以“加强执法”为抓手，联合住建、资规、环保等有关部门，明确职责分工，严格按照“管行业要管排水”的原则，协调推进源头治理工作。出台《关于加强江北区新建住宅小区内部专用排水设施全寿命周期管理工作的指导意见》，明确涉及标准、责任主体以及管养方案，进一步加强执法，创新试点打造江北“样板”。

【关于建立农村违建执法机制厘清农民违建住宅执法权界的建议】 罗冠奇、潘月英代表提出《关于建立农村违建执法机制厘清农民违建住宅执法权界的建议》，针对江北区宅基地管理在“一户多宅”、违规扩建、违法用地等存在较多历史遗留问题，提出了建立农村违章建筑执法机制，明确案件用地性质类别后，根据职能分工分别流转至相应职能部门处置；厘清农村违章建筑执法界限。对农村建房违法违规案件进行分类处置，按职责分工分别承担执法工作。区政府高度重视该类问题，由区府办牵头召集区农业农村局、资规江北分局以及区综合行政执法局等部门，对前期积累的18起农民建房违章线索进行了逐一研判，并按照各部门职责提出解决方案。

（王　普）

宁波市江北区人民政府

区政府办公室工作

【概况】 2022年，区政府办公室围绕中心工作，创新工作方法，充分发挥好参谋助手、桥梁枢纽、服务保障等作用，推动各项工作取得新的历史进位，确保区政府高效运转。助推江北区数字政府建设，牵头调整优化建设专班，具体成果位居全市第3、全省第29名，“舒心住”应用获得省委主要领导肯定。

政务督查 严格落实市委、市政府“领导批示马上办”的要求，进一步提高领导批示件流转效率。全年办理市级领导批示件219件，市级政务督查件6件，区委领导批示件198件，下发区政府领导批示件443件，均在规定时限内办结。收到市两会建议提案25件，其中江北区主办件4件，协办件21件，均在规定期限办理完毕并答复代表；收到区两会建议提案369件，均按时高质办结，其中人大建议198件，办理满意率96.9%；政协提案169件，办理满意率98.2%。全年江北区办理省民生实事23项、市民生实事16项、区民生实事15项，均顺利完成全年目标任务。重大督查清单工作稳中有升，6月、9月、11月指数排名均进入省前30；年度市对区测评指数98.3，位居全市第3；省对区测评指数97.77，位居全省第50（全市第6）。

政务信息 聚焦数字化改革、共同富裕等重点工作，不断优化报送机制、建强队伍力量，推动政务信息报送数质“双提升”。全年向上报送信息700余条，其中经验类专报74篇，采用18篇，获省市领导批示11篇，批示率61.11%。组织报送的《江北区“三专”法化解处置上市公司风险成效明显》《江北区订制政务服务190条推动提低共富“三增”》获省领导批示，并作经验交流。2022年获评全省政务信息工作优秀单位，全市政务信息考核排名第一。

政务公开 强化重大决策主动公开和政策文件发布解读，围绕疫情防控、助企纾困、稳岗就业等重点领域主动公开政策文件、监管信息、办理结果等合计500余件次，解读各类政策60余次。优化完善政府信息公开网站，开设“民生实事项目”“共同富裕示范区建设”“政策进万企进万家”等重要专题，对相关内容进行集中统一公开展示。加强“政务公开专区”规范化建设，区、街镇、村社三级联建的“政务公开专区”工作得到省政务公开督查组的充分肯定，公开专区标准规范被市里吸收推广。推进政务新媒体规范化建设，建立以区级账号为龙头，公安、卫健、教育等部门账号为主体的“1+8”政务新媒体矩阵。中国社会科学院发布的县级政府透明度指数评估结果，江北区连续5年稳居全国前三。

公文处理及其他 在办文、办会、办事上加强联系和沟通协调，保证畅通运转。累计制发区政府及办公室各类文件372件，下发明传电报23件，接收办理国务院、省、市级来文5714件，办理请示件172件。积极主动做好区政府常务会议、区长办公会议及省、市各类电视电话会议的服务保障工作，累计保障18次区政府常务会议、82次专题会议、102次电视电话会议。

（张　强）

发展研究

【概况】 2022年，江北区政府发展研究中心紧紧围绕政策建议、决策咨询、综合文字等职责定位，大力开展专题研究，做好有效投资、共同富裕、乡村振兴等重点方向研讨工作，完成《提升江北“都市经济”综合竞争力举措研究》《江北建设青年发展型城区的对策建议》等课题，在材料撰写、学习调研、参谋助手作用发挥方面取得一定成绩，以文辅政推进江北高质量发展。

撰写文稿服务大局 2022年，中心共撰写各类重要材料近180篇。围绕年度重点工作，高质量起草《政府工作报告》《区政府年度工作总结》《江北区工作汇报》等关键材料。聚力重点单位和重点项目，起草慈城镇、外滩街道、新兴产业服务中心、财政局等调研材料。聚焦重要会议，起草全市经济运行调度会、全市水环境治理工作现场推进会、全市“精特亮”创建成果发布会等一批发言、致辞、推介词。面对突发疫情和灾害天气，起草疫情防控、防汛防台等紧急连线会议材料。

加强学习广泛交流 2022年，中心全体人员深入学习党的十九届六中全会精神、全国两会精神、中央经济工作会议精神、省第十五次党代会精神，扎实提高理论修养和政治素养。围绕都市经济、青年发展型城区等专题广泛开展调研，赴金田铜业、中策动力、赛克斯液压、宁波水表等代表性企业摸清行业发展现状，组织人员到区人社局、区科技局、区发改局、中国科学院宁波材料所等单位开展课题研究等重点工作。

（郑凌浩）

应急管理工作

【概况】 2022年，江北区深入贯彻落实习近平总书记关于应急管理、防灾减灾工作重要论述精神要求，持续推进基层应急管理体系和能力建设，全年妥善处置3起森林火情，未发生自然灾害亡人事件，自然灾害形势总体平稳。

应急体系建设 明确防汛防台抗旱“区领导包街道（镇）、街道（镇）领导包村（社）、村干部包户到人”工作责任制。修订《江北区防汛防台抗旱应急预案》《江北区森林火灾应急预案》《江北区地质灾害应急预案》，进一步调整更新三个指挥部的组织机构和责任体系，其中防汛防台抗旱指挥体系新增“1办10组”工作机制。

应急物资储备 江北区制定《江北区应急救灾物资储备管理办法》，编制本级应急物资储备标准，指导各地各部门应急物资储备及调拨工作；做好应急物资共用共享和统筹调拨，利用数字化平台完善物资储备信息库，对避灾安置场所和区、部门、街道（镇）的应急物资储备不定期进行核查，科学配备统筹应急物资使用。

应急队伍建设 重点做好区级森林防灭火综合应急救援队组建工作，完善实施方案，做好前期准备，同时继续加强培育第三方社会应急救援力量。完善专业队伍、政府力量和第三方应急力量应急联动机制，日常由各部门、街道（镇）自主管理。

防汛防台检查 深入开展风险隐患大排查大整治，通过日常排查和重点时段相结合，街镇自查、部门联合督查，市级抽查共推动等方式全面梳理本辖区各类隐患，全年出动350余人次，检查各街道（镇）点位218处，落实33处相关隐患的整改，形成闭环。科学分析研判“轩岚诺”“梅花”超强台风影响形势，及时全面启动防台应急响应，聚焦“八张风险清单”落实落细风险管控措施，提前做好人员转移安置工作，未发生因台风灾害导致人员伤亡。第11号台风“轩岚诺”期间，江北区慈江、姚江及内河水位基本保持在警戒线以下，五座小型水库库容始终保持汛限以下。第12号台风“梅花”期间，区防指的防台响应等级提升至Ⅰ级。

防灾减灾 强化避灾工程建设，重点推动黄山村创建国家级综合减灾示范村（社区）、天沁社区省级综合减灾示范社区创建，累计完成综合减灾示范社区建设27处（其

9月3日，区政府召开迎战“轩岚诺”台风视频连线调度会

（杨桂群 摄）

中国家级14处、省级13处）；梳理排查全区66处避灾安置场所，提升并创建规范化避灾安置场所14处，规范化数量从69.6%提升至75%，提前完成“十四五”规划需求。多方位开展安全生产"宣传教育活动"，以“遵守安全生产法、当好第一责任人”为主题，集中开展理论宣讲、警示教育、宣传报道、应急演练、技能比武、宣传“五进”等系列活动，强化安全生产主体责任落实，深化系统风险隐患排查，全面提升民众防范和应对突发事件能力、增强公众风险意识。

数字应急建设　江北区在突发事件应急处置和救援、危险化学品全生命周期安全在线、工业企业安全在线、安全生产除险保安、应急管理全覆盖责任体系五大多跨场景应用中均实现省、市、区“三级贯通”；配合宁波市应急管理局做好危化品全链条安全风险智控的建设工作。

【超强台风“梅花”防御】 第12号台风“梅花”于9月8日生成，区防指防台及时启动并调整防台应急响应等级。受超强台风影响，姚江、慈江2条市级河道及12条区级河道均超保证水位，3座小型水库超汛限水位；上游的强降水间接导致江北的城乡积涝。受灾人口约1.5万余人，直接经济损失约4379万元；受淹村（社区）77个，农作物受灾约2.74万亩，道路受淹封道40处。

（龚　杰）

流动人口服务管理工作

【概况】 2022年，深入开展“新市民一件事”集成政务服务改革，系统梳理18项与新市民日常生活紧密相关的政务服务事项，编制新市民“全生命周期整体告知”清单，该做法获市长汤飞帆批示。全区登记在册的流动人口300495人。接纳符合条件的外来务工随迁子女100%入读公办学校，在校中小学生中流动人口随迁子女10533人，占总学生数26%。全年外来务工申请家庭配房59户，租赁补贴外来务工家庭新增296户，发放金额70.4万元。进一步丰富流动人口量化积分应用，开展体检、保险等服务应用。

继续打造流动人口“温暖·e乡”服务品牌，促进新老居民融合。在流动人口集中的社区开展“翰墨飘香暖人心　流甬过年促发展”“文艺送万家　文明助共富”“团圆迎中秋”传统文化知识讲座等。在流动人口集聚的社区、企业开展防溺水、平安三率、防养老诈骗、防电信诈骗、反邪教宣传。积极发动流动人口参与文明创建、平安建设、垃圾分类、交通治理、禁毒宣传、矛盾纠纷调解等社会治理活动。开展“小候鸟”夏令营活动，联合街道、部门、企业等单位，组织“小候鸟”们开展安全教育、生活美学、文化体验、心理辅导等活动。进入流动人口随迁子女学校，开展国防军事、非遗手工、心理健康、人生规划等讲座以及体艺特长、科普实践类的公益课程。

（张　强）

发展与改革

【概况】 2022年，江北区坚持稳中求进工作总基调，围绕全面实施“五个争创”，推动现代化滨海大都市创智和美城区建设。全区地区生产总值完成860.3亿元，比上年增长4.9%，增速位居全市第三；服务业增加值增速6.2%，排名全市第二；其他营利性服务业营业增速85.8%，高于市平均61.1个百分点，排名全市第一；规上工业增加值比上年增长1.3%；限上商品销售额比上年增长12.2%；实现外贸自营进出口总额854.8亿元，增长17.6%，增速位列全市第二；其中出口577.8亿元，增长19.3%，增速位列全市第一；实现一般公共预算收入101.9亿元，比上年增长0.3%；城镇居民和农村居民人均可支配收入分别比上年增长3.3%和5.6%。数字经济发展获省政府督查激励；两化融合发展总指数跻身全省前十；县级政府透明度指数位列全国第二；“万家民营企业评营商环境”中位列全省第四；江北高新区被认定为省级高新园区；江北功能材料新产业平台成功入选全省第四批“万亩千亿”平台培育名单。

区域发展　江北区恪守“推进全域建设、做靓功能区块、加速城乡融合”的原则，持续融合未来社区、轨道站点等开发建设热点，推进11个重点区块整体谋划。姚江新区概念性城市规划和永红区块未来社区城市设计等3个项目完结，相关片区开发、项目招商实质性启动；孔浦三角地块产商一体化城市设计正在深化完善，未来工业实践区和康庄北路东侧地块开发研究方案初稿编制中；220千伏洪塘变及周边地块、义庄巷地块、区政府周边地块的城市设计和环城北路沿线界面提升方案完成招标。累计启动15个单元控规调整（其中9个单元已获批）；继续牵头做好特色小镇、新型城镇化和大花园建设。膜幻动力小镇2021年度省级考核优秀。

项目投资　创新实施投资项目清单化管理，制定攻坚目标，优化审批流程，破解征拆费入统等难题，为保障项目建设积极争取专项债和政策性金融工具 20.4 亿元，协同发力实现全区固定资产投资 333.9 亿元，比上年增长 10.7%，增幅排名全市第六，高于市平均。制定重大前期项目用地供应前全流程事项清单，强化重点区块谋划和八大指挥部联络室职能，促进一批项目早开工、早投产。牵头开展“百名干部服务百大工程”和“区领导领衔破难卡壳项目”活动，建立实施重大项目“1244”等协调机制，对新开工项目按季下达“开工令”，实现绿地 9 号地块等卡壳项目顺利推进；全区 113 个重点项目完成投资 220 亿元，完成年度计划的 113%，其中 36 个市重点工程完成投资 130 亿元，完成年度投资计划的 156%，投资完成率位居全市第一。督促上年度获批的 4 个专项债项目 4.5 亿元资金的使用进度，使用率 100%；完成 2022 年三批次的专项债项目申报工作，获批项目 13 个，获批额度 18.4 亿元，使用率约 86%。

营商服务　联动各部门抓实营商环境优化与评价指标体系，制定出台新一轮经济发展指导意见《江北区推动高质量发展若干政策》，兑现稳链纾困惠企政策资金超过 12 亿元。积极向上争取企业用能空间，为 13 个项目及企业超额争取 6.9 万吨标煤用能空间。加强长输油气管线日常监管巡查，确保管线企业履职到位，管线隐患点位全部整改到位。全市率先出台《江北区推广实施信用修复告知制度的工作方案》，相关做法写入《宁波市社会信用条例》，“信用修复一件事”获评 2022 年度全省信用数字应用场景优秀案例。编制全区共同富裕架构图和“扩中”“提低”行动方案，制定 15 分钟服务圈指南，率先在全市范围内公开县域基本公共服务标准。抓好粮食收储，全年收购粮食 15979 吨，落实储备规模 19460 吨。做好能源供给，完成光伏装机容量 6.29 万千瓦。提高价格认定水平，受理涉案、涉纪等各类价格认定标的 219 件，认定标的金额 500 余万元，在浙江省案卷评查中获得县市区第一名。扎实推进山海协作和东西部支援，搭建首个区县级“两地仓电商云仓”，打造山海情对口协作非遗馆，推动成立“星星点灯”江北—越西特殊困难儿童关爱公益基金 1500 万元，东西部协作工作获市政府主要领导批示肯定。加快融入长三角一体化发展，成功举办“顺着运河来看海、闻着书香游宁波”2022 长三角重点旅行商走进宁波（江北）文旅推介会，签约启动长三角万人游江北活动。

产业提级　强化服务业发展主责主业，起草《江北区服务业高质量发展三年行动计划（2023—2025）》，明确“323”主导产业体系；加快政策兑现时速和频次，全年兑现 1.64 亿元。江北区入选省现代物流业“亩产效益”领跑者的数量位居全省各县（市、区）第一，宁波远洋成功上市；推进楼宇稳进提质，亿元楼、千人楼 10 幢。联动实施平台赋能行动，会同慈城镇、江北高新园谋划的江北功能材料新产业平台，成功入选省第四批“万亩千亿”培育名单；加强向上对接，争取市级“一城两镇”专项资金 1000 万元；会同属地促成千年古城复兴、小城市培育和特色小镇考核获全省考评优秀。洪塘湾入选省级双创示范基地。承办全市“两业融合”江北站活动，促成大连理工宁波研究院与金田铜业等单位组建宁波市先进铜合金材料制造与服务联盟；江北区入围省级“两业”融合试点的企业数量位居全市第一。

（李杰靖）

对口和山海协作

【概况】 2022 年，江北区全面贯彻落实中央、省、市决策部署，全力做好库车市、比如县、万州区对口支援，怀远县、黄州区、莲都区对口合作；高质量完成越西县东西部协作、莲都区山海协作的各项考核任务。市区两级财政全年投入财政资金近 7000 万元，开展陶家营村、利山—西坑口片区、葛畈村等乡村振兴示范村等援建项目 23 个。其中，安排财政资金 6200 万元帮扶越西，引导到位投资 8 亿元；拨付莲都山海协作资金 405 万元。投入财政资金 40 万元用于援疆工程，投入财政资金 300 万元帮扶西藏，大力支持结对地区产业发展，改善生态环境，提升群众生活水平。全年动员社会捐赠款物 800 余万元；采购越西、怀远、莲都、黄州等结对地区农特产品 7700 万元；在全市成功搭建首个区县级“两地仓电商云仓”平台，有效缩短物流周期、降低物流成本。在全区范围内开展“星星点灯”精准帮扶越西特殊困难儿童系列行动，成立“星星点灯”项目专项慈善冠名基金，发放水表集团雄鹰奖学金。加强宣传，完成关于东西部协作、山海协作、长三角一体化结对帮扶、对口合作的国家级宣传报道 16 篇、省级 15 篇、市级 57 篇。《江北深化东西部协作推动越西经济社会跨越式发展》得到市长“值得肯定”批示；《江北区“一二三四”齐步走共绘东西部协作“同心圆”》信息得到国家乡村振兴局社会帮扶司司长“有深度、有广度、有特色、有亮点，值得总结推广”批示。

人才支援　全区遴选优秀干部和专技人才支援对口地区，选派 2

名党政干部到越西县挂职3年，选派27名专技人才（教师、医生）到越西县挂职；分别选派2名党政干部到莲都、新疆、怀远挂职，1名党政干部到西藏挂职；积极发挥专家“传帮带”作用，新建特级教师工作室、名医工作室等平台，通过“线上+线下”相结合的形式，开展技术指导、专题调研、专业讲座等援助活动，为对口支援地区发展提供智力支持。同时，接收越西党政干部3人到江北区挂职。

各类培训　江北区按照越西县乡村振兴干部培训需求，协助举办各类党政干部培训班25期，培训越西县党政干部2581人；按照越西县乡村振兴人才培训需求，协助举办各类专技人才培训班37期，其中教育类人才培训6期，培训教育类人才161人；举办医疗卫生类人才培训30期，培训卫健人才570人；开展农林经济人才培训1期，培训农业人才52人。同时，举办2022年江北—莲都山海联动高质量发展建设共同富裕示范区专题培训班，培训江北区党政干部30人、莲都区党政干部32人。

劳务协作　沿用《江北区促进东西部和山海协作地区产业协作、劳务协作及消费协作实施办法》，加强就业协作对接。帮助农村劳动力到结对省份就业466人，其中脱贫人口161人；就近就业650人，其中脱贫人口535人；到其他地方就业942人，其中脱贫人口184人。推进就业车间建设，新增在易地扶贫搬迁集中安置点和产业园区等建设认证的扶贫就业车间2个，吸纳农村劳动力就业203人，其中脱贫人口达到139人。通过实习就业实现供需双方“订单式”培养，举办劳务协作培训班23期，培训农村劳动力1152人次，其中脱贫人口506人次。江北区以“订单式”“特色化”打造“北越港运”劳务品牌，引导多批人员到宁波就业，有30余名越西务工人员到宁波港就业。

消费帮扶　根据《江北区促进东西部和山海协作地区产业协作、劳务协作及消费协作实施办法》，出台对口帮扶消费奖补政策。在江北打造集展示、体验、营销、电商于一体的综合体，实现产销一体化，全力带动对口地区优质农特产品销售。全年采购结对地区农特色产品7700万元。协助越西、莲都妇联培训当地妇女开展刺绣、竹编、银饰等非遗手工文创产品设计及制作。继续开展“对口协作月”活动，举办农民丰收节、特产推介会等现场活动；利用户外车窗、纸媒、网媒等多维度传播媒介，发布对口协作公益广告；借助浙江前洋经济开发区、甬江数字经济产业园、洪塘抖音直播基地等电商直播平台，常态化开展直播带货，拓展对口地区农产品线上线下销售渠道，全年直播累计销售额上百万元，打响对口地区大凉山苹果、越西“三宝”等农特产品品牌。

结对共建　江北区与结对地区开展高层互访对接9次，建立项目共商、资源共享、难题共破体制机制。以区发改局（区支援合作局）和前方工作组作为总牵头，促成全区8个街道（镇）、2个村、12家企业、2个社会组织与越西、莲都全面开展结对工作；落实5所学校、5家医院（卫生院）与当地学校、医院开展结对。与越西县教育局签署年度合作协议，协助当地加强教学队伍建设；为结对地区捐赠图书10万册；招收越西县农村学生28人到宁波市职业技术教育中心学校就读，投入35万元用于中职学生定向培养项目。与越西县卫健局签署年度合作协议，通过“组团式帮扶”下乡义诊形式，助力当地卫生事业发展。在两地教育局的牵头下，江北区中心幼儿园教育集团、江北甬港幼儿园教育集团分别与莲都区碧湖幼儿园教育集团、联城幼儿园教育集团进行结对并开展活动。举办2022莲都文化旅游（宁波江北）山海协作推介会；区卫健局通过活动帮扶、点对点帮扶等方式开展各项活动；推动数字化应用成果“浙里企业新产品研发服务应用”共联共享。两地签订《推进山海协作工程疗休养合作协议》《远程异地评标合作协议》。开启平台建设、产业合作、人才交流等方面合作，落实细化《宁波江北·丽水莲都高新产业协同发展中心合作协议》。飞地入驻总部经济企业7家，其中，宁波丽山甬海商贸有限公司为“丽水山泉”宁波总代理。

【深化汉彝文化交流】　深挖两地非遗文化资源，在江北区慈城古县城设立山海情对口协作非遗馆，展陈、活化、体验对口协作地区非物质文化遗产项目，开展“非遗服饰秀”“非遗手工展”“非遗民俗节”学术论坛交流等多样化活动，促进江北区与各地文化深层次的交流协作。

【江北区“星星点灯”精准帮扶越西特殊困难儿童系列行动】　江北区广泛动员社会力量，对越西县383名在校就读的彝族特殊困难儿童，长期滚动实施一系列项目集群。汇聚政府部门、单位、乡镇街道、爱心企业和爱心人士等各界资源与力量的共同参与，共同开展“星星点灯”帮扶越西特殊困难儿童项目。江北11家企业出资1500万元，成立“星星点灯”项目专项慈善冠名基金，全面对接越西特殊困难儿童学习和生活需求。2022年，星星点灯项目共计获得社会爱心捐赠近百万元。开展“阿拉江北爸妈”结对帮扶项目；成立“宁波水表集团雄鹰奖学金”，为儿童提供接受高等教育的机会；开展“护航星计划”身心健康塑造项目、“春暖花开”青春期关爱项目、儿童暖心礼包资助活动、儿童福利院项目等帮助特殊困难儿童全方位健康成长。

（周　斌）

7月，江北区人社局在荆楚理工学院举办校地企合作对接交流活动

（陈永珍　摄）

人才人事工作

【概况】2022年，江北区重视人才在推动经济和社会发展中的关键作用，坚持“人才是第一资源、发展是第一要务、创新是第一动力”，新引进高校毕业生19037人；新建国家级博士后工作站1家、省级站5家；新建省级创业孵化示范基地1家、市级高校毕业生就业实践基地6家。“专精特新、单项冠军、大优强”企业建站完成率均居全市首位。江北人力资源产业园入选省级产业园筹建名录。继续完善事业单位人事管理，有序推进干部队伍建设。

深化“北岸智谷”建设　区人社局配合做好聚才引智工程申报，全年分别申报国家、省、市引才计划86个、83个、430个。中清生态环境（宁波）有限公司蔡健明入选人社部留学创业计划优秀奖。深化校地、校企合作模式，持续推进“云端揽才”模式，搭建“江来有你，北岸青英”青年大学生招聘平台，举办各类线上线下人才招聘活动60场，超额完成市对区高校毕业生引进考核指标。继续搭建人才发展平台，新建市级企业专家工作站重点支持2家。加强“专精特新、单项冠军、大优强”企业高层次人才平台赋能，企业博士后工作站建站完成率分别为33.33%、100%、85.71%，三项数据均为各县市区第一。围绕智能制造、电商直播经济、建筑产业等行业技能人才需求，扎实推进产教融合基地建设。加强市甬江育才工程领军拔尖人才选拔工作，3名人才入选第一层次培养。加强高校毕业生就业实践基地建设，新建市级实践基地5家、区级5家。江北人力资源产业园依托建筑劳务企业集聚优势，打造全省唯一“浙江省建筑产业工人培育基地”；产业园营收连续4年超100亿元，稳居全市前列。优化人才服务生态，全方位做好各类人才要素保障。打造人才服务网络，办好人才关键小事；利用好省市服务平台，做好精准优质服务，全年发放各类人才经费补助近亿元。依托“乐业江北”线上特色应用，为技能人才提供“一站式”服务7.9万人次，获全国第二届公共就业服务项目浙江省优胜奖。全年为5305人次提供子女入学、公租房、健康体检、创业贷款（149人获得“技能创业贷”）、购房补贴等服务。充分利用人才谷雨日、“7·15”世界青年技能日等大型节日活动，学习强国学习平台、甬派等各类媒体，积极挖掘宣传人才典型事迹，切实弘扬工匠精神、厚植工匠文化，营造技能成才、技能报国的新风尚。

优化事业单位人事管理　深入落实《关于加强优秀高校毕业生培养工作的十二条意见》，结合区重点工作开展需要、单位需求及干部结构优化等因素，采取“线上”或“线下”模式，面向清北党政机关储备人才、优秀高校毕业生和社会招聘事业单位工作人员。对教育、卫生系统招聘公告和相关事业单位公开选聘公告条件及流程进行审核，把牢事业入口关。2022年新增事业干部251名，区外调入36名。开展全区年轻干部大调研，组建9个调研组，通过派驻调研和系统调研两种方式，全面立体透视察人识人，为完善全区年轻干部培养制度、年轻干部信息库提供重要参考。稳妥推进事业单位管理岗位职员等级晋升工作，按照从严把关、择优导向、统筹全局、风险防范的要求，开展街道（镇）事业单位管理岗位职员等级首次确定工作。

（沈 海 邹士杰 方璐丹）

行政服务 公共交易

【概况】 2022年，江北区认真贯彻落实国务院“放管服”改革、浙江省“数字化”改革系列精神，创新推动政务服务“一件事”集成改革。江北区政务服务“一件事”改革被中央全面依法治国委员会办公室评为“全国法治政府建设示范项目”。江北区“一件事”集成改革激发基层治理新动能被民政部评为“2021年度全国基层治理创新典型案例”。江北区政务服务“一件事”集成改革被浙江省政府办公厅评为“县乡法治政府建设‘最佳实践’项目”，获全省改革突破奖（提名奖），推动江北区县级政府透明度指数全国第一。江北区农村集体资产交易改革得到中央电视台《经济半小时》30分钟专题报道。全年有51篇报道被中央、省、市媒体刊发；25篇信息被《竞跑者》《改革先锋》《浙里共富》《宁波信息》等录用，其中专报14篇，省市主要领导批示7篇。

行政审批管理 推动政务服务“一件事”集成改革。针对跨部门“一件事”，通过简化申请表单、打通数据壁垒、部门协同联办，实现“一件事一次办”，以靶向办事堵点、重塑办事流程、改革关键环节等举措推动基本建设项目审批服务、农村集体资产管理交易、提低共富、人才落户、征地拆迁等20多个“一件事”原创性改革。推进街道（镇）便民服务标准化建设。根据国家、省、市决策部署要求，江北区政府办公室制定印发《江北区推进街道（镇）便民服务标准化建设实施方案》，对照56条标准化建设指标细化落实。同时到温岭、湖州、温州等地对标先进考察学习，分别组织召开3次推进会。外滩、孔浦、甬江、洪塘、前江、慈城6个便民服务中心累计投入400多万元，对大厅进行整体改造，统一名称挂牌，增加24小时自助服务区、咨询台、母婴室等硬件设施，规范相关制度。洪塘和外滩街道成功创建全市示范型便民服务中心，孔浦、甬江、前江街道成功创建标准型便民服务中心。创新编制《基本建设项目20个一件事集成服务一本通》，实现一次集成整体告知。对项目审批3.0系统、线下审批服务的材料清单进行详细梳理归集，同时根据项目特性设计最简材料清单，梳理出工业类项目审批事项32个、房建类审批事项60个、商业综合体项目审批事项55个。相关做法被《改革先锋》第2期（总第112期）录用。聚焦重大工程、重大项目、重点任务，出台制定《全员全覆盖代办工作行动方案》，由区审管办干部代办帮办127个市区两级重点项目，多次召开全区项目代办帮办对接会，实现现场走访200多次，帮助解决各类难题50多个。宁波市江北区“靶向”发力精准服务，助力项目建设落地提速增效相关做法被省委改革办《竞跑者》刊发；被《改革先锋》第2期录用；被《宁波政务信息（要情）》《浙江政务信息》刊发，得到《宁波日报》、甬派等媒体宣传报道。

公共资源交易管理 推进农村集体资产管理交易“一件事”改革。对全域农村集体资产进行排摸赋码，开发交易系统，构建农村集体资产“智管系统”，实现“一码管资产”“一键管交易”“一网管监督”。撰写完成《江北区创新农村集体资产数字交易模式的探索思考》，推动《农村产权交易办法》出台。强化工程建设项目招投标执法。推动住建部门人员以及综合执法、农业农村部门编制划拨到位。组织审管办工作人员参加行政执法证考试，2人顺利通过。强化执法执行力，构建违法线索发现、留痕、查处闭环机制，组织调查16宗涉及33家企业的涉嫌串围标案件，正式立案3宗，对4家企业实施处罚，处罚金额12万余元；截至12月底，正在调查2宗。规范运行公共资源交易平台。2022年江北区进入区公共资源交易平台交易项目943宗，实际交易金额299.21亿元，其中工程招投标和政府采购项目752宗、实际交易金额157.11亿元，节约金额15.86亿元；国土招拍挂和产权交易项目53宗、实际交易金额140.92亿元，增收金额2.1亿元；前期物业、公款存放、小型工程、拆除工程等其他项目138宗，实际交易金额1.19亿元，节约金额0.06亿元，增收金额0.38亿元。加强公共资源交易日常监管。制定发布《江北区公共资源交易代理机构服务评价暂行办法》，修改完善各类交易项目的进场办理流程及相关表式，实施交易代理机构“一标一评”考核评价；核查每一个进场项目交易文件（招标采购文件、竞拍文件等）的合规性。强化交易现场的监管，实施监管人员交易现场轮流值班监管制度。严格实施评标专家“一标一评”考核，规范“评定分离”项目评标专家的评标行为。加强工程建设项目招投标事中事后监管，组织实施“双随机、一公开”、标后评估，将重大项目、有异常情况的项目、施工类“评定分离”项目作为重点评估对象，评估结果与招标代理机构、投标人、评标委员会成员等招投标活动主体的动态管理、信用体系建设挂钩。

3月30日，中央电视台2套《经济半小时》播出专题《"盘"出来的农村新财富》，报道宁波市江北区"数字化"改革成果

【农村集体资产管理交易"一件事"改革宣传】 中国社会科学院《法治智库》刊发《社科院法学所调研组深入调研发现 宁波江北区数字赋能破解农村集体资产管理交易难题》专报信息，呈报国务院总理。中央电视台《经济半小时》以《"盘"出来的农村新财富》为题，专题报道江北通过农村集体资产交易推进共同富裕，这是江北首次在该栏目推出专题报道。在省发改委数字化成果交流会上作典型发言，获得全市"数字经济"系统场景应用路演全市一等奖。《浙里共富》《改革先锋》《宁波政务信息》先后刊发专报信息。

（徐如霞）

外事工作

【概况】 2022年，密切关注国际国内疫情形势变化。落实"浙外防"体系，引导江北区31家境外项目和机构做好疫情日常防控，建立信息沟通机制，妥善做好涉外涉疫事件的预警响应和保障服务。

关注企业聚焦的关键问题，开展RCEP规则学习、出入境便利化指导、海外投资法律服务等业务。引导外贸企业嫁接跨境电商，抢抓线上展会模式，全年组织对接100余家次。开展外贸企业纾困帮扶行动，多部门联动，建立"助企稳贸"服务联盟，打造一站式综合服务机制。为企业和学校引进外籍人才提供精准服务，办理签证邀请函260余人次；积极协助从事科研、技术和经贸合作的外籍人士通过"快捷通道"返回江北工作。落实定期上门服务机制，累计走访企业240余家次，解决问题80余项。

建立健全应急处置机制，做好相关人员安全防范告知和劝返。

推进老外滩国家级步行街创建，建设泛老外滩区域国际化平台。推动国际人文交流，深挖老外滩海丝文化、开埠文化、港口文化，打造沉浸式演艺剧目，演出场次300余次，超2万人打卡体验；举办粽夏烛光音乐会、江畔晚风市集、中外女性魅力之夜等国际人文交流活动40余场。

2022年，是江北区与芬兰科特卡市友好交流关系建立的第四年，两地不断创新方式方法、拓展交流领域，线上、线下为双方企业牵线搭桥、提供资源。宁波市创新设计众创空间与江北在芬兰创业平台共同打造的资源共享战略合作项目完成前期对接。

（李　然　张　强）

机关事务管理

【概况】 2022年，江北区机关事务局围绕党建引领，深入推进"五问五破五比五先"作风建设专项行动，提升管理和服务水平。以审促管规范经济行为，制定区机关事务局《固定资产管理办法（试行）》《工程现场管理办法》《其他资金管理办法》《后勤采购规范流程》等。配合完成相关单位的巡视、巡查和审计工作。以机关安全生产"零事故"为目标，做好经常性、常态化的整顿和整治工作。开展"转变作风、精细管理、匠心服务"大走访活动，深挖服务保障潜力，深化基层服务，走访北投、深悦和一号院三大集中办公点，收集意见和建议19条，悉数落实整改。积极参与文明典范城市创建、反诈宣传、消防安全等社会治理；发挥局党组织防疫堡垒作用，班子领导轮流参与疫情防控服务，组织党员干部参与外滩、文教、甬江、前江4个街道8个片区志愿服务。

办公用房管理 深入贯彻《浙江省党政机关办公用房管理实施办法》，严格执行国家相关部委关于办公用房整改工作具体要求，持续推进党政机关办公用房规范化管理。6月21日，区机关事务局组织全区76家机关事业单位开展浙江省党政机关办公用房数字化管理平台操作培训，布置自查和迎检具体工作，坚决整改超标使用办公用房，制定整改计划书，提出整改具体措施和整改时间节点，确保全部整改到位。

9月27日，江北区机关事务局开展“五问五破五比五先”作风建设专项行动

开展实施区应急指挥中心维修改造工程、区委编办办公用房维修改造工程、区人武部办公用房维修改造工程等14个专项工程，年计划经费超6000万元。区机关事务局获评2021年宁波市行政事业性国有资产管理先进单位。

公共机构节能和垃圾分类 开展江北区公共机构建筑屋顶光伏抢建工作，经现场多次勘察，对符合安装条件的4家单位因地制宜进行安装。北投大厦作为唯一一家党政机关参与市级垃圾分类典范场所创建，由区机关事务局牵头，对设施配置、分类投放、源头减量做有效工作，顺利通过验收。在《浙江省生活垃圾管理条例》实施一周年之际，联合区分类办通过互联网线上直播的方式，首次面向江北区全体机关干部开展“温暖星期五政策直通车”垃圾分类政策再解读活动；通过单位自查、互查相结合的监督方式，推广垃圾分类工作走在前、作表率。

后勤服务保障 严把食品源头采购渠道，上半年后勤服务中心携物业人员实地走访食材供应企业，了解食材源头、储存保鲜、运输配送、卫生安全管理等供应链情况。完善生活配套设施，在各大院陆续引进便利超市、理发室，把机关医务室纳入姚江卫生院系统。以消除安全隐患为重点，区机关事务局将一号院食堂使用几十年的罐装液化气改造为天然气管道。在第21个全国“安全生产月”邀请专家，由局领导带队，先后两次对所有大院的集中办公区、机关食堂、公共部位等重点领域进行地毯式检查。落实第三方机构对机关一号院内所有房屋进行安全等级鉴定，对各类问题隐患进行整改。高质量完成日常财务工作，监督18个财务集中代理单位落实“政府过紧日子”的要求，加强预算执行刚性审核和三公统计与预警；指导和帮助各单位开展智慧财政系统操作，全年累计支付3.94亿元，支付明细11000条。

公务车辆管理 加强车管中心规范管理，规范车辆的维修保养、油料的采购、保险招标管理程序，规范车辆运行费用的报销管理；组织开展安全教育及技能培训，不断提高驾驶员的安全行车意识，出车前后进行必要的消毒，全年未发生一起责任事故；做好日常公务车辆清洁、检查，通过车辆网络平台全天候跟踪管理公务用车运行轨迹，有效防止公车私用、变更路线等失管失控现象发生。

（王　梦）

政协宁波市江北区委员会

综　述

【概况】 2022年，区政协设常务委员会，由主席、副主席、秘书长和常务委员组成。设有提案委员会、委员工作委员会、财政经济委员会、农业农村和城建资源环境委员会、教科卫体文化文史和学习委员会、社会法制和港澳台侨委员会6个专门委员会。设有外滩街道履职小组、文教街道履职小组、孔浦街道履职小组、甬江街道履职小组、庄桥街道履职小组、洪塘街道履职小组、前江街道履职小组、慈城镇履职小组、浙江前洋经济开发区履职小组9个履职小组。委员203名。全年召开全体会议1次、常委会会议4次、主席会议12次。

强化政治引领　全年开展党组理论学习中心组学习会、党组会议、常委会会议、主席会议学习共42次；建立党史学习教育常态化长效化机制；严格落实请示报告制度，每季度政协主席向区委书记报告工作，与区长交流意见；召开政协系统党的建设工作会议，研究部署党建工作；完善政协党的组织体系建设，机关党总支、支部完成换届选举；专委会功能型党支部结合自身特色开展形式多样的主题活动20多场。

广泛凝聚共识　与区政府班子开展工作对接，与区委组织部联合出台《关于建立区政协与区委组织部工作协同机制的意见》，与区法院班子进行座谈交流；完善主席会议成员与党外委员、民族宗教界人士的联络联系制度；密切保持同住江北省市政协委员和各族各界代表人士的经常性联系；支持政协之友联谊会开展团结联谊活动；举办文史交流座谈会，新聘任3名文史研究馆馆员，出版《江北文史》两期，编印《江北非遗》，参与《浙江城市名片》编辑；举办“喜迎二十大·书画颂党恩”书画展；成立茶文化促进会；建言全区12处红色革命历史遗迹保护和利用；整合文史研究馆、书画院、联谊会、茶促会等，启动“星星甬共”同心向党平台建设；深化“同韵”“同创”“同裳”等“同心”系列委员工作室建设，浙江前洋双创委员会客厅晋升省政协四星级会客厅。

服务中心大局　围绕市委“翠屏山中央公园建设”，撰写《打通“六脉”，献计“六策”，共创宁波现代化滨海大都市》调研报告，在市委“翠屏山中央公园和余慈地区统筹规划”工作座谈会上交流发言，得到市委、市政府领导高度肯定；聚焦“重点区块产城人文融合发展”开展“书记委员面对面”协商，区委书记现场签批协商纪要，很多意见建议被区委、区政府吸纳并转化为相关政策、措施；紧盯“全域国土空间综合整治”市政协全会提案，市区政协联动开展专项民主监督，将《关于推进姚江新城全域国土空间综合整治，加快城中村改造项目的建议》列为重点提案，区长亲自领办，主席会议成员督办；主席会议成员带队全力助企纾困，分7个助企小组累计走访企业139家，现场协调解决问题40余项，收集问题120余条，并提出意见建议，形成专报得到区委书记批示肯定，区政府逐条研究落实；常委会会议专题协商“精特亮”创建，高质量建言4条精品线路、4个特色街区、20个亮点工程建设及下一步工程谋划；持续关注老外滩建设，主席会议开展专题视察，助力泛老外滩文商旅融合发展；围绕“双碳”时代工业经济高质量发展、庄桥站片区开发、新兴产业育成区规划建设、打造直播经济集聚区等开展对口协商，提出意见建议40余条；召开“关注森林”工作会议，开展“古树名木保护”民主监督，调研全区115株古树名木保护情况；持续就全国文明典范城市创建、无废城市建设、垃圾分类等开展视察监督；专题督查重点河道流域治理、重点项目管养维护；专题协商“提升居家养老服务”，建言14项“一

件事”服务场景建设；围绕“双减”工作提质增效、公共卫生应急能力提升、社区专科门诊建设等开展调研协商；全力以赴助力“防疫”“防台”，主席会议成员带队纷赴一线排查风险隐患、落实防范措施，机关干部累计下沉36批次、200多人次，委员们奋战救治一线、踊跃捐款捐物、参加志愿服务。

增进民生福祉　举办“委员议事”36场，推动省政协“民生议事堂”工作要求落地落实，持续规范和完善“委员议事”，形成“政协‘六议’搭台、委员‘六事’唱戏”的议事格局；推动履职触角延伸，实现乡镇街道“民生议事堂、委员工作室、社情民意联系点”三位一体建设全覆盖，推行流动“协商驿站”；推动线上线下融合，作为唯一协同单位，积极参与市政协“委员议事——数字化场景应用”建设；创新开展提案线索调研征集“基层活动月”，发动委员与部门、群众开展座谈交流，做到协商前置；把部分民生类提案列为重点提案，并选取10件纳入“委员议事”，推动融合履职；全年169件提案全部办复，办理工作满意率100%，并向市政协提交提案15件。

坚持资政建言　完善以党组理论学习中心组为龙头的学习制度体系，打造“知行学堂”“委员讲堂”“机关讲堂”“青年论坛”等全覆盖的学习品牌，创新开展“清单式学习”“联合式学习”；大力倡导“书香政协”，积极参与“奋进新征程、建功新时代”“争当政协履职排头兵”等网络读书活动，全年共举办各类学习活动60多场次；牢固树立“精品政协”理念，始终坚持“没调研不协商、无准备不建言”，主席会议成员每人领衔一项重点课题。其中，“重点区块产业导入”课题借鉴市政协成功经验，创新实施“1+4”调研模式，形成1个主报告、4个子报告；围绕“基层政协高质量发展模式”“党对政协工作领导的重要阵地”“加强委员会客厅建设”等开展专题研究，为基层政协工作创新发展提供了理论支撑和实践指导。《进一步发挥“民生议事堂”作用的实践路径研究》等2篇获省政协优秀论文。六届一次会议期间，委员们聚焦软件信息业发展、金融科技创新、打造乡村共富实践样板、未来社区建设等主题进行大会发言，提交材料17篇，得到区委、区政府主要领导高度肯定；报送社情民意信息80余篇，其中《亟待扎牢野生动物园管理的制度笼子》《测土配方施肥推广面临四大难点亟待重视》《消防救援大队改革后涉水救援三大难点亟待突破》等信息被全国政协采用，反映社情民意信息工作连续6年位居全市各区县政协第一；全年共在《人民政协报》、《联谊报》、浙江政协同心苑、宁波政协等国家、省市媒体登载120余篇，《引领聚合力、增信齐奋进—江北区政协搭建凝聚共识大平台记事》等2篇在《人民政协报》头版刊发，并获评浙江省第四届人民政协好新闻“优秀新闻作品”。

加强履职管理　贯彻落实中央政治协商条例，全面梳理、完善各类工作制度17项。其中，修订全体会议、常委会会议、主席会议等工作规则，制定《加强常委会自身建设》《加强界别工作的意见》《强化委员责任担当》等文件，优化完善办文、办会、办事等内部管理机制。举办政协委员履职能力提升线上培训班，参与率超90%；推行“以老带新”委员能力提升行动；完善“积分制”履职规则；推动委员进“网格”；组织委员到四川越西县、新疆库车市等地开展对口帮扶；发动委员积极参与捐资助学、公益救援、创业指导、志愿服务等社会公益。配合做好省委巡视工作，大力支持派驻纪检监察组履行职责；召开党风廉政建设工作会议，制定全面从严治党主体责任清单；深入开展“五问五破冲在前、五比五先当表率”作风建设专项行动；扎实推进“五型机关”建设，择优招选3名年轻干部充实机关队伍；深入推进“委员之家”“机关办公”“全会一点通”等数字化应用建设，推动实现“掌上履职、掌上议政、掌上办公”，丰富政协履职方式。

重要会议及重要活动

【区政协六届一次会议】　中国人民政治协商会议第六届宁波市江北区委员会第一次会议，于2022年1月22日至24日举行，会议应到委员203名，实到197名。来自各个界别、各条战线的区政协委员齐聚一堂，认真履行政治协商、民主监督和参政议政职能，为江北区全面建设现代化滨海大都市创智和美城区贡献智慧和力量。会议期间，中共江北区委书记张国锋，区委副书记、区长杨正平等领导出席会议，听取大会发言、参加小组讨论，与委员们深入协商、互动交流，听取意见建议。全体委员通过提案、大会发言、社情民意信息、小组讨论等形式，议大事、谋良策、聚共识。会议审议批准邹宇明主席代表政协第五届宁波市江北区委员会常务委员会所作的工作报告，审议批准丁月珍副主席代表政协第五届宁波市江北区委员会常务委员会所作的提案工作情况报告，审议通过《做争创高质量发展建设共同富裕先行标兵模范倡议书》，选举产生了政协第六届宁波市江北区委员会主席、副主席、秘书长和常务委员。会议认为，过去五年，在中共江北区委的坚强领导下，区政协及其常委会深入学习习近平新时代中国特色社会主义思想，认真落实中央、省市区委政协工作会议精神，全面构建协商民主新格局，不断拓展凝聚共识新平台，探索破解“两个薄弱”新路径，新时代基层政协工作“四梁八柱”基本形成，为江北经济社会发展作出了积极贡献。常委会对过去五年工作回顾客观全面，积累的工作经验弥足珍贵。报告关于今后五年及2022年工作的总体部署目标清晰，任务明确，切实可行，新一届常委会要认真组织实施。会议指出，今后五年是江北立足新起点、开启新征程、实现新跨越的战略机遇期，也是破除发展瓶颈、加快转型升级、实现共同富裕的攻坚决胜期。要坚持以习近平新时代中国特色社会主义思想为指导，深入学习贯彻习近平总书记关于加强和改进人民政协工作的重要思想，认真贯彻落实中共十九大和十九届历次全会精神，忠诚拥护“两个确立”、坚决做到“两个维护”，全面落实中共江北区委各项工作要求，坚持发扬民主和增进团结相互贯通、建言资政和凝聚共识双向发力，更好发挥专门协商机构作用，努力在践行全过程人民民主中展现更大作为，推动新时代人民政协制度在基层的实践更加成熟、更加定型，为争创“重要窗口”实践样板、共同富裕先行标兵、都市经济高地、拥江未来之城、国际人文客厅贡献智慧和力量。会议号召，全区政协各参加单位和广大政协委员要更加紧密地团结在以习近平同志为核心的中共中央周围，在中共江北区委的坚强领导下，在新的赶考路上，承前启后、继往开来，携手开创江北政协事业发展新局面，为全面建设现代化滨海大都市创智和美城区作出新的更大贡献，以优异的成绩迎接中共二十大的胜利召开。

会议共收到以提案形式提出的意见建议176件，确定立案169件。其中，委员个人提交143件，集体提交26件。关于都市经济方面39件，占总数的22.2%；城乡建设方面48件，占总数的27.3%；文化开放方面21件，占总数的11.9%；社会治理方面31件，占总数的17.6%；民生保障方面30件，占总数的17%。

【区政协常委会会议】 **五届二十九次常委会会议** 1月7日召开。会议协商区政府工作报告、区法院工作报告和区检察院工作报告（征求意见稿）；听取区政府关于提案办理工作情况的通报；听取区政协五届一次会议以来提案办理情况“回头看”督查报告（书面）；听取区政协各专委会述职报告（书面）；审议通过关于政协第六届宁波市江北区委员会界别设置和委员名额的决定；审议通过政协第六届宁波市江北区委员会委员名单；审议通过关于召开政协第六届宁波市江北区委员会第一次会议的决定；审议通过政协第五届宁波市江北区委员会常务委员会工作报告；审议通过政协第五届宁波市江北区委员会常务委员会提案工作情况报告；审议通过区政协2022年协商计划；审议通过区政协2022年工作要点；审议通过政协第六届宁波市江北区委员会第一次会议其他有关事项；审议通过有关人事事项；审议通过关于授权主席会议审议区政协五届二十九次常委会会议未尽事宜的决定。区委副书记、区长杨正平应邀出席会议。五届区政协常委会组成人员，区政府办、区委统战部、区法院、区检察院等部门主要负责人及区政协机关全体干部参加会议。

六届一次常委会会议 4月1日召开。会议传达全国政协十三届五次会议精神；审议通过有关机构设置和人事事项；审议通过《加强常委会自身建设》等有关工作制度；听取提案委关于区政协六届一次会议以来提案工作情况的报告（书面）。区政协副主席、党组副书记李云来主持会议，区政协常委会组成人员参加会议。

六届二次常委会会议 9月16日召开。会议围绕助力重点区块产城人文融合发展进行专题协商。区委书记张国锋与委员互动并点评，现场签批协商成果。区政协主席、党组书记邹宇明主持会议，区领导吴耀明、余宁、顾国兴、余拥锋应邀出席会议，区政协常委会组成人员，区委办、区政府办、区委人才办、区发改局、区经信局、区商务局、区文化广电旅游局、浙江前洋经济开发区管理委员会、区招商投资促进中心、宁波市文创港开发建设中心、自然资源规划江北分局、慈城镇、区老外滩管理服务中心、江北开投公司、北坤公司、区城投公司、文创港投资开发公司主要负责人，各街道党工委书记，区政协各专委（办）主任、专委会副主任（含兼职）、联委会主任、界别小组组长、部分市区政协委员参加会议。

六届三次常委会会议 11月21日召开。会议专题协商高品质推进江北区“精特亮”创建；反映社情民意。区政协主席、党组书记邹宇明主持会议，邀请区委副书记李冠杰出席会议，区政协常委会组成人员，区委办、区政府办、区委宣传部、区发改局、区经信局、区住建局、区农业农村局、区商务局、区文化广电旅游局、区综合行政执法局等部门主要负责人及区政协机关全体干部参加会议。

【区政协六届主席会议】 第1次主席会议 2月21日召开。会议听取《关于江北区政协领导班子成员分工的方案》；审议通过各专委会成员名单、各履职小组成员名单；听取两会期间《政协委员对区委区政府意见建议》《政协委员对区政协工作意见建议》情况汇报。

第2次主席会议 3月7日召开。会议传达学习习近平在中央党校（国家行政学院）中青年干部培训班开班式上重要讲话精神；研究区政协六届一次常委会会议方案；审议2022年度“民生议事堂·委员议事”安排；审议委员培训方案；审议有关工作制度修订方案；听取各委办2022年重点工作计划和近阶段工作安排汇报等事宜。

第3次主席会议 3月29日召开。会议审议区政协六届一次常委会会议有关事宜；审议有关制度；听取区政协六届一次会议以来提案工作情况的报告；听取区政协机关“七张问题清单”运行机制汇报；审议有关机构设置和人事事项；听取江北区同心向党大平台建设方案的汇报等事宜。

第4次主席会议 5月5日召开。会议审议通过《区政协六届一次会议重点重要提案督办分工》和《2022年区政协领导联系提案承办单位分工》；听取各专委（办）季度工作总结和5月工作安排汇报等事宜。

第5次主席会议 6月17日召开。会议传达学习相关会议精神；听取有关委员人事汇报；听取江北区“星星甬共”同心向党平台建设进展情况的通报；听取《助力全区稳进提质攻坚行动专题调研和民主监督方案》汇报；听取各专委（办）5月工作总结和6月工作安排汇报等事项。

第6次主席会议 7月4日召开。会议听取“民生议事堂·委员议事·缓解宁大周边交通拥堵问题”活动筹备情况汇报；审议《全国政协调研汇报材料》PPT；审议《全过程人民民主在基层政协的探索与实践——宁波市江北区政协“民生议事堂·委员议事”》宣传片。

第7次主席会议 7月11日召开。会议听取各组助力全区稳进提质攻坚行动专题调研和民主监督的情况交流发言；听取《越西扶贫工作方案》汇报；汇报区政协之友联谊会换届工作相关事宜；审议《申报市级委员工作室建议名单》；汇报市政协江北联络组活动安排相关事宜；听取“书记·委员面对面”课题汇报等事项。

第8次主席会议 8月29日召开。会议听取赴新疆考察调研情况汇报；听取宁波市江北区茶文化促进会筹备工作情况；听取全域国土空间综合整治专项民主监督情况；审议通过2022年度“书记·委员面对面”活动方案。

第9次主席会议 10月9日召开。会议听取委员工作室建设情况汇报；听取“提升居家养老服务”主席会议协商活动方案汇报；听取各专委（办）9月工作总结和下一阶段工作安排汇报。

第10次主席会议 10月21日召开。会议审议宁波市江北区政协区委组织部工作交流协商方案；审议《宁波市江北区政协委员工作室名单》；审议宁波市江北区政协六届三次常委会会议方案。

第11次主席会议 11月15日召开。会议审议区政协委员专题培训班方案；审议拟提请区委常委会审议的有关事项；听取区政协六届二次会议各专委会、履职小组、界别小组发言提纲。

第12次主席会议 12月8日召开。会议听取宁波市江北区政协六届二次会议发言材料汇报；审议《宁波市江北区政协2023年工作要点》。

【区政协区委宣传部工作协商会】 1月10日，区政协区委宣传部工作协商会召开。区政协主席、党组书记邹宇明，区委常委、宣传部部长童明荣参加会议，区政协副主席、党组副书记贺斌主持会议。会上，区政协与区委宣传部互相通报2021年工作情况与2022年工作安排，并围绕政协宣传工作进行交流发言。

【区政协主席会议成员到基层一线检查指导疫情防控工作】 4月1日至25日，根据全省分类定级、组团包联，推动基层党组织快响激活打赢疫情防控硬仗的通知精神和区委相关工作要求，区政协积极投身到疫情防控的各项工作中，区政协主席、党组书记邹宇明，副主席、党组副书记李云来，副主席张颖、丁月珍、罗世均、葛黎明、李斌分别到对口街道（镇）、社区（村）指导疫情防控工作，常态化包乡走村，与社区、村建立常态化沟通联系机制，及时帮助发现解决疫情防控中的难点问题，机关干部全员下沉社区（村）网格“守小门”。

【区政协委员履职能力提升培训班】 5月6日，区政协委员履职能力提升培训班开班。培训首次采取视频会议形式，开设主会场，并在各履职小组设立9个分会场，相关专家为委员们作了“积极反映社情民意信息推动政协履职成果高效转化”“充分展现提案履职的独特优势和应有担当”“认识江北 认识政协 当好政协委员”等专题讲座，区政协主席、党组书记邹宇明，副主席、党组副书记李云来，副主席张颖、丁月珍、罗世均、葛黎明、李斌，全体区政协委员及政协机关干部参加。

【区政协之友联谊会四届一次会员大会】 7月15日，区政协之友联谊会召开四届一次会员大会。区政协主席、党组书记邹宇明出席并讲话。区政协原副主席、第三届区政协之友联谊会理事长张亦平代表第三届理事会作工作报告；会议选举丁月珍为第四届江北区政协之友联谊会理事长，贺斌、徐锋、张亦平、沈丁永、毛江舟、徐培荣、茅国振、梁旭东为副理事长，马海国为秘书长，聘请邹宇明、胡德法、干伯铨为名誉理事长。

【“五问五破冲在前、五比五先当表率”作风建设专项行动动员会】 8月5日，区政协机关召开“五问五破冲在前、五比五先当表率”作风建设专项行动动员会。会议部署区政协机关“五问五破冲在前、五比五先当表率”作风建设专项行动；传达2022年度省政协主席暑期读书会精神。区政协主席、党组书记邹宇明，副主席、党组副书记李云来，副主席张颖、丁月珍、罗世均、李斌，秘书长翁卫参加。

【“书记·委员面对面”协商活动】 9月16日，区政协开展“书记·委员面对面”协商活动。会议围绕助力重点区块产城人文融合发展进行专题协商。区委书记张国锋与委员互动并点评，现场签批协商成果。区政协主席、党组书记邹宇明主持会议，区领导吴耀明、余宁、顾国兴、余拥锋应邀出席会议，区政协常委会组成人员，区委办、区政府办、区委人才办、区发改局、区经信局、区商务局、区文化广电旅游局、浙江前洋经济开发区管理委员会、区招商投资促进中心、宁波市文创港开发建设中心、自然资源规划江北分局、慈城镇、区老外滩管理服务中心、江北开投公司、北坤公司、区城投公司、文创港投资开发公司主要负责人，各街道党工委书记，区政协各专委（办）主任、专委会副主任（含兼职）、联委会主任、界别小组组长、部分市区政协委员参加会议。

【民生议事堂·委员议事·邵荃麟故居局部修复】 9月22日，区政协开展主题为“邵荃麟故居局部修复”的“民生议事堂·委员议事”活动。区政协主席、党组书记邹宇明，秘书长翁卫参加。区委宣传部、区住建局、区文化广电旅游局、自然资源规划江北分局、庄桥街道相关部门负责人共同参与协商。会前，区政协委员们进行了实地考察。会上，听取邵荃麟故居的情况介绍，听取村民代表的意见诉求以及邵荃麟侄子邵济鋆对故居修缮的建议想法。政协委员广开言路，相关部门结合各自职责，对村民的诉求和委员的意见建议做了积极回应。经过协商讨论，各方在修缮内容、价值挖掘、统筹指导、资金保障方面达成共识，形成协商纪要，得到区政府领导批示。

【“关注森林”工作会议暨“古树名木保护”民主监督活动】 11月4日，江北区开展了“关注森林”工作会议暨“古树名木保护”民主监督活动。区关注森林组委会主任、区政协主席、党组书记邹宇明，区关注森林组委会副主任、区人大常委会副主任戴瑜出席。区关注森林组委会副主任、区政协副主席李斌主持。区关注森林组织委员会和执行委员会成员，自然资源规划江北分局及庄桥街道、洪塘街道、前江街道、慈城镇主要负责人，区政协农业农村和城建环境资源委员会主任、副主任，农业界政协委员参加会议。相关部门、街道（镇）就江北区古树名木保护工作进行了汇报交流。会后，区关注森林组委会成员和区政协农业界委员到保国寺视察了江北区“古树名木”保护工作。

【区政协区委组织部工作交流协商会】 11月9日，宁波市江北区政协区委组织部工作交流协商会召开。区政协主席、党组书记邹宇明主持会议，区委常委、组织部部长吴微勋出席。区政协主席会议成员及专委会主任、区委组织部部务会议成员及相关区管干部参加会议。区政协与区委组织部双方互相通报了2022年工作情况，并就相关协同文件进行了交流。

【政情通报会】 11月21日，区政协召开政情通报会，会议邀请区委副书记、代区长许会祥就前三季度全区经济社会发展情况进行通报。区政协主席、党组书记邹宇明主持会议，区政协常委会组成人员，区委办、区政府办、区委宣传部、区发改局、区经信局、区住建局、区农业农村局、区商务局、区文化广电旅游局、区综合行政执法局等部门主要负责人，区政协机关全体干部，区文史研究馆馆员，区政协各履职小组、界别小组联络员参加会议。

【江北区文史研究馆第二批馆员聘任仪式暨文史交流座谈会】 11月21日，江北区文史研究馆第二批馆员聘任仪式暨文史交流座谈会举行。

区委副书记、代区长许会祥为新聘任馆员颁发聘书。区政协主席、党组书记邹宇明出席并讲话，区政协副主席、党组副书记李云来主持仪式，副主席丁月珍、罗世均、葛黎明、李斌，秘书长翁卫等出席。孙善根、沈师白、沈建国被聘为第二批馆员。座谈会通过《江北区文史研究馆馆员工作办法》，回顾总结江北区文史研究馆成立一年多来的工作开展情况，馆员们围绕推进江北区文史研究馆建设发展研讨交流，提出意见建议。

【宁波市江北区茶文化促进会成立大会暨第一届一次会员大会】 12月9日，宁波市江北区茶文化促进会成立大会暨第一届一次会员大会举行。宁波茶文化促进会创会会长徐杏先为江北区茶文化促进会授牌，鄞州区茶文化促进会会长戴嘉敏到会祝贺。宁波茶文化促进会会长郭正伟，区政协主席、党组书记邹宇明，副区长邹刚，区政协副主席李斌出席大会。宁波市江北区茶文化促进会各单位会员、个人会员，区教育局、区民政局、区农业农村局、区文化广电旅游局、区总工会等部门主要领导参加会议。大会听取宁波市江北区茶文化促进会筹备小组筹备工作报告，审议通过《宁波市江北区茶文化促进会章程》《宁波市江北区茶文化促进会第一届理事会理事、监事选举办法》。大会选举产生第一届宁波市江北区茶文化促进会会长、副会长、秘书长及监事长。

重点调研及提案工作

【进一步发挥"民生议事堂"作用的实践路径研究】"民生议事堂"是浙江省政协深化"请你来协商"平台建设，推动市县政协协商向基层延伸的重要载体，是彰显人民民主真谛、助力打造践行全过程人民民主省域典范的重要之举，是发挥专门协商机构优势作用、更好服务高质量发展建设共同富裕示范区的有效之招。本课题分析了推进"民生议事堂"建设的价值意蕴，并基于各地"民生议事堂"建设的探索实践，在剖析"民生议事堂"作用发挥的制约因素的基础上，从系统支撑、内生动力、协同互动、议事模式、制度机制等层面，就更好地发挥"民生议事堂"作用提出具体路径。该研究成果获省政协理论研究课题二等奖。

【人民政协作为坚持和加强党对各项工作领导的重要阵地研究】 人民政协作为坚持和加强党对各项工作领导的重要阵地，是人民政协在新时代的最新定位。人民政协作为"重要阵地"，既是对党的全面领导的有力践行，也是马克思民主理论与中国具体实践相结合的重要体现，更是中国特色社会主义事业发展的必然。宁波市江北区政协在完善组织体系、广泛凝心聚力、践行协商民主等方面进行了深入探索实践，强化了"重要阵地"的厚度、广度和效度。立足新时代，应从强化"两个全覆盖"、提升职能作用发挥和促进方式创新三个方面深化"重要阵地"建设。该研究成果获省政协理论研究课题三等奖。

【关于老外滩步行街文商旅融合发展的建议】 近年来，老外滩街区的业态调整有了新升级，品牌创建有了新影响，整体形象有新了突破，但距离"最时尚、最宁波、最国际"的目标要求，还有一定的距离，需进一步推动老外滩街区商业与文化、旅游、休闲的紧密结合与跨界融合。为加快推进老外滩文商旅融合发展，区政协专门成立课题组开展专题调研，听取区商务局、区文广旅游局、外滩街道和政协委员的意见建议，结合先进地区国家级步行街建设的成功经验，深度剖析文商旅融合发展对于老外滩步行街的时代要义，针对文商旅融合发展存在的文化创新活化、商业业态竞争力、旅游人气不足的问题，提出要把握文商旅融合内在规律、完善前瞻规划和顶层设计，要加大特色文化挖掘提炼、打造历史资源为文旅资产，要做大做强跨界市场主体、释放文旅消费需求潜力等方面的对策建议，为区委、区政府提供决策参考。

【加快重点区块产业导入促进产城人文融合发展】 区第十次党代会报告提出，要坚持以沿江轴线重点区块建设联动城乡全域开发，加快构筑"城人产"紧密融合的拥江未来之城。重点区块是拉动经济增长的主战场，是城市崛起的主平台，也是创造人民美好生活的主抓手。为此，区政协成立专项课题组，就加快重点区块产业导入促进产城人文融合发展以及老外滩、文创港、浙江前洋经济开发区、慈城古县城四大区块产业招引、区块开发、人气集聚、文化发展等重要问题进行深入调查研究，广泛听取有关部门、单位、干部、群众、政协委员和相关领域专家的意见建议，形成了1篇主报告、4篇分报告，从建立产业、平台、科创、宜居四大优势，立足"产业"+"特色"等方面提出了若干对策建议，调研报告得到区委主要领导的批示肯定。

【关于高品质推进全区"精特亮"创建的对策建议】 "精特亮"创建是全面建设现代化滨海大都市的重要

抓手，是实现全域美丽、全民共富的重要载体，江北区紧紧围绕建设“现代化滨海大都市创智和美城区”总目标，系统谋划推进8条“精品线路”、8个“特色街区”以及40个“亮点工程”，累计生成201个建设项目，计划总投资1043.21亿元。为进一步整合文旅资源、科创资源、生态资源，促进业态、空间、产业迭代升级，打造一批具有江北辨识度的标志性成果。课题组广泛听取有关部门、单位、干部、群众、政协委员和相关领域专家的意见建议，充分吸收借鉴北京、上海、福州等地在实施城市更新、全域美丽上的一些经验做法，为下一阶段江北区高品质推进精品线建设，全力打造民生幸福精品项目献计出力。调研报告得到区委主要领导批示。

【关于后疫情时代加强全区公共卫生应急能力建设的建议】 公共卫生应急能力建设是应对突发公共卫生事件，保障广大人民群众身体健康和生命安全的重要基础。新冠疫情发生以来，习近平总书记多次发表重要讲话，针对疫情暴露出来的短板和不足，就健全公共卫生应急管理体系提出新要求、作出新部署。公共卫生事件具有突发性，影响大，波及范围广，加强公共卫生应急能力建设十分关键。区政协课题组围绕江北区公共卫生应急能力建设进展情况、存在的困难与挑战，组织调研，提出要健全应急管理制度，完善应急预案体系；要优化医疗资源配置，夯实公共卫生应急基础；要加强公共卫生队伍建设，提升公共卫生应急水平；要调动多元主体，发挥全民参与优势等对策建议，供区委、区政府决策参考。

【以居家养老服务提升助力江北创智和美城区建设】 江北区聚焦浙江共同富裕示范区建设，坚持问需于民、问计于民、问效于民，一直把老年人养老问题作为重要工作之一，居家养老服务体系建设取得明显成效。在江北确立“五个争创”发展路径，建设现代化滨海大都市创智和美城区的新蓝图中，如何进一步运用数字化系统化的思维，整合居家养老服务资源，推动居家养老服务提升，提升老年群众幸福感和获得感，打造共同富裕幸福颐养标杆区，成为亟须深入研究的重要课题。为此，区政协成立课题调研组，针对当前居家养老服务的现状和存在的问题，进行了专题调研，听取了相关街道、部门的意见建议，并综合先进地区的经验做法，多次组织协商论证，开展重点课题实战体验，汇聚委员智慧，提出探讨性的对策建议，供区委、区政府决策参考。

【提案基本情况】 区政协六届一次会议以来，共收到以提案形式提出的意见、建议176件。经立案审查及并案处理（不立案5件，另3件提案并为1件提案），共确定立案169件（其中，委员个人提案143件，集体提案26件）。立案提案经分类统计，有关都市经济方面39件，城乡建设方面48件，文化开放方面21件，社会治理方面31件，民生保障方面30件。根据承办单位及提案者双方反馈情况统计：从提案采纳情况看，全部采纳或部分采纳161件；解释说明8件；从落实情况看，全部落实或部分落实156件，计划落实7件，留作参考6件。委员对办理工作满意169件；对办理结果满意166件、基本满意3件。

【重点提案选介】 前江街道自2020年6月底成立以来，着眼服务重点骨干工程西洪大桥建设和城中村改造项目，大力推进空间清理，截至年底，前江片区仅余西江、裘市2个行政村。区政协六届一次会议期间，前江履职小组提出的《关于推进姚江新城全域国土空间综合整治，加快城中村改造项目的建议》被列为区政协2022年度重点提案，由区长杨正平领办，区政协主席会议督办。提案提出了城中村改造工作推进面临的诸如拆迁引发的矛盾较为集中、遗留村落形成了建设真空及重大工程所涉区块存在多种空间类型等问题，并针对性地提出全面释放姚北区块空间资源，高标准完善城市整体发展规划；加快建立起征地拆迁、过渡安置、管理服务等链条式改造体系，全盘统筹城中村改造时间安排，高效率实施全链条式改造模式等意见建议。该提案由区发改局主办，区房征中心、自然资源规划江北分局协办。办理过程中按照专班作战形式，成立姚江新城开发建设指挥部，扎实推进规划研究、土地报批、征地拆迁等相关工作，加速推进该区块开发建设。

（杨　芸　孔澄莹）

中共宁波市江北区纪律检查委员会

综　述

【概况】 2022年，区纪委区监委在市纪委市监委和区委的坚强领导下，忠诚履职尽责，敢于善于斗争，充分发挥监督保障执行、促进完善发展作用，纪检监察工作高质量发展取得新成效，为江北区建设现代化滨海大都市创智和美城区提供了坚强保障。把“两个维护”作为政治监督根本任务，通过构建“清单化监督、项目化管理、专班化推进”工作机制，做实政治监督；聚焦“五张责任清单”，压紧压实管党治党责任；注重系统施治，一体推进“三不腐”；坚持纠树并举，进一步巩固提升作风建设成效；突出规范化建设，进一步发挥政治巡察利剑作用；立足全域清朗，进一步纵深推进清廉建设；坚持严管严治，锻造纪检监察干部铁军。实施全区年轻干部全链条教育管理监督“风纪扣”工程，落实12项清廉举措，打造具有江北辨识度的年轻干部教育管理监督工作品牌，该项工作得到市纪委主要领导批示肯定，《中国纪检监察报》作专题报道；在全市率先出台《红色预警办理暂行规定》，红色预警查实率位居全市前列。严格落实《浙江省纪检监察信访举报“抓提升促三不”活动实施意见》，以初信初访办理规范提升和重复检举控告件“清零”工作为抓手，深入整治群众身边的腐败和不正之风，着重治理重复信访和基层群众反映强烈问题，扎实推动全区信访举报向高质量方向发展。其中，检举控告类79件，同比上升43.64%，初信初访49件，同比上升63.33%，重复信访30件，同比上升20%。做细做实“三交底”廉政谈话、党风廉政函告、“一把手”履行主体责任分析研判、政治画像等一系列监督举措，推动领导干部特别是“一把手”自觉接受监督，主动开展对下级“一把手”的监督。做深做实以案促改促建促治文章，协助区委制定下发《关于规范领导干部廉洁从政从业行为践行亲清政商关系的实施意见》，认真落实“一案五必须”工作，下发案件通报10份，制发纪检监察建议书53份，推动相关部门制定完善制度12项。强化“集中+日常”纪法教育和警示教育，组织纪检监察干部到各地各部门宣讲中央八项规定精神、解读典型案例，组织全区党员干部参观违纪违法案例警示教育展、旁听腐败案件庭审、观看警示教育片等，切实用身边事教育身边人。发挥基层公权力大数据监督应用、“监督一点通”等数字平台作用，加强针对性管理监督，基层监督质效明显提升。扎实做好信访举报处置工作，打好重复检举控告“清零”歼灭战，提升初信初访“吸附”能力。培树区审管办、甬江街道外漕村等一批省市清廉建设典型基层单位，推动打造清廉民企“特色带”、“标准系”、清廉农村“三资监督‘码’上来”、清廉公建“廉洁之路”等一批清廉单元“精特亮”项目，中纪委专题调研“三资”管理特色做法，并在《中国纪检监察报》头版专题刊登。加强机关思想政治工作，探索建立“四心”工作法，并形成专题调研报告《高质量加强新时代基层机关思想政治工作研究——以“四心”工作法为视角》，在2022年度全市优秀机关党建调研报告评比活动中荣获优秀奖。充分发挥党员先锋模范作用，助力疫情防控和文明典范城市创建等工作，多次收到有关街道和村社的感谢信和牌匾；组织10名纪检监察干部参加北领先锋突击队逆行驰援北仑协助开展疫情防控工作，得到北仑区委、区政府的高度赞誉和诚挚谢意。组织开展“文昌故里、书香越西”图书捐赠活动，增进了江北区与结对的四川省凉山彝族自治州越西县之间的友谊，为结对工作作出了积极贡献。

重要会议及重要活动

【区纪委十届二次全会】 1月29日召开，会议回顾总结了2021年全区党风廉政建设和反腐败工作，研究部署了2022年工作任务。区委书记张国锋在全会上讲话。会议审议通过了区委常委、区纪委书记、区监委主任黄华斌代表区纪委常委会所作的题为《忠诚履职尽责 奋力开拓创新 为建设现代化滨海大都市创智和美城区提供坚强保障》的工作报告。

【市委常委、市纪委书记、市监委代主任叶怀贯到江北区调研全面从严治党工作】 2月16日上午，在爱柯迪股份有限公司，叶怀贯一行走进5G数字化工厂，详细了解企业在5G物联网、精益管理、技术改造等方面的推进情况。随后，叶怀贯到全国廉政教育基地“清风园”考察，依次参观了慈溪清官展区、中国清官文化展区，对全面从严治党、力戒“四风”、齐家治国等特色展馆进行深入了解。

【“护航‘1586’监督在一线”专项监督行动部署会】 2月25日，区纪委区监委召开部署会。聚焦区委、区政府“五个争创”，围绕数字化改革、五大攻坚行动及八大区块开发建设等重点，明确以督促党员干部改进作风、勤廉有为、奋勇争先为主线，强化监督执纪问责，充分发挥监督保障执行、促进完善发展作用，监督推动“1586”专项行动各项任务落地、工作落实。

【全区巡察工作会议暨十届区委第一轮巡察工作动员部署会】 3月23日召开。区委书记张国锋在会上强调，全区上下要深入学习贯彻习近平总书记关于巡视工作重要论述和中央、省委、市委关于巡视巡察工作的决策部署，切实把思想和行动统一到区委要求上来，坚定不移深化政治巡察，纵深推进全面从严治党，以新一届区委巡察工作的实效助推江北新一轮发展的实绩。区领导黄华斌、何川等参加。

【年轻干部全链条教育管理监督“风纪扣”工程】 5月23日，在宁波（前洋）直播中心，通过“线下＋线上”直播，以“沉浸式”廉政教育情景剧的形式正式启动年轻干部全链条教育管理监督“风纪扣”工程。年轻干部现场唱响区纪委区监委“风纪扣”工程原创主题曲《心之扣》。

【年轻纪检监察干部“八提一补”能力素质提升计划启动仪式暨年轻干部座谈会】 6月9日，区纪委区监委召开会议。会上，区纪委区监委领导班子成员向年轻干部学习小组进行授书；区纪委常务副书记、区监委副主任黄颖琦对培养计划开展进行部署。区委常委、区纪委书记、区监委主任黄华斌出席并讲话，全区纪检监察系统30名年轻干部参加活动。

【省委第八巡视组巡视宁波市江北区工作动员会】 8月4日召开。会前，省委第八巡视组组长郑建余主持召开与区委书记张国锋、区委副书记许会祥的见面沟通会，通报有关工作安排。会上，郑建余作动员讲话，对做好巡视工作提出要求。省委第八巡视组副组长何丽娟传达了全省巡视巡察工作会议暨十五届省委第一轮巡视动员部署会精神。市委常委、市纪委书记、市监委主任叶怀贯参加会议并讲话。张国锋主持会议并作表态发言。

【全区纪检监察半年度工作分析会暨“六改六强六先”作风建设专项行动动员会】 8月17日，区纪委区监委召开会议。区纪委副书记、区监委副主任江渊主持会议并传达习近平总书记关于加强纪检监察干部队伍建设的系列论述、浙江省纪检监察干部“12个严禁”和宁波市纪检监察干部“五个特别”等学习贯彻内容，区纪委常务副书记、区监委副主任黄颖琦就区纪委监委开展“六改六强六先”作风建设专项行动进行部署，区委常委、区纪委书记、区监委主任黄华斌出席会议并讲话。

【王寅星到江北区调研】 11月25日，宁波市纪委副书记、市监委副主任王寅星到江北区调研，与江北区部分党政领导进行谈话调研，并主持召开座谈会。市纪委市监委第一监督检查室主任洪霞等参加调研，区委常委、区纪委书记、区监委主任黄华斌陪同调研。

【第二届特约监察员聘请会】 12月14日，区监委召开第二届特约监察员聘请会议，来自不同领域、行业的12名社会各界代表被聘请为特约监察员。会议宣读《江北区监察委员会关于聘请第二届特约监察员的决定》，12名特约监察员正式开启履职生涯，助力江北区纪检监察工作高质量发展。

【“双赛道”项目评审会】 12月15日，区纪委区监委以现场汇报、公开评议的方式召开“双赛道”项目评审会。区纪委区监委领导班子成员，委机关各室、各派驻机构及街道（镇）纪检监察机构主要负责人参加会议。

【其他会议及活动】 3月16日，宁波市纪委常务副书记、市监委副主任魏祖民一行到江北区实地督导隔离用房建设管理工作。市纪委市监委第一监督检查室主任洪霞，区委常委、区纪委书记、区监委主任黄华斌随同检查。

4月1日，区委常委、区纪委书记、区监委主任黄华斌参加市委深改委会议暨全市数字化改革推进会。

4月7日，区委第一巡察组召开巡察区城投公司工作动员会议。

4月7日，区委第四巡察组召开巡察区招商中心工作动员会议。

4月8日，区委第二巡察组召开巡察区铁建中心工作动员会议；区委第三巡察组召开巡察区人力社保局党组工作动员会议。

5月7日，区委第一巡察组召开巡察北坤公司工作动员会议。

5月17日，区委第二巡察组召开巡察文创港开发建设中心党组（文创港投资开发有限公司）工作动员会议。

5月20日，区委第四巡察组召开巡察区文广旅游局党组工作动员会议。

6月16日，区委常委、区纪委书记、区监委主任黄华斌参加十四届市委第一轮巡察工作动员部署会。

6月20日，市纪委常务副书记、市监委副主任魏祖民到金田铜业调研。

6月21日，省纪委信息网络中心主任张汉强到江北调研人防领域场景建设。

7月12日，召开涉水生态问题专项巡察进驻动员会。

7月20日，召开派驻纪检监察机构、街道（镇）纪检监察机构半年度工作例会，总结上半年工作，研究部署下半年任务。

7月27日，区纪委区监委召开常委（扩大）会议，专题学习传达宁波市“五问五破五比五先”作风建设专项行动动员会和市纪检监察半年度工作会议精神。区委常委、区纪委书记、区监委主任黄华斌主持会议并讲话。

8月15日，宁波市委第一提级巡察组巡察江北区纪委监委机关、区委组织部工作动员会召开。会前，宁波市纪委常委、市委巡察办主任梅亚红主持召开与被巡察党组织主要负责人见面沟通会，该会通报了巡察任务、工作安排和工作要求等有关事项。

9月1日，区委第一巡察组召开巡察团区委工作动员会。

9月2日，区委第三巡察组召开巡察前江街道工作动员会议。

9月2日，区委第四巡察组召开巡察区统计局党组工作动员会议。

9月5日，区委第二巡察组召开巡察区总工会党组工作动员会议。

9月20日，区委第四巡察组召开巡察区残联党组工作动员会议。

9月22日，区委第一巡察组召开巡察区妇联党组工作动员会议。

9月23日，区委第二巡察组召开巡察区机关事务管理局党组工作动员会议。

9月26日，张国锋、许会祥、费伟华、邹宇明等区四套班子领导参观“镜·鉴”——宁波市党员干部违纪违法典型案例警示教育展，展示党的十九大以来宁波市党员干部违纪违法典型案例，并同步推出一部警示教育片、“警钟60秒”系列短视频和党员干部违纪违法典型案例警示录，充分运用“身边人、身边事”释纪释法，通过把违纪违法案件的教训讲清、讲深、讲透，努力把纪律处分“一张纸”变成警示教育“一堂课”，做到警钟长鸣。

10月11日，区纪委区监委年轻纪检监察干部，由委领导带队，走进慈城真理园，开展“北纪·青年读”第二期读书分享，本次活动的主题为“喜迎二十大、永远跟党走”。在现场，年轻纪检监察干部分成5个青年理论小组，以分享近期政治理论学习心得体会为主线，通过沉浸式参观研学、个人演讲、诗歌朗诵、重温入党誓词等形式，提高政治理论水平、夯实理想信念之基。

12月1日，全区涉水生态问题专项巡察反馈会议召开，向区有关单位反馈巡察情况，对巡察整改工作进行部署。

12月9日，区委常委、区纪委书记、区监委主任黄华斌受邀参加中国少年先锋队江北区第九次代表大会开幕式。

党风政风监督

【概况】 2022年，全区党风政风监督工作有序开展，作风建设成果持续巩固深化。

政治监督 把“两个维护”作为政治监督根本任务，通过构建“清单化监督、项目化管理、专班化推进”工作机制，做实政治监督。围绕服务保障“国之大者”，聚焦学习贯彻习近平总书记重要讲话和重要指示批示精神、“三新一高”、“共同富裕示范先行”、保障粮食安全等重大任务，细化监督清单，及时有效跟进监督、精准监督，确保做到“总书记有号令、中央有部署、省市委有要求，江北见行动、走在前”。围绕服务保障中心工作和大战大考，聚焦护航党的二十大除险保安、统筹疫情防控和经济社会发展、区委“1586”专项行动等重点工作，开展专项监督，切实打好压责任、纠偏差、促发展的“组合拳”。一年来，共开展监督检查112次，提出意见建议523条，编发监督专报28期，市纪委、区委主要领导批示13次，追责问责27人。严明政治纪律和政治规矩，积极配合省市委巡视巡察工作，自觉、诚恳、全面接受监督检查。规范审慎回复党风廉政意见，严把政治关、廉洁关。

压实管党责任　协助区委出台“五张责任清单”及落实清单若干措施，有效运用“一清单一记录本”、述责评议、监督检查、共性问题通报、考核评价等方式，协助和监督推动“五张责任清单”落地见效。深化对“一把手”和领导班子的监督，按照中央意见、省委13项实施意见和市委21项制度要求，做细做实“三交底”廉政谈话、党风廉政函告、“一把手”履行主体责任分析研判、政治画像等一系列监督举措，推动领导干部特别是“一把手”自觉接受监督，主动开展对下级“一把手”的监督。一年来，共对103名各级“一把手”开展“三交底”廉政谈话。突出年轻干部教育管理监督，实施全区年轻干部全链条教育管理监督“风纪扣”工程，落实12项清廉举措，打造具有江北辨识度的年轻干部教育管理监督工作品牌，该项工作得到市纪委主要领导批示肯定，《中国纪检监察报》作了专题报道。

“四风”纠治　出台《关于精准施治纠树并举，打造作风建设“江北样板”实施方案》，紧盯重要节点、关键人群和薄弱环节精准发力纠治“四风”，坚持节前教育提醒、通报曝光，节中监督检查、明察暗访，节后严查快处、督促整改的工作机制，聚焦党员干部违规收送礼品礼金、违规吃喝、酒驾醉驾背后歪风等“四风”老问题新动向，开展“专项查+联合督”“日常查+机动巡”，打好明察暗访、数字赋能、部门联动的组合拳，持续巩固深化纠治“四风”成果。紧盯基层减负靶向发力施治，深化落实“基层点、上级改”工作制度，深入群众一线开展调研摸底，广泛收集基层反映的上级机关形式主义、官僚主义问题意见，累计推动解决问题8个。

专项监督　紧盯权力集中、资金密集、资源富集的部门、行业和领域，积极推进粮食购销、交通运输、生态环境保护、工程建设招投标、征地拆迁领域等重点领域突出问题专项整治，发现并督促整改问题47个，批评教育帮助和处理6人。抓实抓好“一案五必须”工作，强化以案促改促建促治，督促行业主管部门建立完善防止腐败滋生蔓延的制度5项，从源头上减少腐败发生风险。深入整治群众身边不正之风和腐败问题，制定实施《加强对村（社）干部特别是“一肩挑”人员监督的若干措施》，加强对村干部特别是“一肩挑”人员的管理监督。聚焦集体“三资”、村级工程项目建设等重点领域突出问题，加大对群众身边不正之风和腐败问题的查处力度。

【“防疫情、稳经济、保安全”监督】结合江北实际开展“六督六禁”，为党的二十大胜利召开提供了有力保障。织密筑牢常态化疫情防控监督网，针对疫情反复的严峻局面，依托“1+X+17”监督体系，因时因势调整监督重点和工作措施，全链条压实主体责任。相关工作得到市纪委主要领导批示和区委主要领导多次批示肯定。

【漠视侵害群众利益专项整治】围绕农村回迁安置、电信网络诈骗等10个方面深入开展漠视侵害群众利益问题专项整治，聚焦群众“急难愁盼”背后存在的党员干部责任、作风和廉政问题，以及政策、制度、体制、机制等方面存在的运行不畅、衔接不顺、制度空白、滞后实际问题，科学谋划部署专项治理工作，不断把群众的“需求清单”转化为“满意清单”。

【清廉江北建设】锚定清廉建设高地目标，压紧压实“两个责任”，压茬推进清廉单元全线共建，培树区审管办、甬江街道外漕村等一批省市清廉建设典型基层单位，推动打造清廉民企“特色带”、“标准系”、清廉农村“三资监督‘码’上来”、清廉公建“廉洁之路”等一批清廉单元“精特亮”项目，中纪委专题调研江北区“三资”管理特色做法，并在《中国纪检监察报》头版专题刊登。按照中央、省委、市委关于推进廉洁文化建设要求，推动制定新时代廉洁文化建设的实施意见，迭代升级“文创港廉立方”“泛老外滩清廉商圈”等省市清风廉运线学习阵地，深化建设5条区级精品主题“廉行线”，提升阵地矩阵能级，创编“入廉戏·百年澄碧”、沉浸式廉政情景教学等廉洁文化体验项目，以“六同六廉”系列活动深化“清语亲廉”家风家教清廉主题教育品牌，打造《致十年前的我》《非遗里的清廉》等北岸廉影系列，持续提升“北岸清风”廉洁文化浸润效应。

纪律审查

【概况】始终保持严的基调不动摇，加大惩治腐败力度。监督执纪实现由“惩治极少数”持续向“管住大多数”转变。坚持受贿行贿一起查，深化推进“类案指导”机制，推送常见类案2期6件。严格落实“一案五必须”工作，共发出《纪检监察建议书》25份。坚持严管厚爱结合、激励约束并重，落实“三个区分开来”要求，对涉及6名党员干部的不实举报进行澄清。

【类案指导机制】 坚持守正创新，持续做实做好“类案指导”机制的品牌效应。立足案例指引和靶向指导“两轮驱动”，年度结合办案实际共推送2期6件案例量纪指引汇编，其中，针对基层办案中涉案财物有关规定的缺位问题，制定出台了《关于基层涉案财物管理指导意见》，持续发挥好对基层案件办理的指导作用，提高基层办案质量；编报的一篇关于行贿受贿一起查的指导案例被省、市纪委案审室录用，并推送报中纪委。精准靶向发力，开展实地指导，针对工作中发现的入党前酒驾类案件立案及纪法适用问题苗头，及时开展了分析预警，并到各街道进行了实地调研指导，有效排除了立错案的风险隐患；针对失信人员中的党员干部和公职人员是否需要追究纪法责任，如何妥善进行党纪政务处理及纪法适用作了研究探讨，并对2个在办案件开展了实时指导，确保了该类案件处置中政治效果、社会效果和纪法效果的统一。

宣传教育

【概况】 创新推出年轻干部全链条教育管理监督“风纪扣”工程。起草出台《关于实施年轻干部全链条教育管理监督“风纪扣”工程的意见》，并运用“入戏”手法，由年轻干部亲身直播演绎“风纪扣”十二项清廉举措，开播观看人数即破5万人。“两库两单一周式”、“清廉第一课”、《廉承诺时光书》签写、6623画像管理、清语亲廉等特色举措全面推进，并受到党员干部一致好评。分层分类开展走脑入心廉政教育。建立“清风宣讲团”师资库和课程库，并将党员干部廉政教育制度化纳入区委党校廉政教育内容，通过区委理论中心组、创新论坛、知行课堂、主体班次以及专题警示等形式，系统性推进党员干部日常廉洁教育。开展廉政教育月活动，高标准做好宁波市党员干部违纪违法典型案例警示教育展布展，通过视频、文字、讲解三式叠加，促进警示教育入脑入心，并专门开设年轻干部专场。同时，根据真实案例拍警示微电影《致十年前的我》，点击量突破10万人次。同向互动树牢廉家风。立足“夫妻双双把廉关”，深化“清语亲廉”家庭家教家风品牌建设，成立“走学式”齐家学院，制作廉洁家风地图，常态化开展“同上廉课、同行廉景、同致廉语、同守廉诺”系列活动，促推新时代廉洁家庭观蔚然成风。对标“丰富廉洁文化产品供给”要求，原创“青廉”歌曲《心之扣》成为年轻干部传唱高频曲目。

【“风纪扣”工程启动仪式】 5月31日下午，在宁波（前洋）直播中心，江北区通过“线下＋线上”直播，以“沉浸式”廉政教育情景剧形式，正式启动年轻干部全链条教育管理监督“风纪扣”工程，年轻干部现场唱响区纪委区监委“风纪扣”工程原创主题曲《心之扣》。“风纪扣”，指的是制服的领扣。扣好“风纪扣”，可以正衣冠、端品行。为引导帮助年轻干部扣好廉洁从政“第一粒扣子”，护航年轻干部健康成长，江北区年轻干部全链条教育管理监督“风纪扣”工程紧盯年轻干部的入职关、工作关、提任关、生活关4个关口，以“十二项清廉举措”为具体抓手，系统性推进年轻干部教育管理监督工作。

（许　洋）

群众团体

江北区总工会

【概况】 2022年，江北区新增单建工会96家、联合工会5家，建立基层工会共1491家，其中单建工会1341家、联合工会150家，涵盖单位6269家；职工总数12.76万人，新发展会员777人，累计会员12.56万人，完成289名优秀职工推优入党工作。区总工会新增职业化工会工作者5名。

工会自身建设 推进江北区工人文化宫建设，经区委机构编制委员会批复同意区总工会增挂区工人文化宫牌子。优化工会干部队伍，先后召开区总工会八届五次、六次全体委员会议，通过民主选举产生1名主席、1名副主席、1名挂职副主席、1名兼职副主席；招录5名社会化职业化工会工作者下派至相关街道（镇）总工会、人数较多的区域性、行业性工会。持续加强廉政教育，坚持把党规党纪学习教育作为强化干部队伍建设的重要抓手。

基层组织建设 扎实推进基层建设。继续开展“聚焦八大员　集中抓组建”专项行动，以促进工会数字化改革为契机，构建“互联网+工会”模式简化入会流程，有效实现并巩固全区100人以上企业动态销号清零、25人以上企业应建尽建、小微企业区域（行业）有效覆盖，2022年全区实名制数据库新增工会组织81家，新增会员12693人，并与税务部门进行合作，推进基层工会经费收缴。“建才之家”启动新实训基地审批建造。继续深化“春送岗位”，稳定和扩大就业。利用线上平台，强化网络就业服务，累计开展就业服务活动6场，服务企业235家，服务职工2600人。加快高素质人才队伍建设，联合“智工之家”、“建才之家”、宁波市五一培训学校等，广泛开展职工技能培训400余场，服务职工20000余人。

宣传工作 制定出台《江北区总工会关于深化企业职工思想政治工作组织开展“守好红色根脉·班前十分钟活动”专题实施方案》，以“线下十分钟”和“云上十分钟”相结合的形式，广泛开展有特色、接地气的宣传宣讲活动，累计覆盖职工5000余人。开展向“时代楷模”钱海军同志学习专题宣讲活动，启动“书记讲党史”活动。深入开展“五问五破冲在前、五比五先当表率”机关作风建设专项行动，进行政治理论、业务知识学习20余次。组织各级工会干部学习新修订的《中华人民共和国工会法》，举办宁波市首

3月4日，在云创青年1986青年国度无问书咖举办“悦读悦美”职工读书会

12月7日，在宁波（前洋）直播中心举办浙江省全媒体运营师职业技能竞赛

场“学好工会法，建功新时代”新《工会法》知识竞赛。举办“悦读悦美”职工读书会，建立“悦读悦美”读书分享群，100余名职工分享交流读书心得；在“江北职工之家”公众号上分享优秀职工的“悦”读之声。开展“职工下书单·工会来买单”活动，累计免费赠送书籍1000余本。

工匠精神 开展劳模工匠评选活动，2022年评选表彰10个模范集体，18名区劳模、18名江北工匠，推荐获评1名全国五一劳动奖章、1名浙江杰出工匠、3名浙江工匠、7名宁波工匠。组织劳模工匠志愿服务，继续开展劳模工匠周活动。围绕江北区重点产业、重点行业、新业态职业工种等，广泛开展“匠心筑梦未来 铸就‘共富江北’”劳动与技能竞赛。推动竞赛活动常态化、长效化，首次举办浙江省全媒体运营师职业技能竞赛；开展各级各类劳动与技能竞赛110场，参与企业350余家，职工18000余名，创造经济效益超1000万元；组织选送67名优秀职工参加省市级技能大赛，宁波尖端科技公司唐天泽等70人推荐申报浙江金蓝领、首席工人、技术能手、青年岗位能手等省、市、区三级荣誉，截至12月底，64人被授予“2022年度江北区青年岗位能手”荣誉称号。落实提高劳模（工匠）待遇，召开区政府与区总工会2022年联席会议，审议并通过非公企业劳模荣誉津贴保障、增设各级工匠疗休养和健康体检项目两项议题。

职工维权 持续发挥江北“310”调裁诉联动机制作用，做好劳动关系法律法规解释、争议案件分析、介入调解等工作。对企业开展欠薪、欠保、安全隐患等方面的排查工作，受理劳动关系咨询35次，涉及职工46人；排查企业222家，涉及职工27000余人，化解纠纷37件。发挥工会劳动保护监督作用，组织“安康杯”竞赛活动，开展安全培训47场，培训职工3700人，发现并整改安全隐患1309个。深化推进能级工资集体协商工作，在全市范围内率先开展能级工资集体协商现场观摩会，协助3家企业制定“一企一案”，覆盖1200余名职工。提升劳动关系调处技能，构建和谐劳动关系。宁波建筑服务产业园丁师傅调解室在宁波市首届工会劳动关系调处技能精英赛中荣获一等奖。

普惠服务 开展2022年元旦、春节期间送温暖暨留工稳岗系列活动，组织5个慰问小组分批次走访慰问企业200余家，职工11000余人。推出“周周有礼，留你在甬过大年”福利活动，累计送出400份年货、100张景区门票。统筹安排全区各机关事业单位职工疗休养204

4月15日，区总工会主席一行前往区卫健局送疫情防控专项慰问金

批次，覆盖3566人；先后组织5批次500名一线优秀职工到宁波工人疗养院开展体检休养活动。开展高温送清凉活动，筹措经费45万余元，走访慰问企业214家、职工17800人。打通政企社等多方资源，组织发动企业和各级工会筹资45万元开设68个工会“爱心托管班”，惠及2000多户产业工人家庭，甬江街道职工文化中心暑托班获“全国工会爱心托管班”殊荣。巩固和扩大职工医疗互助保障的覆盖面，2022年度全区职工医疗互助保障参保13.75万人次，较上年增长4.6%；参保金额达1139.84万元，较上年增长5.1%。创立兜底性保障服务方案——“工惠帮”扶助基金，首批帮扶资金筹措总量83万余元，向3家企业发放帮扶资金8.35万元，惠及36名困难职工。江北区扎实推进工会东西部帮扶和山海协作工程，2022年各级机关、企事业单位完成凉山州越西县消费帮扶金额为265.53万元，丽水消费帮扶金额为165.90万元；组织劳模（工匠）共同筹措专项帮扶资金20万元，用于越西县困难职工帮扶救助。区总工会全力保障疫情防控，及时筹措100余万元防疫专项资金开展慰问工作，派发1000余份爱心防疫包；20余名工会干部连续半个多月轮流下沉至相关社区参加防疫工作等。全区各级工会累计走访调研企业67家；走访慰问职工1722人次；心理服务职工245人次。

新时代产业工人队伍建设 实现全区街道（镇）、规模以上工业企业产改工作全覆盖，中小微企业广泛参与的良好局面。以省市级产改试点企业为龙头，全区产改“一企一品”品牌培育覆盖40余家非公企业，其中爱柯迪股份有限公司、赛克思液压科技股份有限公司2家企业上榜浙江省2022年“幸福共同体企业领头雁行动”名单。3月，省总工会主要领导调研江北区产改工作；5月，在浙江省镇街（园区）产业工人队伍建设改革工作现场推进会上，江北区甬江街道产改工作受到点名表扬。

两新领域工会建设 江北区新建浙江省首个家庭照护行业工会联合会、宁波市首个直播行业工会联合会、宁波中通物流园区新就业形态联合工会及江北慈城农文旅产业联合工会。建设100家工会户外劳动者服务站点，其中宁波中通物流集团司机之家先后入选2022年全国和浙江省“最美工会户外劳动者服务站点”，共计服务货运司机、外卖配送员、快递员等新就业形态劳动者3000余人次。落实市总工会联系指导新业态头部（重点）企业工会制度，区总工会6名工会干部结对辖区内8家新业态头部（重点）企业工会，调研、指导企业工会开展工作，推进工会规范化建设。

【江北区劳模工匠志愿服务活动入选浙江省劳模工匠志愿服务优秀案例】 区总工会、区劳模（工匠）协会联合宁波市第九医院医疗集团组织“党建引领医共体，健康服务零距离——‘永九医心’”宁波市江北区劳模工匠志愿服务队进企业，开展免费健康筛查服务活动13次，为18500名职工群众提供免费体检服务，该活动入选2022年浙江省劳模工匠志愿服务优秀案例。

（赵晶丹）

中国共产主义青年团江北区委员会

【概况】 2022年，江北区共青团坚持把学习宣传贯彻党的二十大精神同深入学习贯彻习近平总书记关于青年工作的重要思想结合起来，围绕团市委和区委的各项工作部署要求，扎实推进政治建团、改革强团、从严治团，推出“三好生”青少年政治锻造计划、“团聚优才”青年发展计划、“北岸青春”窗口标兵建功计划、“团团益点通”青春共富计划四大品牌，团结引领全区广大青少年勠力同心为江北加快建设现代化滨海大都市创智和美城区贡献青春力量。全区有直属基层团（工）委24个、团总支9个、团支部446个、共青团员6028人。

思想政治引领 集中开展“喜迎二十大、永远跟党走、奋进新征程”等主题实践活动，全系统累计开展各类形式学习活动135场、主题实践活动500余场。主持编纂《中国共产主义青年团宁波市江北区简史（宁波市江北区青年运动简史）》，推出全市唯一沉浸式主题团课“入戏·青春之我”并获中国青年网报道。进一步培优育强“北岸·星火”青声说理品牌，推出“北岸·星火”青年宣讲系列课40期，先后获得浙江省争章技能个人金奖、宁波市“红领巾学院”思政微队课一等奖。制作展播“青春恰百年、喜迎二十大、奋进新征程”主题微视频10集，原创发布主题MV《向北是青春》《当燃是青春》，上线“青春心向党 建功新时代”开展线上主题团日H5，累计参与人次超10万。提炼并原创推出首个形象IP“奋斗中的江北团团”，并上线微信主题表情包。全年累计在央视频道、《中国青年报》等省级以上媒体报道事迹、活动20余次。组织开展全区各界优秀青年代表座谈会，实现和区委书记“面对面”交流，累计培育浙江省成绩突出少先队员1名、市级新时代好少年3名、区级新时代好少年58名，

193 名少先队员获得各级红领巾奖章个人章、74 个少先队集体获得各级红领巾奖章集体章。

共青团建设　顺利完成江北区第十五次团代会、江北区第九次少代会换届工作。以改革为牵引，积极落实青年工作联席会议，探索推进县域共青团基层组织改革，出台《江北共青团基层组织改革实施方案》，全力深化打造团干部全链条选用体系、团组织全方位运行体系、队员团员党员全周期发展培养体系以及党建带团（队）建全域引领体系等“四大体系”，获评全市唯一省级中长期青年发展规划试点优秀单位。加强新业态、新就业群体团组织建设，先后在教育、快递物流、直播电商、互联网等行业成立行业团工委。深化团干部作风建设三年行动，按照“五问五破冲在前　五比五先当表率”机关作风建设专项行动部署安排，聚焦“两个先行”，推动团干部在真抓实干中提高塑造变革能力，洪塘街道亲亲社区团支部荣获省五四红旗团支部称号，长阳科技团总支书记荣获省优秀团干部称号，百龄帮（宁波）养老服务管理有限公司院长助理荣获省优秀共青团员称号。扎实推进“青廉”建设，开设种子“扣”堂青廉教育基地，围绕区青年干部“风纪扣”工程，持续开展“青年清廉说”“北岸少年清廉说”等活动，帮助青少年“扣好人生第一粒扣子”。

“青助”系列活动　围绕“五个争创”，实施“北岸青春”窗口标兵建功计划，持续擦亮“号手岗”等青字号品牌，成功推出各级青年文明号 37 家、省市两级青年工匠 47 人。联合各部门搭建“快递小哥”职业技能大赛、“红色主播”技能大奖赛、青年干部赛马会等青年比武擂台 8 个。组织 142 支青年突击队参与疫情防控、台风抗击、协助社区管理等工作，累计志愿服务近 10 万小时。组织“青・社中心”76 个青年社会组织主动深入文明典范城市创建、生态环保建设一线，“青禾”“法航”“青春点亮”计划等多个系列社会实践项目落地成效。围绕区域特色农业发展需求，开展“青耘中国”四季直播、“青风送孝　不虚慈行”江北慈孝青创直播等活动，助力“江北农好”宝贝出村。加快实施“团团益点通”青春共富计划，以江北—莲都“同在‘浙’里　携手共富”为主题，举办青年电商直播培训、云端夏令营、“庆六一　暖童心”盲袋漂流等活动，共同搭建起“青春帮共体”。“‘江’来‘西’望爱心计划牵起江北—越西两地爱心”，“小吉花”图书角捐赠、中秋圆梦直播等爱心帮扶项目惠及越西乡村小学生超 4000 名。

“亲青”系列活动　全面贯彻“党管青年”原则，积极落实青年工作联席会议，出台《江北区青年发展型城区建设实施方案》，获评 2022 年全省青年发展综合指数优秀等次。联合区委组织部举办“甬爱一家亲”网络直播春晚，受到央视一套《晚间新闻》专题报道；联动各部门组建“温暖星期五・甬爱帮帮团”，完善快递青年职业全周期服务；开展青年交友联谊、青年便民服务巡回大篷车等公益综合服务百余次。迭代升级青年人才驿站，服务青年 815 人次，年内累计入住超 4600 天；推出“一路向北　团聚优才”主题直播带岗活动，吸引近 5000 名求职者；开展大学生“返家乡”社会实践，150 余个岗位吸引青年学子回归。针对青少年成长中的急难愁盼问题，联合区教育局开设“亲青课堂”暑托班，为 3560 人次缓解暑期看护现实痛点；进一步健全重点青少年护航体系，以“法治保护”“心理呵护”“安全自护”“关爱守护”四类立体关护项目为载体，切实维护青少年合法权益。

【江北区学习贯彻庆祝中国共产主义青年团成立 100 周年大会精神】 5 月 17 日，江北区青少年学习贯彻庆祝中国共产主义青年团成立 100 周年大会精神的座谈会在区政府 1 号院召开。区委书记张国锋，区领导许会祥、童明荣、何川、励可达、葛黎明等出席，全区 50 余人参加，来自学校、社区、医院、企业等行业的优秀青年代表作交流发言。

【共青团宁波市江北区第十五次代表大会】 7 月 11 日，共青团宁波市江北区第十五次代表大会胜利召开，全区共有 170 名代表参加。以无记名投票选举的方式，产生共青团宁波市江北区第十五届委员会委员 26 名、共青团宁波市江北区第十五届委员会候补委员 11 名、共青团宁波市江北区第十五届委员会常务委员会委员 10 名，朱浩玮当选团区委书记，陈锡庭、杨毅（挂职）、朱耿（兼职）、吴科斌（兼职）为团区委副书记。

【中国少年先锋队宁波市江北区第九次代表大会】 12 月 9 日，中国少年先锋队宁波市江北区第九次代表大会在江北中心学校召开，全区 179 名代表参加。以无记名投票选举的方式，产生中国少年先锋队江北区第九届工作委员会委员 27 名；夏伟飞、朱浩玮当选少工委主任，选举产生少工委常务副主任 2 名、少工委副主任 9 名。

（周梦璐）

江北区妇女联合会

【概况】 2022年，江北区有基层妇联组织143个，区级妇联执委29名，街镇级执委130名，巾帼志愿者600名。根据全省统一部署，高质量完成街道（镇）妇联组织换届工作，执委本科以上学历占比75.7%。区妇联坚持以“巾帼共富”为主线，深化“幸福北岸”工作品牌，着力拓展工作阵地、深化内涵、强化服务。弘扬慈孝家风，联合相关单位设立“关爱妈妈”冠名基金；成立家庭教育指导服务中心、交通运输行业妇联和全省首个家庭照护行业妇联；创新成立全省首个涉外家事“共享法庭”。推进“四必访四必应”“家庭教育”“家门口创就业”等省妇联“浙里家·连心桥”数字化应用场景贯通，全省妇联系统数字化改革双月综合评价结果位居全市首位。宣教和数字化改革工作相关做法，得到“学习强国”学习平台、《中国妇女报》、央广网、中国蓝新闻等宣传报道，入围《中国妇女报》2022年度妇女宣传舆论阵地建设优秀榜。

基层组织建设 通过“五进”等形式，广泛开展“巾帼心向党·喜迎二十大”主题宣教活动150余场。激励广大女性岗位建功，坚持从基层一线、平凡岗位、群众身边发现女性典型，获评省级巾帼文明岗2个、省级巾帼建功标兵1名，区综合行政执法局外滩中队外滩女子分队获评全国巾帼建功先进集体；“助茧成蝶”——江北区帮扶现役随军军嫂志愿服务项目获全市首届巾帼志愿服务大赛金奖。深化宁波国际妇女之家作用发挥，为中外女性提供婚姻家庭指导、职场技能培训、政策咨询等服务1000余场次，受众万余人次。区妇联联合区法院，创新成立全省首个涉外家事“共享法庭”——宁波国际妇女之家“共享法庭”，精准对接中外女性及家庭，源头化解涉外家事矛盾纠纷。将网上立案、调解指导、在线诉讼、普法宣传、基层治理等职能通过“屏对屏”庭审等形式延伸到社会治理末端，相关做法获《中国妇女报》头版报道。承办第三届宁波老外滩中外女性魅力之夜活动，成立宁波市中外女性联盟。聚焦甬城留才，以“宁波人才科技周”“中秋”等为契机，举办青年人才联谊活动5场次，服务200余人次。

家庭家教家风建设 成立江北区家庭教育指导服务中心，创新推出“家长成长学院”和江北区“最美家”联盟。结合全民阅读日、国际家庭日等节点，推出“怎样做好爸妈”“中华人民共和国家庭教育促进法”等课程11期，普及科学教育理念。全年获评省市级先进家庭24户，开展“最美家”志愿服务，外滩街道陈照玉家庭被推荐为全国最美家庭。深化“清语亲廉”品牌建设，联合区纪委推进年轻干部“风纪扣”工程，选取12个家风实体阵地绘制成齐家文化地图，开展移风易俗宋式集体婚礼、“最美家庭话传承”等活动。推进校园周边安全步行道建设项目，对庄桥街道中心幼儿园等3所校园周边安全步行道进行建设；“筑梦青鸟”关爱困境儿童项目，连续三年开展主题研学活动10余场，服务困境儿童400余名。打造集教育培训、权益保障等功能于一体的妇女儿童驿站，新创省级驿站1个、市级驿站2个、区级驿站9个。将美丽庭院创建工作融入南联村未来乡村整体打造以及美丽庭院示范带建设，并逐步覆盖环云湖区域，探索农文旅融合发展新路径。全年打造美丽庭院2200余户，慈城镇半浦村获评全省首批美丽庭院特色村。

女性就业创业 创新成立北岸巾帼创业创新联盟，联合区委人才办等单位在宁波人才之家开展纪念“三八”国际妇女节暨北岸巾帼创业创新联盟启动仪式，构建政企校合作机制。区妇联与宁波大学等3所高校妇联签订全面合作协议，为企业招才引才、女大学生拓宽就业渠道牵线搭桥，提供创就业岗位800余个。持续四年深化女大学生优创优业训练活动，2022年以稳就业、促就业为导向，精准对接市场需求，提供岗位筛选、面试技巧提升等专题现场教学；创新推出女大学生与企业高管结对的“高管一日随行”项目，为就业提供实战经验。推进巾帼云直播中心“云直播、云创客、云好货、云学堂、云公益”建设，为广大女性提供新兴领域创就业指导。通过直播电商赋能乡村共富论坛暨“红色主播”技能大赛等培训、实操，培养女主播超300人，组织各类直播讲座25场，受众数万人次。在全市巾帼共富创新项目大赛中，“云湖姑娘”助力乡村振兴共富项目获二等奖，电商直播助力零售业发展共富项目获优胜奖。

妇儿维权关爱 江北区聚焦权益维护，大力推进区妇女儿童发展“十四五”规划落地，配合《宁波市预防和制止家庭暴力条例》修订完善。发挥“和睦e家”应用场景平台作用，对特殊家庭、重点家庭实施“三色”管理，现场接访48件，平台转入公安警情7件、“四必访”11件，已全部办结。联合启动1000万元“关爱妈妈”冠名基金，拨出60万元采购“关爱妈妈”暖心礼包千余份，关爱辖区母亲。实施“康乃馨”救助行动，筹集资金8万余元，帮扶困境妇女70余名。为全区386名

低保和低保边缘女性购买女性健康保险。推进对口帮扶，发动辖区女企业家积极参与越西彝绣产品采购，定向捐建越西妇女儿童驿站 1 个；推进“星星点灯 · 春暖花开”孩童关爱项目，为越西 400 余名孤儿提供暖心礼包、青春期卫生教育指导。落细暖心服务，联合“浙心理”研究院家教宁波中心推出心理咨询公益服务热线，开展心理疏导 300 余人次；开展“一线暑期关爱”等 20 余场次，为 700 余名疫情防控一线、快递物流业、环卫工人等行业女性送上关怀。

【江北举办“传承慈孝家风　共筑和美家庭”宋式集体婚礼】 9 月 9 日，区民政局、区妇联、慈城镇人民政府联合主办的“传承慈孝家风，共筑和美家庭”集体婚礼暨江北区移风易俗集体颁证活动在慈城古县城囍园举行。伴着悠扬琴音，9 对新人身着精美宋服，接受金婚夫妇的礼训，并在喜娘的引导下，逐一进行击鼓起礼、迎新嫁娘、绿绸牵巾、撒豆纳吉、交拜成礼等宋式婚礼环节，感受婚姻的神圣与美好。

【江北妇联宣教和数字化改革工作成效】 区妇联加大宣传力度，《城乡教育丨植物拓染、活字印刷、消防教育……这样的夏令营活动你爱吗》被“学习强国”学习平台刊登，《“江来有你，甬有幸福”——宁波江北举办青年人才交流联谊活动》被中国网刊登，《浙江宁波“五朵云”赋能女性创业创新成长》被《中国妇女报》头版和“学习强国”学习平台刊登，《“流量”变“能量”宁波江北区党建引领赋能直播行业高质量发展》被《经济日报》、《光明日报》、三农看浙里、“学习强国”学习平台刊登，《浙江宁波江北：党建引领赋能直播行业高质量发展》被中国新闻网刊登，《宁波江北区：“直播流量”正加速转化为“共富能量”》被三农看浙里刊登，《浙江宁波江北区成立家庭照护行业妇联　让行业从业者找到更坚实依靠》被《中国妇女报》刊登，《慰问“城市奔跑者”，江北甬爱 e 家和“北岸女性”帮帮团联手为复工复产按下“快进键”》《宁波市女性创业孵化基地在江北成立》被中国蓝新闻刊登。《江北党建引领赋能直播行业高质量发展》被浙江新闻刊登，入围《中国妇女报》舆论阵地建设优秀榜。

（叶俊蕙）

9 月 9 日，“传承慈孝家风，共筑和美家庭”集体婚礼暨江北区移风易俗集体颁证活动在慈城囍园举行

江北区科学技术协会

【概况】 2022 年，江北区科协紧紧围绕省市科协重点工作，认真履行科协组织宗旨使命，突出思想政治引领、强化科技创新赋能、拓展科普惠民服务、加强自身建设，扎实推进科协事业创新发展。组织学术交流，开展江北区 2019—2021 年度科协系统优秀论文评比相关工作，收到参选论文 81 篇，经专家评审，推荐一等奖 8 篇、二等奖 18 篇、三等奖 23 篇。开展先进科技工作者举荐活动，长阳科技副总裁周玉波获得宁波市“最美科技追梦人”候选人提名，全区公民具备科学素质的比例持续高于全市平均水平。

基层建设　高质量完成科协换届工作，区科协第九次代表大会于 7 月 25 日召开，区委书记张国锋、市科协主席刘立群出席会议并讲话，对过去江北区科协工作给予肯定，对今后工作提出期望和要求。会议选举产生江北区科学技术协会第九届委员会委员 58 人、常务委员 25 人、主席和副主席共 5 人。高标准推进企业（园区）科协建设，新建大央科技、赛嘉电器、佳利塑胶、巨隆机械 4 家企业科协和中科城市、大连理工研究院 2 家园区科协。截至 12 月底，江北区园区科协达到 5 家，企业科协累计达到 22 家。

院士活动　强化科技创新赋能，汇集院士、博士等高端智力服务企业。组织王建宁等院士为科普

7月25日，宁波市江北区科学技术协会第九次代表大会在远洲大酒店召开

（宁波）科技有限公司的超快激光技术项目咨询认证，与市科技创新协会合作开展企业技术需求排摸和专家对接10场次；指导新建院士工作站，2022年成功创建宁波巨隆机械李松军外籍院士工作站1家，累计建站达到9家。开展“千博助千企”行动，全年建成博士创新站16家，助推企业高质量发展。

高端论坛　协办2022（第四届）中国（宁波）输配电产业创新与高质量发展论坛，相关领导及输配电产业相关行业权威专家学者出席论坛并作专题报告，助力江北输配电产业发展。组织中俄人文中心科协开展园区企业与俄罗斯专家线上技术交流合作7场次，积极开展国际合作交流。

科普活动　推动科普工作社会化、群众化和经常化。5月30日，区委书记张国锋在《新江北》、《江北科普》、“创新江北”微信公众号上发表致全区科技工作者的一封信；推进“三长带三会”试点，积极开展科普主题活动。依托“北岸校园”科普志愿服务队与市科技探索中心合作开展“科普心苗”表演进校园活动；依托“北岸健康”科普志愿服务队与宁波市第九医院合作开展“关爱生命，‘救’在身边”医学科普知识进社区、进学校、进企业活动；依托“北岸农林”科普志愿服务队与区老科协合作开展送农技下乡活动。全年共开展“三长带三会”“科普五进”活动80余场次，全区中小学校园科普受众学生达25.6万余人次。开展老年人智能手机操作技能普及工程培训工作，全年培训老年学员1.1万余人。

科普惠农　依托“科普五进”活动和科技特派员团队开展科普惠农工作，组织开展科技下乡活动，开展高品质栽培技术示范，示范应用有机肥、生物菌肥、病虫害绿色防控等品质提升综合措施，组织瓜菜种植大户参加市、区两级的新品种新技术培训、现场观摩学习，举办“葡萄+”高效种植模式、标准化实施要点以及提升阳光玫瑰葡萄品质化研讨活动，区科技特派员绿色粮油团队对接服务对象主体300余人次，开展水稻绿色优质高产高效栽培技术推广，从良种良法良技配套实施、耕地质量提升等关键因素给予全方位服务与技术支持，优质水稻推广面积达4500亩。

科普设施建设　鼓励企事业单位建设有特色的科普场馆，江北区新建大央病媒科、悦亮少儿眼科、慈城北门村、维拉小镇社区和江北新城外国语学校5家科普场馆。谈家桢生命科学教育馆被认定为全国首批科学家精神教育基地，全年接待12000余人次参观。

（于万利）

江北区归国华侨联合会

【概况】2022年，江北区侨联依托“全域统战”的工作理念，坚持以侨为本、系统为先，搭建招商引资、联络联谊等新平台，用侨联工作“小窗口”展现江北为一域争光、为全局添彩的做法、经验和成效。

组织建设　江北区以共建共享理念统筹整合楼宇、企业、社区服务中心的党建室、会议室、活动室等资源，积极打造区域化共享平台，为基层侨联组织活动提供服务场所。积极发挥基层网格作用，形成一个纵向到底、横向到边、上下联系、点面联动的基层侨联工作网络。同时，在侨眷和热心于侨联工作的人员中，聘请有一定文化素养、工作水平、综合素质和经济实力的基层兼职侨联干部，培养一支“懂侨、爱侨、为侨”的侨联队伍，增添基层侨联工作的活力，延长服务手臂。

招商引资　通过联动机制，区侨联与区招商、区经信、区人才、区科技等部门形成招引合力，共享涉侨项目信息。建设“e侨梦苑”特色应用场景，迭代升级建设国家级侨梦苑。通过虚拟实体、线上线下、苑内苑外的互动融合，推动侨梦苑在产业定位、空间布局、功能配套、管理机制、评价体系实现同步迭代升级，为华人华侨提供更加专业的服务生态，逐步打造成立足宁波、服务全省、面向全国的侨商产业集聚中心和创新资源配置中心。7月，举办“智享侨梦苑 创业在宁波”宁波市侨商会代表团走进江北活动。江北区政府进行招商推介及支柱产业扶持政策、优质产业空间政策、优质产业导入政策、人才政策等解读，双方就经贸往来开展座谈，并签订招商引资战略协议。区侨联牵线引进星霸机器人科技、九点直播经济产业园等4个项目。8月，孔浦街道8号公园获评“宁波市侨联创业创新示范基地”。

联络联谊 坚持党建带侨建，相继举办侨联系统学习习近平在庆祝香港回归祖国25周年大会上的重要讲话精神座谈会；组织全区留学生到慈城半朴园，开展“学习党的二十大精神 同心共享祖国荣光”青年伙伴江北行活动；香港宁波江北联谊会开展“践行党的二十大精神 我为低碳环保出份力”青年伙伴行活动。始终坚持整合海外资源，推动侨联文化对外交流。借助华侨国际文化交流基地，举办以“亲情中华”为主题的各类人文交流活动。新发展宁波牛奶集团雍佑里仁文化交流中心、浙江省涌优金丝楠木博物馆申报省级华侨国际文化交流基地。5月，举办“留·在江北”系列活动之留创企业家分享沙龙，围绕传统企业转型、财税和知识产权问题等经营痛点进行交流探讨。多维度打造世界“宁波帮·帮宁波”家园。

爱侨护侨 深入开展“助企纾困”行动，走访侨资企业康赛妮集团、宁波立新科技股份有限公司、宁波今新集团有限公司等12家，了解后疫情时代企业发展情况及愿景，由区侨办牵头助推侨资企业稳定提质健康发展。7月，联合区工商联、公安江北分局、区检察院、区法院、区司法局，承办全区民营经济法治建设峰会，邀请全区重点侨企参加，实现政企携手凝聚合力，以营商环境的优化升级助企纾困。

【打造“e侨梦苑”特色应用】 江北区推进“e侨梦苑”特色应用场景建设，以数字赋能助力侨务先行。该应用定位新生代侨胞回国创业创新发展，开发以“创业一件事”等关乎侨胞切身需求的集成服务，注重用户体验和市场化发展，旨在打造全链条对接国家侨务政策资源的线上平台、全要素匹配侨商侨资侨智的服务平台、全过程激发经济创新动能的加速平台、全量化评估双引双创效能的监测平台、全方位融合区域发展战略的引领平台。

【8号公园获评“宁波市侨联创业创新示范基地”】 江北区孔浦街道8号公园有属地注册企业186家，引进留美博士等高精尖人才30人，博士团队12个，举办学术交流会、创业经验分享会、人才交流会等30余场，累计参与人数达1000余人，成为侨界人才集聚高地和侨留企业发展平台。

【世界“宁波帮·帮宁波”家园江北分园】 2022年，江北区打造宁波帮和帮宁波人士及统战对象的常态化联络联谊、共赢发展的平台，建设世界“宁波帮·帮宁波”家园江北分园，该项目列入全市首批5家“宁波帮·帮宁波”家园建设单位之一。区侨联收集历年江北籍宁波帮及帮宁波人士相关成就、代表故事等，采用数字化建设，以时间轴分主题展示江北港澳侨“宁波帮”的故事，引入第三方专业公司，实现开放式运营。

（周一卉）

江北区工商业联合会

【概况】 2022年，区工商联（总商会）以习近平新时代中国特色社会主义思想为指导，紧扣“两个健康”

3月7日，宁波市江北区工商业联合会（总商会）第五次代表大会召开

5 月 31 日，2022 年全区民营企业家座谈会召开

主题，通过团结引领广大民营经济人士，不断提升工商联的凝聚力、影响力、执行力。

组织体制建设 江北区召开第五届工商联代表大会，选举产生新一届工商联领导班子、执常委，以及总商会班子。其中，会长为宁波市牛奶集团有限公司董事长张银冲，执常委 144 名。江北区下属 8 家基层商会，均实现党建全覆盖。出台《关于开展江北区基层商会质效提升三年行动计划的实施意见》，从组织建设、机制建设、阵地建设等多方面，指导各基层商会规范自身建设、完善职能作用、改进管理服务。庄桥商会获评“江北区品牌社会组织”，外滩商会荣获“全国四好商会”称号，区工商联连续五年获得“全国五好县级工商联”荣誉称号。

思想政治引领 常态化组织开展商联执常委轮训活动，学习贯彻党的二十大报告精神和中央统战工作会议精神等理论成果。结合工商联主席（会长）办公会、“慈江边”工商讲堂、民营企业党校联盟、新生代“读书会”、考察游学活动等，不断增进与民营经济代表人士的政治互信，引导广大企业家坚定理想信念、增强发展信心。配合市工商联做好执委候选人推荐和考察工作，将政治素质好、企业发展优、工作能力强的优秀人才推荐上去。深化“民营企业党校联盟 2.0”平台，修订联盟规程、议事制度，每季度开展一次主题活动，分别为组织参观学习企业发展历史、邀请市委党校专家授课、集中观看二十大开幕会、开展“喜迎二十大”主题党日等活动。“党校联盟”创新案例入选省委办编发的《党史学习教育百法百例》。

“两个健康”发展 发挥工商联的桥梁纽带作用，为企业纾困解难。召开区工商联五届一次主席（会长）会、全区民营企业家座谈会，开展“疫情下企业的困境与出路”主题调研、“慈江边 · 工商讲堂”——“5G时代下的企业数字化应用”专题讲座。协同市工商联召开“问千家·进百企”专项调研座谈会，组织重点企业负责人座谈反馈复工复产情况。开展“万家民企评营商环境”“万家民企评银行”“万家民企评政策”“万家民企评工商联”“上规模民营企业调研”等调研活动，并以此为抓手，与银行、法院、律师事务所等单位建立服务企业合作机制。营造民企健康良好发展的法治环境，联合公检法司部门举办首届江北区民营经济法治建设峰会，出台《江北区关于优化法治环境 助推经济稳进提质二十条措施》；举行护航“两个健康”主题仪式、民营企业司法服务联络站共享法庭揭牌仪式，并发出“共建法治民企”倡议。先后召开三期“亲清直通车·政企恳谈会”活动，组织 29 名企业家同税务、商务、金融等部门交流座谈，收集税务、外贸、融资等领域的 30 个具体问题。做好问题梳理并流转至职能部门，解决税务政策解读、税务系统操作等一批问题；逐一向企业反馈办理情况，完成跟踪评价，形成工作闭环。坚持发挥老一代民营企业家的传帮带作用，夯实民营经济人士队伍，组织新生代企业家开展“青蓝接力·师徒结对”活动。

“亲清”政商关系建设 启动清廉民企建设“特色带 · 标准系”工作，创新提出江北区清廉民企建设“1334N”专项行动的总体思路，即以实施清廉民企建设“精特亮”工程，推动构建亲清政商关系为总目标，把握好政商、企商、企员 3 对关系，在全区建筑、贸易、制造行业打造 3 条清廉民企“特色带”，在组织建设、制度建设、文化建设、诚信守法建设四大清廉民企建设评价标准的基础上，探索制定相关行业 N 项指标体系，逐步构建具有江北辨识度的清廉民企创建“标准系”。区工商联在“清廉宁波 · 你我同行”第九站“北仑灵峰杯”清廉民企建设优秀案例征集比赛中荣获“优秀组织奖”。启动建工建乐、欣捷集团、鸿晨建设、天港建设 4 家企业的文化阵地提升工作，在建筑领域打造清廉民企“特色带”，并探索建立建筑行业清廉民企创建评价体系。

助力共同富裕　在疫情防控期间，区工商联在第一时间发出倡议书，组织民营企业捐资捐物 200 余万元，并向基层一线捐赠防护服、防护面罩、帐篷等防疫物资。30 余名新生代企业家组成“新生代企业家联谊会志愿服务队”，投身防疫一线。通过主席（会长）办公会、基层商会工作会，引导企业积极参与东西部协作、山海协作，鼓励企业结合自身产业优势，开展村企结对和精准帮扶工作。推进“消灭薄弱村”专项行动，落实 11 家企业与 11 个集体经营性收入低于 30 万元的村开展结对帮扶。区工商联主席单位牛奶集团带头向结对的越西县捐赠扶贫资金 70 万元，定向用于越西县采购特殊学校校车、应急救援车辆等，该项目申报市级“万企兴万村”实验项目认定。组织新生代企业家捐赠 2 万余元防暑饮料，慰问高温下坚守一线岗位的医生、公安干警和城市养护中心工人；为新疆库车县第九小学捐资 30 万元，援助修建图书馆；开展圆梦微心愿活动。组织执常委企业到丽水市莲都区进行山海协作结对帮扶活动和考察交流，其中区工商联副主席单位宁波市汽运集团有限公司与西坑口村签约结对，以“平台共建、产业共兴、项目共引”助推西坑口村乡村振兴。

（俞学敏）

江北区文学艺术界联合会

【概况】 2022 年，江北区文联认真学习贯彻习近平总书记在中国文联十一大上的重要讲话精神，以“喜迎党的二十大”为主线，紧密团结带领全区广大文艺工作者坚持正确的政治方向，围绕“促团结、出精品、出人才”的目标，不断提升江北文艺的“辨识度”和“美誉度”，推动江北文艺事业高质量繁荣发展。

组织建设　2022 年，江北区文联下属区级文艺家协会 12 个，新成立区朗诵协会、区书法家协会女书家委员会，会员累计 2000 余人，其中国家级会员增长 7 人，达到 58 人。成功举办区文联第四次代表大会，圆满完成换届任务，李慧彬当选区文联主席。积极推进街道（镇）文联建设，有计划地组织开展多艺术门类的培训指导，先后选拔街道（镇）文艺骨干会员 40 余人，推荐参加上级文联组织的文艺专业培训 10 余场。1 人获全市文艺志愿服务特别荣誉奖，4 人获优秀个人奖。区文联主席李慧彬获浙江省文联系统成绩突出先进个人称号。

文艺精品创作　江北区以“艺”战“疫”，推出一批众志成城的战“疫”之作 200 余件，用各种文艺形式讴歌抗疫英雄，致敬人间大爱，在各类新媒体累计播放点击量达百万次。区书协成功承办“沙孟海奖”第十一届全浙书法篆刻大展，江北区 16 人入展、4 人入选；配合开展纪念王阳明 550 周年诞辰活动，慈湖印社创作“锥迹光明”篆刻组印；区音协献礼二十大，创作《句章》器乐组曲、《甬韵组曲》、村歌《爱在童家》等作品；区曲协选取典型案例，编排原创情景剧《深陷其中》《挪车》等开展法治宣传；区影协拍摄微电影《鉴清风》、短纪录片《江湖小生》获得宁波市电影艺术奖；区摄协组织参加宁波市第四届摄影艺术展览，申报的 16 幅（组）作品全部获奖，其中，《愈后的微笑》《大港雄姿》《冠军从这里启航》获金奖，银奖 1 幅(组)、铜奖 2 幅(组)，入选 10 幅（组）。

文艺活动　陈振濂书学馆、姚江美术馆等开馆；区美协在宁波美术馆举办“北岸文意”美术作品展，葛晓弘个人美术作品展在中国美术馆举办；区朗协开展朗诵名家走进江北暨冬日诵读分享会；区剧协、赏越轩越剧社开展百场演出下基层活动；区摄协积极参与慈城古县城保护开发工作，邀请中国摄协艺术

7 月 18 日，宁波市江北区文学艺术界联合会第四次代表大会召开

5月20日，“喜迎二十大·书画进礼堂”活动中，甬上艺术家走进半浦古村开展笔会活动

家深入慈城古县城、保国寺、玉成窑等“精特亮”路线实地采风创作；浙东书风研究会举办系列书法公益讲座。开展文艺志愿者服务，举行“翰墨飘香暖人心、留甬过年促发展”为群众送福送春联活动；协助慈城镇举办“慈城有戏”暨第一届生活戏剧节，开展“送百戏下乡”系列活动；联合区文明办到慈城镇勤丰村举办“浙江有礼·宁波示范”有礼助共富系列活动暨勤丰村14届村晚活动。

艺术乡建　充分发挥各文艺家协会的作用，实施“文艺润乡”结对行动。组织开展“艺术进礼堂”系列文艺活动，通过公益艺术讲座、节目辅导、展览展示、采风创作、挖掘老物件、送书送影等形式，全面激发乡村文艺活力。全年开展活动120余场，辅导培训授课100余小时，参与的文艺工作者共300余人次，创作作品千余件。开展“市青年文艺人才”下基层帮扶江北10个文艺团队行动，全年指导完成80场次。与区司法局合作成立江北法治文艺志愿者队伍，深入乡村开展文艺助力共富活动。在慈城镇半浦村探索建立全市首个村级美术馆，先后举办描绘高寿老人的半浦写生展、博士书画展、意大利国立米兰美院师生作品展等系列画展。通过“教授驻村”以艺术设计赋能乡村美学实践，相关工作入选“学习强国”学习平台案例。

基层文联活动　区文联积极助力各街道（镇）文联开展各类文艺活动200余场次。慈城镇文联举办“慈城有戏”暨慈城第一届生活戏剧节；外滩街道文联持续擦亮“入戏·老外滩”活动品牌，并开展节庆系列活动；洪塘街道文联配合做好中国摄协艺术家深入江北“精特亮”路线实地采风创作活动；庄桥街道文联举办系列书画展和非遗展示活动。

（陆雅波）

江北区残疾人联合会

【概况】 2022年，区残联积极参与“扩中提低”改革，全面实施残疾人事业发展“十四五”规划和促进残疾人共同富裕专项行动计划。加强残疾人基层组织建设，完成残联系统第七次换届选举工作。破解重度和智力、精神残疾人托养难题，完成提升1家、新建2家省级残疾人之家的任务，实现100%结项；全区建成阳光家园9家，为164名残疾人提供就业庇护服务。加强残疾儿童康复机构建设，推进康复机构规范化运行，完成1家省级残疾儿童康复机构规范化提升的任务，顺利通过省级验收。“恰如家”持续提升全国品牌影响力，残疾人居家病房和文体助残服务两项特色工作列入省级试点。开展“党建结对·红领助残”活动，推进残疾人融合发展、共同富裕。优化残疾人共富同行生活环境，投资340万元，全面完成

11月7日，宁波市江北区残疾人联合会第七次代表大会召开

11 个重要公共场所的无障碍改造，进度位居全市第一。

残疾人社会保障　全区有持证残疾人 8035 人（年度新增 249 人，迁出和死亡等注销 467 人），其中 60 岁及以上持证残疾人 5291 人，占比 65%。视力残疾 834 人，听力言语残疾 1567 人，肢体残疾 3266 人，智力残疾 801 人，精神残疾 1074 人，多重残疾 493 人。不断强化残疾人民生保障，精准落实残疾人社保补贴、康复、助学补贴等补贴政策，持续推动残疾人参加城乡居民基本养老保险、基本医疗保险个人缴费部分补贴政策，为全区 8000 多名持证残疾人免费购买意外伤害保险。配合区民政部门实施困难残疾人生活补贴、重度残疾人护理补贴，679 名残疾人享受困难残疾人生活补贴，4417 名残疾人享受重度残疾人护理补贴。深入推进对口助残扶贫，举办由莲都区、越西县残联共同参与的康复辅具技术咨询师的培训会。来自江北、莲都两地的脊髓伤友们通过网络连线的方式与越西县残疾人朋友共同探索重度残疾人的新型就业方案，通过线上、线下相结合的方式，为越西县残疾人提供帮助。

残疾人公共服务　残疾人康复服务精心实施，为残疾人提供基本康复服务 5100 余人，全额保障贫困精神残疾人免费服药，受惠残疾人 716 人。发放 3041 张实名制“江北区残联康复救助医疗卡”，全区基本康复服务率保持在 99% 以上。实施第 23 个全国“爱耳日”“爱眼日”宣教活动，将听力测试、眼耳检查、康复理疗、量血压等公益服务到残疾人家门口，惠及残疾人 300 余名。建立就业援助指导员队伍，开展就业排摸指导，送信息、送政策上门强化残疾人职业技能培训。开展中西式面点、客服、抖音、插花等免费集中培训，针对智力、精神残疾人在“阳光家园”工疗站等建立定点定岗培训，为农村残疾人开展养殖、种植业等农业实用技术培训，完成残疾人培训 109 人次，新增就业 115 名，实名制系统内就业年龄段 2343 人，其中已就业残疾人 1444 人。完成 127 家用人单位办理残保金抵扣的审核工作，全区福利企业及工疗站安排约 500 名的残疾人就业。

残疾人人居环境　积极拓展宣传渠道，结合听力义诊、自闭症日“蓝色行动”、“六一融合教育”、免费体检等一系列助残活动，提高残疾人群众助残政策知晓度；利用甬派、甬上等新媒体平台，宣传报道“全国助残日”“世界孤独症关注日”等主题活动，策划无障碍专版、“自强共富好典型、助残共富好案例”典型人物挖掘、红领助残等专题报道。运动员李宁双在省残运会跆拳道比赛摘得三金一银。举办第六届残疾人冰雪运动季活动，来自江北区新乐、快乐阳光家园以及专门协会、志愿者等共 40 余人参加活动；开展第六十五次国际聋人节活动，组织 28 名聋人，在志愿者及手语老师的陪伴下到象山奥帆中心参观、体验、学习；持续开展“学听跟”主题教育，组织 30 余名残疾人到象山半边山开展文旅助残红色之旅。完善残疾人保障体系，落实残疾人权益维护应急处置机制。高标准落实市民生实事关于残疾人家庭无障碍改造 53 户的任务，全面完成 60 个残疾人家庭的入户评估、无障碍设计和施工改造。指导庄桥街道费市社区开展省级无障碍社区创建工作，完成无障碍设施、无障碍标识等基础建设。

【残疾人基层组织建设】 完成残联系统第七次换届选举工作，选举产生新一届残联主席团、执行理事会、残疾人专门协会主席团；加强三级残联组织建设，新成立孤独症亲友协会。落实全区基层残联组织建设“双对双争”专项行动，逐步提升基层残联组织中残疾人及亲友的占比，挖掘和培养残疾人骨干参选人大代表和政协委员，强化资金保障，落实专职委员的薪酬待遇。

【党建红领助残】 江北区开展“党建结对·红领助残”活动，推进全区机关党组织与 112 户一户多残、病残交加、重度残疾、零就业、以老养残或老残一体的困难家庭长期

6 月 23 日，区残联组织残疾人到象山半边山开展文旅助残红色之旅

结对，开展送惠残政策、送贴心服务、送爱心款物“三送”服务。建立落实困难残疾人家庭访视机制，每名残联干部每年至少入户访视困难残疾人家庭60户以上，通过将入户访视和掌上“连心e站”应用有效结合，建立全区困难残疾人“一人一档”，形成对象清单、需求清单、服务清单和结果清单，确保困难残疾人家庭需求精准落实。

（张 婴）

江北区红十字会

【概况】 2022年，江北区红十字会对标“五个群团”建设目标，按照《浙江省关于促进时代红十字事业高质量发展的意见》（以下简称《意见》）要求，从组织架构、项目设定、工作发展等方面加快推动《意见》落地。全区各街道（镇）、社区（村）建会率100%，注册成人会员8063人、志愿者人数1607人。开展救护员培训77期，培训红十字初级救护员3546人，举办CPR+AED培训43期，培训心肺复苏急救员1492人，举办应急救护知识普及（讲座）156场，惠及20191人次。造血干细胞捐献登记70人，器官、遗体（角膜）登记610人。全年募得捐款180.83万元，物资价值79万元，资金支出61.86%，物资支出100%。11月，江北区首个商业综合体红十字救护站在江北万达广场落地。在日湖、华庭社区建立博爱家园，各街道（镇）实现博爱家园全覆盖。

宣传传播 加强宣传队伍建设，区红会与全媒体中心的广电、新江北、江北发布微信公众号的记者成立宣传小分队。开辟宣传新阵地，在《新江北》设“红十字的精神旗帜高高飘扬”专版，定期在《健康江北》设红十字专刊。区红十字会采写的《小家有大爱——一家四口皆愿身后捐献遗体》《赤子丹心向党开 志愿服务展风采》分别获宁波市第二届红十字好新闻三等奖和优秀奖。

志愿服务 开展“志愿服务提质”行动，其中红十字“惠民助老”志愿服务活动入选市级项目，慈湖人家“老医助老”志愿者队探索高龄老人健康服务模式，“三救三献”志愿者队开展“急救地摊、精彩夜市”活动；江北区参加宁波市应急救护师资教学技能大赛，荣获团体二等奖。

应急救护 出台《江北区高水平推进应急救护工作实施方案》，成立应急救护工作专班，全面推进应急救护工作。以共享共建为前提，分别在江北区文化中心（新时代社会实践文明中心）、前江街道新兴产业园区智工之家、江北万达广场建立区级、街道级、商业广场式救护培训基地和救护驿站。在世界急救日，开设“终身学急救 救护伴我行”直播门诊。全区累计投放AED 101台，AED人均配置量全市第一。

应急救援 实施应急救援队伍“一核两翼”赋能计划，拓展业务，提升救援队伍和志愿者专业技能。开展现场救援技术、通信技术、保障技术、GPS定位技术等方面实战化演练；全年服务50多次，时长1000多小时。

人道救助 在“博爱送万家”活动期间，为442名困难群众送去博爱大礼包；在“慈孝敬老”活动中，为100名特殊老人送去关爱；与湖南爱眼基金会合作，设立300万元“关注全民眼健康·推动共同富裕”公益项目；与甬江商会合作，设立“消防救援人员专项基金”。为431人购买健康险。

筹资募捐 5月，开展“人道公益众筹”活动，通过腾讯公益平台发布“器官捐献者子女助学”“应急救护驿站”两大项目计划，接收捐款103279.3元；线下发动企业对接项目，其中宁波豪雅进出口集团有限公司捐赠1.98万元，用于江北“救在身边”项目开展；大闸社区发动3家企业捐款1.5万元，助力社区博爱家园建设。“99公益日”期间，区红十字会参与“甬涼书香润乡村”项目，实现线上筹款

11月4日，江北区首个商业综合体红十字救护站在江北万达广场落地

6月14日，江北造血干细胞捐献登记点在江北爱心献血屋落成

3.19万元，用于越西县越城镇西山小学图书角建设。

三献工作 江北区献血屋挂牌造血干细胞捐献登记点，集宣传、咨询、无偿献血、造血干细胞捐献登记、志愿活动于一体。以人民至上、生命至上的价值理念为引导，通过各大媒体不断科普三献知识、传播捐献典型正能量。全年造血干细胞捐献登记70人，器官、遗体（角膜）登记610人。实现造血干细胞捐献1例、见证器官捐献3例、遗体（角膜）捐献7例。95后护士石宇成为2022年宁波市年龄最小的造血干细胞捐献者。

（胡　琳）

江北区关心下一代工作委员会

【概况】 2022年，江北区全面贯彻落实中共中央办公厅、国务院办公厅印发的《关于加强新时代关心下一代工作委员会工作的意见》，浙江省委办公厅、省政府办公厅印发的《关于加强新时代关心下一代工作委员会工作的实施意见》文件精神，以及习近平总书记关于关心下一代工作的重要指示批示精神，市委书记彭佳学的批示精神，江北区充分发挥关心下一代工作的特色优势，全面推进各级关工委政治、思想、组织、队伍、制度、作用的建设。

推进“四化型”工作模式 江北区不断加强各级关工委的组织建设、提高工作成效，扩大社会影响。在“七一”前夕，配强配齐协会10个工作站站长，成立五老协会银辉党支部，推出“荣退”制度。成立“老兵爱心工作站”，用老兵自身经历讲好红色故事；实施“五老”关爱服务青少年项目，开展以党史学习教育、以案说法、健康安全、科学普及、传统文化教育等为主题的宣讲27次，对怡江小学、洪塘实验学校、灵峰学校中品学兼优、生活困难的20名学生进行慰问帮扶。向阳而生——江北区“工疗结合”心智残疾人就业帮扶志愿服务项目获宁波市新时代文明实践志愿服务项目大赛银奖、宁波市慈善公益项目比赛银奖，项目牵头人张耀坚的爱心义举被中国新闻网、甬派等媒体专题报道。

“假日学校”工作 全区有各

4月28日，在庄桥街道河西社区举行江北区关心下一代五老志愿者协会“老兵爱心工作站”成立仪式

级“假日学校”114家，通过独立开班、联合开班、全天班、半天班等形式，全年接收青少年6590人，其中“小候鸟”737人、留守儿童219人；有795名志愿者，其中五老志愿者有200余人。整合资源，进一步加强各界联动力量。洪塘街道关工委联动市住房保障管理中心、区红十字会等10余家单位丰富共建活动；孔浦街道关工委发挥宁波大学资源，组织学生走进社区开展活动；外滩街道关工委持续加推“携手橄榄绿　共护‘军娃’成长”系列活动；文教街道关工委以6C联盟为圆心，吸纳楼宇党群资源，梳理优化青少年党史学习“菜单”49项；前江街道宁波柯力传感科技股份有限公司邀请青少年走进公司，向青少年宣传“创新、专业、诚信”的正能量。扩大参与受益群体，区关工委为因家庭监护人缺失、父母残疾等原因导致困境的特殊青少年群体设计困境儿童和“小候鸟”活动专场；区五老协会组织“五老”志愿者为阳光家园企业关工委内的特殊青年职工开展疫情防控和精神舒缓专题辅导。加强对“假日学校”工作的宣传，国家级媒体报道77条，省、市媒体报道28条；各级各类微信公众号发布40条，其中“中国火炬”微信公众号发布25条。

校外教育阵地建设　构建符合青少年特点的校外教育阵地，以本土革命性、文化性、传统性为特色，提升各类阵地的利用率和参与度。对市级校外教育阵地进行发掘，既反映红色血脉的传承，又具有鲜明的江北地域特点，赋予老品牌新内涵、新活力，坚持功能多样化、内容主题化、活动经常化、效果明显化，实现超艺花木合作社的“劳动教育实践基地”、文教6C联盟的红色音乐阵地、洪塘的五老直播室等线上线下同频共振。挖掘新的活动阵地，区关工委联合区退役军人事务局将位于慈城三勤村的“句章军旅文化园”打造成新的青少年校外教育阵地，并开展9场青少年研学夏令营，实现工作联动、阵地联建、资源联用。

6月21日，江北区“假日学校”首届暨“花儿向阳　喜迎二十大”青少年研学夏令营启动仪式在慈城举行

【江北区“假日学校”启动暨“花儿向阳·喜迎二十大”青少年研学夏令营开营】以“七一”建党、喜迎党的二十大为契机，江北区“假日学校”首届暨“花儿向阳·喜迎二十大”青少年研学夏令营启动仪式在宁波勾章军旅文化园内举行。市、区关工委主要领导出席活动，中城小学毕业班师生代表50人参加。

【创新夏令营组织模式】江北区甬江街道“小候鸟”夏令营首次采用街道组织、学校参与、企业赞助的“家校社”模式，为300名“小候鸟”及环卫工人、个体经营户、快递小哥等非企业职工的20余名子女提供高质量的服务，“新华网”“中国蓝新闻”“学习强国”学习平台均予以报道。

（谢　芸）

法治　军事

政法工作

【概况】2022年，江北区政法工作牢固树立“大平安、大维稳”理念，以除险保安暨平安攻坚行动为主抓手，顺利完成党的二十大等重大活动维稳安保任务，扎实推进市域社会治理现代化建设，平安江北建设各项工作取得新成效，顺利通过2022年度“省平安区”创建，连续18年获得省平安县（市、区）称号，荣获省二星平安金鼎。

维护社会稳定　以“平安护航二十大”为主线，牵头全区各单位分阶段、分步骤落实重大活动维稳安保等级响应，做好各级两会、冬（残）奥会、省党代会、二十大等重要节点和重大会议安保工作。党的二十大维稳安保攻坚期间，创新建立“1+7+9+X”工作模式，由区委、区政府主要领导亲自带头，持续深化落实值班值守、会商研判等工作。集中开展了影响社会安全稳定风险隐患大排查大整治大化解专项活动，重点围绕政治安全、经济金融、社会治安、公共安全、生态环境、民生保障等“九大领域”，全年累计排查问题和风险隐患751件、化解743件。

平安江北建设　4月27日，全区建设平安江北大会暨政法维稳信访工作会议召开。认真总结17年来“平安区”建设工作经验，统筹协调做好平安建设有关工作，以考核促平安，以责任强平安，不断夯实平安基层基础。2022年，以“除险保安”暨平安建设攻坚行动为抓手，稳步推进“查风险、晒风险、除风险、保平安”各项工作，常态化开展“治隐患、保平安、促转型”“大排查大整治大巡防”“三必看三必查”等专项行动，对问题抓早抓小抓实，及时督促整改落实。出台“除险保安”晾晒工作总体方案，搭建“1+3+x”组织体系，将平安考核预警失分、风险隐患暗访督查、平安建设挂牌整治、平安指数、信访积案化解等12项内容被列为“除险保安”暨平安建设晾晒重点，按“日、周、旬、月”分时段分领域晾晒工作。共编发日报150期，要情周报15期，晾晒月报9期，宣传推广慈城镇“平安合伙人”、前江街道“平安联盟”等工作亮点。探索构建“主体自查、部门检查、属地互查、暗访督查”环环相扣、紧密衔接的“四查联动”工作机制，不断加大风险隐患排查工作力度、广度、深度，进一步压实各领域、各行业安全监管责任，切实提升平安江北建设整体水平。2022年，派出2400余人次落实部门检查80次、属地互查40次、暗访督查45次，省两次暗访发现29个问题均形成整改闭环。同时，开辟网络平安晾晒台，在“平安江北”微信公众号增设“平安晾晒台”专栏，每周晾晒各地各部门平安建设工作特色亮点，并同步开展“平安建设工作成效晾晒网络评价”活动，充分展现各地各行业领域在推进平安江北建设中取得的成绩，进一步提升人民群众对平安建设工作的认同度、满意感。

基层社会治理　统筹推进数字法治系统建设，聚焦数字法治核心指标，围绕数字法治核心业务梳理需求，始终着眼于群众及基层难点需求，结合江北实际，有序贯通重大应用，全力推动社区矫正应用、E行在线应用、检察大数据法律监督应用等一批数字法治重大应用在江北落地，积极谋划“非合作人员”极端行为预警管控场景应用、“涉法涉诉信访信息平台”“全域智执”子场景，实现平安法治有机更新、有序迭代。针对平安稳定、安全生产等工作，区委平安办牵头，纵深推进反暴恐专项斗争和道路交通、危化品企业、工业企业、消防隐患单位等高风险领域专项整治。2022年，对发现的三合一场所返潮、群租房房屋质量、消防通道堵塞以及劳动密集型企业、危化企业等安全隐患下发问题清单，责令限期整改。常态化开展扫黑除恶、电信网络诈骗、养老诈骗等专项行动，重点开展各类督导5次，养老诈骗破获案件7起，打击犯罪集团5个，对38人采取刑事强制措施，其中移送起诉32人，追赃挽损300余万元。

（全周锋）

公 安

【概况】2022年，公安江北分局共有内设机构25个，设派出所9个。是年，共受理有效警情57569起，其中刑事类2918起、治安类6697起，同比分别下降3.28%和13.85%。是年，分局先后获得全国优秀公安基层单位、全省平安建设先进集体、全省护航党的二十大成绩突出集体等市级以上集体荣誉10项，全省模范人民警察、全省优秀人民警察及二等功、三等功等个人荣誉97人次。

维护社会稳定　全力护航党的二十大，组织开展岁末年初风险隐患排查整治“清零”、除险保安、全区公安机关夏季治安打击整治等一系列专项行动，坚决清零各类隐患。是年，新排查出不稳定因素15起，成功化解8起；共清查夜宵摊、宾馆、酒吧等3500余家次，检查人员5200余人次，排查整改治安安全隐患197处。

严惩违法犯罪行为　常态化推进扫黑除恶斗争，深入宣传《中华人民共和国反有组织犯罪法》，并积极推动行业领域综合治理，持续巩固工作成效。是年，共侦办涉黑涉恶团伙5个，对59名涉黑涉恶犯罪嫌疑人采取刑事强制措施，破获案件77起，扣押非法资产1000余万元，累计发送《公安综合治理建议函》3份；组织线下集中宣传20余次，张贴、发放各类资料3.2万余份。快侦快破严重暴力犯罪，切实维护人民群众生命财产安全。是年，发破各类严重暴力犯罪14起，同比下降48.15%。强化大要案攻坚，成功破获21年前的“姚江公园4·25”命案积案、“3·15”全省首起特大非法买卖制毒物品案、“9·14”特大妨害药品管理案等一大批重大案件。深化电信网络诈骗打防治理，推动升格区打击治理电信网络诈骗犯罪领导小组，出台《江北区打击治理电信网络诈骗工作的实施意见》，强化全链条打击，完善预警劝阻，做精社会宣防，实现电信网络诈骗案件发案量、损失数同比分别下降12.7%、15.55%，打防绩效位列全市第一。是年，共摧毁诈骗犯罪团伙33个，破获案件329起，打处犯罪嫌疑人429人，累计追赃止损1.94亿元，返还资金1489.8万元；成功落地预警80267人次，劝阻完成率99.92%，劝阻金额689.42万元；累计开展各类宣传活动200余场次。深入开展打击整治养老诈骗专项行动，打掉犯罪团伙5个，抓获涉案人员47名，追赃300余万元。严打传统侵财犯罪，开年即组织开展打击传统侵财犯罪百日专项行动，迅速掀起工作热潮。全年，共打处盗抢掩等传统侵财犯罪嫌疑人368名，移送起诉270名，传统打侵财考核排名全市第一。全力打击黄赌毒违法犯罪，是年，破获黄赌刑事案件44起，抓获犯罪嫌疑人174人；查处黄赌行政案件155起，行政处罚644起，查处场所8家；破获各类涉毒案件39起，打击处理违法犯罪嫌疑人68人，其中破获“3·15”涉嫌非法买卖制毒物品案，得到了国家禁毒办通报表扬。严惩经济领域违法犯罪，破获经济犯罪案件43起，抓获各类犯罪嫌疑人119人，涉案金额约2.07亿元，其中侦办的M会员店被职务侵占案入选全市政法机关服务经济发展十大案例。严惩涉网犯罪，共侦破网安主侦管辖刑事案件21起，抓获犯罪嫌疑人215名；协助侦破刑事案件174起，抓获犯罪嫌疑人589人；舆情信息获部级领导批示数居全省前列。

7月5日晚，公安江北分局在奥体中心举行平安护航二十大“除险保安”攻坚暨夏季治安打击整治“百日行动”誓师大会

数字赋能基层治理　深入推进“公安大脑”建设，聚焦区域特点和实战需求，紧盯部署、体系、技术、保障、制度等重要环节，全力推动

建设工作有序推进、稳中提质。是年，收集基层场景需求53个，研发应用场景11个，其中公安领域信用修复入围第四届“新华信用杯”全国信用案例；“非合作人员极端行为预警管控应用”被纳入2022年度省、市两级重大应用“一本账S2”。优化基层治理，坚持“打防并举、以防为先”工作理念，以深化案源治理为抓手，找准案源高发风险点，一手强化侦查打击，一手狠抓基层治理，取得了阶段性成效。是年，共立刑事案件424起、治安案件727起，同比分别下降31.6%、18.3%。全面铺开“一村一辅警、一社区两辅警”工作，成功打造老外滩警务站、电商园区警务联络站等一批基层治理亮点，基层治理基础进一步夯实。全力推进公共视频监控建设一体化改革，建成全区视频感知解析网及视频共享综合应用平台，接入13家单位，多路视频监控。深入推进“雪亮工程”建设，顺利完成江北区首批九类场所千余家监控视频安装和联网工作。

行政管理 加强流动人口管理服务，借助防疫工作数据，新增纳管登记流动人口3.5万人。是年，全区实有登记流动人口29.98万人，出租房屋13.31万间。常态化开展旅馆业检查，发现整改各类问题52个，约谈4家旅馆业主，办理旅馆业未按规定登记入住案件114起。强化外国人服务管理，以“三非”外国人重点整治专项行动为抓手，积极构建“党政统领、部门协作、群众参与”的“三非”外国人治理新格局。是年，共纳管外国人839人，查处“三非”人员26人。优化日常服务，在老外滩警务站设立涉外调解工作室，义务提供公益性涉外调解、涉外法律咨询、法律援助等服务，累计化解涉外矛盾纠纷9起。做好日常出入境证件审批工作，是年，共受理因私护照555人次，港澳通行证及签注726人次，台湾通行证及签注9人次，港澳居民来往内地通行证9人次，台湾居民来往大陆通行证14人次，内地居民前往港澳通行证1人。主动助力企业出境招商，会同区商务局创新外贸企业出境“白名单”制度。是年，帮助辖区100余家重点外贸企业116名员工分批赴海外参展和开展商务洽谈，达成外贸出口意向订单约2亿元，助力全区出口额以19.3%的增幅排名全市第一。优化公安政务服务，于全省试点开展公安领域信用修复全流程网办，办理信用修复申办件53件；会同区人才办创新推出人才无门槛便捷落户举措，为542名人才解决了安家之忧；会同区退役军人事务局实行军转干部落户“最多跑一次”，帮助2批次20余名军转干部一次性完成落户，核查拟落户军转干部信息100余人次；实体化运行网办中心，并以全市第二高分顺利通过省公安厅验收。是年，区户证中心被公安部授予“全国公安优秀基层单位”荣誉称号，群众办事满意率达99.91%。

警务机制改革和警务保障 深化执法规范化建设，充分发挥执法监督管理委员会监督管理职能，每季度定期组织召开专题会议，研究审议法治公安建设相关工作。构建中层履职积分清单、全警办案积分清单、劣质案件（执法行为）清单、重点执法数据清单四张清单评比晾晒体系，全面推进执法规范化建设。刚性落实派出所办理刑事案件负面清单制度，制定出台《负面清单案件“分段”办理前期调查取证指引》及《案件移交登记表》，最大限度促进办案流程连贯、办案思路统一，实现案件移交“无缝对接”。整合督察、审计、法制执法监督管理职责，试行派驻法制员与法制大队民警交叉轮岗制度，切实形成执法办案全流程监管闭环。建立警检联席会议制度，加大业务交流频次，通过制作典型案件点评、专业人士培训、参与法庭庭审等方法，进一步丰富民警学法用法载体。完善应急机制建设，优化“135”快速反应警力部署，加强对重点单位、部位以及治安复杂、案情高发的区域巡逻防控，防控各类突发案事件。持续深化防暴小队建设，开展防暴小队轻、重装合成训练，持续提升应对突发事件能力和水平。深入贯彻落实营房建设三年计划，按“一所队一方案”要求，逐一梳理、制定推进计划。有序推动派出所户籍窗口进驻各街道（镇）便民服务中心，累计筹措建设资金约2.1亿元，落实建筑面积2.07万平方米用于迁建、扩建。是年，庄桥派出所新所建造完成，孔浦派出所新所选址确定，洪塘派出所、慈城派出所启动改扩建工程，外滩派出所、前江派出所拟启动新所迁建事宜。

队伍建设 深化理论学习，以“三能”主题实践教育活动为载体，认真学习宣传贯彻党的二十大精神，组织开展多种类、多层次现场教学，全警理论基础进一步夯实，理想信念进一步坚定。是年，共举办“北警讲坛”等讲座8期、各类学习100余场次、主题讨论30余次。深化“红领北警”机关党建品牌创建，建成集公安文化、宣传防范等元素于一体的警察文化基地，内部挖掘“三能”示范基地10家，分局文化示范基地和洪塘示范派出所基地入选市级“三能”示范基地。强化典型引领，开设“北警‘能’靓”专栏，并注重在急难险要工作中挖掘培育“三能”典型，先后推选出“反诈明星——姚剑波”“派出所里的业务多面手——王磊”等“网红”民（辅）警先进典型人物，相关事迹在《人民公安报》《浙江日报》等中央、省、市各级媒体刊发120余篇次，打造的POLICE COFFEE品牌设计及相关文化产品，在新时代浙江公安文化工程创意大赛中获奖。做实从优待警，举办民警荣誉退休仪式暨从警30年纪念座谈会，在“八一”建军节开展军转干部座谈会，将基层所急所盼落到实处。提高辅警职业保障，在区政府大力支持下，公安江北分局合同制辅警人均保障经费由7.03万元/年提高至9.15万元/年，总体保障水平位于全市前列。强化荣誉引领，在开展定期评选三等治安奖章等荣誉激励基础上，突出战时表彰，并组织开展功模辅警健康休养活动。

【试点公安领域“信用修复一件事”】2022年，公安江北分局作为全省两家试点单位之一，开展公安领域“信用修复一件事”全流程网办工作。于7月11日起正式运行，平均办理时间从10天缩短为7天（包括公示5日）。是年，成功办理网上申办件53件，向上级反馈各类问题及优化建议40余个。该项目获全国第四届“新华信用杯”最佳实效奖，并成功入选全省2022年度信用数字化改革应用场景十大优秀案例。

【破获省毒品目标“2022-22”号案件】2022年，公安江北分局根据前期走访中发现的易制毒和危化品黑色产业链线索，研判出以崔某某三兄弟为首，通过联系危化品驾驶员收购、贩卖制毒物品等犯罪事实。2022年3月，组织80余名警力分别在江北、镇海、慈溪等地开展集中收网行动，一举摧毁了长期盘踞在宁波及周边地区集非法买卖、运输、储存、使用于一体的地下危化品（易制毒）黑色产业链，抓获犯罪嫌疑人28名，缴获大量易制毒化学品，该案系全市首例侦办且缴获易制毒化学品数量巨大的非法买卖制毒物品案件，工作成效得到国家禁毒办通报表扬。

【打造老外滩智慧“融”警务站】2022年，公安江北分局针对老外滩文保单位多、大型活动多、矛盾纠纷多等治安特点，在外滩街道车站路53号打造老外滩智慧“融”警务站。该警务站占地面积260平方米，距老外滩商圈直线距离150米，以5分钟到场为标准，辐射江北区政府、宁波大学附属第一医院（外滩院区）、来福士广场、绿地广场等近30%的街道区域面积。老外滩警务站以构建城市中心商圈“融”警务站样板为目标，以打造全要素管控的智能防控圈、多维合一的联防联治圈、群众满意的便民服务圈为路径，联动特警、交警，协同综合行政执法、司法、市场监管、消防、老外滩管委会等多部门，形成“3+X”工作体系，有效提升全方位、立体化治理防控能力。同时针对辖区外国人聚集的特点，联合区司法局、外滩街道设立涉外调解工作室，实行老外调解老外新模式，进一步提升涉外矛盾纠纷化解效率。至年底，老外滩商圈总警情同比下降25.8%，打架斗殴类警情同比下降19.8%，累计化解涉外矛盾纠纷9起。

（舒起孟）

1月20日，公安江北分局举行荣誉退休仪式暨从警三十年纪念座谈会

检　察

【概况】2022年，区检察院忠实履行宪法和法律赋予的监督职责，各项检察工作实现新提升。其中办理公安部督办的“319”特大跨境电信网络诈骗案，起诉148人，对3名境外在逃主犯批准逮捕并建议发布红色通报。为宁波市一家农业龙头企业挽回经济损失近千万元，认真梳理该企业在生产经营、财税管理等环节和领域存在的问题，量身定制《服务企业计划书》，帮助企业完善内部管理体系，相关做法被《检察日报》头版报道。连续第八年获

评“全国检察宣传先进单位”，官方微博连续第三年入围全国“二十佳”。

刑事检察 依法履行批捕、起诉职能，受疫情防控等因素影响，全年共受理审查逮捕167件218人，审查起诉759件1144人，受案人数同比分别下降56.4%、35.8%。全面加强认罪认罚从宽制度的常态化适用，适用率为81.7%，确定刑量刑建议提出率为100%，法院采纳率为100%。坚决落实“少捕慎诉慎押”刑事司法政策，强化羁押必要性审查，共对53人作出不批捕决定，不起诉340人，诉前羁押率16.1%。强化侦查活动监督，立案监督的葛某某虚开增值税专用发票案，被判处无期徒刑。深化刑事执行监督，王某脱管监督案获评全市社区矫正典型案例。积极参与协助上级检察机关办理司法人员职务犯罪案件4件4人，立案1件1人。

民事行政检察 紧盯融资租赁及民间借贷纠纷等社会矛盾聚集区，精准开展民事生效裁判监督，14个案件获改判，1件已裁定再审。主抓类案做实审判程序监督，以强化个人信息保护、规范文书公开及诉讼费收取为发力点，就42件个案制发程序违法检察建议书3份。依托司法网拍、涉车辆查封扣押等专项活动监督，就55件个案制发执行活动违法检察建议书28份，3件获评优质案件。其中，针对司法评估违规收费问题，协助相关部门构建规范结算机制，助力提升司法公信力。针对车辆扣押难题，联合法院制定协作细则，促进车辆执行活动依法有序开展。

公益诉讼 共立案办理公益诉讼案件34件，发出诉前检察建议书21份。聚焦乡村振兴，针对耕地保护、粮食安全等问题，办理江北区首例行政公益诉讼起诉案件。以刑事、民事公益诉讼、行政公益诉讼多维度、多举措监督办理一起销售含有禁止使用添加剂成分的豆制品系列案，全力保障百姓“餐桌安全”。该案获评全市检察机关知识产权司法保护典型案例。对因盗拆导致江北区文物保护点大双桥被破坏一案，提起全市首例不可移动文物民事公益诉讼，并助推桥体有序修复。针对最低生活保障、残疾人补贴、水库移民扶持资金存在涉刑违规领受现象展开系统排查，制发检察建议3份，督促及时挽回国有财产损失。

数字检察 以“提质拓面、系统集成、整体定型”为总目标，牵头推进政法一体化办案系统应用，打破各司法部门间信息壁垒，单轨制办案率维持在97.6%以上。坚持一体融合、全面贯通，依托省检察院“数据应用平台”，积极推进检察数字办案，梳理完成类案监督模型15个，通过建模已成案32个。深度参与“碰瓷型”车辆保险诈骗乱象治理，推动实现“检察+保险”信息数据交互碰撞，监督发现涉嫌犯罪线索2条，均被刑事立案。智慧停车收费、危化品运输车辆数字监督案等4个案件入选全市检察数字办案“金点子”前十，有效提升“数字赋能监督，监督促进治理”实战实效。探索开发兼具工具化和实用性的银行账单分析系统，应用于全市检察机关自侦案件办理，为案件办理提供有力技术支撑。

特色工作 从严从快打击合同诈骗、职务侵占等侵害企业合法权益犯罪，为宁波市某农业龙头企业挽回经济损失近千万元，并量身定制服务企业计划书，帮助完善内部治理结构，相关工作被《检察日报》头版和最高检微信公众平台同时报道。牵头成立江北区营商环境投诉监督中心，积极探索异地协作模式，办理全市首例跨省企业合规案件。聚焦市场主体投诉难题，聚合区纪委区监委机关、区司法局等成员单位职能力量，“一站式”保障市场主体合法权益。协同区工商联等多部门举办全区首届民营经济法治建设峰会，制定出台助推经济稳进提质二十条措施，发布检察机关服务民营经济白皮书和典型案例，多维度深化检企沟通交流。在前江街道设立检察服务联络站，以送法入企、“一对一”纾困解难等形式，一体化畅通服务保障检察通道。

队伍建设 全面助力干警“充电蓄能”，搭建“新三江口月谈”“北检青年说”等学习平台，积极组织参加各类培训、竞赛和评比活动，获得国家级荣誉6项，省、市级荣誉30余项，1名干警获评全市十佳公诉人第一，1篇法律文书获评省优秀公诉意见书五强。充分发挥“外脑”“智库”力量，聘请人大代表、政协委员、党外人士、行政机关资深专家担任特约检察员、特邀检察官助理，为检察办案提供智囊支撑。不断加强理论研究，与华东政法大学、宁波大学、浙大宁波理工学院深化检校合作，1个刑事诉讼理论课题获最高检、省、市三级院理论研究立项。

（李海燕）

法　院

【概况】2022年，江北区法院共受理各类案件7442件，同比下降13.03%，办结7692件，同比下降8.06%。结案均衡度、程序比等十一项主要办案质效指标位居全省前列，审判执行各项工作取得新成效。

维护社会安全稳定 新收一审刑事案件663件，审结668件，同比下降9.18%和1.91%，判处罪犯957人，其中五年以上有期徒刑33人。审结危害公共安全、故意伤害、“两抢一盗”等严重刑事犯罪案件302件，保障人民安居乐业、社会安定有序。持续开展打击电信网络诈骗犯罪活动，审结69件121人，涉案金额4亿余元。始终保持惩治腐败高压态势，审结贪污、贿赂等职务犯罪案件8件13人，判处有期徒刑三年以上刑罚3人。净化社会风气，常态化推进扫黑除恶斗争，审结涉黑涉恶案件7件16人。坚持教育为主、惩罚为辅，审结未成年人犯罪案件10件12人，缓刑率75%。促进罪犯改恶从善，积极落实认罪认罚从宽制度，795名被告人自愿认罪认罚，依法对547名罪犯从宽适用非监禁刑。

护航经济稳进提质 依法平等保护各类市场主体权益，审结涉企纠纷3283件，“17.5小时调解助力楼盘复工案”和“探索审判领域‘当事人一件事’”入选宁波法院优化法治化营商环境典型案（事）例，“吕某诉养老服务公司合同纠纷案”入选宁波法院保护中小微企业健康发展典型案例。深入开展“法助共富、法护平安”专项行动，开展“三服务”活动，全年走访企业52家，精准对接企业发展需求。汇编《营商风险防范指引》公司篇，加强涉企风险预警。协办全区民营经济法治建设峰会，联合发布优化法治环境助推经济稳进提质二十条措施。发布《民营企业司法保护白皮书（2019—2021年）》和典型案例，分析梳理民营企业健康状况和发展诉求，为区委、区政府决策提供参考。优化破产审判，构建良性市场退出机制，审查破产案件37件，办结17件，涉案金额2342.5万元。

助推法治政府建设 强化行政审判职能，办结一审行政诉讼案件79件（不含不予受理1件），其中异地管辖46件，占比58.23%。监督行政机关依法行政，保护行政相对人合法权益，判处行政机关败诉11件，其中江北区行政机关败诉率为0。深化司法与行政良性互动，召开府院联席会议并发布行政审判白皮书。主动融入“大综合一体化”行政执法改革，成立全省首个“3+N”多元共治联络室“共享法庭”。联合区消防救援大队建立全省首个消防执法联络室，诉前督促履行100件，自动履行比例提升一倍。推动建立区滥诉联合甄别专业委员会，集中排查线索，筛选涉嫌滥诉人员5人，规范当事人依法行使诉讼权利。

归口治理类案纠纷 依法贯彻实施民法典，审结一审民商事案件4597件，同比下降11.01%。审结婚姻、继承等家事纠纷案件242件，发出民法典实施以来全市法院首份人格权侵害禁令。“空巢”老人有权要求子女“常回家看看”一案获评全市弘扬社会主义核心价值观典型案例。审结劳动纠纷案件161件，涉案劳动工资1002万元，推出“周四见”系列活动，关口前移减少劳动争议纠纷。审结民间借贷案件686件，标的金额2.95亿元，规范民间融资健康发展。创立“金融纠纷诉前调解中心”和“金融纠纷法官在线工作室”调保立审执五位一体的金融纠纷一站式调处平台，诉前化解904件案件，金额达3551万元。建立房地产市场风险防控处置工作小组，联动化解多起涉众型房地产难题。

优化措施保障民生 开展打击整治养老诈骗专项行动。审结养老诈骗犯罪案件3件3人，并全部追赃挽损到位。其中，“陈某诈骗案”入选宁波市第二批十大典型案例。加强环境资源司法保护，开展“三合一”审判，审结环境资源案件72件，建立两江生态环境行政司法协同治理中心。稳步推进涉重大工程项目补偿安置协议司法确认工作，助推国土空间综合整治，在轨道交通8号线项目中作出首份司法确认裁定书，刷新近年来江北区征迁项目新速度。加大司法救助力度，为18名当事人发放司法救助金96.73万元。

强化执行维护权益 办结执行案件2470件（含执恢案件485件），共执结到位4.89亿元，执行标的平均到位率、执行案访比等指标均位居全市前三。提升审执查控效果，共查封房产2509次、查封车辆1273次。加大失信惩戒力度，曝光失信被执行人1699人，限制高消费1851人，形成强大执行威慑。腾空房产59处，拍卖成交金额1.65亿元，全年共开展4次专项执行行动，重点解决一批涉民生案件及中小微企业案件，其间，执行完毕72件，执行到位3000余万元。继续用好失信被执行人信用修复制度，全年共在59件案件中适用该项机制，涉及执行金额8710.97万元，帮助8家企业恢复正常生产经营。

加强审判管理 有序推进四级法院审级职能定位改革试点工作，共报请提级管辖案件6件，审结“四类”行政案件7件。优化审判资源配置，制定审判案件专门案由归口办理方案，提升专门案由专业化、集约化水平。采用五色体检表为质效数据“精准画像”，通过加强数据实时监测和定期通报，不断促进案件提质增效，全年生效案件改判发回瑕疵率位居全省第一。开展执行案卷专项评查、员额法官遴选案件评查等93件。切实加强“四类案件”监管，将128件申请破产清算、融资租赁等疑难复杂案件纳入监管。

营造诚信诉讼环境　开展“诚信诉讼月”活动，打造诚信诉讼展厅。持续打击虚假诉讼，召开防范打击虚假诉讼公检法联席会议。全年查处虚假诉讼案件29件，罚款12人269万元，拘留7人，移送公安机关3件。“捏造工人工资劳动仲裁强制执行案”入选市中院打击虚假诉讼十大典型案例。及时更新职业放贷人名录，认定职业放贷人5人。聚焦打击拒不执行判决、裁定行为，司法拘留8人，罚款886人557.21万元，追究刑事责任3件4人。安检查获管制刀具8件，制裁妨碍诉讼行为为47件51人。

强化集约导向　纵深推进审判领域“当事人一件事”集成改革，全年通过377件案件化解1914起纠纷，诉前化解1944起纠纷未进入正式立案，一审民商事案件立案数同比减少8.73%。其中，洪塘法庭通过1个装修及租赁合同案件办理，消除120个潜在案件。全市率先开展全流程审判辅助事务集约化改革试点工作，建成集约中心并组建“1+1+N”的新型审判保障模式，统一办理12项辅助性事务，相关调研入选省高院重点调研课题。运用数字化理念开发的“生效裁判督促履行系统”入选宁波市2022年法院条线工作现代化创建项目。

助推基层治理　结合“枫桥式人民法庭”建设工作，积极推进建成“共享法庭”172个，试点人大代表联络站“共享法庭”应用场景，并在全市率先实现全覆盖。探索数字化改革项目，在“共享法庭”基础上叠加执行事务应用，实现财产查控、文书送达、执行见证、精准失信惩戒、需求交互的一网通办。发布《涉村集体案件司法白皮书》，编制涉村集体典型案例，打造“村支书进法庭”品牌，助推基层治理。

【金融纠纷一站式调处平台】　区法院创新打造“金融纠纷诉前调解中心”和“金融纠纷法官在线工作室”调保立审执五位一体的金融纠纷一站式调处平台，诉前化解904件案件，金额达3551万元，全面提升司法效能，助力营造和谐稳定的金融环境。

【办理“空巢”老人有权要求子女“常回家看看”案】　原告费某某、陈某某因其子被告费某拒绝探望，诉至区法院，要求判令被告履行作为子女的探望义务。区法院认为两原告要求被告定期探望，理由正当合理，符合人伦法理，判决予以支持。该案例获评全市弘扬社会主义核心价值观典型案例，引导社会形成尊老、爱老、亲老的家风家貌。

【审判案件按照案由归口办理】　7月，结合诉源治理、人民法庭“一庭一品”建设工作，区法院对审判案件按照案由划定归口办理部门。立案庭（诉讼服务中心）专门办理道路交通事故责任纠纷案件、物业费纠纷案件、金融借款案件；刑庭专门办理涉未成年人案件；民庭专门办理破产案件，与公司、证券、票据等有关的民商事案件；行政（综合）庭专门办理环境资源案件；庄桥法庭专门办理保险类民商事案件；慈城法庭专门办理继承纠纷和抚养、扶养、赡养等慈孝家事类案件；洪塘法庭专门办理电商网络纠纷案件；甬江法庭专门办理劳动争议、人事争议案件；院领导负责办理疑难复杂、新类型和在本地区有重大影响的案件，以及发回重审、抗诉和申诉再审案件。

（张兢兢）

司法行政

【概况】　2022年，江北区司法行政工作在区委、区政府的领导下，坚持以习近平新时代中国特色社会主义思想为指导，紧扣全区中心工作，积极探索创新，努力争先进位，为江北建设现代化滨海大都市创智和美城区提供坚实法治保障。

依法治区　出台法治江北建设实施方案等文件，构建“两方案一意见一分工”法治规划体系。组织开展“法助共富、法护平安”专项行动，持续开展习近平法治思想学习宣传贯彻“八进”活动，常态化进行法治工作情况通报，推进街道（镇）合法性审查提质增效。推动基层法治实践提质增效，与浙江大学宁波理工学院合作，成立区法治建设促进中心，建立博士工作站，组建“知识产权”“凤凰行动”“涉外法律”“港航物流”四支服务促进团队，助力法治建设跃迁升级。江北区法治浙江社会满意度测评首次位列全市第一，连续4年法治浙江（法治政府）考评位列全市第一、全省前列，2021年、2022年蝉联全省第一。政务服务“一件事”集成改革获评全国法治政府建设示范项目，系宁波首个且唯一一个。“打造符合新时代要求人民调解队伍”和“教科书式执法”两个项目入选全省2021年度有辨识度有影响力法治建设成果，“教科书式执法”实践获评2022年度全省县乡法治政府建设最佳实践项目，区司法局获评全省司法行政系统法治建设工作成绩突出集体。

法治政府　成立全省首个执法监督指导站，联合区法院、区检察院、区综合行政执法局构建行政执法改革“3+N”多元共治体系，同步建立“六联”工作机制。与市司法局共建“法律法规规章实施数字化多跨监督”系统，单独承建“行政执法监督扁平化指挥系统”，该项目纳入省委改革办《2022年度全省重大改革（重大应用）“一本账S3”》。2022年发放《执法监督通知书》15份、监督建议书2份。落实重大决策要求，全区纳入目录化管理的重大决策事项15件，均按照要求履行重大决策程序。严把合法性审查，2022年审查规范性文件和合同53件。开展行政规范性文件清理，宣布失效或废止33件。开展行政复议“以案治本”专项行动，办理的2件案例入选全省行政复议典型案例。全市行政复议基层服务点揭牌仪式率先在江北举行，实现行政复议申请线上、线下全区域覆盖目标。2022年复议纠错率为0，负责人出庭率保持100%，全区行政诉讼败诉率1.92%，较上年同期大幅下降，各项数据均位列全市前列。在慈城镇设立全市首创综合行政执法领域行政复议基层服务点，一站式解决涉“大综合一体化”行政执法争议事项。成立江北区基层法律服务中心，进一步加强基层合法性审查力量。2022年，8个街道（镇）合法性审查数量达948件。持续推进“无证明（证件）办事之城”改革，新增2件事项。探索推行违法事项告知承诺制，实施涉企柔性执法。在省工商联发布的《浙江省万家民营企业评营商环境报告》中，江北区在营商法治环境一项排名全省第一。

法律服务 实施法律服务“春风计划”，组织专业普法团队全程参与区人社局举办的系列新春招聘会，为稳就业促发展提供坚实法治保障。组建10余个法律服务团，服务辖区“精专特新”企业。全区145个村（社区）实现了全区村（社区）法律顾问全覆盖，打通法律服务群众的“最后一公里”。落实法律援助经济困难证明承诺制，开辟农民工维权绿色通道，在残疾人服务大厅设置公共法律服务站，完善部队公共法律服务站运行，在基层司法所配齐配全公共法律服务自助终端，形成“中心＋所”“1+8”自助服务体系，丰富服务获取方式。2022年，累计接待群众4928人次，办理法律援助756件。实现村社和市场主体法律顾问全覆盖，依托“红韵法治亮楼宇”服务平台，开展法治体检，走访企业5827家，开展法律服务上万次。联合区工商联、区法院、区检察院召开首届民营经济法治建设峰会，推出助企纾困政策20条。聚焦涉外涉疫两大主题，梳理印发中英文双语版《新冠疫情防控背景下涉外企业常见法律问题指引二十条》和《新冠疫情期间企业相关法律问题指引》，为企业依法处置提供参考。打造“企航北岸”普法直播间，面向民营企业推出多期普法直播。律师行业持续发展，以江北在全市率先出台高端专业服务业扶持政策为契机，实施律师行业“扬帆行动”，深入推动律师行业高端服务业发展，培养高层次法治人才，发挥税收返还、人才补助等政策优势，大力招揽“五院四系”毕业的、非本地的优秀人才，各律所创收约4.07亿元，同比增长6.82%，新增律师79人，律师万人比达11.49，超过共同富裕指标要求。

矛盾化解 深化调解学院建设，编印《老王解惑案例选编》并纳入调解学院教材。组建由28人组成的，涵盖物业、医疗、交通、劳动、治安等领域的矛盾纠纷调解专家库，优化处置能力和处置效率。加强专业调解组织建设，联合善宁社会组织成立全市首家未成年人权益保障人民调解委员会。与市律协、区矛调中心等部门共同设立婚姻家事调处（辅导）工作室。联合区外事办、街道、派出所等在老外滩设立涉外调解工作室。与区人社局、区总工会、区矛调中心等成立江北区劳动调解中心。2022年，各调解组织累计调处各类矛盾纠纷6947件，调处成功率99.8%，涉案金额达4.49亿元。

普法依法治理 推进“八五”普法规划，落实“谁执法谁普法”工作责任制。强化普法阵地建设，在法治阵地配置扫码阅读、智能语音播放系统等，提供“自助式”普法服务。坚持普治结合，推动甬江街道外漕村创建全国民主法治示范村，在法治实践中普及法律知识。探索“法治＋”普法模式，开展“法治＋教育”，在宁波交通高级技工学校成立江北区“小工匠”法治教育基地；开展“法治＋直播”，依托普法云直播推动“法治云接力”；开展“法治＋共享”，联合区教育局、灵峰学校、越西县南城小学共同开展法治毕业礼活动；开展“法治＋文艺”，与区文联合作成立法治文艺工作室，开展法治书画展、法治文艺汇演等活动20余场。全省首个习近平法治思想宣传主题公园——法兴园作为全市唯一，入选2021年浙江省“十大普法影响力事件”。宁波市青少年绿色学校入选省级首批公民法治素养观测点。

社区矫正 推进社区矫正数字化、规范化、专业化建设，在全市率先开发完成自助报告轮巡系统，收集341份声纹信息，解决人工接听报告电话大量重复工作问题，有效杜绝“人机分离”现象。加快“智慧矫正”建设，争创部级“智慧矫正中心”，完成省级验收。运用“浙里连心”心理平台对所有社区矫正对象进行“五色心情码”赋码，建档率达98.8%。与宁波市开放大学建立合作关系，帮助社区矫正对象提升学历、技能。连续15年实现社区矫正对象无脱管、无漏管虚管、无严重再犯罪“三零”目标。全力做好刑释解矫人员安置帮教工作，有效维护辖区和谐。

【区“大综合一体化”行政执法改革“3+N”多元共治联络室成立】 6月17日，联络室正式揭牌成立。江北区司法局成立全省首个基层“执法监督指导站”，与区法院“共享法庭”、区检察院“检察官办公室”组合成立“3+N”多元共治“联络室”，进一步深化“大综合一体化”行政执法改革，加快推动省市县乡四级全覆盖的行政执法协调监督工作体系建设，强化对基层行政执法行为的监督指导，全面推进规范公正文明执法，为推动基层法治建设注入新动力。

【江北区案例入选司法部发布的法律援助工作指导案例】 9月5日，江北区“浙江省宁波市江北区法律援助中心对徐某医疗损害责任纠纷提供法律援助案”入选司法部发布的5起法律援助工作指导案例。

案例简介：2015年4月，徐某因“排尿终末疼痛5天”就诊于浙江省某医院，医院为其进行相应检查并以“膀胱结石”进行开药处理，但患者病情并未好转反而加重，后因膀胱癌治疗无效不幸于2018年6月3日离世。徐某的妻子与女儿认为某医院在2015年4月的超声等检查中存在误诊等医疗过错。徐某女儿与某医院共同申请当地医学会进行医疗损害鉴定。鉴定意见认为，医院存在医疗过错，对患者徐某死亡承担次要责任。因医患双方协商不成，徐某家属于2020年4月23日向宁波市江北区法律援助中心申请法律援助。江北区法律援助中心经审查，认为符合法律援助条件，于同日指派原浙江鑫目律师事务所章李律师承办此案。

承办律师经多次与当地医疗纠纷理赔中心沟通，并多次咨询相关专家及省级医学会意见，在对患者的病历资料及医疗费票据等证据完成整理后，以当地医学会出具的鉴定意见为依据，代理受援人向江北区人民法院提起诉讼。

2020年11月17日，江北区人民法院受理本案。经承办律师与法院、医院沟通，就医方具体过错行为的严重性进行详细论证，成功说服医院承担40%赔偿责任。承办律师还找出相应法律依据、类似判例，跟法院进行沟通，认为患者医疗费报销部分属于投保后的保险利益所得，仍应计入赔偿金额，不能因此减轻医院的赔偿责任。

在法院调解下，某医院同意按照次要责任中最高的赔偿比例即40%赔偿责任进行赔偿。最终原告顺利拿到了50多万元赔偿款，合法权益受到保护。

（徐海波）

军　事

【概况】 2022年，江北区人民武装工作坚持以习近平新时代中国特色社会主义思想和习近平强军思想为指引，坚决贯彻落实军分区党委、江北区委决策部署和指示要求，瞄准“求变、求进、求稳”目标，全面抓建设、扎实打基础、创新谋发展，国防动员和后备力量建设保持稳中有升良好态势。

理论武装与宣传教育　江北区人民武装部（以下简称区人武部）抓实创新理论武装，围绕迎接党的二十大、学习贯彻党的二十大精神这条主线，持续抓好党的十九届六中全会精神的深化理解，及时跟进学好习近平主席最新讲话，组织全程收听收看党的二十大开幕会。以贯彻军办《改进中校以上军官学风的措施》和军分区“三学三立”活动为抓手，深入开展“大学习、大调研、大交流”活动，研究制定改进学风具体措施，严格落实党委中心组理论学习制度，采取主官领学、班子研学、全员普学等方式，推动理论武装入脑入心、走深走实。精心组织重大教育，召开党史学习教育总结会，对巩固拓展党史军史学习进行再部署，参加军分区军史知识竞赛获得团体第2名。科学拟制聚焦“忠诚维护核心、矢志奋斗强军”深化主题教育方案，扎实开展“学思想、铸忠诚、担使命”实践活动，全年先后4次召开党委议教会，安排内部授课辅导26次，开展小组讨论交流10次和常识测试2次。重视重大教育向基层专武干部、民兵骨干和社会面延伸，结合民兵集合点验、军事训练等时机，先后安排6个街道专武干部进行主题教育授课，结合宁波市大学生征兵启动仪式为全市300余名师生代表作《青春方阵请你入列》国防宣传教育。维护意识形态纯洁，结合形势变化、单位实际等随机开展战备形势、内部关系、道德法纪、心理健康等经常性教育，广泛开展谈心交心活动，因人而异做好一人一事思想工作，及时化解疑虑，澄清模糊认识。严密组织人员政治考核和心理测试，保持单位纯洁巩固。

日常战备　2022年，区人武部牢固树立战斗力这个唯一的根本的标准，坚持把备战打仗作为第一要务，着眼向战为战、以战领建锤炼核心打赢能力。突出战备制度落实，关注国际国内热点动态，抓实日常战备形势教育，着力破除“当和平兵”思想，彻底清除和平积弊。严格落实每季专题议战议训、定期修订完善战备方案等制度，着眼配套衔接、实用管用。盯紧值班人员在岗在位，督促保持良好战备秩序，主动组织节前人员战备拉动、开展专项战备教育。重视情报信息工作，及时调整充实民兵情报信息员，扎实开展业务培训，全年上报各类民意社情采用总数排名分区第3。严密组织军事训练，科学制订年度训练计划，合理确定参训对象。年初，制定新课题，组织机关带民兵分队，设置学习科目，高标准组织开训动员，相关做法成果受到省军区、军分区充分肯定。聚焦援战强化能力，坚持把融入联合作战体系、融入现实使命任务作为契机，充分抓住大项演训、抢险救灾等时机，开展指挥训练和应急应战能力训练。9月，出动民兵应急力量200余人次、大型装备4台参与防抗台风“梅花”，圆满完成辖区和驰援余姚三七市镇抢险救灾任务。

国防动员 坚持任务牵引、统筹推进，协调国动委成员单位各司其职、同向发力，较好落实国防动员各项工作。切实摸清国防潜力，聚焦应急应战动员准备，协同区国动委各成员单位，按照任务部署、业务培训、数据采集、审核整理、整改完善、会审整编、总结上报一个链路，综合运用普遍查与专项查、全面核与重点补、现地走访与函询对接等方式，切实掌握辖区动员潜力底数。持续深化民兵工作，踩实潜力调查、任务对接、队伍编组、集合点验、检查验收各个环节，顺利完成江北区民兵编组任务。着眼有效发挥民兵先锋力量作用，组织民兵投入辖区文明城市创建、疫情防控等工作，共出动民兵800余人次参加疫情防控工作。针对性开展征兵宣传进高校、走村上门入户发动、点对点宣传推介等方式，深入挖掘辖区兵员潜力，圆满完成新兵征集任务。

正规化建设 2022年，区人武部夯实基础性工作，牢抓正规化建设，对系统进行维护升级、对作战值班室进行二次改造，同步对办公楼所有电话、网络线路进行重新布设。针对营房设施老旧、办公桌椅破损、功能场所划分不够合理、库房物品堆积杂乱等问题，摸清办公用房底数，经多方论证并广泛征求意见，坚持自主规划、自己动手，全面进行大起底大调整大整顿，在不影响正常办公情况下，对营院基础设施进行全面升级改造。规范办公生活秩序，着力把“陈旧观念的摒弃、惯性思维的破除”作为提升软件建设的突破口，引导大家对照建设标准、检查标准、考核标准等，对请示报告、办文办会、活动组织、安全管理等问题进行整改，逐步规范日常生活秩序，提升业务工作水平。

后勤保障 2022年，区人武部抓后装保障业务落实，加大保障常识法规学习普及力度，盯住财务报销、物资采购、训练保障等重点关键的规范落实。周密部署开展“守护戎装”专项活动，先后排查服装生产企业、销售军服劳保商店20家，收缴军服2套，下达责令整改通知1份。借力资产可视化攻坚行动，彻底厘清损毁待报废资产10类191件，完成11种2351件设备器材扫码贴签工作。高度关注疫情防控工作，紧跟辖区疫情防控形势动态调整防控方案，调整营区管控措施，常态开展防控教育和防护提醒。

安全工作 2022年，区人武部坚持从强化安全责任、落实法规制度、提升管控能力等方面，狠抓安全工作落实。大力强化安全责任意识，组织学习习近平主席关于防范重大安全问题等一系列指示精神，认真回顾分析兄弟单位案例教训，强化“不履职就是失职、不敬业就会失业”规矩意识，教育引导全员清醒认识“问题就在眼前、隐患就

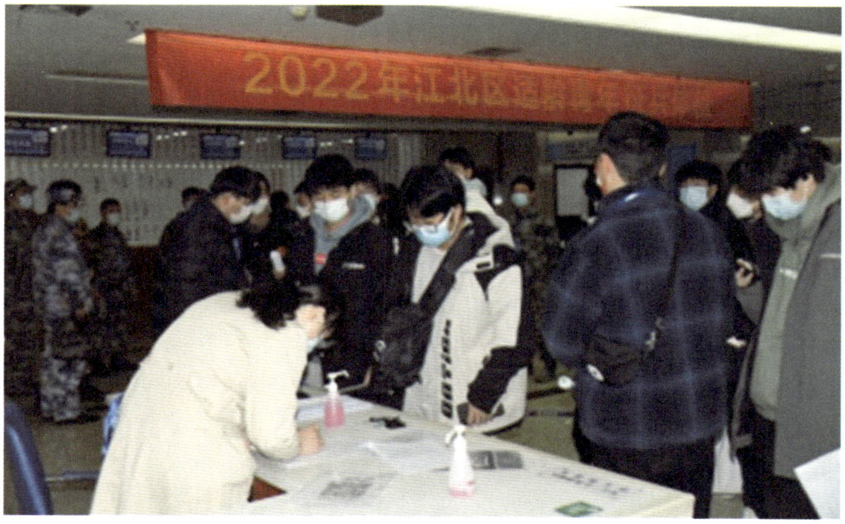

2月10日，江北区春季征兵体检全面展开，全区所有通过目测初检的适龄青年上站体检

在身边”。扎实开展各类安全活动，先后开展“作风纪律教育整顿”“安全工作大起底大整顿”“四严四整”“迎接二十大、创建安全年”等系列活动，严格落实规定动作，紧盯“人车枪弹密、电气油火疫”等重点内容，征兵、整组、训练、战备值班、任务行动等重点工作，以及季节转换等重要时间节点，因人、因事、因时施策，切实扎牢安全篱笆。严格落实安全法规制度，以上级各类检查反馈问题实际整改为牵引促动，带动全员主动分析原因教训、主动思索解决措施。全面梳理安全工作需要落实的制度规定，制定详实阶段性工作计划安排，严格落实安全教育训练、形势分析、隐患排查、风险评估、检查督导等制度要求，坚决杜绝制度落实上的死角盲区和堵点漏点。

（陈小慧）

农业　农村

农业经济

【概况】 2022年，面对经济发展新常态，全区农业经济依然态势向好，农林牧渔业总产值13.8亿元，同比上升5.6%（按可比价计算，下同），位居全市第二。其中，农业种植业产值为6.0亿元，同比减少7.2%；牧业产值为1.7亿元，同比下降1.4%；渔业产值为5.0亿元，同比增长38.0%；林业产值为0.3亿元，同比上涨9.8%。

【种植业】 2022年末，农作物播种总面积为75202亩，同比增长1.45%。粮食种植面积49261亩，总产量21759.2吨，其中稻谷播种面积35670亩，总产量17749.8吨；油料播种面积1186亩，总产量145.49吨；蔬菜种植面积23021亩，总产量39764.82吨；花卉播种面积1759亩；果用瓜种植面积982亩，总产量1808.17吨。

【畜牧业】 2022年末，生猪存栏数14172头，年内生猪出栏数13045头；年末家禽存栏数8831只，年内出栏数10572只；肉类总产量1337吨；禽蛋产量8吨；年末牛存栏数3731头；牛奶产量22624吨，比上年下降2.49%。

【海洋渔业】 2022年，渔业总产值达53940万元，其中海水产品总产值53178万元，淡水产品总产值762万元。

【林果业】 全区水果总面积达13718亩，其中杨梅3995亩，产量2563吨；葡萄种植面积6036亩，产量12227吨；蜜梨种植面积1608亩，产量2169吨。茶叶种植面积3360亩，产量52.7吨，产值1619万元。

（段俊彦）

农村经营管理

【概况】 2022年，江北区持续提升乡村治理水平，村级集体经济稳步发展。

乡村治理　营造清廉村居建设的浓厚氛围，夯实乡村振兴基层基础。印发《2022年度江北区加强和改进乡村治理工作要点》，截至年底，累计创建数达30个（省级清廉村级）。印发《江北区清廉村居建设示范标杆村创建办法》，创建清廉村居建设示范标杆村4个，并落实奖补资金60万元。联合15个部门完成28个省善治（示范）村监测工作，2022年新创建省级善治村5个，善治示范村6个（省级），累计创建善治（示范）村37个，占总行政村比例达57%。规范提升新型农业经营主体。完成2家区级示范性家庭农场创建，上报2家市级和1家省级示范性家庭农场，上报1家市级规范化农民专业合作社，创建2家区级规范化农民专业合作社。完成市级示范性经营主体贷款贴息审核工作，共为2家合作社、2家家庭农场和3家社会化服务组织贴息资金38.6万元。开展5家省级示范性家庭农场和10家市区两级规范化合作社监测工作。同时，继续深化“三位一体”农合联改革，完成农合联换届工作，组建江北区供销专干队伍。

村级集体经济　针对经营性收入30万元以下相对薄弱村开展消除村级集体经济相对薄弱村攻坚行动，至年底，所有65个行政村均达到集体经济总收入100万元以上且经营性收入30万元以上。完善集体经济发展政策。结合全区产业政策调整，拟定《关于村级集体经济持续提升行动计划的意见》，每年统筹2000万元用于扶持集体经济发展。拟定《江北区农村产权交易管理办法（试行）》，规范农村各类产权流转交易行为，提高资产效益。2022年度，全区农村集体资产总额51亿元，其中货币资金23.9亿元；农村集体经济总收入5亿元，同比增长3.16%；集体经营性收入2.58亿元，同比增长 1.88%。

（钱童发）

渔业生产

【概况】2022 年，江北区渔业生产工作通过狠抓渔业生产、渔业执法和渔业安全，稳步推进“幼鱼保护攻坚战”行动以及水产品质量安全监管，重点做好渔业资源保护。

安全管理　成立江北区涉海涉渔安全专业委员会，设立专委会办公室，统一协调涉海涉渔安全管理工作，为全区开展渔船安全管理工作奠定组织基础。下发专项实施方案，明确交通、资规、海事等相关职能部门工作职责和要求。建立商渔船碰撞警示教育、信息相互通报、打击三无船筏和定期联合执法等商渔船防碰撞机制。全年开展渔船安全检查 8 次，检查渔船 54 艘次，排查并整改隐患 15 个，全面落实定人联船、渔船编组生产、救生设备配置等各项制度。

安全宣教与培训　改进宣传教育方式、方法、手段和内容，构建多层次安全宣传教育网络。充分发挥渔业捕捞企业、渔场合作社作用，适时开办培训班，加强“面对面”末端宣传教育，切实提高宣传教育实效，举办海裕公司和内陆船员航行船舶安全管理培训，参训人员 172 人次，发放宣传资料 200 余份。

渔船安全执法　落实应休渔船伏休监管责任人和渔运船船籍港配套服务制度，依托“海渔通”对责任人工作情况及应休渔船进行点名抽查、核实，对渔船停泊点进行执法监管和安全管理，实时掌握全区应休渔船船位动态变化，做到应休渔船动态全时段掌握、全时域掌控；紧抓岁末年初、“五一”、“国庆”等节点，出动全部执法力量，依托市区联动、部门联动机制，多次联合市支队、海事、属地街道等开展渔船安全联合执法行动，重点检查船员配备情况、“人证相符”、安全设施设备情况等，严格按照“检查一艘，合格一艘，放行一艘”要求，抓好渔船安全隐患排查清零工作，对渔船违规违法行为特别是违反防台寒潮大风指令行为进行严厉查处，累计开展联合执法行动 40 次，出动执法人员 202 人次，检查渔船 114 艘次，发现并整改安全隐患 47 处，当场下达警告行政处罚 9 起。对于渔船集中锚地外地渔船监管这一薄弱环节，建立联合监管模式，形成闭环管理。通过发函形式请船籍港地按照“船籍港管理”原则进行监管，并积极与市农业农村局等部门沟通，邀请嵊泗等长期停泊有多艘渔船的县市区专门派员驻扎江北区开展日常监管，江北区协助监管。

护渔体系建设　配合法院等八部门印发《关于成立宁波市江北区两江生态环境行政司法协同治理中心的通知》，成立两江生态环境行政司法协同治理中心，与法院、检察院对接落实相关事宜，就行政、刑事、民事“三合一”法庭落实渔业资源补偿放流实施措施、设立江北区渔业资源补偿集中放流点及设置放流设施等事项达成意向，设立渔政码头为姚江生态修复增殖放流点。开展“清网”、打击“三无”船执法行动，开展执法行动 54 航次，出动执法人员 213 人次，收缴清理各类网具 1290 顶，查扣、清理“三无”船 13 艘。江北区渔政协查员制度稳步运行，聘请 10 名有责任心、经验丰富的渔民组成江北区护渔队，构建“重点区域常态化执法 + 多发区域手术刀式执法 + 信访举报响应式执法”渔政执法体系，缓解渔政执法力量不足问题。截至年底，共开展巡查行动 410 次，出动人员 824 人次，处置、劝离非法捕捞行为 261 起。加大内河非法捕捞执法力度，依托联动机制，重点关注信访举报信息，针对性开展姚江深夜执法巡航，从严从重打击辖区内河非法捕捞行为。

10 月 18 日，检查洪塘农业园水产养殖水产品质量安全

累计开展深夜执法行动164次（其中55车次，109航次），出动执法人员637人次，收缴各类网具116顶、电瓶5套，立案3起。推进数字化执法改革，借助姚江禁渔契机，建立与公安联动机制，试运行高空预警平台以及无人机执法模式，探索无接触执法，发现非法捕捞行为后，及时制止、驱离或收缴。

【“利剑2022”初级水产品质量安全专项执法】 10—11月，区农业农村局联合市海洋研究院以全区规模以上水产养殖单位为重点对象，以水产品生产台账和规范使用渔业养殖投入品（渔药、饲料）等为重点环节，开展初级水产品质量安全检查及执法抽检，以规范水产品生产经营行为，提高全区初级水产品质量安全水平。累计开展执法行动19次，出动执法人员46人次，检查21家次，执法抽检初级水产品14个批次，抽检结果均合格。

【海洋伏季休渔专项执法行动】 5—9月，区农业农村局联合区市场监督管理局、区综合行政执法局等成员单位对路林水产批发市场相关经营户开展禁渔期培训，并依托联动机制，组织各执法成员单位深入路林综合市场、各菜市场、饭店、夜排档等场所发放宣传资料、开展执法检查，圆满完成伏季休渔执法任务，累计发放相关宣传资料2000余份，培训人数100余人次，开展执法行动460次，出动执法人员1276人次，检查各类场所2494家次，收缴违禁渔获物8200千克。

【“八大水系禁渔”[1]专项执法】 3—6月，江北区甬江流域禁渔期工作领导小组成立，研究制定系列计划方案，圆满完成姚江禁渔期执法任务，共发放宣传资料1710份，媒体宣传10余篇次，设立禁渔告示牌20块，开展执法行动140余次，出动执法人员近500人次，立案14起（其中9起涉刑移交公安，司法移送14人），行政处罚0.44万元。

（项福明）

水利工作

【概况】 2022年，江北区全面贯彻落实习近平总书记“十六字”治水思路和市区水利高质量发展相关要求，强化底线思维，统筹发展和安全，全力推进各项水利工作。

重大工程建设 围绕水利工程补短板主基调，不断完善防洪减灾体系，全力推进7项重大水利工程，全年累计完成重大项目投资15898万元。姚江倪家堰防洪封闭工程一期于7月正式开工建设，完成年度投资2200万元。小西坝泵站工程于6月开工，完成年度投资2000万元；李碶渡翻水站迁建工程年前完成施工招标；西大河微循环工程完工，完成年度投资1678万元；洋市中心河泵站基本完成水下工程，完成年度投资5120万元；下梁闸泵工程完工，完成年度投资2500万元；湾头片区清水环通工程开工，完成年度投资2400万元。

规划及重大项目前期工作 完成江北区水利综合规划（初稿）、水域保护规划、县级全域幸福河湖建设规划等编制，启动江北区环翠屏山平原防洪排涝水系整治方案编制。裘市大河整治工程（姚江北岸横北

12月21日，小西坝泵站工程安全文明施工检查现场

① 全省3月1日至6月30日对钱塘江、瓯江、椒江、甬江、苕溪、运河、飞云江、鳌江八大干流和64条支流，共计1030余千米水域列入统一禁渔，其中，苕溪、运河为全年禁渔。

洞桥河及后王河河道整治工程）完成施工招标，工程投资约7000万元；洋市中心河道整治工程投资约1.9亿元，完成立项及可行性研究报告报批；慈江卡口拓宽工程完成发改立项批复，估算投资约7.3亿元；姚江倪家堰段堤防防洪封闭工程二期（含倪家堰翻水站），估算投资约2亿元，完成可行性研究报告审查；慈江北岸河道拓疏工程项目被纳入江北区平原防洪排涝水系整治工程中，结合翠屏山中央公园规划，专题开展慈江北岸水系综合治理方案研究。

防台防汛工作　扎实做好“轩岚诺”“梅花”台风防范工作，区农业农村局水旱灾害应急防御领导小组充分研判防范风险，按职责切实做好水情监测预警、水工程调度及应急抢险技术支撑，全面抓好预排预泄、科学调度等水利防台措施，水利防汛工作成效明显。“烟花”台风补短板工程提前布局完工，甬江、姚江、官山河堤防水毁提升工程以及湾头岛头区域临时封闭工程均在主汛期前投入使用，有效提升江北区外挡能力；下梁闸工程投入使用，新增强排能力30立方米/秒，在防御台风过程中发挥了关键性作用。

水利综合管理　面上水利工作持续发力，加快推进民生实事工作，完成翠柏河中小河流整治，完成毛力水库除险加固工程，完成石桥头、白湖岭2座山塘整治及10座机埠改造；大力推进美丽河湖创建，完成前江街道、洪塘街道2个水美乡镇建设，江北大河水系、河滩浦河水系2条美丽河湖建设（其中江北大河水系成功创建省级美丽河湖），慈城山区片、前江片及城区片3个美丽河湖片区建设。

（吴金波）

河滩浦河

江北大河

农业机械化

【概况】 2022年，江北区大力推广先进适用农业机械，贯彻“机器换人”新理念，确保农机安全生产，全区农机化事业呈现良好发展态势。

农机推广　科学统筹全区农机资源，核实机具数量，摸清农机底数，了解农机使用状况，抓好春耕、秋收、冬种等重要时节农业生产。出台《江北区2021—2023年农机购置补贴实施意见》，宣传最新农机购置补贴相关政策，同时采用手机App平台开展农机购置补贴业务，基本实现补贴“不见面、线上办”全覆盖，覆盖率居全市第一方阵。推广新型机具，加大紧缺机具、新型机具补贴力度，积极引进水稻插秧机、农用无人机、红茶发酵机等新型、先进机械。截至年底，共引进推广各类农机具88台（套），使用中央、市、区购机补贴资金181.886万元，拉动投入500余万元。

农业“机器换人”　深入实施科技强农、机械强农“双强”行动，完成分区域、分产业、分品种、分环节“四分”调查，并编制完成《宁波市江北区“十四五”和2035年农业机械化发展目标研究报告》，推进“一县三基地”（农业“机器换人”高质量发展先行县、高标准农机综合服务中心、农机创新研究试验基地和高水平农艺农机融合示范基地）建设，创建省全程机械化应用基地2个（慈湖牧业有限公司、慈城双顶山畜牧场）、稻麦加工农机服务中心1个（向上米业有限公司）。

农机监管 严格落实安全生产责任制，层层签订责任书、承诺书，将农机安全责任分解落实到合作社、维修网点及农机手，做到安全生产责任全覆盖、全落实，与各涉农街道、慈城镇和农机安全村等签订农机安全责任书50余份。与交警、城管等部门协作，联动开展宣教、执法，高效提升监管能力。推出上门做牌证服务，办理行政许可63件。

（周 振）

工业　开发区

工业经济概况及管理

【概况】2022年，面对严峻复杂的国内外形势及多重超预期因素考验，江北区高效统筹疫情防控与工业经济发展，政策效能连续释放，工业经济稳步向好，主要指标呈现积极变化，各项工作取得明显进步。2022年，全区规上工业增加值同比增长1.3%，规下工业增加值同比增长3.7%；全区完成工业投资46亿元，同比增长29%。

数字经济　数字经济发展成效显著，获省市两级政府督查激励，并在全省数字经济高质量发展大会现场汇报江北探索，数字经济系统改革全省排名提升至第5位，两化融合发展总指数排名第11，首次跻身全省前十强。推进重点应用场景加速落地和数字经济系统迭代升级，通过政府牵头、龙头企业引领、部门协同，推动具有自我造血能力的智能传感器行业产业大脑建设，打造产业集聚、资源协同、共同发展的产业生态，“智能传感器产业大脑”入选省经信厅公布的2022年产业大脑信息业分区细分行业产业大脑名单，并完成产业大脑1.0建设。大力实施数字经济“一号工程”升级版，制定出台《江北区加快推进数字经济高质量发展的若干政策》，支持软件企业集聚发展，大力建设江北软件信息产业园，新招引软件和信息服务企业107家，新增规上企业12家，2022年全区互联网软件信息服务业营收同比增长29.4%，高于全市平均值17.4个百分点，位列全市第三。全年新增规上数字经济核心企业33家，规上数字经济核心产业增加值同比增长71.8%。

智能制造　持续推动优势企业迭代新标准新工艺，建立省、市、区三级智能制造项目培育梯队，通过深度走访排摸、优质资源对接、项目预评审预答辩等方式，推荐爱柯迪成功入选省级数字化车间项目，恒帅等8个项目入选市级产业投资和数字化项目，入选数量占规上企业比重位于全市第一梯队。以汽车零部件行业为示范打造省市智能制造项目，实现汽车零部件行业智能制造全覆盖。鼓励企业用数赋能，2家企业入选省级数字工厂标杆培育企业名单，2个企业项目入选国家级物联网示范项目。持续做好“千个项目抓投产”行动，对已梳理排摸的长阳功能膜、正力药品预灌封注射器、富来汽车等重点竣工项目进行沟通走访，确定项目投产时间，联合住建以及属地城建部门做好项目竣工验收跟踪服务。支持技术改造项目“快建设、早竣工”，加速企业设备进场以及试生产，协助企业早投用早产出，尽快形成实际生产力，爱柯迪产业园、金力永磁、向隆机械3个重大项目年度贡献投资9亿元。针对年度计划开工的增容调绿项目，加快项目前期进度，持续形成新的投资增量。

全域治理　利用落后产能淘

2022年重点竣工项目——长阳二期

汰、闲置资源盘活等手段拓展工业发展空间，接续出台《新一轮制造业"腾笼换鸟、凤凰涅槃"攻坚行动方案》《关于加快推进江北区制造业"腾笼换鸟"的扶持政策》，以落后企业整治为手段重塑发展动能，2022 年整治提升"散乱弱"企业 291 家、落后产能企业 32 家、高耗低效企业 30 家，腾出低效工业用地 504 亩。实施增容调绿项目，缓解优质企业增资扩产用地需求，纵深推进"二次开发"，年度新开工增容项目建设面积超 30 万平方米，竣工增容项目建筑面积超 20 万平方米。支持国资盘活低效工业用地，东力等 3 个国资小微园项目全部实现开工，总投资 25 亿元，建成后新增工业空间超 40 万平方米。针对低效工业用地"二次开发"难点，创新机制体制，在企业自主改造、国资收购开发的基础上，提炼政府收储再出让新模式。

企业梯队培育　坚持做强主干、带动枝干，工业企业脉搏强劲。以单项冠军和数字工厂培育为抓手，全面打造多层次优质市场主体梯队，巨隆机械、艾克姆 2 家企业入选国家级单项冠军企业名单，大央科技等 9 家企业入选第四批国家级专精特新"小巨人"企业，全区累计拥有单项冠军企业 9 家、专精特新"小巨人"企业 21 家，分别占全市 10.8% 和 7%。鼓励企业高效、绿色、智能化发展，奥克斯高科技、宁水集团等 5 家企业成功入选省级亩均效益领跑者名单；推进绿色制造体系建设，40 家企业被评为宁波市三星级（区级）绿色工厂，9 家企业被评为宁波市四星级（市级）绿色工厂；深入推进创新设计赋能，宁水集团水计量产品工业设计中心成功入选全区首家省级工业设计中心，长阳科技创建省级制造业创新中心。

2022 年重点竣工项目——宁波格劳博智能工业有限公司

2022 年重点竣工项目——宁波水表外景

2022 年重点竣工项目——宁波水表产线

企业服务 应势接续出台稳增长10条、数字经济22条等5项重点政策，在全市率先出台《江北区工业经济防疫情稳增长保畅通惠企助企政策》，首创性对规上小微工业企业进行“普惠式”补助，发放一次性“惠企红包”，覆盖规上工业企业90%以上。统筹省市区三级政策，精简政策兑现流程，区级资金实施“应兑尽兑”，引导企业用好政策工具，年度累计下达涉企补助补贴类政策资金2.37亿元。创建“线下政企面对面+线上直播平台”企服品牌，参与人数达4.8万人次，一揽子流转解决各类咨询、问题。做好重点医疗物资储备调拨，向上争取退烧药、抗原试剂等紧缺物资，紧急采购9.7万份“健康包”，用于支援60岁以上老年人。成立产业链供应链应急保障专班，梳理102家重点保供企业“白名单”，第一时间实现办理对象工业企业全覆盖，提速审批时间，办理通行证500余张，保障运力1.6万吨，协调解决物流运输及产业链供应链问题，保障重点企业开足马力生产。体制扩面“无疫工厂”创建，创建率达83%。

（倪 玲）

浙江前洋经济开发区

【概况】 2022年，浙江前洋经济开发区紧紧围绕区委“全面建设现代化滨海大都市创智和美城区”总目标，深入开展“1586”专项行动、经济稳进提质十大攻坚行动，狠抓招商提质、项目提速、企服提优，主要经济指标稳步增长，实现财政收入60.6亿元，同比增长35.15%；实现规上工业总产值354.14亿元，同比增长0.58%，规上工业增加值82.49亿元，同比增长3.72%；实现外贸进出口总额389.32亿元，同比增长20%；“四上”企业（指规模以上工业企业、资质等级建筑业企业、限额以上批零住餐企业、国家重点服务业企业四类规模以上企业）营业收入3509.72亿元，同比增长8.76%。其中，浙江前洋经济开发区核心区（宁波电商经济创新园区）实现财政收入33.6亿元，突破30亿元大关，同比增长23.8%，占全区总量18.9%；限上商品交易额完成3027.9亿元，同比增长17.6%，占全区总量60.5%；批发业销售额2971.2亿元，同比增长17.9%，占全区总量62.6%；外贸进出口总额完成116.4亿元；完成浙商回归资金18.5亿元、国内招商引资15.4亿元，实到外资5530万美元。

表1 浙江前洋经济开发区2022年主要经济指标完成情况表

指标	1—12月	同比增长（%）
财政总收入（亿元）	60.6	35.15
规上工业总产值（亿元）	354.14	0.58
规上工业增加值（亿元）	82.49	3.72
外贸进出口总额（亿元）	389.32	20.0
“四上”企业营业收入（亿元）	3509.72	8.76

表2 浙江前洋经济开发区核心区（宁波电商经济创新园区）2022年主要经济指标完成情况表

指标	1—12月	同比增长（%）
财政收入（亿元）	33.6	23.8
限上商品销售额（亿元）	3027.9	17.6
限上商品批发业（亿元）	2971.2	17.9
固定资产投资（亿元）	4.0	−21.5
外贸进出口总额（亿元）	116.4	22.70
新招引企业数（家）	2289	/
税收500万元以上企业（家）	110	30.95
浙商回归资金（亿元）	18.5	−50.58
国内招商引资（亿元）	15.4	−58.35
实到外资（万美元）	5530	254.5

招商引资　全力招引龙头，形成增长新动能。领导干部带队到深圳、广州、杭州等地招商，以招商引资“百日大比武”行动为抓手，围绕限上商品销售额等指标打擂赛马。2022年，共招引企业2289家，引进上市公司九丰能源、独角兽企业自如、B站最大广告代理商华优文化等重点项目100余个。充分发挥数字港航、直播电商、软件信息等产业链优势，全力打造数字经济高地。全年引进软件信息企业59家，实现规上软件信息服务业营收15亿元，同比增长40.4%，占全区69.8%；引进TikTok中国最大代运营服务商小象出海、电商直播TOP机构浙江纳斯、宁波头部直播机构亮剑互娱等直播电商企业63家，带动线上线下销售额超660亿元；引进数字港航企业39家，形成以易港通、无界电商等引领的数字港航生态圈。紧盯“打造生产性服务业高地”目标定位，聚焦科技服务、金融服务、新一代信息技术等重点领域，加快引育一批优质生产性服务业项目，形成具有竞争力的现代化产业体系。全年共落户科技创新生态运营领军企业博士科技浙江总部、宁波瑞能新能源有限公司等重点项目10余个。

城市建设　大力推进项目建设，前洋商务大厦完成投资额16045万元，土建主体完成；宁波银行金融科技产业园二期完成投资额7870万元，主体结构完成。大力提升基础设施，完成金山湖水质提升、核心区绿化景观提升工程（二期）等，开展长兴路道路渠化改造等前期准备工作。大力引进生活配套。万科综合体“萤集·云汇中心”于三季度开业，进一步完善园区生活配套设施，满足园区企业员工“吃、游、购、娱”等需求。

人才引进　紧盯“打造引才育才高地”目标定位，依托海智材料产业创新研究院、中俄科技人文合作创新中心、微总部等引才平台集聚高层次人才，利用专业大赛、行业论坛等多种途径加快引进创新项目、创业人才。2022年，新引进国家级领军人才3名，入选宁波市甬江引才计划项目3个，推荐申报国家级领军人才8名、省级领军人才7名，入选2021年度北岸精英计划项目3个。不断深化大赛聚才、引才机制，承办“数智新城·甬创未来”2022第二届“甬江创客”直播大赛，成功举办2022中国·宁波（前洋）直播电商经济高峰论坛。

企业服务　扎实推进“三服务”，构建企业全覆盖、需求全受理、首问全负责、结果全反馈的纾困解难工作机制。多方协调解决奇天大胜公司异地开户难题，为企业加快产出提供便利；在税务、统计、市监等部门大力配合下，破除重点企业发票增版增量不足问题，实现限上批发业销售额增量65.5亿元。持续优化领导联系网格片区制，明确下沉力量和联系领导，深入联系企业，针对企业多元化需求提供“量身定制”服务。发挥中小企业公共服务平台前洋e商小镇8718（帮企一把）平台作用，深化“四帮”（政策帮享、困难帮解、企情帮言、市场帮需要）服务，主动助企解难，全年共开展直播活动22场，累计惠及3万余人次，联系服务企业1.3万余家次，推送短信17.9万余条。借力数字化改革契机，加快推进江北前洋E商小镇（智慧园区）数字化综合管理平台项目建设，以党建引领为出发点，构建“小镇画像、智慧党建、经济发展、企业画像、楼宇资产、建设管理、产业服务”等8个场景，系统提升园区治理体系、决策体系、服务能力。平台一期于2022年5月上线运行，并成功入选浙江省特色小镇高质量发展最佳实践，系全市唯一。

【TikTok中国头部运营商落户浙江前洋经济开发区】 3月，注册资金500万元的小象出海（宁波）科技有限公司落户浙江前洋经济开发区。该公司的母公司广州小象出海科技有限公司是TikTok中国头部运营商，主营互联网推广服务，旗下拥有全球网红8万多名，矩阵账号超

5月26日，博洋新媒体学院、前洋二六直播基地揭牌

5000个，粉丝总量超4亿，为迪士尼、安克、华为、小米、飞利浦、名创优品、携程等国内外知名品牌提供服务。

【博洋新媒体学院、前洋二六直播基地揭牌】 5月26日，位于浙江前洋经济开发区前洋26创业园的博洋新媒体学院和前洋二六直播基地揭牌。学院坚持“教育为主、赋能行业、振兴产业”理念，利用开发区直播经济生态圈优势，以博洋集团内部电商直播团队为基础，联合浙江纺织服装职业技术学院，打造产学研三角培训体系。

【浙江前洋经济开发区获全市首个省级“两业融合”试点功能园区】 8月17日，全市服务业高质量发展大会召开，会上颁发省级以上“两业融合”试点区域和企业、省级现代服务业创新发展区等奖项。浙江前洋经济开发区获省级“两业融合”试点区域，成为全市首个获得此试点的功能园区。开发区企业宁波柯力传感科技股份有限公司、宁波水表（集团）股份有限公司获省级“两业融合”试点企业。

【“数智新城·甬创未来”2022第二届“甬江创客”直播大赛】 10月12日，直播大赛正式启动。大赛以“数智新城·甬创未来”为主题，旨在培养、选拔本土电商直播产业链优秀人才，吸引优秀主播、直播项目落户宁波，推动企业数字化转型，着力打造全国领先的现代化产业升级基础设施标杆城市，助力宁波数字经济高质量发展。

【2022中国·宁波（前洋）直播电商经济高峰论坛】 12月1日，论坛在浙江前洋经济开发区举行，专

8月17日，浙江前洋经济开发区喜提省级“两业融合”试点区域

10月12日，“数智新城·甬创未来”2022年第二届“甬江创客”直播大赛在宁波（前洋）直播中心举行

12月1日，中国·宁波（前洋）直播电商经济高峰论坛在浙江前洋经济开发区举行

家与业界代表齐聚一堂，共话发展、共谋合作。江北发布《榜样新声守正笃行——前洋网络直播环境倡议书》。综合直播流量、粉丝维护、产品销量等指标，会上发布2022年度宁波市十佳直播电商品牌企业、2022年度宁波市十佳直播电商基地、2022年度宁波市十佳直播电商主播等系列榜单，《直播电商集聚区商贸流通战略合作项目》《宁波中东欧国家垂直电商产业园项目》《小象出海跨境直播项目》等12个直播项目成功签约。

（季 璐 乐燕娜）

宁波江北高新技术产业园

【概况】 截至年底，园区共有企业130家，其中规上企业28家。2022年，园区实现工业产值67.21亿元，同比增长15.75%，工业投资19.88亿元，同比增长75.22%，创历史新高。实现高新技术产业增加值15.89亿元，同比增长11.83%；数字经济产业增加值9.48亿元，同比增长15.09%。累计培育国家级单项冠军企业5家、国家级专精特新“小巨人”企业5家、国内细分领域隐形冠军企业8家。省级高新区实现挂牌认定。在2021年度全省参与评价的48个省级高新区中综合排名位列第23，较上年提升11位。园区获评省科技厅颁布的“省级园区建设成绩突出集体”。省级特色小镇“江北膜幻动力小镇”在2022年度考评中连续两年蝉联优秀，获得市奖励款500万元；园区申报的“江北功能材料产业平台”成功入选省级“万亩千亿”新产业培育平台，为全市当年唯一入选的园区平台。

人才工作 针对企业人才引进及培育申报制订全年工作计划，重点排摸调研单项冠军、专精特新“小巨人”等行业龙头企业科研方向和人才需求，借助人力资源和猎头等专业机构力量，协助企业招引国际或行业一流人才，助力企业科技创新。2022年园区企业申报国家级人才计划8人、省级人才计划8人、市级人才计划25人，申报数量创园区历史新高，其中长阳科技引荐的海斯曼博士成功入选国家级引才计划专家，园区国家级引才计划专家人数达到8人，协助企业引进各类高校应届毕业生500余人。

企业服务 深化“三服务”工作，把关心、帮助、支持、服务企业放在突出位置。对规模以上企业、小微园内企业开展走访，熟悉园区企业及生产经营状况，主动关注并听取企业反映的需求，积极对接，及时跟踪，密切联系，尽早发现企业生产中趋势性、苗头性问题，建立常态化经济分析制度，力促企业释放生产能量，发挥效益。利用园区智能化平台，落实落细惠企各项政策，最大化发挥政策引导效应，及时下发落实各项专项补助；收集生产经营中的困难，建立问题清单，对企业反映的问题、提出的诉求，随时研究；涉及多部门问题，及时对接协调，有效解决企业各项补助申报、用水用电、安全生产、子女教育等问题。

配套建设 强化园区配套设施建设提升，推进项目建设投产全链有序开展。完善膜幻动力小镇功能配套，推动AAA级旅游景区各项工作；加快园区基础设施建设，欣盛路一期道路、许嘉路二期道路、皇吉浦路三期道路和邦奇西侧道路完工，庆丰路主干道路提升改造、隆慈路一期道路和隆慈路二期道路开工建设；完善园区要素保障和形象提升项目，完成企业围墙外绿化工程；加强园区未来谋划建设。

招商引资 以土地招商与平台招商为抓手，推进园区技工贸一体化发展。2022年，园区引进外资700万美元，国内招商引资5.8亿元，浙商回归引资7亿元。服务业招商初显成效，出台小镇客厅招商政策、招商项目联席审批机制、招商活动管理办法等一系列政策，围绕小镇客厅、联东U谷、产业创新中心等空间载体，通过开放集采市场、整合政策优势、开展以商引商等多项

8月6日，柯力智能仪器暨工业物联网系统项目开工奠基

举措，大力开展科技贸易服务业招商，促进两业融合发展，引进浙江博海钢铁有限公司、微采全食（浙江）供应链管理有限公司、宁波趣驾摩品贸易有限公司、阿尔法智联（浙江）科技有限公司等24个优质项目入驻，在谈储备50余个意向企业。产业生态与发展空间进一步拓展，形成创新中心、众创空间、小微园一体化项目孵化器。建立独立法人形式运营的功能膜材料（光电）创新中心，打造产业应用生态。

项目推进 年度在建工业项目共18个，全年累计完成投资19.88亿元，同比增长75.22%。柯力智能仪器暨工业物联网系统项目、新兴产业创新中心项目、年产300台（套）新能源汽车动力电池高端专用装备项目3个项目落地建设，达产后年亩均税收70万元以上。优化园区实体项目推进办法、流程，抓好“土地、入库、投资”三张进度表，实现当年度新引进澳玛特和柯力项目做到拿地一个月开工，向隆机械项目比预定竣工投产提早6个月，促进正力项目、长阳二期项目、美煜项目、富来项目、通宁项目5个在建项目顺利投产，全年工业投资累计约达16亿元。

（胡秋燕）

新兴产业服务

【概况】2022年，江北区新兴产业服务中心扎实推进“1586”专项行动，持续发挥工业“二次开发”和育成区开发建设双引擎作用，全力推进园区高质量发展。全年实现规上工业产值231亿元，同比增长4.6%；实现规上工业增加值54亿元，同比增长6.8%；实现规下工业营业收入4.6亿元，同比增长40.6%。全年实现限上商品销售额144亿元，同比增长20.5%；实现限上社会消费品零售额38亿元，同比增长44.9%；实现进出口总额140亿元，同比增长6.6%，占全市万分之110.86。全年完成固定资产投资11.8亿元，其中，工业投资9.3亿元，同比增长23.1%；实现财政总收入16.9亿元，同比增长26.8%；一般公共预算8.9亿元，同比增长25.9%。与前江街道合计完成实到外资4551万美元，浙商资金5亿元，市外资金5.6亿元，引进企业259家。

二次开发 按照“用好总量、盘活存量、优化增量、提高质量”的原则，对区域内有限土地资源进行升级提质，基本实现产业用地不增但产业空间、单位产出和有效投资“三提升”。持续推进工业空间拓展。通过企业自主开发、国资收储和优势企业增容调绿等方式不断拓展工业空间。国资收储昕力地块拟打造新兴产业智能装备制造产业园项目于7月开工，年底完成桩基施工；昕飞地块拟打造汽车智能化科创产业园项目，正在设计方案；建新项目于9月开工，柯力数智装备车间项目、精达项目10月开工。加速落后产能整治提升。通过部门联合执法、加大专项整治，全年累计整治提升低散乱企业70家，腾出改造低效闲置工业用地117亩。盘活闲置厂房10.5万平方米，重点引进领肽生物工程、奕玛科技、青芒科创园、明恒精密机械等项目。

基础设施建设 望山路于6月提前三个月实现通车；长阳路提升改造于11月实现通车；宏图路完成设计及全过程咨询招投标；通惠路完成设计招投标。

产业创新 数字经济先行引领。甬微集团、精达成形、哲能精密、佳利塑胶、大央科技入选第四批国家专精特新“小巨人”名单。大央、佳利、凯福莱、萌恒、铭匠、甬微、中策入选浙江省专精特新中小企业名单。9家企业获批市级专精特新中小企业；17家企业被认定为国家级高新技术企业；中心企业爱柯迪及其子公司优耐特2家研发中心被省科技厅公布为2021年新认定省级高新技术企业研究开发中心；中策入选浙江省首台（套）产品工程化攻坚项目，恒帅入选宁波自动化（智能化）成套装备改造项目，15家企业申报并成功入选区级工程中心。柯力牵头智能传感器行业产业大脑建设，成为2022年全市唯一入选2022年产业大脑信息业分区细分行业产业大脑名单。建设绿色制造体系。11家企业被认定为三星级绿色工厂，2家企业被认定为四星级绿色工厂。打造人才集聚新高地。累计完成43人次国家、省、市人才项目申报，其中3人成功入选“甬江引才计划”，瑞孚建成中心第9家博士后工作站，东力升级为国家级博士后工作站。

助企纾困 抢复工复产、打通物流堵点，中心第一时间成立24小时货运保障专班，帮助企业申领60多张通行证。推出“纾困稳增长、助企促发展”政策解读季活动，累计举办11场，为330余家企业解决实际问题。兑现惠企资金超1亿元，受惠企业200多家。在全区内率先推行使用“安管通”（安全管家），累计签约企业80家，服务小微企业650家次，发现隐患3000余条，全部完成整改闭环工作。健全疫情防控措施，累计处理数据1万余条，落实好20家涉进口物品企业专项防疫措施。

新兴产业育成区 形成新兴产业育成区产业及城市空间规划方案。积极谋划一期土地指标。根据城市空间规划结合育成区土地未来实际可用情况，就一期开发育成区土地农转用指标申请与区资规局进行对接，根据批复的三区三线图，启动第一批符合申报条件的48亩前期征地工作。新兴产业育成区重点建设项目稳步推进。育成区安置房建设项目于6月开工，地下室完成90%，多数楼幢进入主体施工阶段；再生水厂上盖小微产业园项目于6月开工建设，年底完成上部主体结构30%；汽车电子项目（高发）于9月领取施工许可证并开工，年底完成桩基施工；金钻路一期建设工程9月领取施工许可证并开工，年底启动污水管建设及道路电力排管施工。挖掘新兴产业育成区储备项目30余个，重点对接佳能塑料年产5万吨新型塑料膜生产、澳克莱年产20万套空气能热泵及智能研发基地、艾科制冷智能化热泵技术研发及生产基地、瑞能年产500万台（套）智能家电、庆德特种空调等10余个储备项目，并着手策划编制宣传资料等工作，力促项目提前推进。

2月，江北区首个零工市场揭牌成立

【江北区首个零工市场正式揭牌成立】 2月，江北区首个零工市场在开元路118号正式揭牌成立。区零工市场位于江北人力资源市场内，室内配备LED显示屏，滚动发布各种用工、求职信息，并安排工作人员为劳动者和用人主体提供政策咨询、岗位供求、职业培训、招工用工登记等灵活就业服务，为灵活用工提供快捷、方便、精准服务。

【中心2家企业获浙江省科学技术奖】 7月，在全省科技创新大会上，2021年度浙江省科学技术奖获奖名单正式公布。宁波中策动力机电集团有限公司参与完成的“船舶尾气高效净化关键技术及应用”项目获浙江省科学技术进步奖一等奖；宁波东力传动设备有限公司参与完成的“汽车轴类件楔横轧多维协同精准成形技术及装备”项目获浙江省技术发明二等奖。

【新兴产业智能装备制造产业园开工】 7月31日，新兴产业智能装备制造产业园举行开工仪式。该项目为江北区首个国资收购工业用地进行“二次开发”的样板项目。项目总用地面积78197平方米，总建筑面积265874平方米，容积率3.32。重点定位打造高端智能装备特色产业，同时兼顾引进医疗器械、信息技术和2.5生产性服务业等优质产业。

7月31日，新兴产业智能装备制造产业园举行开工仪式

【艾科上榜“2022年度宁波市本土民营企业跨国经营20强”】 10月，宁波市商务局公布2022年度宁波市本土民营企业跨国经营20强榜单，宁波艾科制冷工程有限公司上榜。宁波艾科制冷工程有限公司是国内首批从事制冷剂出口业务、科工贸一体化企业。

【东力传动获批设立国家级博士后科研工作站】 9月，全国博士后管委会办公室下发《关于2022年第一批次博士后科研工作站新设站备案情况的函》，东力传动获批设立国家级博士后科研工作站，为东力传动获批的首个国家级研发平台。

【东力传动入选2022年宁波市人民政府质量奖获奖组织名单】 12月，经申报推荐、资格审查、资料评审、现场评审、合议评审和审查表决等评审程序，宁波东力传动设备有限公司入选“2022年宁波市人民政府质量奖”获奖组织名单，是中心首家入选此奖项名单企业。

【柯力传感被认定为国家企业技术中心】 12月，国家发展改革委公示2022年（第29批）国家企业技术中心拟认定名单，全市共3家企业入选，其中中心企业柯力传感成功入选。这是中心第一家、江北第三家国家企业技术中心。

（王越铭）

商贸　市场

商贸流通

【概况】 2022 年，全区商贸流通领域总体平稳。江北区商务局获评全省促消费工作集体、市商贸流通业综合工作一等次，江北区成功创建全市首个“一刻钟便民生活圈全覆盖先行区”。

消费市场　全力推动老外滩创建国家级步行街试点，向上争取老外滩业态提升专项资金 3000 万元，制定出台《宁波老外滩创建国家级步行街业态提升实施方案》，为优质项目落地和经营提供政策和资金扶持，泰国馆、外滩时尚设计中心、居酒屋等 20 个优质项目落户。大力推进两城建设，组织开展“好运福虎·嗨购江北”促消费系列活动。充分挖掘消费潜力，连续举办七期江北消费促进活动，发放涵盖商超、餐饮、汽车、酒店、文旅等多领域消费券 6600 万元，带动消费超 12 亿元。积极繁荣夜间经济，注重特色挖掘，造节聚集人气，联动老外滩、慈城古县城、达人村三大夜坐标开展 2022 年春夏灯光秀活动，拉动夜间经济增长。继续打造“入戏老外滩”等夜间特色品牌。以夜经济为脉，在各大商圈打造集展示、演绎、消费、体验于一体的夜间经济市集模式，不定期举办主题市集系列活动。

社区商业　着力打造一刻钟便民生活圈全域试点。成立一刻钟便民生活圈建设工作专班，将一刻钟便民生活圈工作列入区政府民生实事工程，制定《江北区一刻钟便民生活圈全域试点建设方案实施方案》，建立“1+8+N”工作体系，通过优化社区商业业态，提升便民商业设施，培育商业运营主体，构建优质便捷、运营高效、管理有序的一刻钟便民生活圈，成功创建全市首个一刻钟便民生活圈全覆盖先行区。开发全省首个一刻钟便民生活圈智慧应用项目，集社区商业、社区管理、社区服务等功能于一体，实现“一览点位、一键直达”。开展一刻钟便民生活圈促消费活动，聚焦社区老年群体发放定向消费券。结合社区活动，逐步发放线下一刻钟便民生活圈活动专属消费券，进一步激发社区消费活力，促进消费提质扩容，推动社区商业高质量发展。

【江北区成功创建全市首个一刻钟便民生活圈全覆盖先行区】 12 月，江北区成功创建全市首个一刻钟便民生活圈全覆盖先行区。共完成盐仓社区、大闸社区、白杨社区、1872 花园坊、广厦社区、萤集·滨江奥体、江畔社区、云谷社区、维拉小镇社区 9 个一刻钟便民生活圈打造。

（沈梦洁）

招商引资

【概况】 2022 年，区招商投资促进中心在区委、区政府的坚强领导下，全力贯彻落实“招商提质”攻坚行动，积极开展“招大引强、招商引贸、央企招商”三大专项行动，推进招商体制系统性变革重塑，全区谈成大经建设总部、宁波澳玛特项目、北京银行宁波分行等 89 个亿元以上重点招商引资项目（不含房地产）；全区实到外资 2.29 亿美元，完成率 106.1%，全市排名第一，获评宁波市开放型经济综合工作二等次。

都市工业项目　2022 年共出让工业土地 6 宗，出让土地面积 392 亩，出让土地金 4 亿元。围绕小微产业园抓项目储备。针对 4 个小微园提前谋划，建立宁波报业、海生医疗、浙江汇甬新材料、浙江净源膜科技和山西爱莎米亚金刚石材料项目等重点意向项目库，提前对接杭州合晟科技、园动力、金地集团、粤浦科技等优质运营商。围绕强链补链招大引强。引进宁波高发电子、宁波澳玛特和宁波送变电等高投入、高产出、强带动项目。围绕盘活资源抓项目引进。活用区内闲置厂房资源，招引青禾北岸小微产业园，盘活 3 万平方米闲置厂房，打造科创产业创新发展基地。

服务业项目　金融服务业方面，引进北京银行宁波分行投资 2 亿元建设宁波总部大楼，兴业银行宁波分行投资约 4 亿元购买绿地中心约 2 万平方米办公空间作为总部办公大楼。汽车销售项目，庄桥街道新增大东风全品牌中心、蔚来汽车蔚来中心、广汽埃安、大众 ID 和奇瑞捷途 5 家新能源销售公司，浙江前洋经济开发区落户浙江网擎新能源汽车有限公司，甬江街道甬江国际汽车城吸引 15 个品牌 4S 店入驻，其中 12 个品牌正式开业。直播经济项目，2022 年全区共招引落户企业 70 家，位于洪塘街道的抖音直播基地二期项目再投资 1.3 亿元。组建 19 支招商引贸小分队，全区共落户服务业项目 4614 个，重点服务业项目 111 个，其中现代商贸业 49 个、港航服务业 3 个、互联网软件业 9 个、科技服务业 8 个、金融服务业 7 个、直播经济 4 个、休闲旅游业 2 个、建筑服务业 22 个、人力资源服务业 7 个。

产城开发　于 2022 年初在全市率先举办 2022 年土地推介会，邀请 40 多家开发商代表参加，集中推介全年计划出让地块。顺利完成三批集中出让地块共 11 宗，约占全市 17.1%；总面积 925.85 亩，约占全市 1/4；总成交价 130.95 亿元，约占全市 1/4；总出让面积和总成交价位居全市前列。

项目储备　进一步深化在北京、上海、深圳、西安（武汉）等城市开展驻点招商机制，建立全国招商网络，放大驻点招商效应，有效承接一线城市外溢资源。建立“14878”工作构架，即以区投资促进委员会为统领，四大平台、八个街道（镇）为招商主力军，协同七个行业招商部门、八大区块指挥部，构建有体系抓招商、有专人抓招商、有效率抓招商、有保障抓招商、有动力抓招商的大招商格局。瞄准世界 500 强、中国 500 强、上市公司、行业龙头企业，牢牢把握新时期国家投资重点、产业布局新方向，储备优质项目资源库。全区在谈重点项目 300 余项，主要涉及产城开发、都市工业、科技创新等领域。同时在教育、医疗、商业、文旅等功能性项目方面储备了一批优质资源。

【江北区招商提质专题培训班举行】
7 月 13 日，由宁波市江北区招商投资促进中心主办，宁波经理学院承办的“宁波市江北区招商提质专题培训班”举行，全区招商相关单位、街道（镇）、园区招商负责人等 90 余人参加。培训班以“招商引资质量提升”为主题，从理论到实践、从教学课堂到企业现场，多角度开办课程，进一步提高全区招商引资

7 月 13 日，宁波市江北区招商提质专题培训班举行

7 月 14 日，宁波市侨商会与江北区政府签订招商引资战略协议

工作能力和水平。

【宁波市侨商会与江北区政府签订招商引资战略协议】 7月14日，“智享侨梦苑 创业在宁波”宁波市侨商会代表团走进江北活动举行，市侨商会一行50余人参加。双方签订招商引资战略协议，区招商投资促进中心与市侨商会对接项目十余个。

（曹子宇）

电子商务

【概况】 2022年，江北区网络零售额稳步增长，网络零售额217.07亿元，同比增长4.9%；实现全年跨境出口额133.66亿元，同比增长41.44%。

直播电商 2022年江北电商工作以构建直播生态为核心，聚力打造宁波前洋直播电商经济核心集聚区，探索以直播新业态增添共富新亮点。全区拥有直播电商相关企业近200家，从业人员3000余人，活跃主播350余人，间接带动就业岗位15000个。实现直播电商交易额（GMV）超200亿元，带动线上线下销售额超650亿元，直播渗透率达到25%。在全市各县市区中率先出台直播电商产业发展扶持政策，条款覆盖直播电商产业发展各个环节，通过产业政策直接推动直播电商集聚区建设。创新成立宁波市首个直播电商行业党委，构建直播电商行业全领域党建体系，通过党建带动产业发展，推动直播电商行业规范健康发展。开展直播产业链党建强发展强行动计划发布暨首届公益主播大赛，正式发布直播产业链“党建强 发展强”行动计划。完善直播电商服务平台。结合全省数字化改革，打造宁波首个直播电商综合服务平台，为企业从事直播业务提供一站式综合服务。

电商赋能 申报甬江引才工程，1个电商团队项目入选市级甬江引才计划，开展各类电商人才培训逾2000人次。通过在半浦、云湖等村打造电商直播式共富工坊，采用直播电商模式推动特色农产品与直播电商融合发展，带动农村经济发展，3个工坊列入省级典型案例，11个被列为市级培育对象，鞍山云上工坊作为典型在全省现场推进会上进行案例分享。慈城镇被评为省级数字生活新服务特色镇。

跨境电商 引导重点出口企业转型9710①、9810②。全年新增跨境电商试点企业55家，全区跨境电商试点企业累计达233家。通过资源整合、政策引导等方式，打造前洋跨境电商生态园和驿淘158跨境电商园两家市级跨境电商产业园区，共集聚跨境B2C类企业近200家。

电商服务 开展各类直播示范创建，提升企业综合管理水平。宁波（前洋）直播中心获评省级直播电商基地，宁波抖音电商直播基地等4家企业获评市级直播电商基地，拇指衣橱、中哲慕尚获评市级应用类直播电商示范企业，广传互动、九点星悦获评市级服务类直播电商示范企业，E商小镇和前洋直播中心获评市级电商网红打卡地。联合市商务局、前洋管委会举办2022中国宁波（前洋）直播电商经济高峰论坛，营造直播电商发展良好氛围；举办直播电商构建“双循环”新引擎 数字赋能共同富裕专题培训班，进一步引领企业和机关干部把握数字贸易发展契机发展直播电商经济；开展电商促消费活动，组织15家龙头电商企业定向发放消费券近200万元，通过线上销售带动线下消费增长。

（郑 震 邵郑彬）

① 海关监管代码9710简称“跨境电商B2B直接出口”，适用于跨境电商B2B直接出口的货物。国内企业通过跨境电商平台开展线上商品、企业信息展示并与国外企业建立联系，在线上或线下完成沟通、下单、支付、履约流程，实现货物出口的模式。

② 海关监管代码9810简称“跨境电商出口海外仓”，适用于跨境电商出口海外仓的货物。国内企业通过跨境物流将货物以一般贸易方式批量出口至海外仓，经跨境电商平台完成线上交易后，货物再由海外仓送至境外消费者的一种货物出口模式，即跨境电商B2B2C出口。

对外经济贸易

对外经济

【概况】 2022年，江北区累计备案（核准）境外投资项目14个，累计备案（核准）中方投资额19803万美元，同比增长84.6%；实现境外工程承包劳务合作营业额10050万美元，同比增长5.5%。江北区商务局获宁波市开放型经济考核外经工作三等奖。

境外投资　深入开展外经企业纾困帮扶行动。了解企业近年来对外投资情况、年度计划和存在困难问题，帮助企业协调解决新投资项目登记备案、海外投资保险、外派人员疫苗接种、政策扶持、人才招聘、海外投资法律服务等各事项。协助金田集团越南全资子公司积极应对“反倾销、反补贴”诉讼，争取纳入区、市级政策支持。帮助浙江向隆机械有限公司、宁波锐洁进出口有限公司、宁波赛嘉电器有限公司参保海外投资保险。帮助中策动力等5家重点企业协调解决20多名海外派驻人员回国轮换问题。向市商务局推荐江北区重点外经企业，争取纳入市出入境管理局外经企业出入境便利白名单。突出政策导向作用，重点在海外投资保险保费补助上予以适当倾斜。加快申报、审核进度并及时审核兑现。提前兑现年度中央、市和区本级外经政策奖励补助16家，合计107.46万元。及时为企业生产发展急需海外工程师及技术人员入境开展工作提供便利，促进企业建设项目竣工投产，为正常中外经济交流活动提供保障。累计新增29家企业申请，共办理52人次。

境外承包工程　江北区境外工程承包龙头企业中策动力实现工程承包额5305万美元，同比增长8.8%。中策动力境外工程承包项目主要集中在非洲市场，分布在尼日利亚、利比里亚、索马里等国家，主要从事小型电站建设及运行项目。三星智能电气实现工程承包营业额4265万美元，同比增长5.2%，主要为巴西4亿元智能电表大单。

中东欧合作　2022年，江北区与中东欧国家贸易投资有力增长，全年实现对中东欧国家进出口总额38.94亿元，同比增长23.32%。其中，进口5.63亿元，同比增长94.8%；出口33.31亿元，同比增长16.11%。获得市开放型经济考核中东欧工作二等次。全年新增中东欧国家双向投资项目2个，其中外商投资项目1个，对外投资项目1个。全区3个项目成功入选宁波中国—中东欧国家经贸合作示范区示范案例和优秀案例：中东欧青年创业创新中心项目集成孵化平台入选优秀案例；洋市西河智慧污水处理项目入选中东欧国家先进技术转化运用示范案例；“中东欧之家”商业综合体实体化运作模式入选示范案例。继续推动中东欧青创中心平台建设，搭建中东欧文化体验会客厅，谋划打造宁波—中东欧之窗。推动中东欧商品采购联盟在老外滩打造“中东欧商品交流体验中心”，举办中东欧木材进口企业座谈会。

（孔晓军）

对外贸易

【概况】 2022年，江北区实现进出口总额854.8亿元，同比增长17.6%。其中，实现出口额577.8亿元，同比增长19.3%；实现进口额277.1亿元，同比增长14.3%。进出口份额占全国万分之20.32，比2021年提高万分之1.69。在全市率先建立“助企稳贸”服务联盟，商务、海关、税务、金融、公安等多部门联动，打造一站式综合服务机制，累计走访企业300余家次，解决问题80余项。在全市首创“白名单”绿色通道机制，惠及有贸易实绩的开放型企业1400余家，累计支持290批次344人完成出入境审批手续办理。

贸易风险防范　优化信用保险政策，降低保费标准，增强企业应诉“两反两保”（反倾销、反补贴，保障措施和特别保障措施）能力。签订小微企业出口信保政府统保平

5 月 25 日，江北区商务局联合海关、税务、金融、公安等多部门打造一站式综合服务机制，开展“助企稳贸”服务联盟政策宣讲

台协议，联动信保公司开展送培训、送专家、送融资、送赔款、送资信“五送”服务，帮助企业实现线上“一键投保”。全面提升信保覆盖面，全区信保覆盖率超过 35%，高于全市平均水平。增强企业应诉“两反两保”等法律问题能力，积极扩大对企业开展“两反两保”应诉政策支持范围，与“走出去”联盟律所建立互动机制，为企业应诉“两反两保”等法律问题赋能。

主体培育与市场拓展 强化外贸主体培育，全年新增进出口经营权备案登记企业 493 家，新增有外贸进出口实绩的企业 320 家，总数达到 1857 家。累计组织辖区 100 余家重点外贸企业分批赴海外参展和开展商务洽谈，达成意向订单约 2 亿美元。率先出台支持外贸企业赴境外拓展市场临时政策，给予每位出境参展人员最高 5 万元补助。加速助企纾困政策兑现，6 月底前全部完成上年度外贸政策资金下发，合计近 6000 万元。依托广交会、华交会、东盟博览会等重点展会平台，鼓励企业拓展多元市场。累计组织参展企业 200 余家，展位数 300 余个，达成意向成交额约 5 亿美元。

服务贸易发展 积极发挥港航服务业和跨境电商优势，着力在运输服务、计算机信息服务、通信服务三大领域突破，联合区发改局和中信保宁波分公司，积极开展港航服务业企业走访调研，推进“港航服务保”工具逐步覆盖区内港航服务业企业，建立工作联动机制，对全区港航物流企业、货代企业开展联合走访，加强政策宣传。全年共实现服务贸易进出口额 257.31 亿元，同比增长 19.63%。进一步推动业务流程外包（BPO）发展，持续加快推进信息技术外包（ITO）和知识流程外包（KPO）业务提升。推进 RCEP 原产地管理信息化应用项目 4.0 系统上线，助力原产地证书签证智能化、标准化、规范化。累计签发 RCEP 原产地证书 758 份，签证金额 2816 万美元；推动 6 家制造型工贸一体企业在 RCEP 国家投资，投资总额近 1 亿美元；2022 年对 RCEP 成员国进出口额 176.4 亿元，同比增长 40.2%。

【“外贸优品汇·扮靓步行街”系列活动】 5 月，组织开展“外贸优品汇·扮靓步行街”内外贸一体化系列活动，结合国家级特色步行街创建，组织 60 余家外贸企业在老外滩拓展国内市场，累计帮助外贸企业实现国内销售额超 20 亿元，并帮助 13 家企业争取外贸企业开拓国内市场政策资金 1200 万元。

（邵郑彬）

6 月 15 日，为宁波锦灏进出口有限公司盖发首份商务派遣函，助力企业办理出境审批手续

交　通

交通运输与管理

【概况】 2022年，江北区完成新增配建停车位4701个，公共停车位240个，完成新建及改造道路5.8公里，打造非机动车示范路4.6千米，完成“万象城周边网约车停靠点”“环城北路—永丰北路路口”“白沙菜场停车场治理”等拥堵点治理。全年完成投资约1.72亿元，续建骆观线提升工程完工、实现开门红；5月底，区重点工程G228提升工程比计划提前1个月开工；10月，陆续完成观庄互通匝道、S319桥头跳车和骆慈线3个项目；11月，陆续完成国道228江北段，黄灵线、薛保线、庄浦线、寺慈线5个项目。强化公路安全管理，全年组织开展了4次日常定期检查、3次专项安全生产检查（泵站安全检查、养护作业安全检查和防汛安全检查）和16次不定期检查。共排查隐患数52处，对排查发现的隐患提出了整改意见并已整改完成。开展全区公路交通安全设施精细化提升专项行动，投资80余万元，对319省道安全设施进行一次增设与维护。同时联合交警部门积极开展道路交通安全综合治理，共收到交警部门交办事项单80份，已全部完成治理并反馈。完成市级安全、市区两级8处挂牌治理重点道路工作。完成319省道作为“隔、封、亮、建、透”样板路创建。共分5类治理项目、141处治理点位（新增隔离设施39处、关闭开口25处、新增信号灯2处、治理安全视距74处、治理路灯照明1处）。共收到并完成交警部门交办事项单96份。对辖区农村公路进行一次路况数字化检测，以此为依据，有针对性地开展公路养护，提前三年实现农村公路自动化路况检测全覆盖这一国家基本目标。全年完成各类交通运输行政处罚案件1215件，处罚金额178.47万元，包括道路运输362件（45.42万元），公路管理851件（133.05万元），交通工程2件。其中非现场案件数量为983个，占案件总数80.91%。

行业管理　鼓励危运企业外迁，合理缩减辖区过剩运力，全年共减少危运车辆217辆（一头一挂算2辆）。整治挂靠车辆683辆，整治“两外”车辆42辆。落实客运车辆淘汰，完成淘汰57座以上及卧铺客运车辆35辆，合理发展旅游包车客运，鼓励客运企业转型升级。大力发展港航业，优化船舶结构，淘汰老旧、小散船舶，新建符合国际标准的大型环保船舶。2022年共新增船舶13艘，注销船舶11艘，完成固定资产投资6亿元，同比增长363.4%，位列全市第一。另有14艘新船在建，合计55.1万载重吨。落实碳中和、碳达峰，更新新能源出租车79辆。

【平安交通建设年】 坚守安全生产底线，深化平安交通建设年活动暨“除险保安”专项行动贯穿全年。出动人员251人次，检查辖区危运企业79家次、客运企业36家次。全力提升应急保障能力，开展危运应急演练。劝返6名出租车挂靠车主，并与区委政法委、区公安局建立联动机制。全年共处理违法案件1107起，罚款163.35万元。

（潘　琛　徐　彤）

铁路建设　轨道交通

【概况】 2022年，宁波枢纽庄桥至宁波段增建三四线工程（简称三四线工程）进度过半；通苏嘉甬铁路项目工可、环评、初步设计均获得批复。争速争优做好轨道交通已开通运营线路扫尾工作，全面推进在建（即将开建）轨道项目各项工作。区内在建轨道项目进展处于全市前列，中心获“宁波市轨道交通工程立功竞赛先进集体”和“宁波轨道交通共建文明和谐工程先进集体”荣誉称号。秉承疫情防控不松懈，广场区域秩序井然，全年共进出站人员 5.3 万余人次。高品质开展迎亚运“两路两侧‘三化一平’”专项整治行动，市级点位 113 处全部整治完成，全年累计排查出问题点位 921 处，验收完成 914 处，完成率 99%，铁路（轨道）两侧环境面貌得到有效提升。

【宁波枢纽庄桥至宁波段增建三四线工程（江北段项目）】 推动工程进展过半，其中项目关键节点工程余姚江特大桥 12 月完成全部箱梁浇筑，标志着余姚江特大桥全桥贯通合拢，为项目 2023 年建成通车打下坚实基础。

【苏嘉甬铁路项目工程（江北段项目）】 项目 7 月取得工可批复，9 月取得环评批复，10 月获得初步设计批复，11 月完成江北段土地重新预审和先行用地报批区级审查工作，12 月在全市率先启动先行用地段协议拆迁签约工作，确保先行用地段施工用地需求。

【轨道交通江北段建设】 配合做好江北区已建成通车的轨道项目 2 号线一期、3 号线一期、4 号线、5 号线一期共计 4 条轨道线路的征拆和政策处理结（决）算扫尾相关工作。积极抢抓轨道交通项目提速放量的机遇期，全力推进 7 个轨道交通建设项目，完成约 19 万平方米拆迁任务、相关政策处理工作 80 余项；通过向市级部门极力争取，将市域铁路慈溪线（10 号线）途径江北区九龙大道段敷设方式由高架转为地下，并将车辆段选址由庄桥童家村调整至慈溪龙山镇，最大限度上保障了区内可开发利用土地的完整性。以市编制第四轮轨道线网规划为契机，提前启动江北轨道线网规划研究，通过新增或延伸线路，加强加密部分重点区域（特别是姚江新城、慈城新城等区域）的轨道线网覆盖。2022 年度，区内在建轨道项目进展处于全市前列，中心获“宁波市轨道交通工程立功竞赛先进集体”和“宁波轨道交通共建文明和谐工程先进集体”荣誉称号。

（林　静）

邮电　信息

邮　政

【概况】 2022年，宁波江北邮政实现全年业务收入3916万元，完成年度计划的104.55%，其中金融收入1661万元，完成年计划的109.1%；寄递业务收入1943万元，完成年计划的106%；报刊收入215.5万元，完成年计划的100%；分销收入11万元，完成年计划的45.5%；国内普包32万元；集邮收入23.3万元，完成年计划的58.3%；函件收入23万元，完成年计划的51.1%。截至2022年底分公司现有员工208人，其中邮政55人，寄递153人。下设5个金融网点、3个中心支局、5个寄递综合经营部、4个寄递特快揽投部。细化“五个到人”责任落地，提升管理效能，以“分层负责、众向推进”为原则，抓实抓细抓落地。强化片区经理及各级管理员“赴网点”检查工作机制，确保经营行为统一落地。

基础管理　全面落实省公司模块模版化工作要求，加强日常管控，落实目标到人、任务到人、责任到人、考核到人、卡点到人的精细化管理工作。坚持全过程管理，优化生产运行。加强服务水平，提升客户体验，展现出“国家队”应有的风采。坚持以问题为导向，以客户视角、竞争视角、行业最优视角找差距，开展对标立标达标，夯基础，强弱项，补短板，固优势，加强日常管控。高度重视服务，坚持把解决服务意识、服务观念不到位问题，当作一项重要管理工作来抓。严格执行普遍服务投递标准，提升邮政普遍邮件服务水平，强化普通邮件服务运行质量管控。做好全省邮政普遍服务网点示范窗口建设评比工作，通过一系列评比，江北洪塘邮政支局被评为省级示范网点。

素质教育　加强各级管理人员专业知识学习，增强为基层服务意识，加大对基层后台支撑，提升基层负责人素质。加强揽投人员专业知识学习，定期开展揽投作业规范培训，认真完成每季度的PDA学习，对未及时完成的人员分公司派专人进行督导。同时要求揽投部经理营造领导带头学、员工努力学的氛围，并通过“实操+实战”的方式，增强为基层服务的意识，提升客户满意度。利用远程教育系统，自觉参与省公司组织的业务技能及每周固定各项业务培训会议。建立激励机制，通过建立通信服务质量、内控管理办法、金融积分考核、投递业务量考核等若干个考核办法，建并通过“实操+实战”的方式，推进学、用结合，促进员工能力提升。

（俞行红）

信息产业

【概况】 2022年，江北区深入贯彻落实省、市数字经济“一号工程”升级版建设要求，围绕数字产业化、产业数字化和数据价值化，全力推进区域数字经济高质量发展。数字经济综合评价指数首次挺进全省第9、全市第1。数字经济工作获得省政府、市政府督查激励，并在全省数字经济高质量发展大会上分享江北经验。《江北区聚焦特色“两链” 打造数字经济核心产业新增长极》经验做法得到副省长卢山的批示肯定。

5G网络建设及应用　先后两次召开全区5G通信基础设施工作推进会，健全部门协同、上下联动工作机制，进一步加快全区5G通信基础设施部署工作。累计完成5G基站建设1700个，重点围绕来福士、万达广场、奥体中心、重点工业企业等中心区域辐射，基本实现全区重点区域5G全覆盖，进一步加快全区5G基站全覆盖，站点密度位列全市第一。推进5G应用产业化，立足江北产业特色，探索5G技术在工业制造、医疗等智慧城市领域应用融合发展，打造一批5G网络商业化应用示范场景，推进5G与智能制造融合应用推广，打造5G+院前急救、5G+

智能制造、5G+智慧水务等应用场景，其中凯福莱5G智慧救护车及急救管理平台项目列入市级5G应用场景示范项目，捷创方舟5G工业网关列入《2022宁波数字经济发展报告》典型案例。开展“5G+工业互联网”示范应用，江北区9家企业“5G工业互联网”项目被列入市级2022年度“5G+工业互联网”试点项目计划库，累计培育国家级工业互联网试点示范项目2个、国家级“5G+工业互联网”典型解决方案2个。

数字产业化　推进数字经济核心产业壮大，2022年全区数字经济核心产业增加值71.4亿元，增长11.9%，占地区生产总值比重约8.3%（位居全市第2），较上年提升1个百分点。在2022年公布的数字经济综合指数中首次挺进全省第9、全市第1，相较上年在全省排名提升3位，排名创历史新高。加快“光学膜材料”和“智能传感”两条细分产业链壮大发展。做大“光学膜材料”产业链，巩固反射膜、扩散膜和硬化膜等行业第一优势，着重向新型柔性显示用功能膜和新能源用功能膜方向创新发力，着重推动长阳、激智、惠之星等光学膜企业发展壮大。2022年光学膜材料产业链产值突破25亿元。市场化运作建设浙江省功能膜材料（光电）创新中心，成功入选省级制造业创新中心创建名单，光学反射膜企业共同体入选省级产业链上下游企业共同体。做强“智能传感”产业链，以链主企业牵头、区内龙头企业参与，联合产业园、协会等共同建设全市唯一一个省级信息业分区行业产业大脑——智能传感器行业产业大脑，成立工作专班，建立周例会、月汇报工作机制，在全市率先出台产业大脑扶持政策，设立智能传感器产业基金。产业大脑1.0版本正式上线运行，辐射关联生态链企业上千家，汇集相关数据资源20余万条，打造产业集聚、资源协同、共同发展的产业生态，为区域智能传感器产业集聚发展探索新路径。2022年智能传感产业链产值突破160亿元。推进网络直播经济，初步形成以宁波（前洋）直播中心、宁波抖音电商直播基地、宁波咋咋互娱直播基地等为核心的江北直播经济产业生态圈，全区拥有直播电商相关企业近200家，从业人员3000余人，直播电商交易额（GMV）超200亿元，带动线上线下销售额超650亿元。加强数字经济引育，围绕“技术研发+系统集成+硬件生产+方案解决”的智能制造生态链条，截至2022年底，全区累计拥有省级工业互联网平台（创建名单）4个、省级数字工厂标杆企业2家（数量位列全市第1）、省级工业信息工程服务机构4家、省级产业数字化服务商1家、市级优秀工业互联网平台1家、市级智能制造工程服务公司8家，入选省级新智造公共服务应用第一批入库供应商名单达40家。

产业数字化　江北2022年度两化融合发展水平评估指数115.35，位列全省第11、全市第4。出台《江北区加快推进数字经济高质量发展的若干政策》，加大重点支持数字化改造、关键技术攻关、产业链培育、软件信息服务业发展、企业梯队培育等数字经济领域的扶持力度，完善相关政策体系。持续推进“未来工厂”建设，分级培育区内优秀制造业企业，全面实施智能化改造和数字化转型。推进国家级智能制造试点示范工厂揭榜单位和优秀场景1家、省级“未来工厂”2家、省级数字化车间/智能工厂项目8个、市级数字化车间/智能工厂项目28个，占规上企业数量比重位列全市第一梯队。按照“一县一业”推进模式，通过专家进厂把脉、工程公司现场答疑、行业企业示范交流，引导行业企业实施智造迭代，基本实现光学膜企业、汽车零部件规上企业数字化改造全覆盖。深入推进企业上云，深化落实工业互联网平台专项政策，推动量大面广的中小微制造业企业“上云用数赋智”，累计推动企业上云4000家，培育省级上云标杆企业13家、省级制造业“云上企业”1家。加强新一代信息技术与制造业融合，鼓励制造业企业利用区块链、大数据、人工智能等新一代技术转型升级，累计培育省级大数据应用示范企业8家（数量位居全市第1）、新一代信息技术与制造业融合发展试点示范企业6家。

数字经济系统建设　推进重点应用场景加速落地和数字经济系统迭代升级，成功打造“企业新产品研发服务”特色应用，上线一年内日访问量超过2000人次，累计访问量突破16万次，列入全省数字化改革重大应用“一本账S0”和“一本账S1”目录，入选数字经济系统省级应用项目示范试点和第一批优秀地方特色应用，贯通国家省市相关系统12个，关联应用省市区三级新产品研发相关业务86项，感知区内研发企业2266家、省内研发企业10万多家，提供企业“十找”服务2400多次、决策服务和研值服务近3万次、精准服务73万多次，取得制度成果12项、理论成果5项，得到浙江省委常委、宁波市委书记彭佳学批示并在宁波市数改现场会上展示推广。针对产业链企业招工难留工难的痛点，积极谋划开发“产业链用工分析应用”特色应用场景，成功列入省“产业链一键通”子场景。“农资保”应用在2022年度宁波市数字经济系统场景应用现场路演活动中荣获一等奖。推动江北数字经济智治平台建设，整合工业、商贸、科技等领域数据，完善产业地图、企业画像、企业综合评价、全域治理数字化等功能，实现对全区经济运行监测、产业规划引导、重大产业布局、项目全生命周期管理、关键资源要素的科学配置。2022 年，江北区数字经济系统改革考核位列全省第 5、全市第 1。

智慧应用　深化数字政务。政务服务能力一路提升，2022 年江北区线上线下一网通办率 98.26%，大厅一网通办率 97.73%，综合自助机一网通办率 100%。政务服务便利化扎实推进，辖区内农商行网点全部完成政务服务 2.0 工作台开通并办件。不断提升政务服务质量，“家门口”政务便民服务圈被列入人力资源和社会保障部基本公共服务标准化试点专项行动。政务服务“一件事”集成改革入选全国法治政府建设示范项目。推进数据编目、归集工作，2022 年完成 56 个部门、2222 个数据目录编目，总计完成 37159 个数据项治理。已归集数据目录 548 条、11091 个数据项，数据总量约 6.3 亿条，其中归集本地数据共涉及 328 条目录，数据量约 1600 万条。上架 12 个数据接口。建设 22 个专题库，支撑 27 个应用，建设完成 29 个数据产品，其中 4 个数据产品提级省级并支撑省级重大应用，4 个数据产品被其他县市共享使用。开展重点部门和街道（镇）调研，做好人口、法人、AI 事件等数据底数排摸，率先完成江北“两人一事件”专题库及全区统一的视频库建设，并建立常态化数据治理机制，为全区多跨场景提供数据底座支撑。提升浙里办 App 服务能力，上架“乐教”“老外滩”等 8 个应用，全部完成浙里办微信小程序适配，其中“乐业江北”“乐学江北”“乐教江北”“乐健”等“乐在江北”品牌应用多次进入宁波市应用活跃度排行前 20，多个应用达到省高频服务标准，有效提升浙里办江北站点品牌影响力。完善基层智治能力，区未来社区物联感知平台已正式启用，正步入泛在感知终端的接入阶段，已完成 2300 余个物联网终端的接入；江北区消防通道堵塞、“舒心住”房地产品质监管、村社集体资产监管交易、垃圾和秸秆露天焚烧监管 4 项“一件事”集成改革进入省、市一本账；垃圾和秸秆露天焚烧监管“一件事”集成改革应用被评为第二批全省生态环境系统共同富裕最佳实践案例，列入省委改革办第二批基层治理“一件事”事项清单；《关于推进基层治理“一件事”全过程智治的建议》以省委改革办专报形式报省委主要领导；江北区“一件事”集成改革相关工作成效获全国政协主席汪洋和国务委员王勇批示，全国政协专程调研；“一件事”集成改革、农村集体资产智管家应用建设等工作获央视、《人民日报》、《农民日报》等国家级、省级、市级重要媒体报道、刊发 12 篇次，获省级简报录用 3 篇；中央党校、省基层智治系统片区协作会议均到江北考察调研集成改革相关工作。加快城乡社区现代化建设，“城乡托幼服务一体化改革”通过探索“政府主导、社会补充”的托幼一体服务模式，推进婴幼儿托育服务和幼儿学前教育服务融合发展，得到国家发展改革委、省社建委共同富裕调研组充分肯定，普惠托育工作考核全市第一、获市政府督查激励；社区药事服务便民行动提前完成 2 家民生药事服务站新建工作，并实现全区 170 家零售药店全部接入“浙里药店”系统。党建统领网格智治攻坚行动、城镇社区公共服务集成落地改革、数字赋能现代社区建设行动等均稳步推进。

信息消费培育　江北区以数字化改革为引领，聚焦智慧商圈“五化”“六场景”要求，不断创新多元化消费场景，区域消费能级不断提升。泛老外滩智慧商圈成功入选首批 10 个省级示范智慧商圈。泛老外滩商圈以服务民生和便民利商为导向，以智慧生活和智慧消费为目标，以智慧管理和智慧服务为重点，以智慧技术运用和智慧基础设施建设为路径，大力发展物联网、电子商务、智能终端、商圈物流配送和智能化公共服务平台，建设覆盖商圈的标准化服务体系，优化提升消费环境和企业创业发展环境，实现了从传统商圈向智慧商圈的蝶变。开展以“互联网 +”“商业 +”为主题的系列活动，支持商圈开展直播、IP 合作及大促等活动，通过“线上 + 线下”“到店 + 到家”双向融合，实现“商流”“人流”多端触达，2022 年实现营业额 67.1 亿元，同比增长 9.6%。江北万达广场积极创建市级智慧商圈，建设并完成智慧照明、智慧空调、智慧安防、智慧设备、智慧消防、智慧停车等智慧服务工程，在优化、提升广场经营品质的同时，不断创新多元化消费场景。上线万达会员小程序，已累计注册用户数 34 万户，入驻商户 279 家，涵盖服装服饰、餐饮美食、生活精品、娱乐体验等多种业态，商户入驻率 91.77%。充分利用店铺“现货购”、店中“触屏购”、样品“卡片购”、独立“App 购”等多元化的零售方式，大大丰富并方便顾客购物消费。

宣传推广　加强数字化赋能对接，依托江北区数字经济服务联盟、软件产业联盟，分街道分行业组织开展“十场百企”数字化改造提升对接会，通过线下现场观摩+线上推广相结合方式，推广工业互联网平台应用普及。线下成功举办中国（宁波）智能传感与工业物联网产业对接会、智能传感器行业产业大脑对接会、稀土磁性材料产业链数字化改造推进会等数字化赋能活动，合力助推区域产业数字化。支持企业参与高能级平台活动。组织区内企业利用世界互联网大会、数字经济大会暨第十二届智博会、中国机器人峰会等重大活动契机，开展企业产品推介、技术推广、人才交流等。智博会期间，支持柯力传感、弘泰水利、蓝科电子3家江北区企业参展。线上发挥江北“企航北岸”直播间推广效应，以“推进中小企业数字化转型升级”“智能制造企业管理培训班”等为主题开展直播课，从专业知识、政策、人才等维度进行培训，累计吸引观看人次超过5000人次。

（沈 莹）

电信业

【电信江北分局】 2022年，电信江北分局坚持以党建为统领，深入贯彻落实习近平新时代中国特色社会主义思想和党的二十大精神，紧紧围绕“143”经营工作主线，以高目标引领深化价值经营，进一步强化主量业务进攻和存量价值提升，不断促进企业高质量发展。信息化技术赋能，高效助力疫情防控。视联网延伸到社区村，助力基层治理效能提升。主动对接区委政法委、区大数据中心和各街道乡镇综治口，累计新增143处点位，进行全方位会议应急响应保障，全年视联网保障场次达到712场。在方舱建设中，提供疫情专属方案，配合住建按时完成建设任务；重点场所补建智能视频监控设备，加强常态化监督检查，推动与公安视频专网的互联互通，并利用“天翼云眼”产品服务优势承接绝大部分的重点场所监控安装工作，截至12月5日，安装点位已达到432个。配合区卫健部门和各街道提供了5G-APN专线网络及用于流调外呼的云总机、来电名片、基站短信等服务。倾情为民服务办实事，贴心服务聚人心。坚持以人民为中心，5月，主动认领海川路海川点位，联合庄桥街道在宁波市市区内首次推出“核酸在线”系统，发挥中国电信高清摄像头、5G高速网络、天翼云平台、AI等技术优势搭建智能防疫小屋，充分调动党团、群众力量，助力江北区实现智能化防疫；6月，为积极响应区政府“最多跑一次”改革精神，方便广大人民群众，结合提质增效的服务要求，主动作为，入驻行政服务中心开设营业网点设立专门窗口，努力为广大群众提供更优质的服务；12月，中心厅爱心驿站在疫情特殊时期，为进厅的外地务工人员提供防疫、退烧药物，充分展现“人民邮电为人民”的使命担当；继续结对半浦村，聚焦便民服务、村务公开两大应用，深化数字乡村建设，班子成员走访慰问困难群众5次，开展村民赋能活动3次，助力乡村振兴；分局团支部联动庄桥支局营业厅打造“青年文明号”，凝聚青年力量，提供优质服务，传递社会正向能量；党团联动，组织开展防诈骗宣传、网络测速等公益活动，践行为民服务的初心。提升网络质量，完成通信保障。挖掘4G、5G网络潜力，提升移动网络质量和VoLTE用户渗透率，新建自有站点11个、室分站点7个，根据覆盖现状和提升用户感知，年底争取再建设开通34个室分站点；提升XGPON的小区覆盖率，施工割接端口800余个，完成61个重要小区XG覆盖；完成8个机房的自施工整治，下半年进行CD类机房安全大整治，共发现整治各类安全隐患20余处，同时拆除、移交各类报废资产2000余条约20吨；全年通过电费压降、转改直、设备退网节电约11.8万元；接应防疫、防汛抗台完成205次政府视联网驻点会议保障，圆满完成市委党校、区应急管理局、区经信局各项通信保障。

（梁玲萍）

【移动江北分公司】 2022年，江北移动持续深入推进区政府与宁波移动签署的“新基建”发展战略合作，全年5G室外宏站建设新增完成305个，进一步实现双千兆网络行政村全覆盖，彰显江北城乡均衡发展新水平。千兆无线品质建设方面，聚焦江北区域内无线薄弱覆盖地块，加快建设无线覆盖提升质差用户感知，完成庄桥工业区、洪塘工业区、慈城工业区等重点工业区块5G网络深度覆盖建设，其中室内分布系统建设完成177个，全业务机房重要基础设施完成投产8座，两项建设均完成率100%，全大市排名首位。千兆光纤接入能力建设方面，全年完成19个社区千兆光网覆盖新建设以及9个千兆入户社区的旧网改造，共惠及5万余户居民。聚焦农村深度覆盖，完成14个农村整体光纤入户接入点升级改造。完成56个统谈公寓宿舍楼宇建设。紧密配合完成轻轨7号、8号线等多个大型线路整治工程。网络质量基础运维方面，无线网络质量疑难和重复问题解决率较上年同期提升27%，全大市攻坚指数领先，全年完成15个重点机房专项检查及安全隐患排查，确保整体动力供应和网络安全保障监控系统的可用度评测位居全大市前三，为数智底座增加安全屏障。坚持数改争先，助力数智转型创新治理新范例。江北移动持续响应区委、区政府一号工程的号召，积极协调落地集团和省市公司所属的数改生态能力，争取资源整合，组织十余人专家团队专班支撑区党委和政府数改智治工作推进，深度参与各领域数字化改革项目，主动融入应用场景创新升级。在党建统领整体智治方面，主导建设整体智治专题门户，搭建并支撑区政协“掌上履职”系统的运维；在数字政府方面，持续探索政府服务的场景应用，参与区委组织部“乐智江北”应用项目，主导并协助落地政府会务无纸化阅文应用，实现高效节能；在数字经济方面，赋能产业智慧化转型，联合金田铜业、康赛妮、柯力、摩多巴克斯等数家规上企业，建设未来工厂样板与产业大脑应用；在数字社会方面，锻造未来社区、未来乡村和智慧园区三大领域能力，培育优秀案例，重点打造 4 个未来社区样板，其中江北 E 商小镇获评全市唯一的浙江省特色小镇最佳实践；在数字文化方面，聚焦文化引领与文化宣贯的方式方法创新，重点参与江北廉洁文化数字系统建设项目；在数字治理方面，聚焦社会治安防控体系建设，以安全、泛在、高效、智能的网络能力和网络算力，助推江北区实现查漏补盲及人脸感知建设、静态交通智慧停车管理以及学校电子围栏建设等领域应用。坚持信息赋能，助力都市经济聚能承载新高地。江北移动紧扣江北区提升产业竞争力，打造都市经济高地的目标，持续发挥新技术应用的领先优势，提供 5G、云计算等高质量信息服务供给，助力数字经济蓬勃发展。结合江北属地企业结构推出云赋能百业系列专项行动：制造业上云专项行动，重点关注区内企业通过移动云能力融合生产管理智能制造升级的应用反馈；聚焦区内电商业态，通过电商上云专项行动，提供跨境电商云网一体解决方案。通过党建云开展党政、国资企业上云专项。积极响应国家 5G 全连接工厂建设要求，重点围绕“未来工厂 + 产业大脑”建设，全面推进“1+1+10+N”的 5G+ 工业互联网行动，已深度参与汽车制造、金属冶炼、纺织等细分行业 5G 数字化工厂建设，推进爱柯迪、金田、康赛妮、建新底盘、精达成形等“5G+未来工厂”实践企业超 10 家，全力推动传统制造业转型升级。联合申报、建设和运营江北智能传感器产业大脑，聚焦市场机制、企业共富、两业融合、产业治理四大改革突破，构建工业物联网解决方案、选材之家、选型之家等八大场景，形成供应链拓展、数字化营销、数字化服务、投融资等核心能力，并以移动云为基础将行业资源数据、政府公共数据、企业云仓数据汇聚起来，形成了“资源汇集 + 生态能力”的模式。目前产业大脑已汇集行业数据资源 3718 条，注册用户突破 2500 个，实现共享供应商 30 家、知识 1000 条。坚持使命担当，助力民生保障幸福和美新防线。江北移动大力弘扬“红色通信”精神，逆行而上、攻坚克难，坚定扛起全区通信服务保障的使命担当。抓好疫情防控保障，全年累计派出防疫志愿者共 800 余人次；推进智慧防疫，落地第九医院智能防疫核验系统，为庄桥街道引入全省首家“数字社工”。与区委组织部共建“江北移动先锋岗”，助力建成“15 分钟核酸采样圈”。抓好信息服务保障，坚持以人民为中心的发展思想，以大数据助力社会公益服务，通过大数据接口来发送的社会公益提醒和公共服务告知近 1200 万条，涵盖了防疫政策宣传、流行病学调查、抗台防汛提醒、平安城市建设和文明城市创建等重要公共服务领域。抓好“双碳”战略落地保障，实施“C2 三能计划”，探索应用网络能源统筹策略与智慧节电技术，实现基站机房的光伏、4/5G、空调、储能自智运维全覆盖，年化节电超 75 万千瓦时。抓好网络安全保障，面对超强台风“轩岚诺”和“梅花”，集结抢修人员超 120 人，第一时间抢修 16 处光缆中断、58 处逻辑基站退服等故障，全区率先实现网络全面恢复；打击电信网络诈骗，配合区公安分局进行联合反诈宣传，在大专院校、社区、工地、商贸集市等多个场景开展了 90 余场反诈宣传和反诈 App 安装辅导活动。

（赵　臻）

【联通江北分公司】 2022 年，中国联合网络通信有限公司宁波市江北分公司是中国联通集团公司在宁波的分支机构，主要承担中国联通在江北地区的通信建设与业务发展重任。分公司下辖 3 个支局、4 家营业厅、1 家社区服务网点、3 个县分部门（综合支撑部、政企客户部、网络运行部），共有员工 60 余人。2022 年，联通江北分公司实现全年通信业务收入近 1 亿元。党建引领促发展，廉洁护航筑堡垒江北联通坚持以党建为指引，着力打造支部党建品牌，推动党建品牌创建与业务深度融合，实现党建和业务齐抓共管、互促共进，以高质量的党建引领公司高质量发展。围绕中心工作，在疫情防控、营销场景突破、促销帮扶及大项目攻坚等重点工作上带头争先，树立了先锋模范作用。严格落实一岗双责，开展党风廉政建设和反腐败工作，积极争创“清廉示范点”，结合日常工作开展廉洁文化活动，强化宣传教育，筑牢廉洁自律思想防线，通过家庭助廉、写廉字和包廉粽等活动，让廉洁文化入脑入心，营造风清气正的清廉氛围，为业务发展保驾护航。为提升用户感知和满意度，提高网络覆盖率，已建成5G基站550个，其中2022年新建基站100个，新建5G室分70个，5G重要场景覆盖率达到95%。在宽带业务上投入大量资金改造和建设小区网络，小区覆盖率达90%以上，着力打造三千兆精品网络，服务区内各级企事业单位和人民群众。江北联通积极参与区内各局办、街道和乡镇的各类基础设施信息化建设，重点项目主要有区城乡排水管网数字化智能化管控平台（智慧排水工程）项目、区信息化监管示范公厕项目服务项目、慈城镇毛岙村未来乡村建设项目、污水零直排样板区项目、区地表水城区内河水质自动监测数据服务项目、江北公安对讲机基站建设项目、慈城镇古县城西进西出配套工程智能化项目等20余个，通过数字化项目建设，助力政府提升服务效能。践行志愿服务精神，彰显责任央企担当。江北联通以各种形式开展“我为群众办实事”活动。联合街道进社区进行电信诈骗宣传，在自有营业厅开设“电信诈骗宣传”课堂，以提高周边居民的反诈意识；联合志愿者服务队，开展关爱残疾人、关爱环卫工人等各类公益活动。主动对接街道社区开展疫情防控志愿服务活动，用实际行动传递正能量，彰显央企的责任和担当，累计志愿者服务3000余人次。

（葛志林）

大数据管理和发展

【概况】 2022年，江北区大数据管理工作认真贯彻落实省市数字化改革工作会议精神，遵循“1612”最新架构体系，聚焦“1586”专项行动，特别是针对一体化智能化公共数据平台建设的最新要求，在学习中实践、在探索中提升、在谋划中推进，初步架构起一体化智能化公共数据平台，进一步增强应用支撑、数据资源、基础设施三大体系建设，加快基于数字孪生应用试点建设，做好疫情防控精密智控平台保障，深入推进“五问五破五比五先”作风建设专项行动，打响“北岸有数”品牌，全面助力现代化滨海大都市创智和美城区建设。8月一体化智能化公共数据平台双月考核排名全省第4，10月考核总体评价“五星”，进入全省第一梯队，从全年来看，实现了“三级跳”。省大数据局副局长蒋汝忠赴江北区调研平台建设情况，宁波市大数据局在江北区召开公共数据平台建设现场推进会。

合力推进党建和业务工作融合发展 坚持和完善民主集中制，加强制度建设，完善内部管理，制定党组议事规则、党风廉政建设责任制分工和班子分工、内部制度等，强化党建引领，打造“北岸有数”党建品牌。4月，区大数据中心党支部成立。共组织主题党日活动2次，进一步提高了全体党员的党性理念。着力打造学习型机关，充分利用“学习强国”学习平台、“周二夜学”、“浙里干部之家”、“数字政府周六夜学”、“业务知识专题学习”、“党组书记上党课”等载体开展政治理论和专业知识学习，共计开展“周二夜学”21次。始终坚持党要管党，全面从严治党，认真贯彻执行党章党规党纪，一体推进“三不”机制建设。开展大数据年轻干部全链条教育管理监督“风纪扣”工程。以“12项清廉举措”为具体抓手，打造具有江北辨识度的年轻干部教育管理监督新模式。从严从实推进干部作风建设。对标“争先领跑、追赶超越”要求，强化整体变革和系统重塑，全面纠治作风突出问题，扎实推进“大数据铁军”队伍建设。

系统梳理业务工作及考核体系 根据省市《2022年一体化智能化公共数据平台工作要点》、宁波市《2022年智慧城市建设工作要点》，积极学习领会上级部署要求，制定中心工作清单，围绕项目统筹、数字基础设施、数据资源供给体系、多跨场景应用体系、网络数据安全保障体系等内容，一体推进“平台＋大脑”及智慧城市建设。按照省市《公共数据平台综合评价工作指导意见》，成立项目推进攻坚专班，建立例会通报制度，确保项目攻坚行动取得实实在在的成效。

本着资源整合、功能共享、数据融合的原则，根据项目建设单位申报情况，结合经济社会发展需求、项目前期工作进展、财政年度预算规模，编制2022年度第一批政务信息化项目计划。项目计划涵盖部门业务基础性政务信息化项目和智能化硬件项目，主要包括基础类项目如“浙统云”等9个，共同富裕类项目如“乐生活”等4个，特色类项目如“清廉江北”等5个，其余储备类项目4个，待建设内容及开发模式确定后转成计划实施项目。项目申报总投资1408万元（不含4个储备类项目）。中心结合数改任务及区重点工作，分别从一本账S2、试点示范、工作任务及一般项目四个方面谋划全区政务信息化项目申报征集和计划编制工作。主要包括“一本账S2”建设项目3个，省试点示范项目4个，工作任务类项目4个，一般性项目3个。项目申报总投资3257.96万元，经中心初步核减为2318.625万元。

推进平台建设　推进宁波市公共数据江北分平台建设。根据省数字化改革总体部署，按照省市两级统一规划、统一标准要求，在宁波市一体化智能化公共数据平台的基础资源和技术平台的基础上，建设江北分平台。项目从2021年4月立项，历时一年建设，分平台拥有1200多张数据表，近6亿多条数据，为21个专题库提供数据支撑。2022年4月完成初验，9月完成终验。加强省市回流数据与江北本地数据的归集与融合，申请省、市数据回流表累计638张，经治理后可用575张，持续开展在用在建系统梳理和数据资源编目，编制数据目录超3357条。开展重点部门和街道（镇）调研，做好人口、法人、AI事件等数据底数排摸，率先完成江北“两人一事件”专题库及全区统一的视频库建设，并建立常态化数据治理机制，为全区多跨场景提供数据底座支撑。根据省市数字资源规范要求，积极落实IRS各类目录关联建档、动态维护、同源发布以及组件共享等工作。封装特色组件6个，支撑江北本地及杭州、衢州、金华、舟山等应用40个，调用次数超220万次，上架组件覆盖应用数量、上架组件跨地市赋能应用数量排名宁波市第一，为“一地创新，全省共享”提供江北经验。坚持以用促建，充分发挥智能公共数据平台的数据支撑功能，满足全区业务系统数据共享和多跨场景数据需求，严禁在公共数据平台外开发、升级改造应用系统。2022年，建立新产品研发、农村集体资产等21个专题库，申请数据接口67个，支撑新产品研发、农村集体资产、舒心住等共25个业务应用。以实景三维数字孪生一张图为基础底座，融合城市房屋人口基础数据、网格空间数据和物联网、智慧感知、经济人口、建筑规划等信息，搭建文教街道全域三维一张图，建设数字孪生城市一网统管基础平台。基于“两人一事件”专题库，通过“全区监控视屏一体化”、数字孪生“基层一张图”、“智慧扫楼”等辅助平台，实现全方位“云巡视”，有效实现区疫情防控基础数据支撑。江北区以省基层智治大脑建设指南和市基层智治大脑建设实施方案为工作指引，以基层智治大脑要素梳理上架和综合应用、实战赋能为工作重心推进基层智治大脑建设相关工作。依托宁波市基层治理大脑“要素超市”，围绕共性需求，加快提炼包括短信、OCR身份识别、静默活体认证、工作绩效评价模型等在内的算法、模型、知识库等智能要素，梳理形成具有江北特征和色彩的“一本账”智治元素。依托“江北区外网整体运维”和“江北区态势感知体系建设”项目，以护航党的二十大顺利召开为工作目标，进一步强化区网络安全监测体系和安全防护体系建设能力建设，扎实推进云、网、端、数据、应用安全综合整治工作，坚守全年不发生重大网络安全事件底线。按照年度计划，按季在全区范围内例行开展漏洞扫描、渗透测试、安全基线检查、应急演练、联合专项检查等系列工作，推进应用系统、服务外包、公共数据等领域的安全管理；积极迎战国家省市护网演练，开展区级护网专项演练，发现和整改一批重大安全问题和隐患；制定和完善网络、数据安全系列管理制度，形成较为完备的网络安全综合防护体系。“浙里办”个人用户和法人用户的注册数分别超过了38.69万户和11.85万户，“浙里办”江北站点每百万人口数用户日活突破3.5万。政务服务2.0线上线下一网通办率98.03%，大厅一网通办率97.10%，综合自助机一网通办率100%。全区浙政钉用户激活率100%，活跃率85.79%，头像更新率100%。

【推进政务服务“一网通办”】 政务服务能力一路提升，1—10月，江北区线上线下一网通办率98.18%，大厅一网通办率97.61%，综合自助机一网通办率100%。政务服务便利化扎实推进，辖区内农商行网点全部完成政务服务2.0工作台开通并办件。“浙里办”活力持续增强。9月，浙里办江北站点每百万人口日均活跃用户数突破4.2万户，乐学、乐业、乐健、乐教、乐游五个应用日活数达到高频应用标准。“乐在江北”品牌更加响亮。积极拓展封装乐业、乐学等政务应用，结合每月政务服务网络直播及市级应用进行组合，努力打造一个居民生活全覆盖，线上、线下互为呼应的服务平台，有效提升“浙里办”江北站点品牌影响力。

【推进基层治理大脑建设】 构建全时空多维度智能感知网，以区未来社区建设为契机，加快物联感知平台建设，实现2000余个感知终端接入。排摸基层智治大脑智能要素。全面梳理区基层智治要素，推动“基层社会治理工作绩效评价模型”“车辆违停智能识别”算法等智能组件的解耦与上架，构建基层智治江北要素“一本账”。中心基于IRS的身份证OCR识别、短信推送服务等6

个特色组件赋能江北本地及杭州等4个地级市共44个业务应用，调用次数超260万余次，为“一地创新，全省共享”贡献了江北经验，获省大数据局副局长蒋汝忠肯定，为组件收费提供了解决方案。积极申报基层智治大脑建设试点。在大脑赋能共富单元建设领域积极申报“智管家”应用和资产画像、五码公开、三色预警等智能模型建设试点，为基层智治系统建设贡献江北智慧。

（王　雍）

财政　税务

财政及其管理

【概况】 2022年，宁波市江北区实现地区生产总值860.32亿元，按可比价格计算，增长4.9%。其中，第一产业增加值8.94亿元，增长5.4%；第二产业增加值271.06亿元，增长2.1%；第三产业增加值580.31亿元，增长6.2%。三次产业结构比为1.0∶31.5∶67.5。按照常住人口计算，人均生产总值172408元。全区财政总收入177.53亿元，剔除留抵退税因素增长11.0%。一般公共预算收入101.94亿元，剔除留抵退税因素增长6.5%，占财政总收入的57.4%、占地区生产总值的11.8%，税收收入92.66亿元，占一般公共预算收入的90.9%；全区一般公共预算支出94.56亿元，增长19.2%。全年财政收支平衡。

组织财政收入　实施财政收入提质攻坚专项行动，建立工作专班，实行清单式管理，向上争取免抵调指标，优化财税联席会议制度，加快国有资产处置，促进财政收入均衡入库。强化重点财源性项目招商，深化“招商提质”行动，保障招商“一把手工程”开展，向上争取项目支持，培育财政收入新增长点。加强非税收入征管，全年非税收入91.84亿元，其中纳入一般公共预算管理的非税收入9.28亿元，减少5.2%。

促进稳进提质　助力经济稳进提质攻坚行动，落实稳定经济大盘一揽子举措。落实减税降费各项政策，全区退税、减税、降费41.95亿元，其中增值税留抵退税20.53亿元。发挥专项债券投资拉动作用，年度发行专项债券18.40亿元；争取政策性开发性金融工具2.00亿元，保障区委、区政府重点工作，促进城市更新提质。发放消费券6600万元，带动居民消费11.93亿元。落实稳外贸各项举措，支持建立“助企稳贸”服务联盟，加快培育外贸梯队。支持助企纾困稳链，协同出台助企纾困系列政策，开展政策集成落地攻坚行动，区本级涉企资金投入5.71亿元，增长50.0%；创新“预兑现+清算”兑现模式，加快政策资金下达，使企业早受惠，上半年完成全年兑现任务。

增进民生福祉　全年民生支出65.95亿元，占一般公共预算支出的69.8%，增长26.1%。支持建设健康江北，全年卫生健康支出7.10亿元，增长75.9%，持续保障疫情常态化防控，宁波市第九医院公共卫生楼建成投用，前江街道社区卫生服务中心开工建设，推进慈城镇中心卫生院迁建工程，获评省级健康区。支持打造优学品牌，全年教育支出13.05亿元，增长3.3%，惠贞高级中学、江北中心学校等4所学校投用，3所幼儿园开园，4所“公参民”学校转公。支持乡村振兴战略，全年农林水支出7.02亿元，增长2.4%，乡村面貌整体提升，打造艺术赋能村3个、省级特色精品村2个，外漕村和毛岙村通过省级未来乡村验收。支持“消薄”攻坚行动，所有行政村集体经济实现经营性收入超30万元，低收入农户人均可支配收入超2万元。支持改善生态环境，全年节能环保支出0.69亿元，增长13.5%，支持建成省级清新空气示范区，实施“甬有碧水”行动，地表水市控以上断面水环境功能区达标率100%。支持社会保障事业，全年社会保障和就业支出10.48亿元，增长75.3%。健全灵活就业服务保障体系，城镇新增就业1.5万人。落实养老保险全国统筹，新增保障性租赁住房5353套。优化“一老一小”服务，新增8家标准化老年食堂、1家智慧养老院和1家AAAAA级居家养老服务中心，每千人拥有婴幼儿照护服务机构托位数3.5个。支持文体事业发展。全年文化体育与传媒支出1.08亿元，助推文化强区建设，打造“浙江有礼·礼尚北岸”品牌，建成70个“15分钟品质文化生活圈”、2个城市书房。

深化财政改革　建立常态化

财政资金直达机制，全年中央直达资金 9.23 亿元，支付进度 99.8%，省直达资金 305 万元，支付进度 99.9%。推动国企改革突破，出台国企架构优化整合和 8 家主要国企“三定”方案，成立国投公司，搭建三级管理架构，优化股权结构，新增 2 家 AA+ 信用评级国有企业。深化预算绩效改革。健全预算绩效管理制度体系，实现“四本预算”绩效管理全覆盖。加快“智慧财政”建设，完善预算管理全流程机制，开发江北区专项债资金管理系统，实现资金闭环管理，动态监控。

推进助企纾困　根据市稳链纾困助企“47 条”和稳住经济一揽子政策措施“16 条”，政府财政部门协同其他经济职能部门，在二季度制定出台《江北区纾解企业困难促进稳定发展若干措施》《关于促进现代服务业稳进提质的若干措施》《江北区工业经济防疫情稳增长保畅通惠企助企政策》。按照能快则快、能早则早的原则，开展专题研究部署，将兑现工作列入“清单管理”，压实责任，其中在 1 月 30 日向各职能部门发放加快资金兑现进度函，定期统计反馈涉企政策资金兑现进度和资金执行情况，统筹协调扎实推进资金早下达、早见效，并且采取“预兑现 + 清算”兑现模式，一季度完成兑现年初预算任务 50% 以上，半年度完成年初预算任务，全年累计兑现市、区两级涉企资金 10.4 亿元，其中区本级涉企资金 5.7 亿元，同比增长达 50%，提振了企业发展信心。同时积极落实国有房产减租政策，根据《宁波市稳链纾困助企若干措施》中相关要求，5 月 7 日发布工作通知，推动区级行政事业单位和区国有企业扎实做好非国有小微企业和个体工商户的国有房屋租金减免工作，切实做到应减尽减，到 6 月底该项工作已完成。在国企房产减免租方面，全区共计 696 户承租户享受减免政策，减免租金共计 1303 万元；在行政事业单位房产减免租金，全区共有 379 户承租户享受减免政策，减免租金共计 602 万元，切实减轻了市场主体的负担。

提升队伍建设　强化党组理论学习中心组学习机制，开展机关作风建设专项行动，依托“三服务”“财政服务月”，全局干部 640 人次参与助企纾困、文明典范城市创建、疫情防控等志愿服务，获 2022 年度攻坚克难好班子、民主评议机关活动作风建设先进单位、“模范机关”创建示范单位等荣誉。落实全面从严治党主体责任，健全廉政风险预警机制，梳理重要廉政风险点，制定防控举措。推进党建引领国企转型，打造国企党建品牌“1+5”格局，推进清廉国企建设，指导完善“三重一大”、房产出租等 7 项制度。强化年轻干部培养，完善“青蓝育才”一对一培养机制，优化中层干部队伍结构。

深化“智慧财政”建设　高度重视财政数字化改革，根据 2021 年成立的“智慧财政”系统推广实施工作专班相关职责分工，开展与市级业务、财政系统的差异分析，并按照上级要求，完善优化预算管理有关规程，细化、扩充、梳理相应的业务管理流程，并积极与市局对接、确定本地特色功能，制定数据转换方案和应用接口方案，确保与“智慧财政”系统无缝对接，准时上线。同时加强业务培训，举办多次全区会计、出纳、采购等经办人员业务能力和系统操作培训，并在 2023 年度预算编制说明会议上，对预算编制业务流程进行明确。9 月底“智慧财政”系统已覆盖应用至江北区 61 个一级预算部门、146 家二级预算单位，内容涵盖预算管理、预算执行、绩效管理、公车管理等共计 39 项功能模块，功能不断丰富。其中，为加快中央直达资金支出，预算执行模块增加“直达资金批量支付功能”；增加预算项目绩效目标考核管理模块，从事前绩效评估、绩效目标编制、绩效运行监控、绩效评价等环节全面评估部门单位预算绩效管理工作的水平；打通“甬易办”平台，方便疫情防控期间的企业、个体户的政策资金兑现；将原电子票据管理系统纳入，并将社会团体也纳入统一管理，扩大服务范围；考虑到部分单位办公地点较远，为提高部门办事效率，以系统上传扫描件代替纸质材料的形式，尽可能减少部门经办人员上门次数。

【国企改革进入快车道】 6 月，江北区人民政府常务会议通过《深化国有企业改革，推进国有企业架构优化整合》，从而推进从以管资产为主向管资本为主转变，将国有企业监管体现在公司治理中，并且努力加快区域公司评级提升，提升国有企业防范金融风险的能力。同时向区政府常务会议提交通过《深化国有企业改革，推进国有企业三定工作》，对区域主要国有企业的功能定位和三定情况进行调整明确，引导区属国有企业聚焦主业发展，努力实现企业职能定位清晰、机构设置合理、用工规模适当的治理目标，并在 7 月向区委常委会提交通过《深化国有企业改革，推进国有企业三定工作》，为全区国企改革解决了发展瓶颈。在 9 月，区国资管服中心发布招聘公告，首次牵头启动面向社会公开招聘国企工作人员，历时 5 个多月，招录人员 23 人，为国资国企后续发展提供人才支撑。12 月成立了国投公司，初步架设起“国资中心—国投—城投、北坤、开投等主要国企”的管理架构，并在区委、区政府大力支持下，配强国企班子领导力量，其中8人走上领导岗位。通过优化股权结构，2022年开投和北坤公司新获评AA+主体信用评级，据测算评级提升后，每年可节约融资成本约1亿元。同时依托评级优势，城投公司发行私募公司债15亿元，创同级、同期限最低利率。

【建立全区国企“三重一大”制度】6月16日区国资管服中心发布《进一步加强国有企业规范治理的通知》，要求各国企完善党组织前置研究讨论重大管理事项清单和建立健全“三重一大”决策制度，并对全区主要国有企业“三重一大”制度建立情况进行系统摸底，全面了解企业“三重一大”制度现状。经排查，根据江北区国有企业“三重一大”决策议事规则统计表，区内主要24家国有企业有18家已经建立“三重一大”议事制度，并督促剩余有实际业务的国企建立“三重一大”议事制度。根据《宁波市属国有企业“三重一大”决策制度实施办法》文件精神，区国资管服中心强化制度建设，在6月24日制定出台《江北区国有企业“三重一大”决策制度实施办法》，明确“三重一大”决策事项范围、决策机构、议事规则，完善“三重一大”会议集体讨论决策制度；指导规范全区国有公司重大决策、重要人事任免、重大项目安排和大额度资金运作，坚持集体决策、坚持科学决策、坚持民主决策、坚持依法决策，从而形成良好的工作机制和长效机制。

（包　鑫）

税务管理

【概况】2022年，江北区税务局紧扣迎接和学习宣传贯彻党的二十大精神这条主线，统筹推进疫情防控和经济社会发展，凝心聚力推动各项工作落实，圆满完成全年任务。2022年，累计组织收入232.54亿元，同比增长6.3%，其中税收收入173.46亿元，同比增长4.3%，（其中中央级79.82亿元，增长6.7%；地方级93.64亿元，增长2.3%），完成社保费税收52.8亿元，同比增长10.7%，组织非税收入6.27亿元，同比增长34.4%。办理出口退（免）税71.33亿元，同比增长43.1%。江北区税务局工会获得“宁波市示范工会”“宁波市‘五好’工会”荣誉称号。慈城税务所获得“江北区模范集体”称号。区税务局89112366呼叫中心、文教税务所办税服务厅被命名为2021年度宁波市税务系统青年文明号。左林俊、王佳怡两人被认定为2021年度宁波市税务系统青年岗位能手。

减税降费　成立退税减税工作领导小组，定期召开工作例会，持续优化推动政策红利直达市场主体的机制和措施，确保做到应减尽减、应免尽免、应退尽退、应缓尽缓。2022年，新的组合式税费支持政策累计为全区企业减税降费和增加现金流41.97亿元，包括增值税留抵退税20.53亿元，新增减税降费13.11亿元（“六税两费”减免2.1亿元，小型微利企业所得税减税2.85亿元，小规模纳税人减征增值税等其他减免税费8.16亿元），制造业中小微企业缓缴税费5.87亿元，阶段性缓缴企业社会保险费2.44亿元，有效缓解了企业资金压力。429户企业享受研发费用加计扣除金额20.03亿元，减免税额超5亿元，280户高新技术企业所得税减免达3.27亿元，市场主体活力得到进一步激发。

服务经济发展　连续第9年开展“便民办税春风行动”，落实落细5大类20项121条便民办税缴费举措，出口退税平均办理时间压缩至2.34个工作日。落实233项“非接触式”办税缴费服务，不动产登记可以享受到合同网签、纳税申报等“一站式服务”，所有涉税事务“一次办结”，2022年全区网上综合办税率保持在97%以上，政务服务好评率99%以上。对庄桥税务所办税服务厅进行智能化改造。首创“江北税务综合智治中心”，整合梳理27个高频业务事项、42个业务节点，构建“前台全面受理、后台集约处理”新模式，业务受理效率与流转效率提速30%以上。与工商联联合开展“春雨润苗”专项行动，与商务局、海关等组成“‘助企稳贸’服务联盟”。深化“银税互动”合作，12家合作的银行业金融机构在2022年为1649户次小微企业发放信用贷款13亿元。

税费综合治理　积极参与市局精准监管重点项目9个，经评审，其中5个项目获市局推广推介。聚焦“征管质量提升年”，强化征管质量5C监控评价，建立健全基础数据预警，着力推进流程规范化，持续夯实征管基础。积极推动全面数字化电子发票受票试点工作。积极推行数字人民币缴纳税费业务，创新推出“甬税助”远程协办平台，提高办税缴费效率。主动融入江北数字政府建设，强化跨部门涉税数据共享和运用。在全市率先成立公职律师涉税争议咨询调解中心4个，建立重大执法决定法制审核制度，充分发挥法律顾问、公职律师团队作用。积极落实行政执法“三项制度”，承接非强制性执法试点工作，对1525户次纳税人落实“首违不罚”。在出口退税首次申报实地核查工作中实行执法音像记录试点，为该项制度在全市范围内推广提供了江北样板。聚焦“两权”运行，优化内控监督体系。探索动态“信用+风险”监管方式，建立“突出重点环节、高效配置资源、精准防控风险”管理模式，开展风险应对并查补税款及滞纳金0.64亿元。积极开展土地增值税项目清算，应补缴税款5.22亿元。持续开展文娱影视领域税收治理，加强对“双高”人群的税收监管。牵头建立“管查互动”工作制度，全年完成发票协查269起，发现虚开疑点并移送稽查立案查处企业累计7户，有力维护地方经济和税收秩序。国际税收工作实现新突破，全年完成4个反避税立结案及税款入库。平稳落实《印花税法》试行工作。

（左林俊）

金融　保险

金融管理与企业上市

【概况】2022年，江北区金融管理与企业上市工作围绕全区目标任务要求，全面落实市、区两级政府工作部署，加快体制创新和服务创新，各项工作稳步推进。

金融体系建设　完善金融服务实体经济平台。“信用报告评估”贷款融资2022年累计帮助613家经济主体获得信用贷款3.43亿元；创新反担保融资模式，浙江省首例以远洋渔船抵押担保作为反担保条件的贷款融资在江北区成功落地，为一家渔业公司解决1000万元资金缺口；出台多项惠企帮扶政策，推出无条件给予续保及担保展期业务，2022年小微企业担保费降至0.5%，货运物流企业在6月底前免收担保费；餐饮、零售、旅游、运输等特困行业优先给予支持，截至12月末，共为388户小微企业提供担保发生额14.64亿元，减免担保费达1700余万元。持续推进普惠金融。启动江北区普惠金融服务中心建设，项目基本完工；推出特色普惠金融活动，强化银政企联动，举办三季普惠金融专项活动，第一季“走进洪塘”活动与洪塘企业面对面，宣讲普惠金融政策，共谋小微园区发展；第二季“走进孔浦”活动邀宁波银保监局、辖区银行及20余家企业走进“云创1986青年国度”众创空间，通过宣传多项金融纾困政策和普惠金融产品，共同为受疫情影响的群体纾困解难；第三季“走进庄桥”活动邀请银行、保险、基金等金融机构就金融普惠、保单避险、投创基金产融结合等内容对十余家科技企业进行宣讲，进一步促进政银企深层次合作交流。

企业上市　远洋运输于12月上市，全区上市企业累计达10家，另新增股份公司3家（瑞能智慧、惠之星及峰梅新能源）、辅导期企业4家（艾克姆、巨隆机械、赛特威尔、峰梅新能源），全区初步形成“拟上市、上市后备、新三板、甬股交”梯队企业群。加快上市后备资源培育。充分发挥基层属地优势，排摸意向企业，培育苗子企业，建立上市后备资源库，建立上市后备梯队企业32家，其中19家企业入库宁波市拟上市企业培育库（青凤库9家、雏凤库10家）；对拟上市及上市后备梯队企业开展走访调研，掌握企业经营情况和汇总分析上市难点问题；邀请交易所专家、中介机构等举办资本市场专题培训会，帮助企业了解资本市场最新政策。推动上市公司高质量发展。扩大龙头企业辐射面，助力辖区市值超百亿上市公司（爱柯迪和金田铜业），鼓励上市公司增发新股、配股，发行可转债、公司债等方式，实现再融资，扩大再生产，爱柯迪于9月发行可转债15.5亿元。鼓励借助并购重组等方式转型升级，激发新的增长力，宁波精达完成并购重组，将其实控人持有的宁波成形控股有限公司股权100%转让给市通商集团。

金融风险防控　重点企业风险防控到位。基本化解宁波东力诈骗案引发的系列风险，圣莱达于6月22日停止交易，整个退市过程平稳有序。非法金融风险实现闭环处置。完成1250余家第三方财富公司排摸工作，总体风险可控；陈案处置稳步推进，3年以上非法集资案件全部判决结案且当年无新增涉案金额和涉案人员；规范审批，加强企业登记指导工作，私募基金类企业建立一企一档，跟踪备案情况。

【银行机构】截至2022年末，全区30家银行机构本外币存款余额1770.5亿元，比年初净增278.3亿元，同比增长20.2%；贷款余额1641.4亿元，比年初净增177.9亿元，同比增长13.5%。

【其他金融行业】全区保费收入46.5亿元，同比增长25.55%，增幅排名全市第1，连续14个月领跑全市。政府性担保公司超前完成全年任务。截至2022年12月末，累计发生担保业务1619户、2703笔，担保总额49.28亿元，在保余额12.6亿元，比上年同期增加38.82%，政策性融资担保在保余额12.2亿元，担保业务放大倍数超6倍。支农支小融资担保业务占比达90%以上，平均担保费率不高于0.1%。地方金融组织平稳发展。3家小额贷款公司贷款余额10.01亿元；2家融资性担保公司担保余额13.34亿元，同比增长40.42%，超额完成市下达12亿元担保任务；9家典当行典当余额1.3亿元；1家融资租赁公司融资租赁余额3.23亿元，同比增长40.31%。3家小贷公司年度评级获2个A级、1个B级。典当行年审中，1家因股东原因拟自动退出，其他8家均有进步，1家取得A+最高评级，4家A级，其他为B级。

【泛老外滩金融保险创新港建设】 泛老外滩金融保险创新港指通途路以南、奉化江和姚江环绕的区域。2022年，持续打造金融保险创新产业集聚地。北京银行宁波分行、兴业银行宁波分行签约入驻江北；协助中信银行精品行、浙商银行外滩支行选址，做好对接工作；做好光大银行宁波分行与江北签订战略合作协议；引进中科智慧等6家保险科技公司和1家保险分支机构；引进类金融机构项目41个。保险创新持续扩面。人保推出农村集财共富保，帮助辖区内经济薄弱村和低收入村盘活村集体资产；在全市率先推出区域公共品牌安全保险——“江北农好”，建立全产业链风险管控机制，通过市场化手段解决农产品安全风险事故，转嫁生产经营风险；推出全国首个“方舱保”，为方舱隔离中心承担风险保障近7200万元；推出市首单“公租房出租责任保险”，该责任保险由江北区房管中心投保，为190户公租房提供累计1.25亿元风险保障；泰康养老推出“宁波职工普惠健康平台”，涵盖网上就医、复诊续方、重疾绿通等，整合宁波、上海优质医疗资源，为工会职工提供高效、便捷的在线医疗服务。

【数字人民币试点】 截至12月末，全区累计开立数字人民币个人钱包20.85万个、对公钱包1.07万个，交易笔数31.28万笔，交易金额5.58亿元。率先在地方政府机关发放“数币工资”，为庄桥街道90多名职员发放工资，金额达102万余元；召开4大场景贯通推进会，协助运营机构对接12家区属医院、6家国家AAA及以上旅游景区、36家专业市场（农贸市场）和省第一批未来乡村建设试点村外漕村。开展数币消费红包活动。协助市级活动，就老外滩步行街、万象城和江北万达广场三个消费场景建立江北方案，活动前闭环完成62.5%商铺开通；组织策划区级消费红包活动，首轮发放100万元，实际核销率76%，第二轮发放80万元，实际核销率超81%。

（张　蕾）

金融企业

【邮储银行宁波江北区支行】 2022年，始终聚焦科技型企业，新增“专精特新”及科创企业贷款客户9户，净增贷款1.41亿元。全年自营储蓄规模5.66亿元，新增9414万元。人民币理财保有量2478万元，销售趸交保险1445万元，期缴保险463万元，权益基金销量324万元。全年房贷余额受大环境影响下降8326万元，新增非房贷款451万元。全面推广手机银行和快捷绑卡，手机银行客户规模新增2586户，月活跃客户规模突破3131户，新增绑卡客户2067户。在洪塘支行成立乡村振兴工作室，并持续作为小额业务发展重点地区，重点营销极速贷等产品。小额规模达到8.27亿元，新增3.07亿元，其中洪塘新城支行新增1.72亿元。

截至2022年末，宁波江北区支行总资产规模34.77亿元，各项存款余额25.33亿元，各项贷款余额36.28亿元，不良贷款率0.39%。支行内设部门3个，下辖2家二级支行、1家支行营业部。支行自营网点3家，金融从业人员54人，其中本科及以上50人，占比92.59%；代理金融网点6家，金融从业人员34人。

（包陈卓）

【甬城农商银行】 2022年，坚持小额、流动、分散原则，做好底层企业“小生意”，将金融活水覆盖到最有需求的小微企业和百姓身上，发放大量信用贷款，把资金活力注入大量小微企业。信用贷款余额92亿元，增幅40%；小微贷款余额179亿元，增幅53%，占比近60%。微担通贷款余额52亿元，比年初增加41亿元，居全市银行业第一。金融支持实体工作被《经济日报》《中国经济时报》等中央媒体关注与报道，获得“江北区金融发展奖”等荣誉。

截至2022年末，甬城农商银行资产总额459亿元，比年初增加84亿元；负债总额435亿元，比年初增加82亿元；所有者权益24亿元。存款余额398亿元，比年初增加90亿元，增幅29%。日均存款360亿元，比年初增加68亿元，增幅23.5%。

贷款余额306亿元，比年初增加58亿元，增幅24%。各项业务收入20亿元，同比增幅22%；利息收入17.5亿元，同比增幅18%；营业净收入9.9亿元，同比增幅20%；拨备前利润6.25亿元，同比增幅23.5%，净利润2.8亿元。拨备覆盖率289%，资本充足率12.8%，五级不良率0.88%，主要监管指标持续达标。省行分层分类考核从D类晋升到C类，获得2022年开门红劳动竞赛二等奖，被评为浙江农商银行系统业务成长十佳银行、考核一级优胜单位。

（钱 帅）

【中国工商银行江北支行】 2022年，大力发展普惠金融业务，破解小微企业融资难、融资贵问题，年末普惠贷款余额17.76亿元，较年初净增4.85亿元，增幅37.6%。累计开展普惠金融宣传活动29次。持续加快渠道优化建设和网络数据化功能转型，完成辖区网点智能化改造，推进互联网移动金融支付渠道应用。维护国库资金安全，确保平稳运行。在北投大厦专门设置“政务型”二级支行——江北文教支行，日常协助江北区行政服务中心业务办理。在辖内6个网点设置社保卡专柜，并配备专人驻点服务社保中心。

截至2022年末，工行江北支行各项贷款余额161.33亿元，比年初增加17.29亿元。不良贷款余额1463万元，贷款不良率0.09%，各项存款余额154.48亿元左右，较年初增加54.29亿元。支行内设5个部门，拥有下属物理网点11家、自助银行20家，在编员工220人。

（胡宇文）

【中国农业银行宁波江北分行】 2022年，持续开展“服务升温”工作，打造宁波市首家金融主题书房——“育才书房”，定制“金融+文化”融合服务，持续提升客户服务体验和网点服务水平。

截至2022年末，本外币存款余额217.59亿元，占江北区工农中建四大行（以下简称四大行）市场份额37.30%，位于首位。其中对公存款余额149.30亿元，占四大行市场份额40.17%，储蓄存款余额68.29亿元，占四大行市场份额32.26%。本外币各项贷款余额为151.18亿元，较年初增加20.63亿元，增量位于首位，其中个人贷款余额65.54亿元，对公贷款余额85.63亿元。2022年实现中间业务收入（不含卡分期）6055万元、营业收入4.79亿元、净利润10554万元，其中营收较上年同期涨幅14.40%。

（张昱晨）

【中国银行宁波市江北支行】 截至2022年末，支行一般性存款余额折合人民币85.36亿元，比年初负增长12.89亿元，其中，对公一般性存款余额49.51亿元，比年初负增长19.42亿元，储蓄存款余额35.85亿元，比年初新增6.53亿元。一般性存款日均余额86.17亿元，比年初新增2.9亿元，其中，对公存款日均53.65亿元，储蓄存款日均32.52亿元。一般性贷款余额折合人民币135.92亿元，比年初新增17.73亿元，其中，对公贷款88.42亿元，比年初新增16.29亿元；零售贷款余额47.50亿元，比年初新增1.43亿元。完成国际业务收付汇27.5亿美元，比上年同期增长1.01%；实现国际业务中间业务收入1460万元。全行实现营业收入31345万元，实现拨备前利润25087万元，税后利润13911万元。不良贷款余额986万元，不良率0.07%。2022年获江北区人民政府颁发的“支持小微企业优胜奖”铜奖。

（郑如雁）

【中国建设银行宁波江北支行】 截至2022年末，支行一般性存款余额折合人民币124.02亿元，比年初新增16.68亿元。其中个人存款余额45.1亿元，比年初新增6.49亿元。全量资金日均余额148.8亿元，较年初新增13.69亿元。本外币贷款余额184.32亿元，比年初新增5.21亿元。其中，公司类贷款余额80.66亿元，比年初新增9.01亿元；个人类贷款余额103.66亿元，比年初减少3.8亿元。实现拨备前利润39923万元。不良贷款余额1788万元，不良率0.10%。

（马丽央）

【交通银行宁波江北支行】 截至2022年末，支行全辖各项存款余额26.22亿元，其中，对公存款18.73亿元，储蓄存款7.49亿元；存款日均余额26.83亿元，其中，对公存款日均20.77亿元，储蓄存款日均6.06亿元；各项贷款余额38.85亿元，其中，对公贷款28.17亿元，个人贷款10.68亿元；完成国际收支业务收付汇11亿美元，较上年持平。利润指标平稳增长，实现全年经营利润8533万元。

（王 中）

【招商银行股份有限公司宁波江北支行】 截至2022年末，招行江北支行实现营业收入21636.67万元，利润7400.83万元。对江北区纳税总额935.30万元。其中增值税835.09万元，城建及教育附加税等100.21万元。从存款看，2022年末支行全折一般性存款余额25.97亿元，较年初增加9.45亿元。其中对公一般性存款余额12.69亿元，较年初增加4.37亿元；储蓄一般性存款余额13.27亿元，较年初增加5.07亿元。从贷款看，2022年末支行全折一般性贷款余额30.07亿元，较年初减少2.92亿元。其中对公贷款余额13.22亿元，较年初减少2.69亿元；零售贷款余额16.85亿元，较年初增加0.23亿元。

（董　斌）

【徽商银行宁波江北支行】 截至2022年末，支行单位存款28877万元，个人存款50453万元；单位贷款106335万元，个人贷款39053万元。不良贷款余额791万元，不良贷比率0.54%。徽商银行宁波江北支行设公司业务部、小企业业务部、零售部、运营管理部4个部室。下辖湖景花园社区支行和天合家园社区支行。2022年获徽商银行宁波分行举办的旺季营销竞赛活动一等奖，被评为旺季营销月度标杆支行。

（金　丹）

【鄞州银行江北支行】 截至2022年末，支行各项存款余额96732万元，其中对公存款余额47053万元、储蓄存款余额49679万元。各项贷款余额146470万元，其中企业贷款余额47207万元、个人贷款余额99263万元。实现国际业务结算量2462万美元。实现营业收入7596万元，营业支出3176万元，账面利润4420万元。

（周力平）

【广发银行宁波分行】 截至2022年末，分行人民币存款余额398.2亿元，较年初增加7.6亿元，增速1.96%。人民币贷款余额449.3亿元，较年初增加16.5亿元，增速3.8%。总营收14.28亿元，较年初增长3.2%；非卡营收10.84亿元，较年初增长4%；考核净利润7.4亿元，较年初增长26.2%。不良贷款余额2.86亿元，较年初增加900万元；不良贷款率0.63%，与上年持平，低于同类行及全行平均水平。

至年末，分行重点工程融资余额较年初增长666.7%；全年承销宁波市地方政府债券12.8亿元。制造业贷款余额较年初增幅5.5%；投向战略新兴产业贷款余额较年初增幅142.04%；科技企业贷款余额较年初增幅91.4%；“专精特新”“小巨人”“单项冠军”企业融资余额较年初增幅65.73%；绿色信贷余额较年初增幅35.78%，人民币贷款向实体经济让利逾40bp。2022年，宁东支行、北岸琴森社区支行完成原址改造，江东支行完成迁址开业、马园支行完成迁址更名并开业。

（张佩瑜）

【杭州银行宁波江北支行】 截至2022年末，支行公司存款余额24.6亿元，比年初新增14.8亿元；贷款余额17.1亿元，比年初新增6.4亿元。小微存款余额4.8亿元，比年初新增2.5亿元；小微贷款余额6.8亿元，比年初新增2.5亿元。零售存款余额2.8亿元，比年初新增1.4亿元；零售贷款余额7.9亿元，比年初增加0.1亿元。AUM（理财规模）5.72亿元，比年初增加1亿元。支行全力推进各项业务高质量发展，获江北区2022年度金融服务优胜奖铜奖、文教街道2022年度金融企业突出贡献奖。

（周盈汝）

【华夏银行宁波江北支行】 截至2022年末，支行一般性存款余额折合人民币13.69亿元，比年初增长6.7亿元，其中对公一般性存款余额11.17亿元，比年初新增5.7亿元，储蓄存款余额2.52亿元，比年初新增0.99亿元。一般性存款日均9.85亿元，比上年新增6.81亿元，其中对公日均7.74亿元，比上年新增5.78亿元，储蓄存款日均2.11亿元，比上年新增1.03亿元。一般性贷款折合人民币11.97亿元，比年初新增6.66亿元，其中对公贷款10.34亿元，比年初新增6.74亿元，个人贷款比年初减少736万元，普惠两增贷款增量（单户1000万元以下）7300万元。存贷款余额较年初增幅均超过100%。国际业务结算量1.5亿美元，实现国际业务中间业务收入209万元。全行实现营业收入2360万元，实现拨备前利润1877万元，税后利润1407万元。不良率0.021%。2020—2022年，连续三年获庄桥街道金融企服优胜企业称号。

（洪巧灵）

【临商银行宁波江北支行】 2022年，通过对宁波市“专精特新”企业名单梳理营销，深化与保险公司、政府类担保公司的合作。对接金田铜业、中基集团、杉杉集团、宝都集团、宁兴集团5家宁波百强企业，成功落地4家，授信金额1.95亿元。开展旺季营销专项活动、“红五月”存款竞赛、百日专项营销等活动，零售业务稳步推进。年度新增国际业务有效结算户6户，新增跨境人民币“首办户”客户1户。

截至2022年末，支行总存款金额为9.39亿元，较年初减少2.11亿元，其中公司存款7亿元，较年初减少2.47亿元，储蓄存款2.39亿元，较年初新增0.36亿元。本外币贷款合计7.53亿元，较年初减少3136万元。年度新营销贷款客户59户，新增贷款8701万元，其中普惠小微贷款余额3.02亿元，较年初新增5178万元；承兑汇票余额7.12亿元，较年初减少2.58亿元。实现营业净收入1831万元，同比减少99万元；实现净利润1017万元，同比增加926万元。累计完成国际业务结算量1.19亿美元，同比增长37%；实现外汇中间业务收入45.95万元，同比增长54%。账面不良贷款1511万元，不良率2.01%。

（顾　洁）

【浙江民泰商业银行宁波江北支行】截至2022年末，支行存款余额33636万元，较年初增加6426万元，增幅23.62%。存款日均33936万元，较上年增加7923万元，增幅30.46%。贷款余额39169万元，较上年年末增加7333万元，增幅23.03%。贷款日均36656万元，较上年增加8867万元，增幅31.9%。承兑汇票7093万元，票贷比18.11%。新增贷记卡发卡243张，授信总额5116万元，透支日均3151万元。完成国际业务结算量1598万美元。

（屠彩霞）

【宁波银行江北支行】2022年，落地财政专项债资金监管系统，实现专项债项目储备、资金使用、进度情况实时在线查询，一图可视。宁波银行江北支行获“2022年度江北区金融服务优胜单位——金奖”、浙江前洋经济开发区2022年度“前洋助力奖”；下辖宁波银行老外滩支行获2022年度社保合作银行“优秀经办服务网点”称号。

截至2022年末，支行本外币各项存款余额299.7亿元，同比增长15.2%；贷款余额106.2亿元，同比增幅14.8%。全年不良率0.35%，实现净利润3.6亿元。

（吴蝶君）

【平安银行江北支行】截至2022年末，支行一般性存款余额折合人民币8.15亿元，比年初新增5.22亿元。其中个人存款余额5.56亿元，比年初新增2.77亿元。全量资金日均余额23.06亿元，较年初新增3.16亿元。本外币贷款余额3.4亿元，比年初新增0.31亿元。其中，公司类贷款余额1.2亿元，比年初新增0.8亿元；个人类贷款余额2.2亿元，比年初新增-0.49亿元。实现拨备前利润0万元。不良贷款余额0万元，不良率0%。

（张　叶）

【上海浦东发展银行宁波江北支行】截至2022年末，支行各项本外币存款余额41.2亿元，比年初增加8.16亿元，增幅24.7%；本外币日均存款36.17亿元，比上年增加5.38亿元，增幅17.47%。其中，对公本外币存款余额33.21亿元，比年初新增6.35亿元，增幅23.64%；对公本外币日均存款29.89亿元，比上年增加4.42亿元，增幅17.35%；零售本外币存款余额7.99亿元，比年初新增1.81亿元，增幅29.29%；零售本外币日均存款6.28亿元，比上年增加0.96亿元，增幅18.05%；零售金额资产余额17.36亿元，比年初新增0.62亿元，增幅3.7%；零售金额资产日均17.36亿元，比年初新增0.75亿元，增幅4.52%。各项人民币贷款余额37.91亿元，各项人民币贷款日均40.56亿元。其中，对公人民币贷款余额23.78亿元，对公人民币贷款日均26.89亿元；小微贷款余额1.36亿元，比年初增加0.09亿元，增幅7.09%；零售人民币贷款余额14.13亿元，比年初新增0.34亿元，增幅2.47%；零售人民币贷款日均13.67亿元，比上年增加1.57亿元，增幅12.98%。

（周璐平）

【上海银行宁波江北支行】2022年，持续做大基础客群，提升存贷规模，增加利润贡献。促进与区内国有企业合作，进一步扩大规模与影响力。连续第二年成功中标江北区财政存款存放。切实服务实体经济，全年新增发放普惠贷款超1亿元。积极销售大额存单、个人结构性存款等相关零售产品撬动周边市场。强化合规经营，严控风险，严守底线。被文教街道授予“金融企业突出贡献奖”。

截至2022年末，支行本外币各项存款余额10.5亿元，贷款余额27亿元，不良贷款176万元，账面利润8700万元。

（张　艺）

【温州银行股份有限公司宁波江北支行】2022年，坚持“以你为先”温州银行品牌理念，积极发展业务、致力普惠金融，持续开展公益活动、金融知识宣传活动，助力履行社会责任。2022年网点新形象建设执行温州银行网点建设最新版本，金融服务智能化、便民化、功能化得到提升。

截至2022年末，支行各项存款时点余额为263888.45万元，比年初新增190096.01万元，其中公司存款余额38749.51万元。支行储蓄存款余额为225138.94万元，比年初增加204238.93万元，月日均177201.07万元，较年初新增159381.27万元。完成小微（个人经营性）贷款余额66023万元，新增8993万元，普惠口径余额（含温信贷）71605万元，比年初新增13426万元。温信贷有效户1566户；个人基础客户新增1476户，对公基础客户新增35户；理财新增14600万元，余额33028万元。

（陈蓉蓉）

【兴业银行宁波江北支行】 2022年，持续聚焦普惠金融、乡村振兴、绿色金融等重点领域，加强基础客户建设和优质客户拓展，构建中型战略伙伴客户营销、着力拓展科创金融客群，推动小微企业集群式拓展。强化上市公司、专精特新、私人银行等重点业务，加快信贷业务转型和负债结构优化，各项业务平稳发展。支行获宁波市江北区2022年度金融服务优胜单位银奖、江北区庄桥街道金融企服优胜奖。

截至2022年末，支行有效以上企金客户316户，较年初新增58户，折算后价值客户213.7户，较年初新增58.3户。企金本外币存款余额19.35亿元，较年初新增5.3亿元，企金本外币日均存款余额15.43亿元，较年初新增3.91亿元。企金本外币贷款余额19.16亿元；较年初新增1.28亿元，不良贷款余额为零。零售客户综合金融资产日均19.62亿元，较年初新增7860万元，其中个人存款日均5.763亿元，较年初新增1.14亿元；财富类余额12.283亿元，较年初新增-2.3亿元；个人贷款余额12亿元，较上年新增-6833万元；其中按揭类贷款9.8亿元，较上年新增-1.36亿元，不良贷款余额为零。

（吴敏君）

【浙商银行股份有限公司宁波江北支行】 截至2022年末，支行各项存款余额49.32亿元，较上年增加1.27亿元、增长2.66%；各项贷款余额31.79亿元，较上年增加1.95亿元、增长6.52%；其中行标小企业贷款余额13.38亿元，较上年增加2.29亿元、增长20.63%；普惠小微企业贷款余额12.16亿元，较上年增加1.56亿元、增长14.66%；实现营业增加值1.07亿元，同比增长19.61%，实现风险加权资产收益率3.94%，较年初上涨51个百分点。

（范蓓蓉）

【中国光大银行股份有限公司宁波江北支行】 截至2022年末，支行一般性存款余额折合人民币26.54亿元，核心存款占比87.28%，其中对公20.81亿元，零售5.73亿元。全年一般存款日均23.15亿元，其中对公一般存款日均18.87亿元，零售存款日均4.28亿元。全年核心存款日均22.34亿元，其中对公核心存款日均18.79亿元，零售存款日均3.55亿元。零售AUM新增33147万元。对公一般贷款余额45.04亿元，个贷余额7.6亿元。贸金中间业务收入为214.65万元，国际结算量2.04亿美元。零售代销规模保有量2.29亿元，较年初新增0.19亿元。

（蔡　瑶）

【民生银行江北支行】 2022年，通过全员转介、市场开发、老客转介新客等多样化方式，全速发展各项业务。公司业务持续发展，实现存量授信客户稳步提升和新资产业务稳中有增；零售贷款业务稳中有升，小微贷款成绩亮眼，贷款余额年增21038万元，在宁波分行中排名第三。同时支行注重内控合规管理，全员、全流程坚持合规为先，牢守风险底线。

截至2022年末，支行各项存款时点余额140005.27万元，其中对公存款余额110364.89万元，个人存款余额29640.37万元。支行各项贷款时点余额252532.73万元，其中对公贷款余额147388万元，个人贷款余额105144.73万元。

（王张丰莹）

【中信银行股份有限公司宁波江北支行】 2022年，持续锤炼客户经理队伍，实施重点客户名单制管理，提升对公业务轻资本收入，改善支行营收结构。继续中标江北区财政公款存放项目，首次中标江北物业维修资金项目，中标份额10%。江北支行由槐树路66号搬迁至清河路242—246号，新网点于2023年1月正式开业。

截至2022年末，支行一般性存款余额折合人民币19.8亿元，其中，对公存款余额14.2亿元，储蓄存款余额5.5亿元。一般性贷款余额折合人民币34.4亿元，其中，对公贷款余额19.3亿元，零售贷款余额14.9亿元，年增量5.7亿元。普惠法人贷款余额1.16亿元，年增量2906万元。全行实现营业净收入7104万元，年增419万元；实现中间业务收入1319万元，年增388万元，其中轻资本收入479万元。

（王婉婷）

【宁波江北富民村镇银行股份有限公司】 2022年，坚持支农支小市场定位，与网点周边村委会建立有效联系；定期走访附近村庄，服务农户与小微企业，了解其金融需求，加大营销力度。同时宁波江北富民村镇银行走访企业园区，加大企业客户开拓力度。全年无案件、无重大风险事件发生。

截至2022年末，公司总资产14367.13万元，比年初增加668.23万元，增幅4.88%。负债总额5303.31万元，比年初增加1076.15万元，增幅25.46%。各项贷款余额1239.10万元，比年初减少3034.40万元，降幅71%。不良贷款率2.02%，比年初增加1.43%；各项存款5136.50万元，比年初增加979.97万元，增幅23.58%。

（周仲敏）

【渤海银行宁波分行】 2022年，分

行多项监管指标超额完成。普惠型小微企业贷款余额2.67亿元，较年初增加0.55亿元，完成2022年新增5000万元的指标；科技型中小微企业贷款余额1.92亿元，专精特新贷款余额1.01亿元，数字经济核心产业贷款余额1.15亿元，完成率均超过200%。国际业务拓展成效显著。截至12月末，分行完成国际信用证进口开证78笔，同比增长310.53%；开证金额约3.20亿美元，同比增长595.65%；存入保证金共计8544.66万元，同比增长147.71%；办理进口押汇业务10笔，金额约3422万美元，同比增长8355.65%。实现首笔进口信用证来单押汇业务、首笔分行离岸转口贸易进口信用证开证、发放首笔美元流动资金贷款、首次开立离岸转手信用证。专精特新企业贷款、科技再贷款等业务实现零的突破。重点推进与宁波市慈善协会的“甬城慈善卡”落地投产、与宁波市大数据局和宁波市金融局共同开发“甬e贷”产品上线、与量化派科技“羊小咩”电商平台上线“渤银E贷信用付”产品。2022年，分行辖内慈溪支行正式对外营业。

截至2022年末，分行各项存款余额44.33亿元，较上年减少5.09亿元；各项贷款余额56.53亿元，较上年增加5.35亿元。2022年，分行实现营业净收入15712.41万元，实现拨备前利润9585.84万元。

（董加民）

【台州银行宁波江北支行】2022年，始终坚持“小微企业的伙伴银行”市场定位，深入推进“深耕行业”基石工程，不断提升小微金融服务水平，持续促进各项业务高质量发展。积极推广“连续贷+灵活贷”服务机制，推出“宁波分行超级自助甬易贷”产品，围绕企业融资中的期限错配和频繁转贷压力，加大无还本续贷、延期还本续贷、中长期贷款、年审制贷款等推广力度，对暂时受困企业不盲目抽贷、压贷、断贷。加强区域特色重点产业集群扶持力度与融资对接，采用贷款减免息、赠送贷款利息抵用券、发放优惠利率贷款等方式做好小微金融服务保障，并加强对重点行业、领域等支持力度。积极履行社会责任，针对不同消费群体开展公益性、常态化金融知识宣传，举办“‘3·15’消费者权益日”“普及金融知识万里行”“金融标准+为民利企”等活动。

截至2022年末，支行本外币存款余额4.29亿元，较上年增长69.24%；本外币贷款余额7.52亿元，较上年增长22.64%；不良贷款率0.31%，较上年增加0.18%；实现经营收入4124万元，较上年增长19.67%。

（郑露虹）

【泰隆银行江北支行】2022年，持续聚焦小微普惠主业，针对境外环境对贸易类业务带来的影响和冲击，携手中信保举办各类座谈会服务江北区跨境贸易性企业，以客户综合服务和收益为出发点，降本增效。联合江北区市场监督管理局、江北区农业农村局、慈城镇人民政府、慈城年糕协会及16家协会企业开展“慈城年糕地理标志产品生产企业知识产权质押融资”启动、授信仪式。通过“普惠金融发展顾问”聘任仪式和关键人答谢晚宴的多样性，丰富广义“泰隆人”内涵，为进一步推进普惠金融发展奠定良好基础。

截至2022年末，支行全部存款余额6.601亿元，同比增长215.99%，其中对公存款余额3.784亿元，个人存款余额2.817亿元。全部贷款余额5.055亿元，同比增长75.22%，其中对公贷款2.586亿元，个人贷款余额2.469亿元。全年实现净利润642.15万元。不良贷款60.85万元，不良率为0.12%。

（徐梦媛）

【宁波通商银行江北支行】2022年，继续加强与江北区域内政府企业合作，累计参与江北区域内政府企业发债项目2.5亿元，主要为宁波市江北区城市建设投资发展有限公司2.5亿元，为宁波江北开投控股有限公司主动授信投放2亿元。重点开展区内中小企业银企合作业务，结合“园区金融+”及“供应链金融”战略导向，为江北区电商经济创新园区及江北工业区内中小企业提供特色金融服务，2022年新增浙江玄德供应链管理有限公司、宁波江北甜蜜时空电子商务有限公司、宁波凯福莱特种汽车有限公司、浙江坤都贸易有限公司、浙江明联天贸易有限公司等区内客户，并开展多模式业务合作。

截至2022年末，支行存款余额12.28亿元，比年初减少1.96亿元。贷款余额9.12亿元，其中，大企业贷款余额4.9亿元，比年初新增1.37亿元；中小企业贷款余额3亿元，比年初新增0.2亿元；小微贷款余额0.74亿元，比年初新增0.18亿元。零售存款余额2亿元，比年初新增0.76亿元；零售贷款余额0.38亿元，比年初新增0.1亿元。理财余额约0.38亿元，比年初增加0.1亿元。

（洪 亮）

【兴业证券股份有限公司宁波分公司】下辖3家营业部。2022年代理证券成交总额848亿元，其中股票和基金交易额769亿元；实现金融产品销售额11.25亿元；年末托管客户资产总额97.89亿元，其中指定及托管证券市值95.87亿元、客户交易结算资金余额2.82亿元；开户数为42411户，其中融资融券客户开户数为379户。2022年，协同投资银行业务总部完成IPO[initial public offerings(首次公开发行股票)]。财务顾问协议签订且收费1单，为磅礴科技协同投资银行业务总部完成IPO财务顾问协议签订2单，为字节信息、伟盟达装备发行债务融资工具1单，为鄞开集团PPN（全称是非公开定向债务融资工具，债券名称中，有“非公开”“定向”字眼的，就是私募发行）。

（楼 燕）

【中国人寿财产保险股份有限公司宁波市江北区支公司】 2022年，积极参与政保业务，与生态环境江北分局进行沟通联系，在开展时间落后于其他同业公司的条件下，成功签约2单生态绿色保险。截至2022年末，支公司全年实现保费收入9222万元，同比增长9.09%，其中，车险完成保费7956万元，同比增长9.95%；非车险1266万元，同比增长3.99%。综合成本率83.38%，综合赔付率67.24%。

（王燕君）

【中国人寿保险股份有限公司宁波市城区第四支公司】 截至2022年末，期缴保费达成4492.71万元，其中十年期缴保费1871.40万元。2022年荣获中国人寿保险股份有限公司“四强”党支部称号。

（赵爱荣）

【中国太平洋财产保险股份有限公司宁波分公司江北支公司】 2022年，全险种综合赔付率70.17%，综合费用率23.18%，综合成本率93.35%，利润755.43万元，整体利润率超过分公司平均。法人客户增速接近50%，车险经营效益突出，“天一甬宁保”推广销售工作承接庄桥街道12个村参保录单工作，参保人数超过6000人，总人数超过1.1万人，积极推广“灵活保”服务灵活就业人员，覆盖超过1.6万人，累计参保超过20万人次。

截至2022年末，累计完成入账14956万元，同比增长31.86%，其中车险累计完成入账10124万元，同比增长25.9%；非车非农累计完成入账4832万元，同比增长49.6%；应收保费928万元，应收率6.2%。

（楼清帆）

【中国太平洋人寿保险股份有限公司宁波分公司】 2022年，围绕营销队伍成长、客户经营平台升级、多元渠道塑形、资源赋能先导，深化转型落地。

截至2022年末，全年实现保费收入29.79亿元，同比增长11.6%。

（王景隆）

【人保财产保险股份有限公司宁波市江北支公司】 2022年，坚持科学发展观，加大改革创新，加强基础管理，优化资源配置，全面对标市场，推行以“做有温度的人民保险”为导向的经营管理模式，全面推进各项工作稳步发展。

截至2022年末，全年实现保费收入27115.84万元，同比增速9.02%，其中，车险14172.16万元，同比增速6.03%；非车险11625.46万元，同比增速13.43%；农险693.6万元，同比增速3.63%。2022年全年全险种累计赔款15200万元，同比增长41.47%。

（黄 影）

【中韩人寿保险有限公司宁波中心支公司】 2022年，坚持规模适度扩大，业务创新转型，构建适应本土发展新模式。不定期开展合规风险宣传及防范非法集资、防范电信网络诈骗、全面风险排查、巩固治乱象深化强监管等专项工作，并积极履行社会责任，开展金融消费者权益保护教育宣传“五进入”(进农村、进社区、进校园、进企业、进商圈)等活动。

截至2022年末，全年累计实现保费收入29345.39万元，同比增长183.41%。其中，个险渠道实现保费收入4780.65万元，银保渠道实现保费收入22395.59万元，中介渠道实现保费收入1909.38万元，团险渠道13.53万元。

（樊敬杰）

【浙商财产保险股份有限公司宁波中心支公司】 2022年，主动把握行业变化趋势，以效益发展为核心，加大业务转型力度，聚焦特色业务发展，主攻法律保险、驾意险、工程类保证保险等。不断提升交通领域保险服务能力，以数字化改革为抓手，更好赋能业务经营。持续强化合规风控，提升风险管理能力。建立投诉处理衔接机制，完善产品服务信息披露机制，重视个人客户信息存储安全，强化销售行为可回溯管理，服务窗口设立“老年人专窗”，拓宽维权通道，提升消费者满意度。

截至2022年末，全年实现保费收入1.26亿元，其中，车险保费收入1.08亿元，同比增长2.36%；非车险保费收入1797万元，同比增长4.49%。综合成本率97.54%，综合赔付率65.96%，全年实现利润总额328万元。

（张玉瑶）

【富德生命人寿保险股份有限公司宁波江北支公司】 2022年，富德生命人寿保险股份有限公司宁波江北支公司实现保费收入954.3541万元，同比2021年增长108.23%。截至12月底，江北支公司营销总人力15人。

2022年，江北支公司开展各等级会员礼遇活动，根据VIP等级不同享有生日礼遇、出行礼包、教育咨询等各项服务。开展就医陪同服务，会员每年享有3次就医陪同服务以及指定专家会诊。不定期开展公司开放日活动，邀请客户参观公司，帮助客户了解公司经营状况，感受公司文化。2022年，富德生命人寿保险股份有限公司宁波江北支公司达成IDA人力2人，占比13.33%。

（周　颖）

【永安财产保险股份有限公司江北支公司】 2022年，持续加强合规管控，主动调整业务结构，大力发展集装箱业务和私家车业务，主动介入、贴紧跟进、优化服务，通过后台大数据分析，优化承保制度，控制赔付率，实现双赢目标。

截至2022年末，江北支公司有员工22人，全年实现保费收入1728万元，比2021年上浮1.6%，其中车险1495万元、非车险保费233万元。

（张宇波）

【英大泰和财产保险股份有限公司江北支公司】 2022年，持续推进公司高质量发展，非车险业务方面，再次中标轨道交通宁波—慈溪市域、宁波—象山市域铁路工程保险项目和上饶宁能生物质发电有限公司电厂财产一切险、电厂机器损坏保险以及公众责任保险等项目。

截至2022年末，江北支公司有员工7人，全年实现保费收入3298.57万元，其中非车险保费1650.25万元，占比50.03%，2022年保费收入比2021年增长-0.62%，累计人均市场业务产能471.22万元。

（洪　姬）

【安盛天平财产保险有限公司宁波分公司】 2022年，紧跟总公司非车发展转型战略步伐，对外相继与宁波市场上非车险经代公司进行合作，对内整合车险和非车险资源，积极推进新能源战略布局；举办全球健康险私享会，继续保持健康险高速发展，同步加快财产险渠道建设并开拓新赛道。积极践行企业社会责任，开展困难儿童慰问、“守护绿色，安盛同行”环保户外健步活动、无偿献血及“3·15”消费者权益保护教育宣传周、非法集资、电信网络诈骗、金融知识普及月、反洗钱宣传月等宣传活动。10月，参与和政县美丽乡村建设，助力巩固拓展扶贫成果，并向和政县捐款5000元。分公司有员工40人，下设3家支公司，分别分布在宁波市江北区、慈溪市和余姚市。

截至2022年末，共实现保费收入14876万元，同比增长0.2%，其中，车险保费收入12703.3万元，同比减少3.3%；零售险保费收入1521.5万元，同比增长6.1%；健康险保费收入586.4万元，同比增加140.8%；财产险保费收入64.3万元，同比增加94.8%。综合赔付率71.15%，同比上升0.89%；综合费用率15.93%，同比上升0.30%；承保利润率12.92%，利润总额2005.40万元。

（胡丹丹）

【利宝保险有限公司宁波中心支公司】 2022年，公司不断提升理赔服务便捷化、高效化水平，完善客户服务体系建设，优化服务细节，做好防灾防损提示预案等，实现经营稳健可持续发展。组织开展“反洗钱”“防范非法集资”“扫黑除恶专项斗争”“7•8”全国保险公众宣传日等专项宣传活动，开展“持续客户信息专项治理”“打击治理电信网络新型违法犯罪工作”“案件防控专项治理”等自查工作，进行针对性整改并落实相应管理制度。

截至2022年末，累计实现账面保费收入1.55亿元。其中，车险实现账面保费收入0.51亿元，非车险实现账面保费收入1.04亿元。公司下辖2家支公司及1家营销服务部，员工40人。

（黄晴晴）

【泰康养老保险股份有限公司宁波分公司】 2022年，宁波分公司坚持“G端赋能、B端拓面、C端转化”市场策略。在G端，做大民生工程核心骨干企业。全面参与宁波长护险国家级试验项目，首期独家经办宁波长期护理项目。2022年宁波市长期护理保险全面扩点，泰康养老宁波分公司中标中心片区，服务参保人近400万人，市场份额超50%，管理费超560万元。独家打造“工惠保”项目，宁波分公司独家与市总工会合作打造“工惠保”项目，累计服务50万人次。同时，积极参与“天一甬宁保”项目，截止到2022年底，累计参保人群550万元。独家承接江北基本医保全流程经办，拓展各地医保经办项目，是唯一一家参与医保飞检的保险公司。在B端，企业年金受托规模7.72亿元，投资规模10.05亿元，市场均排名第一。累计服务企业年金客户上百家，受托客户数115家，市场排名第二，是宁波市场上唯一一家年金客户零流失的企业年金服务机构。在C端，深耕保险销售方式改革。职域业务稳定发展，2022年分公司累计020项目93个，累计组织900余场宣讲普及保险知识，10年期以上新保期缴业务3344万元。组织人员架构夯实优化，人均产能不断提升。

（叶梅玲）

【泰山财产保险股份有限公司宁波分公司】 2022年，加快业务转型发展。精准定位车险发展板块，以工程车、集卡车及外贸车业务为主，3个板块保费收入占车险保费67%，有效平抑车险整体赔付率，至年末车险满期赔付率44.12%。坚持以创新驱动为非车业务发展抓手，9月顺利承保1笔绿色建筑性能保险，签单保费130万元，为公司首笔绿色建筑性能保险。持续提升客服理赔管控能力。截至2022年末，分公司有未决件数50余笔，较年初下降84%，视频查勘率79%，降赔减损193万元，全年实现监管零投诉。强化消防安全和网络数据安全，推进防范处置非法集资风险和扫黑除恶工作，开展反诈防骗等学习和宣传活动。

截至2022年末，实现保费收入1611万元；保单成本率114.60%，较预算节约3.49%；综合成本率为67.81%，较预算下降26.48%，实现财务报表利润502万元。

（郑若耘）

【中美联泰大都会人寿保险有限公司宁波中心支公司】 2022年，继续通过多元行销渠道银保部和顾问行销渠道为客户提供保险产品和服务。多元行销渠道银保部继续通过与宁波各大银行合作，销售的产品涉及年金险、终身寿险等类型。顾问行销渠道立足中高端市场，始终坚守渠道价值主张，走出一条精英代理模式发展道路，同时不断深耕“客户需求导向的销售和服务模式”（Needs-Based Selling），为每一位客户量身定制保障方案。于2022年推出360Future家庭养老解决方案，为消费者提供两代即刻共享的养老支持。继续围绕自身可持续发展，聚焦金融健康、平等包容、环境与气候等重点领域，携手公益组织开展多类型活动。积极开展“3·15”消费者权益日、“金融知识普及月”、“7·8”全国保险公众宣传日等消费者宣传教育活动。

截至2022年末，保费收入33071.28万元，相较2021年下滑4530.72万元，跌幅12%。新单保费收入11425.21万元，相较2021年上升5708.16万元，涨幅99.8%。续期保费由于产品结构问题，2022年保费收入21646.07万元，相较2021年减少10238.88万元，跌幅32.11%。

（吴　燕）

综合经济管理

市场监督管理

【概况】 2022年，江北区市场监督管理工作以“助发展、保安全、稳秩序、惠民生”为主要目标，全力以赴攻坚克难，落实落细疫情防控各项举措，有效助推经济发展，积极提升防风险、保平安、护稳定的能力水平，实现全区市场监管领域风险可控、安全稳定。2022年，全区累计实有经济主体75001户，同比增长4.39%，其中新设市场经营主体11421户，同比增长0.41%。全区专利授权4435件，其中，发明专利授权1016件，同比增速16.92%；存量有效发明专利4950件，增速23.97%，居全市第三。全省首创进口冷链食品“分级分色分类”监管新模式。指导帮扶企业荣获浙江省标准创新贡献奖2项，获奖数全市第一；荣获市政府质量奖2家，质量创新奖2家，获奖企业数全市第一，创江北历史新高；指导帮扶企业获评省级信用示范企业1家，市级信用企业5家；指导创建五星级街道（镇）食安办1家；全市农批市场“浙食链”应用现场观摩会在江北召开，指导宁波水产品批发市场获评全省唯一的AAA级农批市场；被国家市场监督管理总局指定为公平竞争审查试点单位；在冷链食品监管方面，获评全省疫情防控冷链食品物防工作先进集体；维权案例作为浙江省唯一案例获评中国消费者协会维护消费公平十大典型。

纾困解难　江北区市场监管局牵头建立个体户发展联席会议制度，印发《江北区贯彻落实扶持个体户纾困发展若干意见的实施方案》，助力经营主体纾困解难，推动经济社会高质量发展。针对商品市场、“三区”内小微企业和个体工商户，在房租减免、防疫消杀补贴等方面加码推出十条具有“含金量”的扶持举措。完成1352户以“三区”内沿街“低小散”个体户为主的补助发放工作，顺利对因疫情原因暂停营业的个体工商户发放补助217.6万元。2022年6月7日，在全省市场监管系统工作推进会上作为纾困工作先进典型作交流发言，系全省唯一区（县、市）。

融资服务　江北区市场监管局以“带动小生意、服务大民生，助力共同富裕”为主题，积极开展“助企开门红”“个体工商户金融纾困”“政府全额贴息薪资保”“科创信用贷”等系列融资服务专场。针对小微企业的信用贷款额度从300万元增至1000万元，个体经营户贷款额度从50万元增至到300万元。推出普惠型金融产品，信用贷款年利率由7.8%降至6%。2022年以来，共发送融资服务短信220万条，举办7场经济主体融资服务对接活动，累计帮助533家市场经营主体获取信用贷款融资3.11亿元。

信用监管　江北区作为省市场监管局指定的事前事中事后信用监管试点单位，为更好履行信用监管职责，谋划开展市场监管事先告知承诺，事中对轻微违法行为开展信用告诫，首违不罚；事后对一般行政违法的经营主体开展信用修复。积极开展“双随机、一公开”信用风险分类检查，提高高风险企业抽查比例。截止到2022年底，列入经营异常企业2135户次，依职权注销个体户1683家，吊销企业370家，开展“双随机”检查2116户次，参与跨部门检查60次，掌上执法率和按时完成率均达100%。

疫情防控管理　江北区坚决贯彻上级各项疫情防控决策部署，切实加强商品市场“人、物、环境”三防工作，充分发挥零售药店“哨点”作用，守好抗疫“小门”。全省首创商品市场微网格自治体系，搭建以场内经营户为主体的网格长“前哨队”，提升疫情防控精准度。严守进口冷链物防堡垒，全省首创进口冷链食品“分级分色”监管新模式。通过“浙冷链”系统累计激活市场经营主体658家，赋码120.3万个，出入库扫码 149.83 万个，赋码扫码总数位居全市第一。全面做好中远集中监管仓监管工作，积极做好外卖骑手疫情防控督导，强化餐饮防疫在线，开展集体用餐配送单位等线上线下检查。

食品安全管理 有力有为保障食品安全，指导宁波水产品批发市场获评全省唯一的 AAA 级农批市场。创建五星级街道（镇）食安办 1 家，实现街道（镇）星级食安办全覆盖。积极开展“守查保”专项整治行动，分析梳理风险隐患清单，抽检食品及相关产品 1818 批次，检验检测完成率 100%。切实加强食品生产安全风险排查防控，落实食品安全风险闭环管控机制，开展地产食品靶向治理。推进“阳光厨房”建设，实现校园食堂智能“阳光厨房”全覆盖。做好农村家宴、外卖骑手安全监管，开展“清本底、治外卖”专项行动，累计排查餐饮主体 2638 家，发现各类僵尸户 464 家，出具责令改正通知书 528 份。

药品安全管理 保障江北区药械化安全，将安全责任落到实处、落到细节，全力推进零售药店、化妆品生产企业接入省局黑匣子系统。加强医疗器械监管，持续推进化妆品尤其是儿童用妆专项整治，保持严打高压态势。在全省化妆品美丽消费“百千万”示范工程提升行动评价中获评 A 级。全年共检查医疗机构 150 家次、药品经营企业 1500 家次，共监测上报药品不良反应 630 例。医疗器械不良事件 185 例，化妆品不良反应 108 例。

特种设备安全管理 围绕“除险保安”专项行动，积极开展工业管道等排查整治，累计出动执法人员 655 人次，检查 298 家单位，下达《特种设备安全监察指令书》28 份，立案查处 18 起，罚没款 51.5 万元。完成特种设备催检催报，每月全部完成清零，定检率达到 100%。积极做好电梯智慧监管项目、区民生实事项目和便民服务“一件事”集成改革项目，实现电梯运行状态、设备维护维修、突发应急状况等情况的实时监测，提高电梯安全的监管水平。

市场秩序管理 健全基层办案协作机制，优化重大疑难案件的会商。做好直播营销专项治理，查处药械化、特种设备、房地产领域和电子商务领域违法等行为，召开重大案件会商会 56 次，查处案件 759 起，罚没款 851.06 万元，其中大要案 151 件，罚没款 692.98 万元。优化提升消费环境，积极开展“放心消费在浙江”创建工作，共培育和发展放心消费单位 1882 家，其中无理由退货承诺单位 942 家、放心工厂 110 家、省级放心街区（放心商圈）6 个。成功创建绿色直播间 6 家，宁波（前洋）直播中心获评宁波首家放心消费直播基地，并作为全省深化“放心消费在浙江”行动现场会线上观摩点。重新梳理投诉举报流程，规范 12315 值班制度，共受理投诉举报 10636 件，挽回消费者损失金额 342 万元。

知识产权管理 进一步提升知识产权管理和服务水平，2022 年，全区专利授权 4435 件，其中发明专利授权 1016 件，同比增速 16.92%。存量有效发明专利 4950 件，增速 23.97%，居全市第三。提升知识产权转化效率，完成知识产权质押融资 19.65 亿元。全市首创地理标志产品生产企业知识产权质押融资工作，指导年糕企业、协会共获授信额度 3000 万元。

质量强区管理 指导 14 家江北企业上榜 2022 年新一批国家知识产权示范企业和优势企业名单，其中长阳科技获江北区首家国家知识产权示范企业荣誉称号。指导 2 家企业荣获 2022 年宁波市人民政府质量奖，2 家企业获 2022 年宁波市人民政府质量创新奖，获奖企业数量全市第一，创江北历史新高。发布《宁波市江北区品牌建设专项资金管理办法》，首次将承担质量基础设施一站式服务平台任务和开展特色产业质量提升的企业纳入补助范围。完成 17 家企业 27 个项目的补助工

3 月 8 日，在来福士广场举办“安全用妆　美丽有法”活动

作，补助金额达197万元。实施“标准化+”战略，指导2家企业获得2022年浙江省标准创新贡献奖2项，获奖企业数量全市第一。指导康赛妮集团项目成功入选2022年度智能制造标准应用试点项目，系宁波市城区唯一项目。

【深化营商环境改革】 江北区市场监督管理局在全区推广使用“商业综合体一件事改革”，并成功入选市市场监管系统营商环境改革首创案例。出台《宁波市江北区市场主体歇业备案“一件事”改革实施办法（试行）》，允许市场主体在一定时期内暂停营业，明确企业办理歇业备案后可依法申请缓缴。2022年，全区共新设各类经济主体11421户，同比增长0.41%。新设内资企业5841户，同比减少10.51%；新设外商投资企业（含分支机构及常驻代表机构）62户，同比减少56.34%；新设个体工商户5513户，同比增长17.23%；新设农民专业合作社5户，同比增加66.67%。

（唐胤杰）

统计工作

【概况】 2022年，江北区统计工作在区委、区政府的领导下和上级统计部门的指导下，坚持以习近平新时代中国特色社会主义思想为指引，认真贯彻落实国家、省、市统计工作各项决策部署，主动担当作为，积极履职尽责，全方位提升统计工作服务水平，为经济稳进提质提供了强有力的统计保障。

统计监测分析　主动围绕全区中心工作，对重点行业（产业）、重点投资项目、关键指标和重点企业第一时间监测态势、研判走势、反映成果、预警问题、提出建议，为全区提供及时精准有效的统计产品。

坚持定量与定性研究相结合，理论与实际兼顾、当下与长远统筹，加强统计分析，发挥日常分析对数据走向的预警功能，把促发展、稳大盘的基础动能和支撑要素分析清楚、把握透彻，为区委、区政府定目标、定措施、定政策提供科学精准的统计参谋服务。积极报送《房地产经济对江北区经济增长的作用简析》《规上营利性服务业二季度工资总额增速预计放缓亟待关注》《上半年江北区规模以上单位新增情况分析》等多篇专报，均获区委主要领导批示，形成了篇篇有批示、各相关部门事事抓落实的良好局面，以高质量统计分析服务高质量发展要求。

统计服务　积极开展“统计服务提升年”行动，加强对行业主管部门的精细化服务，结合统计数据主动“把脉问诊”，精准“开方施药”，帮助部门及时精准补短板，实干巧干谋发展。积极对接各街道（镇）、园区，以业务培训为主要抓手加强对基层统计的服务指导，以统计数字化改革为契机积极推进统计基层基础规范化建设，全面提升基层统计队伍作风能力。2022年，克服新冠疫情影响，通过送餐上门、私人订制、直播带货等方式开启“专享课堂”“实况课堂”和“云上课堂”，共举办各类统计业务培训50余场，培训近1000人次。

统计监督　以国家统计督察为契机，对标上级文件深入开展自查自纠，查漏补缺，充分发挥统计督察对统计工作全面监督的引领作用。积极推动统计监督与其他监督有效衔接、有机贯通，建立与纪检监察部门联督联查、线索移送、协作配合机制，形成统计监督与纪检监督合力。与税务部门协商建立了数据联动机制，做好数据对接，查漏补缺，避免存量企业出现“报税不报数”的情况。加强对数据瞒报、拒报企业的统计执法，加强对数据错报、漏报企业的服务指导工作，切实做到颗粒归仓。2022年，共检查企业71家，立案2家，警告并罚款2家，罚款金额0.3万元。

数字化改革　聚焦统计核心业务，拓展数字赋能的广度和深度，在区领导的高度重视下，全区以“依法统计、条块结合、高效协同、整体智治”为目标，以“一网两线、条块结合、协同联动、统全统准”为原则，建立了“3+1”四级网格五级运作的统计网格架构，覆盖“四上”企业2000余家，指导建成统计之家10个。积极推广浙企“最多报一次”应用，将宣传推广贯穿在入企走访、数据核查、执法检查等工作过程，有效提升应用知晓率、使用度。同时，注重收集基层企业的使用意见并及时提交市局，共同推动应用优化迭代，使应用更好对接企业所需、基层所盼，推动重塑政府、企业等多维联动的新机制。

发挥统计专业职能　坚持质量意识，抓实抓好常规统计工作，聚焦民生领域热点，以浙里智调系统为依托，扎实有序开展群众安全感满意度、人口变动等专项调查，居民收支、低收入农户、劳动工资等监测统计，不断拓展调查应用场景，为区委、区政府精准研判把握发展形势提供高质量的数据支撑。同时，建立农村分村电子台账，全省率先落实村卡报表村级联网直报，并在全省会议上做先进经验分享。深挖经济增长点，注重源头单位排摸，利用企业月度税务数据，及时梳理排摸准规模单位，严格执行审批标准和工作流程，做到达规单位应统尽统，使一套表单位能真实反映全区经济发展水平。2022 年月度新开业上规企业 153 家，年度新开业及小升规企业 124 家。

（杨　单）

审计工作

【概况】 2022 年，江北区审计工作共完成审计项目 24 个，发现非金额计量问题 133 个，管理不规范资金 8.27 亿元，完成项目送审总投资 18.34 亿元，审定总投资 17.64 亿元，核减政府投资 7060.59 万元，向区纪委移送案件线索 1 起。出具审计报告和专项审计调查报告 24 篇，被批示、采用 9 篇；审计提出建议 59 条，被采纳 59 条；促进被审计单位制定、完善规章制度 18 项；提交审计信息 212 篇，被批示、采用 14 篇；向社会公告审计结果 11 篇。1 个审计项目获宁波市优秀审计项目二等奖，1 篇审计报告获宁波全市审计机关优秀审计报告，3 篇调研文章分获宁波市审计系统优秀论文一、二等奖和优秀奖，区审计局党支部被宁波市委组织部评为五星级基层党组织。

经济责任审计　统筹历年审计情况，分析各单位历任领导、现任领导、任职开始时间、离任时间、各单位历年接受审计情况、领导干部历年接受审计情况，开展经济责任审计项目总体规划。统筹当年审计项目安排情况，贯彻落实上级审计机关和本级重要工作要求，统筹安排自然资源资产责任审计、乡镇财政决算审计、预算执行审计项目要求，审计对象分类管理要求以及覆盖国企、社会团体等要求，统筹经济责任审计力量。统筹审计五年全覆盖，在统筹历年审计情况和当年审计项目安排情况的基础上，安排当年经济责任审计计划，分析三年初步计划，提出五年规划，实现审计五年全覆盖。在区残联经责审计、区退役军人事务局经责审计中，运用计算机辅助审计方法，全面、完整地处理和分析跨部门间业务数据的钩稽关系，准确定位审计疑点，实现“数据分析＋现场核查”模式，减少了审计盲点和死角，提高审计监督深度和效率，促进审计质量提升。提交《审计建议强化残疾人证“三个打造”》专报，获分管副区长批示，提交《大数据审计助力残疾状态精准把脉》计算机审计案例一篇，2021 年编写的《借力大数据审计分析技术　促进计生奖扶资金精准发放》获评宁波优秀大数据分析审计案例。

财政审计　坚持把促进重大政策措施贯彻落实放在首位，聚焦“促改革、防风险、高质量、提质效”等方面，重点关注“六稳六保”落实、财政支出强度和进度；围绕“1586”专项行动，围绕防范化解重大风险问题，紧盯政府债务风险防控和专项债券资金管理使用，揭示了预算执行方面三大类共计 11 个问题，揭露了政府专项债管理使用、国有企业管理方面等存在的风险隐患，移送纪委案件 1 个。推动《江北区预算事前绩效评估管理暂行办法》《江北区财政项目支出绩效目标管理暂行办法》《江北区项目支出绩效评价管理暂行办法》3 项绩效管理制度和《江北区预算项目库管理办法》出台。

自然资源资产审计　聚焦主责主业，坚持科技强审，践行绿色发展理念，利用 GIS（地理信息系统）技术，以自然资源环境审计为切入点，取得显著成效。2022 年，重点关注“非粮化”、违法建设、侵占永久农田等七大专题，检索疑点图斑 37 个，涵盖农林水，找准审计疑点，提高审计效率。结合现场核实，高效落实新增违法建设 1 处、建筑垃圾反弹 1 处、民宿侵占农田 1 处、河道水质下降等问题的处理。

固定资产投资审计　研究创新审计方式，逐步拓展政府投资审计深度。针对近两年来部分建设单位第一主体监管责任履职不够到位，委托的第三方中介机构在工程造价审核中存在应核减而未核减或结算审核把关不严的现象，存在损失浪费财政资金的风险。投资审计中心选取区公建中心实施的“宁波文创港核心区滨江水岸项目样板段”（一期）项目开展一审试点工作，将审计监管关口前移，第一时间把牢政府投资项目审核关。要求各个审计组驻扎到建设项目现场，实行项目现场考勤管理，随时随地了解掌握项目整体情况，同时抓好审计调查工作，强化审计方案的针对性，做到措施得当，审深渗透项目。历时 3 个月，以“零投诉、零质疑”结果圆满完成协审服务采购事宜，通过设置高标准协审团队人员指标和协审要求，选优配强协审单位。改变传统协审单位参与政府投资项目的协审模式，采用就地审计方式，提高政府投资项目现场审计效率。

【十届区委审计委员会第一次会议】 4 月 2 日上午，中共宁波市江北区十届区委审计委员会第一次会议召开，区委书记、区委审计委员会主任张国锋主持。会议传达学习习近平总书记关于审计工作的重要指示精神和李克强总理听取审计署工作汇报时的讲话要求，以及省委审计委员会第 7 次会议精神、市委审计委员会第 6 次会议精神和各级审计工作会议精神，学习《中共浙江省委

4月2日，中共宁波市江北区十届区委审计委员会第一次会议召开

审计委员会关于加强市县党委审计委员会工作的实施意见》和《浙江省内部审计工作规定》，听取区审计局关于2021年审计工作情况和2022年审计工作总体安排，审议区委审计委员会组成人员调整方案和2022年度审计项目计划。

【建立“重大审计问题清单”制度】 制定闭环制度，规范工作流程。根据审计机关及区委、区政府工作要求，结合江北区审计工作实际，成立“区重大审计问题清单工作专班”，以收网、标签、筛选、推荐形式建立完善“一表一池两库”（采集表、蓄水池、问题库和清单库），以整改销号为目标采用预警、研判和督办机制强化审计问题全流程闭环机制；制定并完善《江北区重大审计问题清单工作机制实施细则》，明确问题提推送、审核等全过程工作指引，对重大审计问题清单工作予以细化，提升重大审计问题清单的成果转化。

【搭建审计问题整改推进平台】 发挥经济责任审计工作联席会议成员单位监督合力，首次将审计委员会机构改革调整后的经责联席会和年度审计集中进点会同步召开，提高成员单位监督深度。首次对经责联席会议通报的审计问题，组织由联席会议成员单位和被整改单位参加的议事会议，由被整改单位用多媒体影像投影汇报整改情况，成员单位对问题进行整体性、全方位分析，对整改效果进行跟进。聚焦未整改到位问题的关键，提出后续整改方案，确保问题彻底解决。截至2022年底，共督查问题整改49个，认定已完成整改46个，促进整改单位建章立制22项，从非预算单位收回财政资金194.69万元，预算单位上缴财政资金406.23万元。

【梳理形成政府投资项目共性问题清单】 加强政府投资项目审计监督与服务，有效防范风险，区审计局从源头出发，查阅审计工作底稿和取证单，对2021年以来审计发现的政府投资项目相关问题进行归纳和总结，整理汇总集中出错问题，梳理出涉及项目立项审批、建设单位履职、项目招标投标等七大类型15种表现形式的共性问题清单。积极与区住建局等被审计单位进行对接和交流，为进一步规范政府投资项目的管理提供经验支持。

（邓洪斌）

物价管理

【概况】 2022年，江北区物价管理工作结合区域实际，加强市场价格监测，推动价格收费管理，依法开展政府定价和价格认定，努力维护区域市场价格秩序基本稳定。

价格认定　以涉案案件为重点，严格落实价格认定工作规定和程序，坚持集体审议，防范工作风险和廉政风险。全年共受理价格认定案件219件，认定金额499.61万元，其中认定金额5万元以上等集体审议案件12件，审议金额380.52万元，占总认定金额的76.2%。协助纪检监察部门开展价格调查1件，认定价格0.42万元，有力地维护了社会稳定及当事人的合法权益。委托第三方开展民办学校教育定价成本调查项目1项，审核上报金额4323.71万元，核减80.19万元，为科学合理地制定和调整价格提供了翔实的基础数据。

政府定价　深入推进民办教育收费管理，提升学校办学水平，制定宁波上海世外学校初中部学费收费标准。继续做好公共停车场收费核准备案等行业价格管理工作。强化上级出台的各类价格政策的落实，协调各部门开展保供稳价重要数据填报工作，完善有关指标任务。协助开展2017—2021年度价格市场化程度测算工作。协助做好江北区涉企违规收费专项整治行动。修订完善江北区市场价格异常上涨应急预案。及时解答和回复信访局、民生

E点通等平台群众反映的各种价格疑惑，努力化解价格矛盾。深入农村和调查户，针对性对农本调查户进行现场辅导，规范农本调查数据记录填报，确保数据正确性、科学性和完整性，开展黄花梨等特色农产品成本收益调查。

（谢承操）

安全生产监督管理

【概况】 2022年，江北区深入贯彻落实习近平总书记关于安全生产工作重要论述精神要求，夯实基层基础，突出隐患排查整治，全区发生各类生产安全事故6起，4死2伤。在浙江省安全生产和消防工作考核中，江北居第13名，获优秀等次；宁波市安全生产和消防工作考核，江北居第3名，获优秀等次。

完善安全生产责任体系　调整印发《区安委会及其专委会成员名单及工作职责》《江北区安全生产委员会工作规则》，形成“1+8”的工作体系，搭建完成“1+8”安委会组织架构和组成人员信息库，累计梳理完成461名相关责任人的责任清单和履职清单、八大领域3025家企业风险点和风险标签信息，并录入省系统，完成率达到满分。

开展“安全生产月”宣教活动　印发《宁波市江北区安全生产委员会办公室关于开展2022年“安全生产月”活动的通知》，为全区开展第21个“安全生产月”活动提供方向和指引，确保“安全生产月”各项活动有条不紊、有序推进。江北区制作、征集、选送平面、语言、表演三大类原创精品佳作20份；开展安全生产法主题宣传活动150次、法律法规宣贯活动46次，利用报、网、微、端等平台开设专栏17个；开展各类知识竞赛活动16场，参与2198人次；组织开展技能比武等138场，开展安全宣传进企业、进农村、进学校、进社区、进家庭“五进”活动94场，参与868人。

专项整治　危化领域，组织开展受限空间管理、特殊作业管理等6项特殊作业专项整治，整改隐患25条。开展烟花爆竹联合执法和专项检查共计30余次，整改隐患20余条，查处无证销售烟花爆竹经营点14个，查获非法烟花爆竹220余箱。督促全区8家易产生易燃易爆废弃物企业落实环境保护制度，危险废物储存、利用和处置风险防控措施，共检查企业12家次，建立完善危险废物处置的部门协同监管和联合执法机制。工矿领域，重点针对三场所三企业、危化品使用企业、铝铁硼加工企业进行专项攻坚治理，全区1841家企业平均每季度覆盖检查一次。聚焦铝加工（深井铸造）及涉粉作业10人以上粉尘涉爆企业。依托“工业企业安全在线”系统，录入1家铝加工（深井铸造）企业和32家粉尘涉爆企业（其中4家涉粉作业10人以上）台账清单、自查情况及政府检查情况，均做到隐患闭环管理。

创新推行“安全顾问”工作模式　提升辖区本质安全水平，转变安全监管理念，从三个维度推行责任主体自行聘“安全顾问”工作模式。一是村集体“安全顾问”。由村经济合作社聘请“安全顾问”协助村（社）履行“房东”监管责任，对承租村级物业的企业（小微企业居多）提供安全技术服务，6月在全区全面铺开，已推进35家村集体，覆盖522家承租企业。二是“一厂多租”企业“安全顾问”。以执法导向倒逼安全生产履职意识弱及履职效果差的“一厂多租”企业（房东）聘请“安全顾问”，进一步强化“一厂多租”租赁双方落实主体责任，已推进20家房东，覆盖261家承租企业。三是规模及小微企业“安全顾问”。鼓励规模企业实行“专职+专业”的“安全顾问”管理模式，提升安全生产自管能力。以“执法导向”“警示教育”等手段，推动其他小企业以区块组团方式聘请“安全顾问”，提升片区整体安全水平。已累积有595家企业聘请“安全顾问”，切实解决基层企业“安全生产不会管、管不好”的问题，不断提升辖区本质安全水平。

优化审批服务　梳理涉民生类不平衡政策。严格根据法律授权和上级委托实施危险化学品建设项目安全条件（设施设计）审查2件、危险化学品许可100件、烟花爆竹许可4件、易制毒备案5件、剧毒品备案3件、安评报告备案5件、应急预案备案11件。全局许可事项及其他政务服务事项100%进驻区行政审批系统和省网上办事大厅，实现全流程网办事项，实现“跑零次”。全局现有政务服务事项33项，“属地管理”事项责任清单4项。严格执行一次性告知制度、容缺受理、预约办理制度，及时出具书面受理回执，容缺受理起数达创纪录的7件，深受企业好评。同时严格审批，采取不打招呼实地抽查核查、要求相邻企业提供场地划分图、核实延期企业近3年安全培训情况，杜绝部分企业在较短时间频繁不严肃申领等行为。

安全监管执法　开展年度和“铸安”、“护航一号”暨“一厂多租”和“护航二号”安全生产专项执法行动，以“一厂多租”企业违法行为查处为重点，切实消除房东企业在履行安全生产主体责任方面存在的突出问题，促进房东企业管理水平明显提升。突出精准执法，聚焦易发生群死群伤的高危领域严执法，特别是针对危险化学品非法储存等行为，开展多层次、高频次的专项执法。严格落实“谁执法、谁普法”的原则，推行说理式、解剖式执法。在执法检查过程中加强对安全生产法律法规和知识的宣传，通过赠送安全生产法律读本、召开执法座谈会、事故案例警示教育等形式，增强企业主要负责人等“关键少数”和一线操作员工的安全意识和法治观念。全年对24起危险化学品违法类案件进行立案查处，其中4起涉嫌危险作业罪的，已移送公安机关追究刑事责任。2022年，全区应急系统非事故处罚立案126起，罚款309.2万元，其中罚款5万元以上的案件12起、责令停产停业整顿1起。

【安全生产“除险保安”】 根据浙江省制定的安全生产“除险保安”工作评价指数，江北区对照省安委会检查频度，滚动式开展全领域、各行业风险隐患排查治理，确保每3个月一轮滚动排查治理实现企业自查、监督检查、隐患整改均达100%；加强省“除险保安”系统与“工业企业安全在线”“危险化学品全生命周期安全在线”等平台应用的信息共享、数据同步。全年累计监督检查八大领域企业8570家次，发现隐患33912条，所有隐患均闭环整改到位。

【重大安全生产问题清单】 七张问题清单作为省委一号工程，围绕问题发现、分析、整改、评估、预防全周期，运用数字化改革理念、方法、手段，实现全流程精密智控、全要素综合分析、全方位党建统领，主要包含巡视、审计、督查、生态环保督察、安全生产和自然灾害、网络舆情、群众信访7张清单。区应急管理局作为重大安全生产问题清单的主管部门，制定区重大安全生产问题清单工作机制、月度指数评价细则等，形成“周碰头、月会商、季研判”机制，助力重大安全生产问题清单高质高效推进，专报《区重大安全生产问题清单指数排名实现“三连冠”》获区委书记张国锋批示。2022年累计有30个问题纳入市级清单（全市最多），1个案例入选市级示范案例，清单指数总体排名靠前，全区重大安全生产问题清单指数连续4期蝉联全市第一。

（龚　杰）

城乡建设与管理

自然资源和规划管理

【概况】 2022年，自然资源和规划管理工作在江北区委、区政府和市局党组的领导下，认真贯彻落实省、市、区决策部署和部、省、市自然资源主管部门工作安排，紧紧围绕稳住经济大盘、促进经济稳进提质的中心任务，强保障、优保护、提服务、补短板，承压奋进、勇毅前行，为江北区建设现代化滨海大都市创智和美城区提供了有力支撑。

国土空间规划编制 紧扣时间节点，积极向上对接，全面完成“三区三线”划定，顺利将姚江新区、新兴产业育成区、后张和联群轨道场站综合开发等纳入市级重大平台，最大限度保障了江北区空间发展需要。同步开展国土空间总体规划分区划定和用地“一张图”工作，形成《江北区国土空间总体规划》成果初稿，构建“一城一镇、两区三带”国土空间总体格局，为实现国土空间全域全要素、全程全方位管理打好基础。

规划服务 提早介入、主动沟通，确保宁波文创港、姚江新区启动区、江北核心滨水区、轨道综合开发等重点区域重大项目快速推进。全年完成原机电园、庄桥西地段、姚江新区启动区、洪塘地段等12个项目控规局部调整，出具应家保障用房、天鑫未来社区、姚江新区、奥体北侧等21宗地块规划条件。对重要地段重要项目实行应报尽报，姚江9号地块项目通过规委办会议。核发建设用地规划许可证46件，建设工程规划许可证核发80件，办理各类建设项目审批事项共1590件。

土地利用管理 做细做实用地保障方案，确立“全程跟踪、突出重点、分类分步、精准保障”的项目工作思路，实行“一对一、点对点、保姆式”的服务。全年上报3个单独选址项目和3个批次农转用，新增建设用地705亩。加快土地供应，推动慈城新城、姚江新区、高新园区、应家保障房等重点区块的土地出让前期工作。全年完成经营性用地做地项目10宗，总用地面积646亩；完成储备入库项目6宗336亩，完成出库项目12宗728亩。全年共计出让土地23宗1529亩，土地出让金收入约140亿元，位列全市第二；完成划拨供地51宗，面积约1816亩，为普迪学校迁建工程、宁波大学科技创新中心项目等民生基础设施提供了用地保障。

征地拆迁 严格按照条例和《浙江省土地征收程序规定（试行）》等上级文件，进一步加强征收土地管理，切实维护被征地群众的合法权益。顺利完成轨道交通8号线、7号线、4号线等项目批前征地工作，粮食储备库两个项目从获批到完成批后征地公告及补偿仅用一周时间。全年完成征地约138公顷，支付征地补偿费约2亿元。

耕地保护与生态修复 探索构建耕地和林业保护长效机制，全力推进“田长制”和“林长制”工作，形成横向到边、纵向到底、全覆盖、无缝隙的耕地和森林保护格局。出台江北区“田长制”和“林长制”制度，建立区、街道（镇）、村三级管护体系。同步推动铁塔高位视频监控设施建设，全年完成32个摄像头安装，链入耕地智保系统，“人防＋技防”进一步提升耕地保护监测监管水平。积极开展全域国土空间综合整治示范片区先行试点工作，编制完成示范片区整治方案，确定示范片区范围为26.05平方千米。全年启动实施整治项目31个，完成投资118.5亿元，其中24项整治项目已基本完成并初具成效。扎实推进耕地“非农化”整治工作开展，根据“非农化”调查成果，江北区共涉及四类“非农化”图斑面积4751亩，全年通过完善用地审批手续、农村乱占耕地建房问题专项整治、例行督查等途径完成整改152亩，剩余地块结合三区三线划定调出新一轮耕地保护任务。积极开展国土绿化工作，新增国土绿化面积233亩，完成率117%。积极推进市应急储备粮库边坡治理建设，继续加强洪塘鞍山村老山塘环境综合整治工程、朱家山场平项目的质量监管和进度督促，富家岭和半浦2家废弃矿山通过省级废弃矿山治理专项督查。

执法监察 扎实推进各项专项行动，对新增农村乱占耕地建房行为坚持“零容忍”的态度，重点排查2020年7月后新增农村乱占耕地建房行为，2022年全市发现新增农村乱占耕地建房245宗中涉及江北1宗，为慈城镇浦丰村变电站项目，占地面积0.6亩，占用耕地面积0.6亩，已立案查处，并启动完善相关手续。抓实抓细卫片执法，制定出台《宁波市江北区2022年卫片执法工作实施方案》，以“零容忍”态度坚决处置违法占用耕地(永农)行为。全年共下发120个卫片图斑，监测面积为5134.26亩。经调查核实，涉及违法图斑2个，违法图斑面积为9.85亩，其中建设用地8.61亩、林地1.24亩，不涉及耕地，均已立案查处。加强批后监管，对多次催缴仍未缴纳土地出让金的地块启动收回程序，涉及江北区JB17-02-29f（宁波银行南侧）地块、江北区JB19-05-02a（童家1#）地块和江北区CC09-04-10a、CC09-05-04b地块（世茂慈城TOD)，出让金合计约35.5亿元。

民生权益安全 切实做好“轩岚诺”和“梅花”台风影响期间地质灾害防御工作，组织开展台风来临前全区地质灾害风险防范区及废弃矿山安全隐患大排查，及时发布地质灾害预警信息，协助街道（镇）做好人员转移工作，并做好灾后核查和应急排险。严防森林火灾，充分发挥护林员队伍的管护作用，在重要节假日，联合森林公安、区应急管理局开展日常巡查30余次，全年未发生森林火灾，未发生人员伤亡情况。全力落实回迁安置，启用浙江省智慧“数字征迁”监管系统，认真排摸江北区未安置项目，完成安置工作，合计完成超过477户未安置户的安置工作。妥善化解信访积案，从源头上预防和化解矛盾，确保初访事项办结率达到100%，回访核实率达到100%。成功化解省信访工作联席会议“一事双交”主办件1件，省厅信访积案5件。

（郭文露）

城乡建设和住房保障

【概况】 2022年，住房保障进一步扩面，实行实物保障与货币补贴并举的保障方式。全区共有实物配租在保家庭2191户，发放租赁补贴4184户，总金额2245.69万元。同时积极解决环卫工人住房难问题，将其纳入公租房外来务工人员保障范围，先后纳保192户。做好保障性租赁住房房源筹集，筹得保障性租赁住房房源5353套，年度目标任务指标完成率超100%，成为全市第一个完成2022年度筹集目标任务的区县。完成城镇老旧小区改造31个小区，面积175.5万平方米，惠及居民1.63万户，还探索出了四斛新村“危改+旧改”的新模式。改造群众满意率持续提升，国家、省、市、区媒体40余次报道江北区改造工作。推动绿色社区创建，万丰社区的绿色社区创建案例，作为优秀案例在全省培训会议上进行宣讲。结合老旧小区改造还同步实施加装电梯23台，住宅小区雨污分流改造项目7个。完成四斛新村解危改造，实现全区城镇住宅在册危房清零。深入开展全区自建房百日攻坚行动，发现的25处疑似危房和涉安违建房屋全部处置完毕。实施物业小区消防设施隐患改造，牵头对全区物业小区开展消防设施隐患排摸，制订两年整治计划，2022年主要整治管网无水、漏水严重，报警系统瘫痪、故障严重这两类问题的小区，共计79个。城市基础设施建设全力推进，积极与市级部门沟通，加快推进市级重点线型工程的建设进度，争取对江北区大项目的支持。全年共推进实施市级项目15个，包括邵渡路及接线、下白沙路等13条主次干道及过江通道，绿化工程1个，管网工程1个，其中自行实施梅鹤路工程比合同工期提前1个月完工。海绵城市建设全域推进。根据江北区海绵城市建设年度目标任务，梳理建立江北区海绵城市年度建设项目库，累计50余个新建及改造类项目。2022年，共完成40余个新改建项目海绵城市专项设计方案论证备案，30余个竣工项目海绵城市建设效果评价与备案。牵头海绵城市年度绩效考核，全年完成海绵城市建设面积4.53平方千米，超额50%完成年度目标，海绵城市建设工作继续保持全市前列。美丽城镇全面建设，江北区获评全省美丽城镇建设2021年度优秀单位，庄桥、洪塘街道、慈城镇获评美丽城镇建设省样。推进农村人居环境提升。洪塘街道赵家村、慈城镇三勤村、南联村、公有村通过省级考核验收，庄桥街道童家村、慈城镇五联村成功申报2023年度省级美丽宜居示范村创建。甬江街道外漕村、庄桥街道童家村先后开展农房改建示范村创建工作。根据市住建局任务要求，2020年至2022年累计完成农房改建不少于2000户。全区采用农户自建、联户联建、整村建设、集中安置等模式，完成2400户左右，完成率120%，超额提前完成任务。城市有机更新提质增效，全力推进未来社区建设，完成江北区城镇社区专项规划编制，方案获评省级优秀。全区共有14个未来社区、4个风貌样板区列入省级创建名单，其中2个未来社区通过考核验收、1个风貌区入选省级名单完成自评并已申报验收。“江北大闸未来社区”和“江北湾头未来社区”入选全省第二批未来社区。被评为2022年全省城乡风貌整治提升工作考核优秀县（市、区）。慈城县域传统风貌样板区获评新时代富春山居。街区有机更新改造有序推进，完成江北区城市更新专项规划及六个城镇片区的子规划。甬江街道压赛堰社区列入全市第一批示范更新项目。完成城中村工作从发改到区住建局的移交对接工作，城中村改造工作全年签约1053户40.52万平方米，拆除1768户86.13万平方米，整治1906户47.7万平方米。安置房建设工作，开工建设孔浦安置房三期、应家丽园北侧地块等5处7954套总面积87.34万平方米。顺利完成前江街道横山、邵家渡、朱界村拆除及压赛综合整治4个民生实事工程，涉及面积29.65万平方米。城乡风貌更加改善，城乡居民居住环境明显提升。物业行业方面，加强党建引领，注册江北区物业企业22家，5家符合条件的物业服务企业已全部单独组建党支部，覆盖率达到100%，万象华府一期等5个小区成功创建市级“红色物业”。江北区“美好家园”“洁美小区”“维修无忧”“绿色生态”“智慧服务”五大项创优项目，19个小区通过创优评先。牵头“强社惠民”“无物业管理小区清零”“物居业融合”三大现代社区攻坚行动，其中“强社惠民”2个试点社区初步取得成效，29个无物业管理小区全部清理，“物居业融合”2个试点社区取得较大成效。房地产行业方面，牵头全区促进房地产平稳健康发展攻坚行动专班，明确了促复工、抓开工、保交付、盯投资四项工作任务，全方位推动江北区房地产市场平稳健康发展。全年完成房地产销售面积113.4万平方米，房地产投资210亿元。建筑行业方面，通过制定企业白名单、落实奖励政策等手段扶持企业发展，新引进一级资质企业8家、二级资质企业42家、三级资质企业3家。截至2022年底，全区共有建筑企业496家，特级资质企业1家，一级资质企业49家。

【试点公租房出租责任保险】 全市首单公租房出租责任保险成功落地江北，为190户公租房提供累计1.25亿元的风险保障。首创“舒心住”应用，获副省长高兴夫批示，要求在全省推广。在全省数字政府建设例会上，获省政府秘书长暨军民点评肯定。有关经验做法在省、市数字化改革专刊上刊登，并入选省数字社会第十批典型案例。10月28日，在全省数字化改革大会上，获省委书记袁家军点名表扬。

（徐　彤　潘　琛）

房屋征收与管理

【概况】 2022年，房屋征收与管理工作在区委、区政府的正确领导下，围绕“1586”专项行动、稳进提质攻坚行动等重点工作，重实干、勇破难、齐奋进，全区2022年度累计完成签约面积28万平方米，拆除面积85.5万平方米，同比增长45%，为近年来拆除体量之最，释放土地约960亩，为城区能级提升和功能迭代升级提供空间保障。区房征中心全员参与防疫近2个月600余人次，主要领导牵头负责下沉慈城镇机关干部志愿服务工作，班子成员多次担任行政点长，驰援北仑分队获区委组织部致信表扬；打造六大模块数字化信息平台，推动党建阵地迭代升级，2021—2023年蝉联市委组织部“五星级基层党组织”。

征拆提效攻坚行动　区房征中心作为全区“征拆提效”攻坚行动牵头单位，遵循“及早启动、高效推进、提质提速”原则，坚持紧盯目标、紧扣节点，倒排工期、尽锐出击，有针对性的破难攻坚、化瘀疏堵，着力加快征拆进程和项目扫尾速度，区房征中心攻坚团队入选“五问五破、五比五先”攻坚榜。计划项目加码提速。结合“十四五”期间重点谋划建设区块，立足沿江轴线联动全域开发的建设思路，牢牢把握洪塘街道下沈村安置房地块、下白沙路东延、轨道交通7号线、8号线沿线等重点区块开发建设节奏，区房征中心第一时间制定了《2022年度“1586”专项行动保障方案》，通过实行挂图作战、量化项目进展时间、逐项分解任务，在依法征拆前提下，串联并联相关环节，实现多部门协同配合、多项目齐头并进；创新采用“预签约+依法征收”双轨并行操作模式，通过协议拆迁“预签约”形式为尽早签约缩减时间成本，并同步启动依法征收程序作为兜底保障，极大缩短了形式转换的间隙。截至12月31日，8个计划项目启动率100%，其中6个项目签约率均为100%，实现当年启动、当年签约腾空拆除，共计户数963户（住宅955户+非住宅8户），签约面积27.67万平方米，2个项目因客观原因延期签约。同时，年度有2个一类储备项目转为计划项目实施：外滩新马路13号旧城区改建项项目19户完成100%签约，洪塘轨交8号线一期后张停车场（恒威数控）项目完成签约拆除。

清零清场项目攻坚提质 采取“力量联用、资源联享、问题联解”等攻坚方法，化解新形势下各类征拆难题。同时，深入推进区房屋征收（征地拆迁）联席会议、“征拆提效”周例会、月例会及双月攻坚推进会“四会并行”会商机制，定期集中会诊、分析研判，聚焦重点、汇集众智，为征拆工作高质量奠定基础。截至12月31日，18个清零清场项目全面完结11个地块，超额完成年度考核任务，累计完成清零15户，清场120处，清场面积约37.32万平方米，清场率为82.8%。涉军置换项目节点突破。2022年度涉军房地产置换项目4个，其中中兴大桥及接线工程项目部队69户承租户完成100%签约，1.7万平方米全部拆除，保障中兴大桥及接线工程顺利建成通车；完成东航涉军房产置换项目测绘、评估；外滩延伸段项目、文创港核心区滨江绿带改造涉军项目商请市政府办公厅发函至部队，相关部门初步选定朱家苑北侧置换地块。

阳光征拆拓展延伸 数创赋能迭代升级。在全市首创征拆“数字档案”平台并顺利通过档案工作目标管理省三级认定；采用无人机定期巡查并制作影像资料，全区58处征拆场地无人机累计航拍95次，地块影像收集200余份，初步实现征拆场地一地一档一张图的数字化管理。制度重塑规范流程。牵头联合四部门印发征拆地块文物建筑、历史建筑保护管理办法，提升规范化管理水平；牵头拟制区房屋征收（拆迁）安置房票实施办法，拓宽征拆安置渠道。司法确认走在前列。将司法手段由“后期保障”向“前置服务”转变，会同区法院设立“共享法庭”（重大工程项目服务站），对问题隐患处置提前介入、预判预解，非住宅补偿安置协议司法确认工作全市领先，助推轨道交通8号线一期后张停车场征收项目从征收决定作出到项目腾空拆除仅用17天时间完成，并获评2021年度信访工作突出贡献集体。

回迁安置狠抓长效 落实落细城市回迁安置，密切关注安置房工程建设进度，创新“综合预验收”机制，提前40天完成安置房竣工验收，服务指导甬江街道完成8个未安置项目205套货币回购、775套安置房抽签安置，全面完成省市关于五年以上未安置项目的考核督查任务。

（陈以乐）

公共项目建设与管理

【概况】 2022年，江北区公共建设与管理工作围绕全区“1586”专项行动，紧扣全年中心工作，牢牢抓住“两个安全”，深入开展“三建”行动，主动作为、创新作为、有效作为。区公建中心被评为江北区“模范机关”创建示范单位、机关统战工作先进单位，获得“市重点工程立功竞赛模范集体”“市工人先锋号”等荣誉，多个项目获得“钱江杯”“甬江杯”，应嘉丽园北侧租赁住房项目获评2022年度全国公共资源交易优秀示范项目。

提升项目投资 由区公建中心组织实施的在建项目21个，截至2022年底累计完成固定投资16.2亿元，建安投资8.8亿元；前期项目16个，结算审计21个。中心上下对标对表绩效考核目标和区监察平台时间节点，第一时间协调项目中存在的问题，积极贯彻落实市委、市政府有关会议精神，明确应嘉丽园北侧租赁住房、文创港滨江水岸项目（三期）两个项目作为试点开展24小时不停工建设。截至年底，宁大附属学校二期、应家配套学校、江北中心学校、惠贞高中、孔浦村安置房一期、二期、文创港滨江水岸样板段（一期）等10个民生实事项目先后建成、投入使用，前江卫生服务中心、湾头卫生服务中心、姚江音乐公园等项目前期顺利推进。

推进项目提速 深入开展“亮绩赛马、挂账销号”比武活动，不断提升和总结活动质效，重点对照年度工作目标任务，逐项分解落实责任，合力攻克阻碍工程进度、影响前期推进等个性化、阶段性难题。通过大比武，高位、高频、高标准推进重大项目建设，一批疑难问题得到妥善化解，实现了应嘉丽园北侧租赁住房、孔浦安置房三期重点民生项目提前110天开工建设，梅竹路东侧地块（保障性租赁住房）提前5个月取得施工许可证，再次刷新江北速度、江北效率。惠贞高级中学项目部荣获市重点工程立功竞赛模范集体称号。

加强品质建设 以数字化为切入点，积极采用工程建设“四新”技术，在应嘉丽园北侧租赁住房项目中打造出“智能化、科技化、绿色化”全周期智慧工地，实现“数据一个库、监管一张网、管理一条线”的信息化监管目标，将规模庞大、工艺复杂的项目建设纳入“掌中”，在全省智慧工地中处于领先技术手段。不断完善安全质量检查制度，从制度上提高检查的精准度和效率。截至2022年底，共组织综合性检查11次，签发整改通知单51份，约谈责任单位负责人11人次，100%实现安全隐患闭合管理。2022年，大庆北路地段配套学校（二期）获

"甬江杯"及"钱江杯"荣誉称号。

深化从严治党 始终把政治建设摆在首位，严格落实党风廉政建设责任制。全市首创工地"党建大联盟"，牵头成立江北区红色调解驿站，开展"党建+"工作新模式；抓好"三善讲堂"，不断提高政治判断力、政治领悟力、政治执行力；创新实施廉政"四个一"建设，全方面营造廉政文化氛围；结合"五问五破冲在前、五比五先当表率"专项行动，倡导中心上下凡事"三问"，强化全体干部廉洁从政意识；进一步健全规章制度，累计更新30多个制度办法，不断提升制度执行的可行性和精准度。同时，深入打造"廉洁之路"品牌，以一个道路项目建设为主线，以风险隐患为导向，梳理提出十大举措，实现项目建设全过程筑廉、促廉、保廉目标。

（金慧洁）

城市管理

【概况】2022年，在区委、区政府的领导下，江北城市管理工作紧扣全省"两个先行"、全市"六个之都"和江北区"创智和美城区"的部署要求，始终坚持"人民城市为人民"理念，以数字化改革为引领，以大综合一体化为引擎，以精细化管理为主线，在全力做好疫情防控的同时，强力推进综合执法和城市管理双促进、同提高，奋力当好城乡建设者、运行官和美容师。牵头实施"大综合一体化"行政执法改革，获"全国行政执法先进集体"荣誉（全市唯一），获评国家节约型机关；外滩中队女子分队获评"全国巾帼建功先进集体"。区"大综合一体化"行政执法改革经验在全省大会上作典型发言，"教科书式"执法模式获评省2022年度县乡法治政府建设"最佳实践"项目；获评2021年度省"无违建区"、省"无违建创先争优示范区"、省十佳拆改示范典型(奖项数全市第一)；首获省农村生活污水处理设施建设改造和运行维护绩效复核考核优秀区称号；获评2022年省、市生活垃圾分类工作优秀区；荣获全省生活垃圾分类工作成绩突出集体称号。蝉联市"排水杯"四连冠，斩获市"灵桥杯"等多项荣誉。市照明提质行动和水环境治理工作现场会在江北区召开。

城市设施养管 聚焦"最安全"，围绕"浙里畅行""迎亚运"等重点任务，扎实开展城区市政基础设施日常养护，完成149条道路、114座桥梁常规检测，22座桥梁"桥头跳车"整治，治理道路、桥梁、隧道隐患（病害）15139处。做好姚江、甬江堤防等水毁工程修复工作，确保城区平稳度汛。组建市政、环卫等专业应急队伍372人，有效应对"轩岚诺""梅花"等强台风极端灾害天气，尤其面对"梅花"短时超强降雨的考验，干部职工连续作战，在中心城区率先消除积水点，全面恢复交通，得到市、区领导肯定。聚焦"最干净"，持续深化"席地而坐"街区创建，兰江绿地与槐树公园获评"席地而坐"城市客厅示范区域。牵头实施高品质示范街区创建，扎实推进道路见本色行动，江安路、宝庆路街区获评2022年度浙江省"高品质示范街区"。聚焦"更方便"，破解老旧住宅区车位紧缺的传统难题，新增日湖花园、宝翠茗苑等退红空间公共停车位237个。创新"多杆合一"应用，采取"路灯+充电桩"集成形式，全市首批9套路侧充电桩已有近600次用户使用。全面实施97座环卫公厕24小时开放，实现15分钟如厕圈。新建改建6个口袋公园，改造提升北环高架地面道路中央绿化带，新增绿地51.7万平方米，500米公园服务半径达到91.5%，领先全市平均水平。

市容秩序管理 常态化开展文明典范城市创建，深化细化片长（局领导）—路长（中层干部）—跑长负责制，全方位无盲区开展常态化创建，牵头组织工程渣土清运、"空中飞线"整治，不文明养犬行为管理，配合其他部门进行烟花爆竹安全整治，2022年高分通过文明城市创建省测，得到市、区领导充分肯定。全力狠抓燃气安全防控。坚决守牢安全底线，全力"平安护航二十大"。相继开展"除险保安""百日攻坚""燃气行业大排查大整治"等燃气安全专项整治行动，对全区4030家燃气工商户实施二轮次全覆盖检查，发现并督促整改问题6395条，处罚83件，罚款15.872万元。持续推动"金属软管更换"和餐饮场所"瓶改管"工作，完成"金属软管更换"2.78万户、餐饮场所"瓶改管"22户，餐饮企业燃气报警器安装完成率100%。全面提升生活垃圾分类治理。巩固第一轮工作成果，形成"以法治为基础、政府推动、全民参与、城乡统筹、因地制宜"的生活垃圾分类治理体系。建立健全考核晾晒评价机制，完善"区对街（镇）、街（镇）对社区、社区对小区（物业）"层级管理工作机制，建立"分类星级小区"和"四色榜单"评价机制，深化管执联动，实现区内"红榜"社区清零。全区城镇生活垃圾分类覆盖面达100%，无害化处理率达100%，生活垃圾总量实现"零增长"。2022年，新增创建18个省级高标准分类小区、2个省级示范片区、7个市级垃圾分类典范场所。

"大综合一体化"行政执法改

革　提前35天完成省委提出的第一阶段改革任务，实现执法效率、源头治理“双提升”。相关经验材料获省委办、市两办多次录用，获宁波市副市长、公安局局长、市“大综合一体化”行政执法改革领导小组副组长王顺大批示肯定。聚焦清单引领，行政执法权责更清晰。结合区域特点和实际需求，两批次赋予慈城镇行政处罚事项631项，赋予甬江、庄桥、洪塘、前江4个街道行政处罚事项600项，并持续做好行政处罚事项总清单，综合执法清单、专业执法清单、街道（镇）执法清单的动态管理和完善，实现基层“有权管”。聚焦力量下沉，行政执法队伍更精简。区级构建“1+8”行政执法体系，整合了民政、住建、人社三支执法队伍。街镇推行“赋权执法＋属地联动执法”模式，落实“1+8”执法队伍以“常驻＋随驻”的方式下沉执法力量，已下沉街道（镇）执法人员共289名，街道（镇）一线执法力量占比达到85.7%，实现基层“有人管”。聚焦统筹联动，行政执法指挥更协同。打造区级“线上线下”行政执法双循环协作机制：线上，全面接入省“大综合一体化”执法监管数字应用，贯通基层治理四平台；线下，依托江北区社会治理中心成立江北区综合行政执法指挥中心，“1+8”执法部门18名业务骨干集中办公。根据《江北区综合行政执法协作配合办法》，2022年移交查处了“违法办学”“违法零售经营烟花爆竹”等50余个案件。聚焦数字赋能，行政执法运行更智慧。迭代升级“综合执法处罚办案协同应用”，在综执领域首推“云上办”。全省率先推行“教科书式”执法模式，编制形成103个案件全流程的《综合行政执法教科书式办案指引汇编》，全年办案5179起，案件数同比增长40%。聚焦精准监管，行政执法监督更多元。设立全省首个“3+N”多元共治联络室，加强执法办案全过程指导。2022年，由街道（镇）办结的388件行政处罚案件，无一起被提起行政复议或行政诉讼。完成“综合查一次”双随机检查398次，专项检查151次，实现到期任务完成率双100%。聚焦一流标准，行政执法管理更规范。完善执法资格管理制度，全区街道（镇）行政执法持证人数已达342人，其中慈城镇持证率已提高至95%。出台《区级部门派驻街道（镇）机构和人员管理办法》等制度，逐步实现从“物理整合”向“化学融合”转变，锻造全科型执法队伍。9个基层中队均成功创建为省级文明规范公正中队，外滩中队获评全省首批“枫桥式”中队、“最佳实践”中队。

城乡融合共同富裕　稳步推进城乡基础设施配套均衡化，校园安全步行道项目延伸至庄桥、洪塘、前江等涉农街道，截至2022年底，改造完成幼儿园、小学校园周边安全步行通道27条；全区累计建成道路智慧泊位2746个，实现一个平台、通停通付；全市率先实施照明设施一体化管养，完成照明启闭一体化控制改造，公共照明平均亮灯率99.95%。

【城乡排水优化提升】　深入开展排水“三年整治行动”，积极创建省级“污水零直排区”样板区试点，启动建设排水管网智慧化管控平台，全力打造地下管网这一“看不见的美丽工程”。管网提质增效项目提前收官。除受轨道等工程建设影响路段外，提前完成管网检测修复，已检测管道700余千米，修复三级及以上的病害缺陷1万多处，基本实现市政管网三级及以上的病害缺陷闭环修复的既定目标。农村人居水环境持续改善。深化细化《江北区农村生活污水治理近期建设实施方案》，完成全区共计户籍农户15324户及出租户17205户的农污“三水”接户现状摸排和数据分类整理。总投5193万元完成119座农污处理终端纳管及提标改造，全区农污终端纳管率95.8%，农污终端水质达标率提升至100%，在全市领先。管网智慧化管控平台稳步推进。构筑“管网资产一张图、设备管理一张网、数据存储一中心、运维调度一平台”建设体系，打造智慧化管控平台。完成物联网平台搭建，以及全区排水管网测绘和编码，为管网缺陷动态演变提供可追溯数据支撑。

【全程扎紧违建管控防线】　围绕“控新增”“去存量”两大主题，提升拆改质效。2022年，完成“三改”267.3万平方米，完成率668.2%；拆违84.7万平方米，完成率188.2%；“三改”完成率全市第一。出台《江北区违法建筑分类处置办法（试行）》，强化制度保障。持续推动拆改融合并进，产业转型升级，全区拆后利用率达90%。慈城南门区块拆改面积12.1万平方米，总投资8.98亿元，有效盘活拆后土地资源。自2021年5月开街以来，总营收超5900万元，其中2022年街区实现营收3500万元，客流量达50余万人次。

【加速推进“精特亮”精品线路提升】　牵头实施“姚江历史文化长廊”“文创智岸活力线”两大精品线路提升，配合做好“姚江传骑运动线”“城市田园融合线”创建。按照“洁化、序化、亮化、智化、美化”五化标准，实现点上更精、线上更亮、面上更美。“文创智岸活力线”获评市第二批“最美精品线路”，S319甬余线获评省级“绿化美化精品道路”。

（翁 妍）

慈城古县城保护与开发

【概况】 2022年是党的二十大召开之年，是国企改革三年行动（2020—2022年）收官之年。同时，也是区委、区政府根据省市相关工作要求和决策部署，对慈城古县城保护开发利用提出新的（2023—2025）三年行动计划的布局之年。慈城古县城保护开发工作紧紧围绕区委、区政府的决策部署，严格落实各项工作目标，积极应对复杂外部环境和疫情常态影响叠加的考验，牢守初心、坚定信心、克难攻坚，较好地完成了各项工作任务。公司完成投资18.25亿元，资产总额223.61亿元，所有者权益98.33亿元，负债总额125.28亿元，资产负债率56.03%。实现古城游客接待量205万人次。

区域规划 坚持保护、开发与利用并重，社会效益和经济效益兼顾，高标定位，高起点谋划，推动古城保护开发利用规划体系持续完善，传统保护与创新发展均衡协调。完成慈城古城控制性详细规划编制工作，于年底上报市政府等审批，为古城建设项目报批和土地出让提供法定依据。完成慈城古城CC04-03片区（中华路以北区域）改造工程、东镇桥街北侧区域改造工程和东南段城墙重建及周边景观改造工程3个区重大前期项目方案设计工作，为项目有序开发奠定扎实基础。

项目建设 坚持践行“抓有效投资就是抓发展、抓转型、抓后劲”发展理念，以“1586”专项行动项目为抓手，多措并举，克难攻坚，项目建设全速顺利推进。全年建设项目20个，截至年底完工项目13个。古建修缮项目：完成文保单位方山京故居修缮；配合慈城镇政府启动古城西片区文保项目修缮，如大耐堂等。商业开发项目：完成迎春路区块改造整治工程，实现与骢马河街区、民权路街区串联，打通主游线，架构起慈城古城旅游发展空间及景观布局；完成公司首个房地产开发新城慈水心境里项目；新城酒店项目按计划3月开工并完成地下室底板浇筑。公建及配套设施项目：新城九年制学校项目按计划3月开工并完成地下室施工，完成骆慈公路（清道观—塘家湾路）改造提升工程和古城城隍庙、孔庙广场北侧停车场、新城慈浦路、慈江东街等道路建设，隐溪路等道路工程按计划开工。景观提升项目：完成古城慈湖景区整治及部分建筑泛光照明工程、钱家弄北侧景观恢复工程。

转型升级 坚持“上下一盘棋”思想，在新政策、新形势下，围绕转型升级，优化产业布局，加强集团统筹，不断夯实企业发展资金保障。根据国企改革会议精神和工作要求，完成组建“宁波江北开投控股有限公司”，并于12月28日成功获评AA+主体信用等级，为公司进一步创新融资产品，优化债务结构，降低融资成本提供助力。完成旅游板块、工业地产板块阶段性股权整合，完成走马楼、莲庭酒管股权注入旅投公司；全资设立江北开投科创公司，实质参与小微企业园开发建设；完成中旅慈城60%股权回购所涉及的相关工作，进一步理顺集团各产业板块的体制机制。

招商运营 坚持“文商农旅融合发展”新思路，实施古城内外旅游资源整合，增强文化旅游发展新功能。港中旅退出古县城文旅运营，年底完成股权回购、工商变更及经营管理移交相关工作。抱珠楼7月23日对外正式开馆运营，成为市区又一文化地标。隐居壹世界慈城里院、云凰里状元府第、山海情对口协作四川越西非遗馆、叁参茶空间等项目年底前对外试营业。云湖片区围绕两新红领学院，打造云湖露营基地、山地车越野公园等项目，农旅融合发展成效显著。全年通过抖音、微博、微信公众号等发布消息600余篇，阅读量达350万+，春节灯会活动、“慈城十二时辰 假装你在宋朝”、宋潮市集等活动精彩不断，得到央视5次及多家主流级媒体报道，古城旅游影响力持续增大。召开系列座谈会，收集、整理及吸纳专家、媒体及商户提出的各类问题及建议，通过“三为”主题实践活动，实行商户包干服务责任制，解决各类经营问题40余个；成立商户联盟，搭建文旅企业沟通交流、共同发展的平台；落实市区助企纾困稳链政策，为古城内90余家商户减免租金约500万元。

资产活化 坚持“向资产要效益”理念，千方百计盘活存量资产，压减无效资产，切实把资产管好用好、管出效益。慈城古城内5宗保留建筑出让地块中的其中4宗于年底完成房屋不动产权证登记相关资料提交，地块带建筑出让的创新模式为后续相关工作提供了先行可借鉴的经验，并加快推进企业有效资产的形成。完成慈城新区CC09-06-01（a、b）、CC09-06-02地块做地工作并完成摘地，由江北开投公司全资子公司慈瑞房产公司以成交总价104112.5万元拍下。完成慈城新城丽泽街以北、以南区域绿化配套项目、慈城新城慈浦路改造项目（二期）及五期路网慈城新城隐溪路（锦绣东街—丽景街）等道路工程供地工作。

（朱宇婷）

文创港开发建设

【概况】 2022年，宁波文创港围绕市委、市政府提出的“打造传世经典”要求，对标“四新”定位，谋划推进“征地拆迁、开发建设、招商引资、前期谋划、要素保障”五大类16项任务。截至2022年底，文创港滨江水岸一期、二期项目已竣工，启动区块、中兴桥两侧地块以及滨江水岸三期项目正在建设中，组团一、四地块前期工作全部完成，上海交大教育集团宁波实验学校于2022年9月开始招生，宝龙文创甬江城办公楼宇回购完成签约，文创港客厅满铺运营，累计举办各类活动近700场次，开发建设全面提速，人气商气加速集聚，甬江北岸“工业锈带”正向“活力秀场”蜕变。

文创港二期　以同济成果为蓝本，对常洪西侧区块进行城市设计深化和控规调整研究。就世纪大道快速路工程（常洪大桥及接线）红线调整事宜与市相关部门积极沟通，全力推进形成落地性较强、市场契合度较高的深化方案，并取得阶段性成果。谋划客厅二期方案，就客厅二期方案开展近、远期分析比选和投资收益测算，先行启动近期方案，2022年底已完成项目立项、勘察设计及全过程咨询招标公告发布等相关前期工作，为进一步推进客厅二期的开发做好前期保障。做好地块出让准备工作，组团一、四地块出让前期工作全部完成，2022年，根据市场需求以及重点开发商意向，开展多轮城市设计方案调整、优化。

工程建设进度　滨江水岸项目，样板段（一期）于6月30日完成竣工备案；启动段（二期）完成竣工验收；剩余段（三期）一阶段工程于1月10日正式开工，截至2022年底，完成总体形象进度60%。启动地块，一期展示中心于6月底正式对外开放，酒店工程进行室内精装修及室外附属施工；二期于3月25日正式开工，进行住宅8层与商业地下室施工；三期于12月开工建设，桩基完成30%。宝龙文创港项目，组团二住宅主体完成90%（其中5栋楼结顶），商办主体完成40%，商办地下室完成80%。组团三住宅主体完成50%（其中4栋楼结顶），商办主体完成60%。

招商引资　启动地块商业综合体已储备杉杉集团、王府井集团等运营公司，7月完成委托管理公司招标；产业项目围绕甬江海关以及海港集团自身产业优势，正积极打造港航服务集聚产业平台。文创港客厅目前满铺运营，招商去化率100%，2022年重点引进了飞雨传媒、完美（中国）宁波分公司等一批行业龙头企业。规划运河以东区域围绕组团一、四地块，主动出击，已接待60余组客商实地考察。重点与市城投、蓝桉资本等意向开发商进行深入洽谈，与生命科学智能研究中心等意向产业项目积极对接。文创港客厅二期已储备安全三江等优质项目，拟打造高端现代服务业产业园、汽车展示中心，配套优质商业辐射片区。重点基地建设，完成申报国家级引才12人、甬江引才27人、省级引才9人，举办“产才融合·创新赋能”产业教授聘任仪式暨技术对接会等活动70余场，助推“双创”示范基地建设。

推进重点资金拨付　楼宇回购方面，于6月完成约34500平方米宝龙文创甬江城办公楼宇回购合同签订，合同总价约4.96亿元，截至年底已按节点支付1.43亿元，该项工作为江北区今后以成本价回购商办用房提供了模板。专项债方面，文创港投资开发公司2022年共获批政府专项债两笔，共计7000万元。其中滨江水岸项目样板段（一期）工程续发项目3000万元、宁波文创港配套功能区提升工程项目4000万元。截至10月底上述资金均已使用完毕。

大庆北路综合整治提升工程　3月18日，经历3个月道路环境综合整治，大庆北路面貌焕然一新，美观度和品质均受到市民点赞。大庆北路综合整治提升工程位于文创港核心区北侧，西起人民路，东起环城北路，全长2.8千米，改造提升包含沿线临街建筑立面、停车场地、景观工程、供电设施、管线规整、夜景灯光等内容。整治后的大庆北路与南侧的文创港核心区块遥相呼应，共同为江北区“精特亮”线路增添了亮丽风景。

【文创港滨江水岸项目样板段项目竣工验收】 6月24日，江北区文创港滨江水岸项目样板段项目（一期）正式竣工验收。该项目由同济大学吴志强院士领衔规划，对标国际一流滨江水岸线，深耕甬江北岸港埠文化。建设中采用滨水六层级的多维立体规划理念，与文创港商业体有机结合，与江岸的建筑共同形成层次丰富的立体水岸空间。该项目还将码头文化、工业遗存等历史痕迹有机融合，并充分考虑各年龄层市民的休闲需求，布局了休闲游憩类、生态教育类、文化体验类等多样的活动空间。根据地势特点和景观功能，该项目打造了现代商业、文化历史、简约休闲、创新生活、湿地生态五大绿化种植区。该项目立足智慧城市建设，创新采用新的城市发展理念和创新驱动模式，发挥移动互联网和物联网技术聚合优势，打造出江北全区首批75根智慧灯杆。通过多杆合一方式将路灯、摄像头、报警设备、多媒体设备、交通设施等连成一张无形的“万物相连之网”，接入各类物联网感知设备，充分采集各类城市管理数据，为提升城市智慧应用水平提供基础支撑。

【文创港核心区启动地块项目三期正式开工】 12月8日，宁波文创港核心区启动地块项目三期正式开工。宁波文创港开发建设指挥部以《2022年度“1586”专项行动工作方案》为指导，提前围绕“1586”攻坚行动项目进行谋划，重点协调开工项目的要素保障和审批事宜，着力解决项目开工前的堵点难点。宁波文创港核心区启动地块项目三期用地面积约8.2万平方米，总建筑面积约27.2万平方米，主要建设商业、办公、娱乐康体、文化、配套设施以及工业遗存的改扩建。项目一期主要建设酒店和展示中心，酒店基本完成土建工程，精装修已进场施工，展示中心于6月26日开放；项目二期为精装修住宅、办公、商业、幼儿园等，3月下旬正式开工，住宅部分进入主体施工阶段。

（姚　丹）

环境 旅游

环境保护

【概况】2022年，围绕国家级生态文明示范区创建的总目标，推进清新空气行动，深化区域大气污染联防联控联治；深化“五水共治”行动，高质量推进省级“污水零直排区”创建，实施清水环通工程，深化海绵城市试点应用；开展“无废城市”建设，高标准实施生活垃圾分类，综合推进固废治理、土壤污染治理和垃圾减量化、资源化工作。

大气环境治理 推进“蓝天保卫战”行动。2022年江北区空气质量优良率为87.2%，无重污染天数，细颗粒物（$PM_{2.5}$）年平均浓度为23微克/立方米，同比上升20%；可吸入颗粒物（PM_{10}）年平均浓度43微克/立方米，同比上升13.2%；二氧化硫（SO_2）年平均浓度8微克/立方米，同比持平；氮氧化物（NOx）年平均浓度27微克/立方米，同比下降22.9%；一氧化碳（CO）年平均浓度1.1毫克/立方米，同比上升22.2%，五项指标均达到国家二级标准；臭氧（O_3）162微克/立方米，同比上升11.7%，超过国家二级标准。开展秋冬季大气污染防治攻坚专项行动，实施重点行业挥发性有机物专项整治，完成低效治理设施提升改造20家，源头替代5家。持续推进传统制造业改造提升，完成160家“低散乱污”企业整治，淘汰32家落后产能企业。实施道路营运柴油货车等移动源监督检测，严厉打击超标排放行为。部门联动多措并举“锁住”城市扬尘。加大道路保洁力度，灵活运用洒水车、雾炮车、智慧灯杆喷雾系统等设备循环洒水降尘。开展建筑施工大气污染防治专项检查，督促工程各主体单位严格落实9个100%的“江北标准”，规模以上在建工地全部落实围挡降尘喷淋、扬尘在线监测及车辆自动冲洗，累计建设扬尘监测自动站46个。深化垃圾、秸秆露天焚烧治理“一件事”集成改革。利用铁塔高空瞭望和基层治理四平台的结合，完成垃圾、秸秆露天焚烧溯源、监管、执法等事项集成改革，有力遏制露天焚烧行为，该改革项目入选第二批全省生态环境系统共同富裕最佳实践名单和宁波市共同富裕首批最佳。

水环境治理 推进“治水提升战”行动。辖区地表水断面水质存在季节性波动，市控以上断面水质优良率80%，同比下降20%；功能达标率100%，同比持平。受姚江上游来水水质下降影响，国控姚江清林渡断面水质从上年度Ⅱ类下降到Ⅲ类；市控江北大河庄桥断面水质下降一个级别。“千吨万人”以上饮用水水源地水质达标率100%。全面推进“甬有碧水”攻坚行动，加快实施河道治理工程，完成邵家河生态示范河道、西大河区域局部微循环工程，全区生态补水920万立方米，推动慈城护城河、上沈旧宅河离岸水处理设施落地，开展河道生物修复试点工程。加大财政投入，夯实水环境治理基础。开展污水零直排建设项目77个，投资4.85亿元，外滩街道被宁波市推荐参评省级“污水零直排区”建设“标杆街道”，3个工业园区“污水零直排区”通过市级验收。开展排水管网提质增效行动，累计完成管网检测约716千米，修复管网204千米。建成江北区下沉式再生水厂及配套管网，扎实推进农污终端纳管提标改造工作，提升城乡“污水一体化”管理水平。构建数字水网，助推“五水智治”。完成20个地表水水质自动站建设，进一步构建完善江北区水质监测网络。依托“北斗+AI”遥感技术，建立“水智治”平台，提高涉水问题发现效率。该项目已入选全省“五水智治”数字化建设试点，并在全省“五水共治”工作会议上作典型发言，全市“五水共治”现场会在江北区成功召开。

土壤污染防治 持续推进3.3万亩耕地土壤污染“源解析”工作，

完成监测调查年度任务，为2023年提前完成受污染耕地“源解析”打下坚实基础。全面实施受污染耕地分类管控，在庄桥街道和慈城镇选定区域开展受污染耕地安全利用试验示范，受污染耕地安全利用率94.6%。严格建设用地土壤污染状况调查监管，全年建设用地安全利用率100%。强化土壤污染重点监管单位管理，督促相关单位全部完成年度监测、有毒有害物质报告等法定义务，指导监督宝成电镀公司规范拆除工作，江北区成为宁波首个重污染行业完全退出区域。全省首创“无废城镇”建设单元，全区累计建成“无废工厂”“无废乡村（社区）”等“无废城市细胞”12类77个，形成以点带面的“无废”效应，持续推动各领域的“无废”建设成效。高质量打造党建引领“无废城镇”建设慈城样板，相关做法先后被人民网、《中国环境报》报道，入选省全域“无废城市”建设最佳实践社会共建案例。在工业固废方面，继续加快推动绿色制造体系建设，获批7家国家级绿色工厂和3家省级绿色工厂，完成15家企业清洁生产审核验收，开展2个省级以上园区循环化改造，一般工业固废产生强度下降4.5%。在生活垃圾方面，围绕源头减量、投放便民化、限塑等工作主题，形成以区分类办为核心、行业部门为抓手的双指导双监督工作模式，高质量推进农贸市场垃圾源头减量、“两点一房”、投放设施规范化设置等工作，促进源头提质增效。2022年，7家单位成功创建全市首批垃圾分类典范场所，江北区获评2022年度浙江省生活垃圾治理优秀区。在建筑垃圾方面，积极推进富家岭建筑垃圾资源化利用中心代替工作，强化码头中转规范化建设，布局4个装修（大件）垃圾资源化利用点。在农业固废方面，深入推进“肥药两制”改革，强化配方肥和商品有机肥推广应用，建成有机肥替代化肥示范区1个、化肥定额制施用示范区1个。巩固提升推动固废收运体系建设。健全工业固废、生活垃圾、建筑垃圾、农业废弃物等固体废物全过程闭环收运体系。全区工业固废集中收运签约覆盖率100%，城镇生活垃圾分类覆盖面100%、处理率为93.28%，农药废弃包装物回收处置率97.9%，农膜回收处置率91.9%，建筑垃圾综合利用率为99.76%，均达到或超额完成目标任务。

环境监管 2022年，江北2个功能区噪声监测点位（江北区政府2类区、新兴产业服务中心3类区）达标率100%，15个区域昼间噪声监测点位覆盖面积60平方千米，平均等效声级56.9分贝，同比下降0.5%。根据声源构成比例，交通噪声、社会生活噪声、工业噪声占比分别为60%、26.7%、13.3%，区域声环境主要受交通和社会噪声影响。2022年，江北区未发生一般及以上突发环境事件，无环境应急响应事件。风险源企业日常巡检及污染源在线监控日常巡检完成率100%。完成江北区突发环境事件应急预案编制工作。排查辖区内风险源企业共90次，排查企业30家，发现隐患32处，全部完成闭环管理。以严监管、惠民生、守底线为导向，实现生态环境执法监管新突破、省级环保督察问题零交办。高质量抓好督察问题整改落实。全力推进区委涉水生态环境巡察问题整改，组织开展生态环境问题“举一反三”大排查大整治行动，入库生态环境问题492个，均完成闭环整改和销号，没有出现省级被动发现问题。以“七张问题清单”为抓手解决生态环境难题。各部门与属地街道共排查“重大生态环境问题清单”区级以上问题114个，均完成闭环整改。高标准打好环境监管组合拳。围绕治污攻坚关键领域和群众反映的突出环境问题，组织开展“除险保安”百日攻坚等各类专项执法行动，有效震慑环境违法行为。生态环境江北分局全年出动执法人员1800余人次，检查企业900余家次，依法查处违法案件19起，罚款140.81万元，查封扣押1起，关停取缔3家。区综合行政执法局重点针对建筑施工噪声、油烟污染、固废污染等环境方面的问题开展生态环境执法工作，全年出动执法人员8500余人次，立案处罚21起，罚款28.16万元。区农业农村局涉水环境保护和农业面源污染出动执法人员640余人次，下发涉水整改通知书15份，查处非法捕捞案件9起，累计罚款0.76万元。高度重视环境信访源头化解工作，全区受理办结涉生态环境信访1364件，按时办结率100%，信访满意度91%。

环境宣传 加大主流新闻媒体宣传，在《中国环境报》、人民网、《新江北》、江北发布等平台进行宣传报道，凝聚全社会关心、支持、参与和监督生态文明建设的强大合力。组织多元化宣传活动。开展“5·22”生物多样性日、“6·5”世界环境日、“6·30”浙江生态日等主题宣传，组织守护最美姚江志愿者行动、生态环境保护全省公益巡回演出等系列活动，积极营造美丽江北共建共享的良好氛围。加大入企入校教育活动。累计召开生态环境议事厅11场、生态环境大讲堂6次、环保管家服务企业2050家次，向企业、广大市民和学生发放告知书和倡议7万份，引导公众共同参与生态文明建设，共享生态文明成果，全力提升环境保护知晓率、满意度。2022 年，在全省生态文明建设满意度测评中，江北区获 86.82 分。

政务服务 进一步健全服务项目机制体制，持续优化审批流程，执法与服务指导相结合，全方位提升生态领域服务保障能力。优化审批服务。积极推动“三线一单”成果落地运用，重大项目落实专人提前介入全程服务，持续实施零土地技改备案、“区域环评＋环境标准”降级备案等改革措施，简化办事流程，提速项目落地。优化监管方式。深入贯彻落实《宁波市生态环境初次轻微违法行为不予处罚清单（试行）》制度，推行“有力度更有温度”的生态环境执法，共下达不予处罚决定书 12 份，免处罚款金额 300 余万元，最大限度减少行政处罚给企业在信用、融资和市场开拓等方面带来的不利影响，助力江北经济稳进提质。保障要素供给。积极推进排污权交易工作，加大污染物减排力度，累计为 16 个重点项目提供化学需氧量等 4 项污染物指标超 225 吨，全力支持重大项目落地。

（贺智雷）

旅游管理

【概况】 2022 年，江北区全年接待游客 360.97 万人次，恢复到 2021 年同期的 91.24%，恢复程度排名全市第 6；旅游收入 50.35 亿元，恢复到 2021 年同期的 89.39%，恢复程度排名全市第 7。宁波老外滩获评首批国家级旅游休闲街区。

全域旅游 持续推进《江北区十四五文化和旅游发展规划》实施，全面启动全省文旅资源普查，助力文旅融合发展。老外滩获评国家级旅游休闲街区，慈城古县城民宿集群入围首批宁波市民宿产业集聚区；荪湖省级度假区考核评估完成复评工作；达人村创建国家 AAAA 级旅游景区完成景评工作；洪塘街道、慈城镇通过 2021 年度乡村全域旅游示范区复核；成功创建 2021 年度省级民宿品牌 6 家。推进北山游步道综合整治工程，推动文旅产业发展。联合区有关部门出台文旅行业纾困政策，首批下达纾困补助专项资金 76 万元。第一批重点文化项目绩效扶持 180 万元。出台《宁波市江北区促进休闲旅游业发展若干政策》，进一步促进全区休闲旅游业发展。“江北夜未央”夜经济品牌入选市文旅局共富培育试点，慈城古县城民权路太湖路文化创意街区入选第一批市级夜间文旅消费集聚区。

项目建设 全面对接实施区“1586”专项行动，重点关注“千年古县城、百年老外滩”两大旅游核心区块和其他重大旅游功能区块文旅项目开发建设。截至 12 月底，全国文旅项目管理系统实际完成投资 62.2 亿元，文旅项目获批专项债 5.1 亿元。纳入省“微改精提”系统项目 34 个，总计划投资约 2 亿元，实际完成投资约 1.9 亿元，涵盖景区提升、酒店民宿改造、景区村旅游公共基础设施提升等方面。加快慈城古县城保护开发，主动融入翠屏山中央公园发展战略布局，慈湖景区“一堤一湖，三区十二景”改造项目全面完工；周信芳戏剧艺术馆、慈城美术馆、抱珠楼等文化场馆建成开放；迎春街、民权路、骢马河国风文化街区等主游线项目建设、风貌整治、景观提升和商业业态调整持续推进，入围 100 个“浙江文化标识”培育项目名单。深入推进老外滩国家级休闲旅游街区建设提升，完成夜游灯光改造提升和滨江“三慢”系统改造工程，实现沿江 1640 米纯步行街贯通，外马路沿江、人民路等范围内 20 余处建筑完成夜景个性灯光包装，天主教堂灯光秀成为老外滩网红打卡项目。文创港客厅建成投用，颐高、滴滴、宁波人才之家等企业和功能项目率先入驻，英迪格酒店样板房开放，核心区滨江水岸样板段项目全面启动。慈城新城酒店全面启动建设，总投资约 8.2 亿元。

文化执法 强化文化执法，依法推进“扫黄打非”工作，开展非法卫星电视广播地面接收设施专项整治，常态化检查印刷企业、出版物零售市场、营业性演出等场所，规范市场秩序。全年文化市场行政执法队共出动检查人员 3938 人次，检查各类场所 1942 家次，办结文化市场行政案件 7 起，拆除非法卫星电视地面接收设施 61 套，受理、办结信访和群众投诉 645 件，受理、办结行政许可事项申请 129 件。3 月至 4 月启动疫情防控网格化检查。全区文旅场所每三天一轮全覆盖检查，共检查文旅场所 1941 家次，发现问题 170 个，均责令现场整改。加强辖区文旅企业纾困力度，于 6 月出台《关于促进现代服务业稳进提质的若干措施（试行）》，对在疫情防控期间严格按照要求执行相关防疫政策的 A 级旅游景区、等级民宿（客栈）、省星级品质旅行社等给予一次性补助。共发放补助款 142 万元，受补助单位 24 家。

数字赋能 积极推进数字化工作，“文旅晓灵通”智能咨询服务应用成功入选省文化和旅游数字化改革第二批应用试点名单，完成方案初稿并启动开发。充分利用数字化应用开展工作，运用电子监控系统对网吧进行线上监管；运用“清网卫士”监管文化市场；运用微信小程序管理校外艺术培训机构员工疫情防控情况。“江北文旅”智慧文旅公共服务平台上线浙里办微信小程序端。搭建线上宣传营销模式。继续加强与美团、抖音、小红书等新媒体合作，扩大“江北文旅”知名度和影响力。开展新春过大年惠民直播及“5·19”中国旅游日民宿直播活动，1200多套民宿惠民套餐售罄，有效拉动文旅行业消费提质。“江北文旅”微信公众号共发布推文135篇，累计阅读量近51.7万次，在全市各县市区旅游管理部门政务微信号中平均月排名第二，在9月上线全市新媒体账号红榜。微信视频号共发布82条视频，全年浏览量破80万次。

展会活动　组织辖区文旅企业参加中国国际旅游交易会（云南昆明）、2022浙江（四川）旅游交易会、2022年宁波国际旅游展、宁波旅游夜市走进杭州、杭州都市圈夏季文旅惠民大联展等展会活动，展示江北文旅形象及品牌，深化江北文旅企业国际国内合作。组织江北区文旅节事活动参加2021年度全市文旅节事评奖活动，“2021江北樱花旅游节”“江北慈城　民俗文化节”分获二等奖，创江北文旅节事活动评选最好成绩。选派2名选手以市赛第一名和第二名的成绩参加2022年浙江省导游大赛，达人旅业徐本钢获全省三等奖和个人最佳才艺奖，省中旅柯婉莹获优秀奖。

【云湖民宿等6家获评省等级民宿和文化主题（非遗）民宿】　1月24日，浙江省旅游民宿产业联合会公布2021年度浙江省白金宿、金宿、银宿、文化主题（非遗）民宿名单。江北区云湖民宿获评省金宿，宋庭国风民宿、构城·安屿民宿、勿舍闲居（莲心谷）获评省银宿，归恬乡创（家春秋民宿）、慈舍获评省文化主题民宿。

【长三角重点旅行商走进宁波江北旅游推介会】　6月21日，“顺着运河来看海，闻着书香游宁波”2022（宁波）江北旅游推介活动在慈城举行。慢悠悠在线旅游公司、江北开投控股公司作为江北企业代表发言，江北旅游协会与长三角一体化旅游合作联盟签订合作协议，中国旅游合作联盟浙江省内十一地市重点旅行社发出“浙江人游浙江”倡议。

【百县千碗·甬城百碗·江北十碗走进万丰社区】　6月27日，区文广旅游局联合市餐饮业与烹饪协会，在万丰社区开展“文旅促共富进行时——江北十大碗进社区”活动。宁波金港大酒店、宁波江北走马楼酒店等4家企业和2名社区居民美食烹饪爱好者共同制作“江北十大碗”（红影夹沙核桃羹、走马楼慢炖猪脚圈、慈城年糕炒白蟹、宁波老三鲜、寒露油渣芋艿、码头风味蟹酱、美宴古法酒酿大鲥鱼、中马弄堂脆春卷、白沙海风酱三拼、老外滩江白虾）等菜品、糕点。

6月27日，“文旅促共富进行时——江北十大碗进社区”活动在万丰社区举行

10月1日，“千年古县城　百年老外滩”江北文旅主题展在南塘老街举行

【江北区四家百县千碗省级美食体验店获授牌】 9月8日，“诗画浙江·百县千碗”工作推进会上，美宴餐厅、宁海食府北岸店、新日月育才大酒店、苏湖山庄4家2021“诗画浙江·百县千碗”省级美食体验店获授牌认证。截至2022年底，全区累计有7家省级美食体验店获认证。

【“千年古县城　百年老外滩”江北文旅主题展举行】 10月1日，主题展在南塘老街展出。现场推出慈城古县城、达人村、达人谷度假乐园、火车来斯、三江夜游、十八花房等景区、民宿特惠产品，旨在打响江北“千年古县城　百年老外滩”文旅形象品牌，提振旅游市场信心、拉动文旅消费，加强江北在宁波微度假旅游市场营销力度。

【江北区民宿经济促进会换届大暨二届一次会员代表大会召开】 10月28日，大会在慈城布政房召开。王少华代表第一届理事会作工作报告。会议表决通过《江北区民宿经济促进会章程》《江北区民宿经济促进会收费标准及管理办法》《江北区民宿经济促进会换届选举方法、制度及流程》，选举监事会成员、理事会成员，并召开江北区民宿经济促进会二届一次理事会议，选举产生会长1人、副会长7人、秘书长1人、副秘书长1人。

（吕晓莹）

教育　科技

教　育

【概况】 2022年，全区有义务段学校36所，其中公办34所、民办2所，在校生42502名。有幼儿园（园区）71所，在园幼儿16589名，普惠性幼儿园在园幼儿招生覆盖率97.5%，省二级以上等级幼儿园园所数占比90.14%，均居全市第一，提前三年达到省共同富裕2025年目标，公办幼儿园覆盖率70%。成立1个区级托育服务中心、3个街道（镇）托育服务分中心、32个幼儿园托育部，提供托位1200个，占全区托位总数70%，托幼服务一体化入围市共同富裕试点项目。有区级老年大学2所，街道（镇）级分校8个，社区（村）教学点107个，新增老年学员10408人次。开展职业技能、素养提升等教育培训活动超过1600场，参与活动超过10万人次，完成劳动力预备教育40人，“双证制”毕业673人。全系统共有在编教师2987名，有省特级教师8名，市名校长、骨干校长17名，市级以上名师骨干66名，高级职称教师509名，其中正高级7名。4月21日，国务院教育督导委员会公布义务教育均衡发展评估认定结果，江北区正式获评全国首批义务教育优质均衡发展区（全国唯二）。江北区创建全国学前教育普及普惠区通过省级评估，江北区教育局获评浙江省“人民满意公务员集体”。

全区年度教育经费投入15.88亿元，增长11.42%，国家财政性教育经费12.63亿元，增长9.91%，一般公共预算教育经费12.14亿元，增长11.07%。生均中学、小学、幼儿园公用经费分别达到3945.04元、3027.98元和3219.51元。

教师队伍建设　引进紧缺型教育人才20名，招录名优教师50名，优秀毕业生130名，其中研究生45名，首次实施非编特聘制教师招聘和公办集团幼儿园非编教师统一招聘，逐步优化非编师资结构；不断完善“新、优、名”系列培养体系，提拔调整干部48名，新增市名校长2名、市骨干校长2名、浙派名校长培养对象1名、浙派名师培养对象5名、省春蚕奖2名、省特级教师1名、省教坛新秀1名、市王宽诚育才教师5名、市教坛新秀15名、市学科骨干10名，另有1人获全国优质课标杆奖，282人次获省市优质课、基本功和论文奖项。在市第三届幼儿园青年教师教学能力竞赛中，江北区4名参赛教师，2人获特等奖（其中1人为合同制教师）、2人获一等奖，获奖比例、等级全市最高。

义务教育　惠贞高级中学、江北中心学校、养正书院、宁大附属学校二期全部正式投用。其中，惠贞高级中学新增优质高中学位1500个，弥补了区内优质高中体量较小的短板；江北中心学校、养正书院、宁大附属学校二期投用，共新增优质学位8370个。上海交大教育集团宁波实验学校揭牌。慈城新城九年制学校开工。青藤书院迁址至姚江新城。完成江北甬城学校、江北区灵峰学校、江北区普迪学校、江北区尚德学校和宁波大学青藤书院全部5所“公参民”学校转公。9月1日，江北区灵峰学校、江北区普迪学校、江北区尚德学校和宁波大学青藤书院4所学校，以公办学校性质开学，宁波上海世界外国语学校更名为宁波上海世外学校，宁波市至诚学校停止义务段招生，江北区规范民办义务教育工作稳妥完成，符合省定验收标准学校比例100%，符合条件的随迁子女公办学校入读率100%，民办学校在校生比例控制在2.73%以内。深入落实“双减双增”。坚守学校阵地，坚定素养导向，集中教研力量，全面加强课堂教学和作业管理，举办“素养导向下的教学方式探索”课堂节，承办市“高质量作业设计新样态作业管理”基础教育改革论坛。完善课后服务，中小学校课后服务覆盖率100%。集成提升“向阳花开”德育品牌，新城外国语学校聪聪鹰中队获评全国优秀少先队集体。创客教育再创佳绩，获省市奖项46个。义务段非营利性学科类培训机构注销工作有序推进，完成“大综合一体化”改革全市首例跨区多部门联合查处非法办学，发出全市“大综合一体化”执法改革后首张网上非法办学罚单。

学前教育　新建成3所公办幼儿园，减少2所省三级幼儿园。立足优质普惠幼儿园资源优势，健全托幼一体化发展体系，出台《关于推进江北区城乡托幼一体化服务体系建设的实施意见》，提供幼儿园托位1200个，占全区托位总数70%，托幼服务一体化入围市共同富裕试点项目。

终身教育　新增老年大学教学点7个，新增班级342个，养教结合模式不断成熟，“打造15分钟老年教育服务圈”纳入区共同富裕重点突破性清单，开展老年人智能技术日常应用普及服务400余场次，惠及约2万人次，外滩街道《长者之家，年轻20岁——乐享生命的丰盈》被教育部评选为“智慧助老”优质教育培训项目。

教育协作　教体融合、医教结合、系统共育体系不断完善，“体育处方”“温暖的家”特色心理护航项目进一步推进，与市康宁医院特教合作升级，体美劳“一校多品”“一生多技”格局不断完善，在省、市中小学生艺术节中获得奖项85个。教体融合成果突出。江北区在全市青少年田径比赛中，以12金11银13铜获得团体第一历史佳绩；在宁波市青少年柔道比赛上，江北代表队取得不同组别5个冠军、7个亚军和4个季军，荣获宁波市团体总分第一名；江北实验中学学生蔡旭磊在十七届省运会轮滑赛场获得男子乙组冠军，为宁波代表团摘得首金，该校洪语瞳获女子乙组铜牌。江北区有育才实验学校、江北外国语学校2所学校入选首批全国桥牌特色学校名单，占全省3席中的2席、全市唯二。江北区男女甲组两支队伍在宁波市青少年篮球（男女甲组）比赛中连续三年双双闯入决赛，男队实现三连冠并荣获体育道德风尚奖，女队获亚军。教共体建设措施优化，教学质量、学业水平持续提升。重新梳理区域义务段学校新时代教育共同体建设情况，优化工作方案，出台《宁波市江北区教育局关于做好新时代教育共同体扩面提质工作的通知》推进教共体建设扩面提质，实现农村、小规模学校覆盖面100%，公办中小学覆盖面90%，较2019年增加20个百分点。进一步明确常态帮扶具体任务指标，打造发展梯队，推动共同体合作办学落到实处。江北区、永嘉县5对10所学校签订帮扶协议，建立教共体结对关系，江北区支援校15名教师与永嘉县受援校45名教师结为师徒。

综合改革　自主开发教师职业生涯发展应用“乐教江北”上线“浙里办”，在新一轮教师招聘、配置和队伍建设方案谋划中发挥重要参考作用。持续推广“乐学江北”“乐健”应用，成功申请省体育局揭榜挂帅项目“浙里健身社会体育指导员应用管理服务”子场景，“乐健”位列年度“浙里办”宁波频道高频优秀服务前三。

【慈城九年一贯制学校开工】 3月，慈城九年一贯制学校开工。项目位于江北区慈城新城，东至慈孝南路，西至东管山河路，北至云山街，南至慈南街，用地面积约58791平方米，总建筑面积约62818平方米，总投资约56074万元，为规模63班的九年一贯制学校，其中小学42班，初中21班。项目预计2024年5月竣工交付。

【校外培训机构整治】 5月，对江北区天童艺术培训有限公司涉嫌组织学科类培训进行取证，通过调阅176小时的教室监控，收集鉴定2套10册教材和32GB视频课程资源，认定该公司培训课程属于学科类培训，于月底下达行政处罚决定书，是“大综合一体化”改革以来，宁波首例涉及跨区的多部门联合查处的非法办学案件。5月至7月，江北区教育、市监、网安、网信、综合行政执法以“五力共治”模式，对“清北学习馆”微信平台涉嫌违规办学调查取证，并于7月作出处罚，10个不同地区网上付费家庭收到维权退费，是宁波市“大综合一体化”执法改革后发出的首张网上非法办学罚单。

【“乐教江北”应用上线】 7月9日，“乐教江北”应用正式上线“浙里办”App。“乐教江北”是2021年浙江省教育领域数字化改革第一批全省唯一的教师发展类创新试点项目，2022年宁波市教育科学规划立项重点课题。应用通过构建中小学、幼儿园学校、学科、教师三级“画像”，协助教师科学规划职业生涯，为师资队伍全域均衡配置提供精准参考，助推基础教育优质均衡。至此，区教育局自主开发的“乐学江北”“乐健”“乐教江北”三项应用全部进驻“浙里办”App。

【上海交大教育集团宁波实验学校揭牌】 8月26日，位于文创港的上海交大教育集团宁波实验学校举行揭牌仪式。学校性质为江北区教育局直属54班九年一贯制公办学校，

8 月 26 日，上海交大教育集团宁波实验学校揭牌

也是上海交大教育集团在浙江省合作办学的第一所公办学校。合作办学期间，上海交大教育集团将向上海交大教育集团宁波实验学校派遣校长、组建管理团队，并在每门主要学科选派骨干教师指导学科教学，尤其在“科学工程、国际理解、数学建模”等特色课程开发建设上给予指导与帮助。

【江北区学生心理诊疗与研究中心挂牌成立】 8 月 29 日，江北区教育局与宁波市康宁医院签订合作协议，在宁波市康宁医院挂牌成立“江北区学生心理诊疗与研究中心”，建立集心理咨询评估、心理诊断治疗和心理危机干预功能于一体的学生心理健康综合服务基地，在开通就诊绿色通道、开展“心理教师专业能力提升项目”、加强心理教师进修培训、深化心理健康医教合作试点学校建设等方面形成紧密合作关系。

【首次实施非编特聘制教师招聘】 8 月，探索使用非编特聘制教师作为事业编制教师的补充，由区教育局统一招聘、统一管理、统一考核、统一派遣模式，招聘 38 名特聘制教师，以破解经济社会和教育事业快速发展带来的教师需求快速增长与教师编制不足的矛盾。9 月，区教育局、区委编办、区人社局和区财政局四部门联合印发《江北区特聘制教师聘用管理办法（试行）》，为非编特聘制教师管理建章立制。

【江北区入围“央馆虚拟实验”规模化应用试点(培育)区】 9 月 15 日，教育部教育资源与技术发展中心公布“第一批‘央馆虚拟实验’规模化应用试点区（含试点校）名单”，江北区入围，为全市唯一。江北区在均衡配置实验仪器和设备设施、推进中小学实验室标准化建设基础上，引入并全面推广“NOBOOK”虚拟实验室，辅助课堂实验教学，并组建由特级教师为组长的虚拟实验教研团队，遴选应用试点校，全区虚拟实验应用水平获整体提升。

【江北区教师获初中信息技术全国优质课“标杆课”】 9 月 17 日，宁波市江北外国语学校教师马龙作为宁波市唯一、浙江省 5 名代表之一，斩获 2022 年初中信息技术全国优质课展评最高奖——“标杆课”（等同往届特等奖）。至此，江北区已先后有 5 名教师在信息技术学科斩获全国级优质课（基本功）比赛特等奖。

【江北区“托幼一体化”入围市共同富裕成果展示类试点】 11 月 23 日，江北区“托幼一体化”项目入围市共同富裕成果展示类试点。同年 1 月，江北区启动三级资源网络布局，通过学前教育资源挖潜，逐步成立区托幼一体服务指导中心和一批街道（镇）分中心、社区（村）幼儿园托幼部，提供托位 1200 个，占全区托位供给总数 70%。3 月，区委主要领导在市共同富裕例会上就全区“托幼一体化”工作交流。11 月 21 日，正式出台《关于推进江北区托幼一体化服务体系建设的实施意见（试行）》，进一步明确职责分工体系、资源供给模式、成本分担机制等，为进一步推进育儿友好型社会建设，全力打造具有江北辨识度的共同富裕建设标志性成果强化机制保障。

【第四届“北岸之秋”课堂节】 11 月 28 日，江北区第四届“北岸之秋”课堂节开幕式暨主题论坛在宁波大学附属学校开启。本次课堂节聚焦“素养导向下的教学方式探索”，从校长、教研组、教师三个维度，设置主题论坛专场和分学科专场研讨，其中各学科课堂教学展示与研讨活动持续一个月，覆盖 22 个学科，开设 60 余节公开课，开办 20 余场专家讲座，对新课标背景下育人方式变革、课堂教学改革，起到积极的推进作用。

（毛伟宁）

科　技

【概况】 2022 年，江北区聚焦科技

自立自强，大力实施创新驱动和人才驱动发展战略，迭代实施科技创新“163”攻坚行动，构建全域全链全要素创新生态体系，科技创新工作取得明显成效，主要科技指标运行稳健，一批关乎未来的重大创新平台落地，先后获评全省改革创新成绩突出集体、全省科技工作成绩突出集体，连续三年获得宁波市科技创新督查激励，为全面建设现代化滨海大都市创智和美城区提供了强劲科技支撑。

顶层设计 制定出台《江北区关于加快区域创新发展的若干政策》和6个具体管理办法，构建起1+N科技创新政策体系，2022年共兑现政策资金1.7亿元，受惠企业达到500余家次。区财政科技投入资金从1680万元增加到5000万元。成立了规模10亿元的产业引导基金，撬动更多社会资本支持高新技术产业发展。

主体培育 聚力打造创新企业梯队，培育省科技小巨人企业4家，高新技术企业总数突破280家，两年实现翻番，规上高新技术企业占比居全市前列。8家企业入选全省创新能力500强，入库国家科技型中小企业超300家，省科技型中小企业数达到1247家。全面推进研发机构建设，新增国家、省级研发机构9家，全区拥有市级以上研发机构126家，其中国家级3家。聚力突破关键核心技术，全年实施各级科技研发计划和攻关项目19项，争取上级资金1亿元左右。加大知识产权保护与运用，每万人发明专利拥有量超过90件，位居全市第一。

平台建设 积极服务甬江科创区，沿姚江、甬江打造“北岸滨水创新带”，成为全市首批入选省级可持续发展创新示范区建设名单的县市区。有序推进江北高新园区“东西两园”建设，被成功认定为省级高新区，园区在全省排位提升7位。积极发挥大连理工大学宁波研究院、国电投宁波氢能研究院等一批平台创新策源作用，共引进人才500余名，硕博比超80%。大连理工大学宁波科技园投用，落地建设浙江大学国家科技园江北分园，努力为区域高质量发展及企业提供了强劲科技支撑。

科技招商 深入实施科技招商一号工程，构建起了一把手带头，全局皆为招商员的工作推进机制，聚力招引科技型企业。科技服务业集聚区启动建设，形成科技服务业洪塘湾、环文创港“一体两翼”总体架构，新引进科技服务业企业22家，首个专业化科技服务平台（博士科技浙江创智中心）落地。发挥孵化载体和产业创新服务综合体作用，招引培育科技型企业，国家级众创空间达到5家，省级众创空间（孵化器）达到8家。

改革赋能 以数字化改革激活创新资源，打造标志性成果。按照“一地创新、全省共享”，建设“企业新产品研发服务应用”，列入全省数字化改革“一本账”，获评全省第一批优秀地方特色应用，集成企业信息150多万项，累计访问量突破15万次，精准服务企业2600多次，被企业称作“线上专家”，实现了科技业务全程“一网通办”。建成江北科技服务中心，创建“科技360”服务品牌，创新编制“科技月历”和科技企业全生命周期发展路径，为企业提供精准服务。

科技生态营造 融入长三角一体化等重大发展战略，主动对接上海、杭州、深圳等科创资源，在深圳设立了“科技飞地”。加快国际科技交流与合作，中俄创新中心引进企业105家。开展创新型“产业教授”试点，选聘首批10名“产业教授”主持参与项目攻关，推荐国家级引才计划和市“甬江引才”工程项目实现数量新高、增幅翻番，截至2022年底，全区共有省万人计划6人，省领军型创新创业团队2个，国家万人计划3人。成为全市首个承办中国创新创业大赛宁波赛区总决赛的区（县市），14个科研成果获省科学技术奖，为全市最多。

（胡　朋）

文化　传媒

文化事业

【概况】 2022年，江北区文化工作紧紧围绕省第十五次党代会、迎接党的二十大主题主线，奋力打造新时代党建高地，为推动公共文化事业高质量发展，加快建设现代化滨海大都市创智和美城区提供坚强保障，扎实推进文化惠民活动、全民艺术普及、文艺精品创作、基层文化服务。会同区教育局、区科技局等部门，首次参与由区“双减”领导小组专班牵头的对全区各类校外培训机构开展的联合执法检查。位于丽江西路1999号的宁波姚江美术馆在姚江畔正式开馆。作为一家具有公益性质的美术馆，宁波姚江美术馆免费向公众开放，同时，“三江云烟——宁波故事油画作品展”也于当天展出。召开江北区文化市场行业协会四届一次会员大会暨区文化市场安全生产管理培训会，组织召开江北区文化市场行业协会四届一次会员大会暨区文化市场安全生产管理培训会，选举产生以陆国军为会长的协会第四届理事会组成人员。江北区图书馆开展“走读江北”系列活动第一场暨启动仪式。由江北区文化广电旅游局主办、江北区图书馆承办的“走读江北”系列活动启动仪式暨首场活动“传骑运河古渡书香”在半浦村举行。参加活动的人员有图书志愿者、阅读推广人等，在主办方带领下从塘路墩出发，一路经由半浦古渡、慈孝家风馆、中书第、半浦茶栈，最后来到半朴园，感受半浦村的丰厚历史底蕴。“走读江北”系列活动是江北区图书馆全新推出的又一全民阅读品牌，也是“爱在江北　和风惠民”民生实事工程系列项目之一，以江北区“姚江传骑运动线”“灵山慈水生态带”两条精品线路为核心，紧紧围绕建设现代化滨海大都市创智和美城区的总目标，充分挖掘江北的文化底蕴和精神内涵。送戏下乡工作，完成“艺”起向未来——江北区喜迎二十大百场戏曲下乡演出活动所有场次，促进全民精神共富。由区文化广电旅游局主办的“执艺为殳”江北区抗疫专题艺术创作展在区档案馆开幕。在此次展览中，艺术家用各种绘画形式创作的几十幅作品展现了对工作于隔离抗疫一线人员的致敬。江北区文化馆创作的甬剧小戏《谢谢你》获得“喜迎二十大　同走共富路”浙江省第十一届群众戏曲小戏大赛金奖第一名，以及“喜迎二十大·艺筑共富路”2022年“一人一艺”宁波市原创小戏曲艺比赛创作金奖第一名、表演金奖第一名。

文化惠民　推进省民生实事工程及“爱在江北　和风惠民”区民生实事项目，建成70个15分钟品质文化圈、2个城市书房及1个文化驿站。向下延伸8个街道（镇）图书分馆二级网点，推进117个村（社区）图书室三级网点，完成送书下乡（流通）图书100699册。开展2022宁波阅读进行式江北站、喜迎二十大百场戏曲下乡演出、走读江北等13类活动，主题性精品创作获得省市金奖（一等奖）3个，银奖2个，十强和优秀组织奖1个。开设“一人一艺全民艺术普及”春季班、秋季班和文艺骨干培训班等21个门类，25个班，300课次，不断满足人民群众对美好生活的需要，助力实现更大范围更高水平的“精神富有”。

非遗传承　实施江北区文化基因解码工程。“千年慈城”入选首批“浙江文化标识”培育项目，慈城古县城、慈孝文化、宁波老外滩、保国寺4个项目被评为省优秀解码项目，校正完善江北区重点文化元素文化基因解码报告，组织召开《宁波文化基因解码丛书》意见交流会议，报送慈城古县城、宁波老外滩、保国寺、玉成窑四部视频参加“浙江省文化基因解码工程短视频大赛”，推荐“玉成窑文人紫砂”申报省厅首批文化基因解码成果转化利用示范项目，公布第七批江北区级非物质文化遗产代表性项目名录、代表性传承人及传承基地、首批8家区级非遗工坊，慈城古县城景区被认定为宁波市非遗旅游景区。

新春阅读活动 江北区图书馆开展多项新春阅读活动，做好群众就地过年文化服务保障工作。春节期间，区图书馆开展新春阅读PK赛、“虎年浙里道新春”朗诵春晚、“寅”春“宋”福过大年——宋词悠悠朗读征集活动、古籍里的春联、国图公开课讲坛视频精选50场、“典籍里的中国年”展览、“网络书香·阅见美好”数字阅读推广春节活动等线下线上阅读活动共计18场，活动覆盖人次达16096人次。在疫情防控常态化形势下，丰富春节期间广大读者的精神文化生活，为留甬过年人士提供公共文化服务保障。

【开展“水墨寄兴”镇海—江北文化走亲活动】 1月22—27日，“水墨寄兴”谢邦治、张林辉、司维超作品展于镇海区泓美术馆举办，以书画为媒，开展镇海—江北文化走亲活动，两地文化具有较强的同源同质性，为两地文艺骨干搭建展示平台，促进两地新时期文化的繁荣发展。

【灵山书房开展试运行】 2月，全区首家乡村书房“灵山书房”开展试运行。“灵山书房”力争打造成为全区乡村的“文化灯塔”，成为农村居民喜闻乐见的公益性阅读场所和市区游客田园乡村游的文化打卡点，推动实现公共文化服务均等化和美丽乡村建设。

【首家金融主题书房暨育才公益书房正式开放】 3月4日，全市首家金融主题书房暨育才公益书房正式开放。区图书馆首次尝试“图书馆+银行”模式，通过跨界合作，主题化定制，向广大市民提供专业化、精准化服务，是推动全民阅读的一次有益的创新和探索。未来区图书馆将在书房内不定期举办相关主题沙龙、讲座论坛等文化活动，将书房打造成头脑风暴、共话金融的理想场所。

2月，全区首家乡村书房“灵山书房”试运行

【“北岸童读进基层”系列阅读推广活动圆满落幕】 7月23日上午，由江北区图书馆主办的2022年“北岸童读下基层”系列阅读推广活动最后一站在庄桥街道河东社区举行，25组亲子家庭在“家门口”邂逅一场奇妙的绘本之旅。此次“北岸童读进基层”系列阅读推广活动走进全区8个社区（村），邀请200组亲子家庭分享绘本故事《动物园的外卖》《不要和青蛙跳绳》《进城》等，

并体验情绪折纸、动物园布书制作、象形文字制作等新奇的延伸活动。江北区图书馆连续四年开展“北岸童读进基层”系列阅读推广活动，逾600户家庭在“家门口”获得优质的亲子阅读服务。江北区图书馆将继续发挥公共图书馆在全民阅读推广工作中的阵地作用，助力基层精神文明建设，实现公共文化服务普惠。

【“一人一艺”琴心永恒·喜迎二十大王鹏大师古琴音乐会】 8月20日，在江北区文化中心举行古琴音乐会，为现场和线上的观众奉上了一场精彩绝伦的视听盛宴。本次活动由宁波市委宣传部指导，宁波市中华文化促进会、宁波市文化馆主办，王鹏文艺大师工作室、江北区文化广电旅游局、宁波古琴专业委员会承办，江北区文化馆执行承办。

【非遗工作取得重大成效】 宁波市特殊教育中心学校（非遗教学专业方向：清供摆件制作技艺）被宁波市文化广电旅游局评为宁波市级非遗传承教学基地，听慈孝故事·品千年滋味——江北非遗之旅被宁波市文化广电旅游局评为宁波市级非遗主题旅游线路，江北区选送选手屠诗婕获“小宁讲非遗”宁波市第五届少儿非遗故事大赛小学低段组一等奖，泥金彩漆传承人制作泥金彩漆书签及车挂获宁波市首届非物质文化遗产材料包大赛金奖。

【江北区启动全区KTV等娱乐场所专项整治行动】 10月24日，江北区召开娱乐场所行业管理工作会议。区文广旅游局牵头，公安江北分局、区卫健局、区消防救援大队、区综合行政执法局、区市场监督管理局、区人社局分管领导出席会议，区文化市场行业协会负责人和全区18家歌舞娱乐场所负责人参加会议。会议部署江北KTV等娱乐场所集中整治专项行动工作，各娱乐场所签订疫情防控和安全生产承诺书。

（李燕豹）

文物管理

【概况】 2022年，江北区文物工作紧紧围绕国家文物局《全国文物火灾隐患整治和消防能力提升三年行动实施方案》，中共浙江省委办公厅、浙江省人民政府办公厅《关于开展全省文物安全大排查大整治大提升攻坚行动的意见》，浙江省文物局、浙江省消防救援总队《全省民居类文物建筑消防安全三年专项整治行动方案》精神，圆满完成各项排查整治工作任务。2月，浙江省文物局对江北区省级文物保护单位慈城大耐堂等古建筑进行安全督查工作，并建议加强监管知道，督促属地镇政府落实主体责任，指导建立有效巡查制度，及时排查整治存在隐患；开展用电用火安全知识宣传教育，提高住户安全防护意识；及时申报申请国家专项资金。11月21日，全区文物工作会议召开。会议总结上阶段全区文物工作情况，部署下阶段重点任务，并与8个街道（镇）签订文物安全责任状。开展全区省保以下文保单位文物安全责任牌上墙工作。共安装市保单位责任牌4块、区保单位24块、文保点145块，实现全区文物安全责任公示牌全覆盖。江北区大运河沿线公示牌提升项目完成验收，该项目主要在大运河沿线设置30块公示牌，以水波纹象征大运河，左上角设置了中国大运河的标志，右上角标有大运河保护条例的二维码，以便有需要的民众扫码进行详细了解。

文物安全整治 全面推行文物责任牌上墙工作，截至2022年4月，完成全区所有文物保护单位（点）文物安全责任牌上墙工作。启动调整江北区文化遗产保护委员会，明确各成员单位职责，建立发现问题采取警示约谈、全区通报、挂牌督办、专项巡查、行政执法、公益诉讼等文物保护日常监管工作机制。完成大耐堂消防工程，实施“文物安全整治年”行动，重点开展消防安全、法人违法、打击犯罪三大专项整治。

考古工作 加大考古研究力度，健全地域地块开发前置的考古勘探调查工作，完成东门村遗址二期、宁波市江北慈二110千伏输变电工程、南通至苏州至嘉兴宁波铁路（宁波段）、宁波至慈溪市域（郊）铁路工程、清道观山下部分及周边景观工程、江北区小西坝泵站项目、九龙大道与铸锋路交叉口东北侧地块、苏湖南地段CC13-01-03地块、龚冯村宁波粮食公司地块、云飞路二期工程、天鑫未来社区南片区、天鑫未来社区北片区地块、奥体东侧云水湾二期地块13个考古勘探调查工作。

宣教科普 联合区应急局、江北消防救援大队每年上半年举办一次文物消防安全知识业务讲座，结合“文化遗产日”“博物馆日”等重要节点，组织开展“世遗运河助力共同富裕”2022浙东运河杭甬对话、江北历史文化巡回展、“聚焦文物保护，邂逅古渡书香”、“老房子，老人家”等系列文保科普活动，编制《外滩文化研究》，推动文物展示利用讲述句章故事，通过“甬派”“新江北”“江北文旅”“行走慈城”等新媒体平台开展文保法律知识宣传，提升社会各界对文物保护的认知与关注。

6 月 15 日，在慈城镇开展文物专项消防应急演练

挂牌整改文物火灾隐患　为贯彻落实省委办公厅、省人民政府办公厅《关于开展全省文物安全大排查大整治大提升攻坚行动的意见》，深化消防安全专项整治三年行动，有效治理文物领域重大火灾隐患，全力遏制较大及以上火灾，省市两级消防安全委员会根据排摸上报内容，对江北区省保单位姚江运河渡口群中的都神殿以及慈城大耐堂等古建筑进行挂牌督办。被挂牌文物保护单位所在区（县、市）消防安全委员会办公室组织协调本级文物部门、消防救援机构切实加强隐患整改工作指导和督促检查，及时协调解决问题。整改完毕后，区（县、市）消防安全委员会办公室组织验收。

（李燕豹）

广播电视

【概况】 2022 年，江北区全媒体中心广电新闻工作紧扣区委、区政府中心工作和社会民生需求，强策划、拓平台、重宣传、树品牌、展形象，为全区各项事业建设和发展营造良好舆论氛围。全年在自办平台上刊播电视稿件 1686 条，刊播数字广播 5885 分钟，对农广播节目时长约 2120 分钟。在外宣平台上，全年共发稿 1262 篇，其中央省平台共发稿 643 篇，相比 2021 年有较大提升。广电平台选送的各稿件在省级平台刊发 406 篇，同比增长 91%；在中央级平台刊发 237 篇，同比增长 1.5%。

对内宣传　围绕区委、区政府的重点工作和各个时期的宣传重点，积极做好重大主题宣传策划，积极统筹协调，按时按点开设专题专栏。2022 年，《江北新闻》新开设 15 个专题专栏、5 个子专栏，如聚焦区委、区政府重点工作的“聚焦 1586 专项行动　共建创智和美城区”“稳链纾困　克难奋进”，实施“共同富裕”战略的“探索共同富裕一周年”，针对疫情防控不同时期特点的“疫情防控　同心抗疫”“防控小课堂”，还有营造“亚运”氛围的“在江北　迎亚运”专栏。党的二十大召开前后，部门积极策划，主动宣传，从会前预热说成就、会中观看谈感想、会后贯彻重分享三个方面“喜迎二十大、聚焦二十大”。通过选取全区十年间标志性的地标、代表性的人物、民生环境的改变，策划了“打卡新地标”“我的这十年”“带你看变迁”“二十大时光”等子专栏，以讲故事、人物自述等方式，以点带面，反应江北十年间取得的发展和发生的变化。平台策划上送的报道先后刊播于浙江卫视《浙江新闻联播》《新闻深一度》、宁波电视台一套《宁波新闻》（头条）等媒体。平台完成电视自办节目《江北新闻》251 期，广播自办节目 463 期，其中新闻类《江北新闻》251 期，服务类《江北农业》106 期、《健康大讲堂》106 期，平安江北（养老诈骗专项行动）相关稿件 20 余篇。

对外宣传　电视平台借力江北区丰富文旅资源、优越营商环境以及商贸投资活动，积极开展对外宣传和推广，通过策划和精准对接，外宣整体数量持续增长，质量不断提升。3 月 30 日，中央电视台二套《经济半小时》专题播出《“盘”出来的农村新财富》，报道江北区积极盘活农村集体资产，通过出租村集体闲置房屋收取租金的方式，增加农民收入；4 月 1 日，中央电视台二套《正点财经》栏目专题播出《关注税收优惠政策　留抵退税助力制造业技术改造升级》，报道区税务部门积极推行留抵退税政策，缓解企业在进行技术改造投资后出现的资金紧张情况。6 月 13 日，央广《经济之声》播出《各地加快推出稳外贸稳外资举措，用好用足政策工具》，报道由区税务、商务、海关、保险公司等组成的“‘助企稳贸’服务联盟”政策 + 服务助力区企业稳订单。疫情防控方面，中央电视台四套《中国新闻》栏目、中央电视台一套《新闻联播》以及中国之声《新闻进行时》栏目相继播出《中国各地科学精准应对疫情》

《各地坚持动态清零　筑牢疫情防控屏障》等，在文化品牌打造上，广电平台重点打造慈城文化 IP，通过聚焦慈城文化活动、传统民俗、传统文化，为打造文旅融合样板营造宣传氛围。中央电视台四套《中国新闻》连续三天连续播出《（新闻特写：平均年龄超 60 岁　他们要跟年轻人“比”年轻）宁波慈城：“妈妈舞蹈队”　舞出夕阳别样红》《（夕阳别样红　人间重晚晴）浙江慈城：慈孝之乡　热闹的重阳集市》《（爱在重阳　慈孝为先）浙江慈城：以慈为名　以孝为兴》，从不同角度展现慈城镇浓厚的慈孝文化。外媒还关注了老外滩在中秋、国庆等节假日组织的无人机灯光秀活动。9 月 11 日，中央电视台十三套《共同关注》《朝闻天下》播出《中秋假期·多元消费点亮中秋：浙江宁波　无人机灯光秀　市民争相打卡》，中央电视台一套《新闻联播》播出《品味中秋传统文化　乐享小康幸福生活》。在防台抗汛方面，《中国之声》《新闻和报纸摘要》刊播《国家防总提升防汛防台风应急响应至三级》，报道了位于宁波江北的姚江大闸 36 孔齐开预排预泄。“浙江之声”在老外滩还进行了“72 小时直击‘轩兰诺’记者在现场”的直播活动。专题方面，广电主动对接，积极谋划，主动上送专题节目，还邀请上级媒体走进江北。如中央电视台农业农村频道《我的美丽乡村》栏目选取江北区农旅融合品牌“达人村”作为点位，特别策划了专题《遛娃乐园达人村》，浙江之声《浙广早新闻》播出《浙江之声〈向人民报告〉：专访宁波市江北区委书记张国锋》。中央电视台十三套《24 小时》和《朝闻天下》相继播出《遇见你“面人姑娘”訾贵丽：“捏”出美丽人生》。讲述了位于江北区慈城的身患白血病的捏面手艺人訾贵丽，通过自身努力和爱心人士的帮助，从白血病女孩成长为一名优秀的作坊手艺人，靠一双巧手，“捏”出了自己的美丽人生的励志故事。中央电视台十三套《焦点访谈》播出《党旗在一线飘扬　筑牢底盘让城市更美好》，关注江北区文教街道甬爱 E 家便民服务驿站成为解决基层民生需求的民情前哨站。中央电视台十二套《道德观察》播出《“小候鸟”的家》，报道洪塘街道爱心助学人物张钧鸿事迹。

【藏书楼抱珠楼重新启用被央视报道】7 月 26 日，以百年藏书楼抱珠楼重新启用为题，中央电视台一套《晚间新闻》播出《百年藏书楼重启开放　古韵中畅游书海》，对外宣传江北区拥有 183 年历史的藏书楼——抱珠楼重新启用，并向公众开放的情况。

（叶商伦）

报刊、互联网新闻管理

【概况】2022 年是党的二十大召开之年，是进入全面建设社会主义现代化国家、向第二个百年奋斗目标进军新征程的重要一年。江北区报刊、互联网新闻管理工作紧紧围绕区委、区政府中心重点工作，明确重点，注重策划，积极配合推动中心媒体融合建设，为建设现代化滨海大都市创智和美城区贡献了宣传力量。《新江北》报共计出刊 144 期，刊发各类稿件近 2600 篇，其中专版报道 280 个。“新江北”App 累计注册用户数突破 10 万，刊发稿件 1.2 万余篇，新增商城、政务矩阵等功能板块，以及网上医院、今日菜价、预约挂号等 50 余个服务功能。“江北发布”微信公众号粉丝数达 27 万人，累计有 48 篇推文及被“宁波发布”录用，此外，“江北发布”视频号中有 7 篇稿件在“宁波发布”上刊播，江北发布平台在全省舆论引导在线全年平均排名 18 名，最高排名全省第二。

深化主题宣传　江北区全媒体中心围绕全区重点工作，在报刊平台推出专栏 20 余个，如“全力打赢疫情防控歼灭战”“马力全开冲刺‘开门红’”“聚焦‘创智和美’　实施‘1586’专项行动”“我与亚运同行　共倡全民健身”“平安江北”“东西部协作”“文明典范城市创建”“政企同心奋战二季度”“全面建设现代化滨海大都市创智和美城区”“五问五破冲在前　五比五先当表率”“我们的新时代”“党的二十大特别报道”“学习宣传贯彻党的二十大精神”“二十大精神在基层”等。在新江北客户端新增“为民办实事”“有礼江北”“一把手显担当”“媒体看江北”“以数字化改革引领高质量发展”“大走访大调研大服务大解题”“共同富裕看江北”“加快建设现代化滨海大都市”“二十大代表风采”等 30 余个专题。针对共同富裕一周年，在《新江北》报和新江北客户端开设专题专栏“共同富裕看江北”“喜迎二十大　奋进共富路”“奋进新征程　建功新时代　共同富裕一年间”，聚焦江北各行各业的共富典型，小切口反映大变化，反映江北一年间在共同富裕方面取得的成绩，共刊发稿件、专题 60 余篇。同时，围绕疫情防控，策划推出“以最快速度最严措施最硬担当打赢疫情防控阻击战”“全力落实打好疫情防控战”等专题专栏，聚焦全区各条战线的干群投身一线抗疫实录，注重挖掘前线动态、干群典型、暖心故事等，全面反应全区各地各部门抗疫的感人事迹，共刊发疫情防控各类稿件650余篇。积极做好防台防汛工作，全力抵御台风“轩岚诺”“梅花”，开设专题专栏“‘轩岚诺’来势汹汹 江北严阵以待”“‘梅花’来势汹汹 江北严阵以待”“严阵以待 迎战‘轩岚诺’”“众志成城 迎战台风‘梅花’”，刊发相关稿件145篇，编发防汛抗台短视频62条。

加强选题策划 在迎接党的二十大、贯彻落实党的二十大精神、“五问五破冲在前 五比五先当表率”、防台防汛、疫情防控等重要时刻，通过前期策划安排，做好正面宣传。其中，在党的二十大宣传方面，江北区全媒体中心依托《新江北》报及新江北客户端，开设“二十大精神在身边”“喜迎二十大”“党的二十大特别报道”“二十大时光”等专题专栏，集中宣传营造良好的舆论氛围。同时，积极策划特色栏目，与宁波大学人文与传媒学院联合推出《我们的新时代》特别报道，记者与学生记者携手深入田间地头、企业工厂等前沿阵地，共同挖掘江北各行各业精彩的奋斗故事，讲述江北城乡高质量发展征程上的新变化、新故事，传播效果突出。全媒体中心还拍摄制作了“无名之辈”“三八妇女节”“春暖花开”等精品短视频20余部，正能量爆款短视频10余条。据统计，本地正能量新闻阅读量破10万的有200余篇。全年“江北融媒”抖音号粉丝数达到9.2万。自9月起，迈入全市第一梯队，进入全省前50名，其中最高排名全省第12名。

强化对外宣传 报刊平台针对重大宣传主题，根据江北实际情况，加强策划和包装，创作出了许多优秀的多媒体作品，在《人民日报》、新华社、《经济日报》《光明日报》《人民日报》（海外版）、人民网、新华网、人民日报客户端、新华社客户端、《人民政协报》、中新社等中央级各类媒体发表稿件470余篇；在《浙江日报》、浙江新闻客户端等省级媒体刊发稿件306篇；在《宁波日报》、甬派客户端等市级媒体刊发稿件1800余篇。在年内举行的“精特亮引领江北共富共美”摄影名家江北行活动中，首次邀请中国文联副主席、中国摄影家协会主席、《人民日报》总编室部务委员李舸，浙江省摄影家协会主席、新华社浙江分社摄影总监王小川，中国新闻摄影学会副秘书长、光明网视觉总监季春红，中国新闻摄影学会常务副秘书长、《中国日报》聚焦项目总监陆中秋等人深入江北采风创作采访报道。该活动在《人民日报》《新华社》《光明日报》《经济日报》《中国日报》等主流央媒上发稿20余篇，创下了江北单次活动外宣央媒发稿规格、数量的双新高。

【《花香传千里 共赏春日景》特别节目】 3月11日，由江北区全媒体中心与越西县融媒体中心联合开展的“宁波江北·凉山越西”寻找春天特别节目《花香传千里 共赏春日景》分别在宁波江北绿野山居景区和凉山越西县新民镇大屯村同步直播。在江北和越西两家媒体中心的共同努力下，实现了两地多平台同步直播，在短短的1小时内，就吸引了十余万人次观看。

（韩彦杰 柯 诚）

卫生　体育

卫　生

【概况】 2022年，江北区共有各级各类医疗卫生机构225家（不包含市级5家），其中，公共卫生单位2家、专科医院2家、综合性医院1家，社区卫生服务中心（中心卫生院）8家、社区卫生服务站48家，民营医疗机构164家。全区总床位数3581张，每千人医疗卫生机构床位数7.34张。医生2251人（含市级797人），护士2534人（含市级915人）。全区人均期望寿命达83.13岁。强化疫情防控医疗服务能力，市第九医院公卫楼（发热门诊）、洗消区完成建设并投入使用，新冠医疗救治期间，市第九医院全面收治新冠患者，实施全院“三通”（学科打通、床位打通、人员打通），扩容急危重症监护床位10张，配足212台心电监护仪、41台呼吸机等诊疗设备。辖区公立医疗机构开设“发热门诊（诊室）”28间，发热门诊（诊室）共接诊患者1.3万人次。完成江北区中医药学会第二届理事会换届选举工作。宁波市第九医院中医科余文亚“飞针挑治”项目获得第七批江北区非物质文化遗产称号，孔浦街道社区卫生服务中心中医科姜建杰增补为“欧氏缠身龙治疗法”的传承人。聚焦打造“北岸善育”品牌，实施“246”行动，托育资源大统筹机制成效明显。每千人拥有婴幼儿照护服务机构托位数达到4.04个，连续多年孕产妇死亡率为0，新改建一批具备省级地方标准的母婴室，四、五星级母婴室占比73.91%。托幼一体化新模式列入市共富试点项目，得到国家发展改革委、省委社建委调研组充分肯定。获市政府普惠托育督查激励，大闸等7个社区入选全省首批共富基本单元“一老一小”服务场景。北岸琴森和姚江社区创建市级示范性老年友好型社区。

公立医院改革　成立公立医院综合改革工作专班，制定监督落实《宁波市第九医院省医改综合考核目标数据监管方案》《宁波市第九医院医疗健康集团总院“四提升一优化”活动方案》等工作方案。市第九医院继续拓展与上海华山医院、上海曙光医院、上海九院、浙医一院、浙医二院等沪杭优质医疗资源的对接，开展多形式的合作，开展新技术新项目20项。2022年公布2021年度浙江省公立医院综合改革评价结果显示，江北区在全市排名第4位，全省81个县市区排名42位，较上年提升39个位次。

基层卫生　全市首家试点家庭医生线上签约，贯通“健康宁波”，拓展家庭医生签约形式。在12月公布的2021年度全省基层医疗卫生机构绩效考核省级监测评价情况中，江北区在全省区（县）市中排名第10位，慈城镇中心卫生院在全省乡镇卫生院排名第一。稳步推进国家基本公共卫生项目，健康档案建档率90.27%，全区基本公共卫生服务项目综合达标率99.09%。全区高血压患者规范管理率65.54%，控制率达67.43%；2型糖尿病患者规范管理率达67.08%，血糖控制率达64.07%。代表宁波市参加全省基本公卫项目省级现场绩效评价，在全省22个区（县）市中取得第一名的优秀成绩。

卫生监督　组织开展医疗美容机构专项执法、口腔医疗机构专项整治、高压打击非法行医、疫情防控等卫监执法“亮剑”行动，坚决打击各类违法违规行为，确保辖区医疗环境规范有序。全年共计立案279起，作出行政处罚决定279起，其中大案要案38起，卫生行政执法效能连续三年保持在全省前列。

疾病预防　重大传染病防控措施有力，新冠疫情处置迅速，全区无甲类传染病报告。加强免疫规划管理，全区接种免疫规划类疫苗6.47万人次，非免疫规划类疫苗10.30万人次，重点人群流感疫苗2.06万针次，流动儿童国家免疫规划疫苗报告接种率达95%以上。国家级慢病示范区、省级健康区创建顺利通过评审，食品安全风险监测任务完成率142.74%，食源性疾病监测任务完成率138.33%。荣获年度全市疾控系统考核优秀单位称号。

爱国卫生 持续深化农村环境综合整治工作，建立“四害”密度监测制度和工作网络。开展以灭蚊灭蝇为重点的除四害示范村建设，2022年成功创建市级除四害示范村6个。2022年成功创建浙江省健康促进学校金牌2家、银牌4家、铜牌6家。对全区公共场所及重点单位的控烟工作开展全面评估，加强宣传力度，建立工作网络群，全面推进全区无烟环境建设。

健康江北建设 连续四年荣获省委、省政府健康浙江考核优秀单位称号，2022年11月，顺利通过浙江省健康县区考核，被健康中国推进办评为“2022年度健康中国行动优秀案例单位”。区政府出台《江北区公共政策健康影响评价试点实施方案（试行）》，邀请宁波国科大生命健康研究院、杭州师范大学、杭州健康城市指导中心等单位专家，对“江北区城乡现代社区建设实施方案”等4个公共政策进行了健康影响评价，积极探索江北特色的评价方法和路径；成功举办江北区首届健康知识传播技能精英赛活动，参加宁波市首届健康知识传播技能比武，获得团队一等奖、优秀组织奖；慈城狮子山健康主题公园建设成为全省首个“文明健康绿色环保”主题公园，被全国爱卫办评为“爱卫70周年，全国70个网红打卡地”之一；持续提升全区居民健康素养水平，全区2022年度健康素养水平为40.42%。

【宁波市第九医院公卫楼投入使用】 4月1日，宁波市第九医院公卫楼投入使用，发热门诊同日在公卫楼正式启用。宁波市第九医院公卫楼占地面积3016平方米，建筑面积约1603平方米，按照相关标准设有成人发热门诊、肠道门诊、CT机房、留观病房、相关配套用房、停车场及医护专用通道，可以保障就医群众和医护人员双向安全。

【江北区首个固定爱心献血屋正式启用】 6月14日，江北区新迁建的首个固定爱心献血屋在万象城广场正式启用。爱心献血屋占地30多平方米，主要分为初筛检验区、采血区及休息区等区域，拥有全套的采样、检验、采血、储存设备，还有沙发和空气净化系统、饮水机等，为无偿献血者营造一个安全、温馨、便捷的献血环境。献血屋里的电视屏幕，不间断播放着各种献血的注意事项，方便初次来献血的市民也能很快了解献血流程。同时，献血屋设置了2个采血位可供同时采血，极大缩短了献血人员的等待时间。

【江北区全面启动托育从业人员培训】 7月4日，江北区委托宁波成功育婴职业培训学校，以区启慧托育园作为托育实训基地，对40名社区村干部开展2022年第一期家庭养育健康指导员技能培训。培训内容理论培训和实操演练相结合，涵盖应急救护、婴幼儿抚触、充足的营养、回应性照护、早期学习机会、安全与保障等方面，课程丰富，实用性强。授课专家结合自己的工作经历，通过生动的案例分析引导，深入浅出地传授了家庭养育照护的技巧及常见育儿问题的预见性指导技术，并对养育照护小组活动内容进行演示和点评。自2020年以来，江北区已累计培训200余名家庭养育健康指导员。指导员在辖区内婴幼儿照护点协助做好养育照护小组活动、家访服务，改观家庭育儿理念，提高科学育儿指导水平。考试合格后由人社部门局颁发家庭养育服务技能合格证书。

（姚　瑶）

体　育

【概况】 2022年，江北区体育工作以加强体育公共设施建设、提高体育数字化服务水平为主线，推进省体育现代化试点区创建，加强体育设施提质扩面，深入贯彻全民健身国家战略，公共服务、数改赋能、备战亚运等工作均取得实质性突破。打造省体育现代化试点区，印发《宁波市江北区全民健身实施计划（2021—2025）》《江北区创建浙江省体育现代化区实施方案》，建立健全体育公共服务体系与优质便民体育设施，进一步加大公共财政在全民健身领域的投入力度。成功举办全国桥牌女子队选拔赛、全国桥牌男女混合队选拔赛、省青少年街舞锦标赛等全国性、全省性赛事。全区新增AAAAA级体育协会一个（篮球）、AAA级体育协会2个（长跑、围棋）。截至2022年底，共有单项体育协会20个，人均体育场地面积2.93平方米。

体育设施 庄桥火车站体育公园等6个千万级项目陆续开工，姚江体育场、庄桥火车站体育公园、人和体育场等建成投用。姚江传骑运动线启动建设，并成功入选宁波“精特亮”项目。区全民健身中心获评省体育场馆服务大提升考核优秀单位，同时入选国家体育总局全民健身工作亮点场馆案例。

数字化改革 汲取“乐健”应用一期成功经验并积极推广，启动

7月，庄桥火车站体育公园建成投用

“乐健”应用二期系统升级项目开发；有序推进“健身码”开发；成功申请省体育局揭榜挂帅项目“浙里健身社会体育指导员应用管理服务”子场景。积极推广“一人一技”培训，高质量完成健身指导视频30个，全年组织线下健身培训13660人次，线上健身指导受益群众达到360万人次。浙里健身每百万服务人次接近20万，保持全市前列，体育指导员履职率达到44%，全市第一名。

活动赛事 连续组织万象系列活动4期，总计拉动体育消费300多万元，占文体旅消费总额90%以上，带动人流16万人次。同期组织30余家场馆和培训、销售企业参加“热力宁波　活力中体”江北体育消费季并请优秀场馆企业分享成功秘诀，其中易力加数字化运动表现场馆应用获得首届省体育科技创新大赛银奖。在办赛模式上不断推陈出新，成功举办全国桥牌女子队选拔赛、全国桥牌男女混合队选拔赛、省青少年街舞锦标赛等全国性、全省性赛事20场。对品牌赛事持续打磨，择优申报精品赛事和重点培育品牌赛事名录库，其中云湖山地自行车公开赛成功获评长三角体育旅游精品赛事。积极备战省运会，竞技项目获金牌41枚，位列全市金牌数第三名，团体总分第二名；在群体项目上获得全市金牌数第一名，团体总分第二名并创造历史最佳成绩。保持优势项目持续引领，篮球、排球、田径、柔道、手球等多个项目在市级比赛中获得第一名。

体教融合 通过深挖校内外竞训资源、完善赛事体系、建强教师教练队伍，引进高水平教练员两

6月，“热力宁波　活力中体”江北体育消费季活动举行

名，深化“一校一特色”“一生多技”工作持续推进。全区中小学积极响应，制定学校室外体育场地对外开放事宜，并视情况逐步落实体育场地对外开放。2022年，全区新增市级以上特色项目学校15所，育才实验、中城小学、江北外国语学校成功创建全国特色学校，江北中心学校获评“体教融合培养体育后备人才学校”。

【宁波市中城小学获“全国围棋特色学校”称号】 11月，中国围棋协会公布2022年第二批全国围棋特色学校（幼儿园）名单，宁波市中城小学被授予“全国围棋特色学校”称号。宁波市中城小学是著名围棋赛“应氏杯”创始人和“应氏围棋计点制”创始人应昌期的母校，中城小学新校舍就是由应昌期捐资重建，于1991年落成使用的。学校一直将围棋作为特色教育重点推进，以“学棋艺、悟棋道、树棋品、促智力”为宗旨，通过普及教育、竞技训练、文化宣传，全方位、多角度倡导和开展围棋教学，先后培养出黄晨、汪雨博等职业棋手。

【江北区甬江压大TOD体育公园开建】 12月21日，压大TOD(Transit Oriented Development，以公共交通为导向开发的）体育公园珞桐—文化体育活动中心项目开工。甬江压大TOD体育公园位于江北区甬江北岸青云路段，是轨道交通2号线压赛堰站与3号线大通桥站区间（压大区间）周边地块，净地面积约13.8公顷。通过公开招商方式，全部引入社会资本。前期，云甬体育综合中心、珞桐—文化体育活动中心、倾城绿茵中心、莘莘游泳训练中心等已逐步落户入驻，并布局游泳馆、篮球场、足球场、羽毛球场、网球馆、露营场地和橄榄球场等业态及相关配套产业。

【“乐健”应用上线】 2021年12月，“乐健”应用在“浙里办”上线，“乐健二期”5月开始实施。该应用以体育健身服务定制化为切入点，整合政府、学校、社会等软硬资源，搭建数字化多跨场景应用平台，共关联全区40所中小学校，覆盖21个健身项目；累计开设定制课程47门，服务34.2万人次。2022年度，项目成功入选体育总局典型案例，并获评“浙里办”高频使用优秀服务项目。

（刘兴旺）

社会民生

居民生活

【概况】 2022年，江北区统筹疫情防控和经济社会发展，扎实实施稳经济一揽子政策措施，持续做好“六稳”“六保”工作，高质量发展态势稳定。

【城乡居民收入】 江北区居民增收形势稳中有进，增速较上年有所回落。全年居民人均可支配收入72762元，比上年增长4%。其中，城镇居民人均可支配收入79480元，增长3.3%；农村居民人均可支配收入48088元，增长5.6%。城乡居民收入比从上年的1.690∶1缩小至1.653∶1。

【城乡居民消费】 江北居民消费支出稳定增长，“衣食住行”消费（食品烟酒类、衣着类、居住类、交通通信类）支出占总消费的比重为77.6%，受疫情防控需要和“双减”政策持续作用，教育文化娱乐消费支出比上年同期减少。全区居民人均消费支出43751元，比上年增长6.1%。其中，城镇居民人均消费支出46179元，增长5.5%；农村居民人均消费支出34834元，增长7.7%。

（钱　盈）

劳动就业

【概况】 江北区坚持统筹推进疫情防控和就业服务，着力打好稳就业惠民生攻坚战，推动就业形势总体稳定。2022年，城镇新增就业人数16102人，失业人员再就业8788人，就业困难人员再就业813人，城镇登记失业率1.74%，重点群体帮扶覆盖率达100%，成功创建市级高质量就业社区（村）10家。甬江街道万丰社区获评人社部“国家级充分就业社区”。“1791就业服务品牌”和“乐业江北”一件事集成服务应用分别荣获“优秀就业服务项目”和“优秀就业服务成果”优胜奖。做好助企纾困稳岗减负工作，加快“降、返、缓、补”政策兑现，涉及惠企资金2.75亿元，惠及企业4.18万家次。加强劳动保障监察，继续推进“江北无欠薪”创建，积极开展劳动人事争议仲裁。创新打造“北越港运”劳务品牌，全年吸引14批次834名越西县务工人员到宁波就业。相关做法被央广网、“学习强国”学习平台、中国新闻网等国家级媒体报道，获得国家乡村振兴局肯定。

劳动保障监察　持续深化根

10月，江北区首批越西县“订单式”学员上岗（章磊　摄）

治欠薪，强化日常监管，进一步规范用工行为，保障劳动者合法权益。2022年，全区受理投诉举报案件1354件，涉及人数4084人，涉及金额5228.5万元，受理处理各类案件结案率达100%。依托“互联网＋行政执法监管”平台开展双随机检查14次，主动监察各类用人单位1337户，对120家企业作出整改指令，作出行政处罚决定17个，行政处理决定5个。保持对欠薪违法行为的高压态势，压实责任抓整治，加速推进保障农民工工资支付工作长效制度机制建设；作出涉及工程建设领域行政处罚10件。规范工程建设领域，创新打造江北区工程领域全过程欠薪预警防治机制，围绕工程建设各阶段节点，明确六项制度要求及违法惩戒具体措施。

劳动人事争议仲裁 成立区级劳动人事争议调解中心，打造江北老兵360劳动争议调解工作室、北岸姐妹帮劳动争议调解工作室，开展劳动争议大调解工作模式。构筑企业、商圈（社区）、街道（镇）、区级仲裁机构4个梯次调解网络，基本形成内部调解、区域性调解和仲裁调解相结合的调解体系。各街道（镇）、社会性调解组织全年处理各类争议案件707件，调解成功率达94.3%。通过“用工体检进企业”，对辖区的800余家企业进行用工风险排查，从源头提高企业规范用工意识。深入开展劳动关系“和谐同行”行动，全年累计受理各类劳动人事争议案件1197件，无人事争议案件，涉及劳动者1534人，结案金额3755.3万元。数字化智慧仲裁，打造全域一网通办模式，当事人通过浙江劳动人事争议调解仲裁网络平台，实现立案、调解、开庭的线上一站式集成服务，网络案件办案量占全年办案总量的55%。

创业环境 打造“一应俱全、一帮到底、一路无忧”零工市场服务体系。率先推进“就在宁波”服务在线应用，建成全市首家零工驿站，提供岗位匹配服务1800余次，12887名灵活就业人才参保“灵活保”。相关经验做法被《浙江政务信息》录用，并被央视《焦点访谈》报道。创新推出“社保共富贷”支持创业创新助推实体经济，为141人提供支持，合计放款1150万元。开展送创业政策上门服务活动，发放各类创业补贴1492万元，创业带动就业比例达到1∶7。协助承办宁波就业创业大会，江北区1人获大学生创业大赛第一名，3名大学生获“创业新秀”“就业之星”称号，4名导师获得年度十佳创业、就业导师称号。承办“灵活就业·创在江北”宁波创业集市，评选江北区“十佳创业新秀”。积极助力乡村创业合作建设。举办返乡入乡合作创业带头人培训，推荐甬江街道外漕村、慈城镇半浦村成功申报省级合作创业村。

技能培训 聚焦浙派工匠民生实事工程，深化新型学徒制培养模式，实施项目制培训。开展2022年“北岸匠星”技能大赛、全市率先举办“快递小哥”职业技能大赛；开展技能培训3.4万人次，新增技能人才8543人、高技能人才3920人，1人获省级“岗位练兵明星”称号。联动政府、学校、企业、人力资源机构四方力量，探索形成新型产教融合模式，强化实操课程体系培育，打通企业引育人才“最后一公里”。探索打造“技能增富”实践区建设，创新“股权激励、薪酬激励、技能激励”三大激励模式，积极引导企业发挥用人留人主体作用。

【区级劳动人事争议调解中心】 2022年，江北区构建和谐劳动关系，区劳动人事争议调解中心调解处理案件300余起，涉及劳动者360余名，案件调解成功率达95%以上。同时，部分调解员还参与区劳动人事争议仲裁委员会组织的各类普法宣讲活动，授课5场次，涉及企业150余家。

【建成全市首家零工驿站】 5月，江北区新建全市首家零工驿站，该驿站位于文教街道“甬爱E家”江北枢纽站二楼，建筑面积680平方米。站内设就业加油站、政策咨询站、风险保障站、劳动维权站等服务区域，为灵活就业人员提供集政策咨询、岗位推介、技能培训、劳动维权等在内的一站式全职业周期服务；整合20余家政府部门、企业商铺资源力量，成立“甬爱帮帮团”和“甬爱商户联盟”，提供心理疏导、健康医疗、法律援助、小额贷款等一站式全生命周期服务。

（徐　瑾　周平亚　李　盛）

社会保障

【概况】 2022年，全区城镇职工基本养老保险参保人数27.9万人，工伤保险参保人数30.6万人，城乡居民基本养老保险参保人数1.4万人，被征地人员养老保障参保人数1.2万人，全区户籍人口参保率达到99.5%。推进企业职工基本养老保险全国统筹，布置“求细求稳”，宣传“推广推深”，实施“保畅保通”，推进全国统筹信息系统平稳上线，相关做法在《中国劳动保障报》大版面专题报道。贯彻落实社保待遇正常调整机制，完成企业退休人员养老金第18次连续调整，城乡居民基本养老保险基础养老金进一步提高。提升社保费缓缴政策知晓率，并精准宣传、简化流程、优化服务，累计 100 余家企业通过网上申请缓缴社保费，缓缴 800 多万元。推进“社银通”国家试点。

养老保险　江北区坚持社会保障“幸福”导向，持续健全覆盖全民、统筹城乡、公平统一、安全规范、可持续的多层次社会保障体系。稳妥有序落实养老保险全国统筹，扎实推进社保扩面提质。坚持扩大增量、优化存量并举，深入实施全民参保计划，完善共享机制，分类施策、精准扩面，全区企业职工基本养老保险参保缴费净增人数 9900 人，户籍人口养老保险参保率达 99.5%，完成情况位列宁波市第一。

基金防控　压实基金防控责任，开展社保基金非现场监督。开展基金现场监督，根据社会保险基金管理提升行动工作要求，有序开展社保基金各项检查工作。通过开展违规申报套取社保基金问题排查、社会保险经办岗位权限管理检查、疑点数据核查、社保基金第三方审计、基金安全风险评估等各类检查，以问题为导向，举一反三抓好问题整改落实。江北区强化社保基金监管的相关情况及做法得到新华社浙江分社调研采访，并在浙江之声、中国劳动保障网、《中国劳动保障报》宣传报道。切实开展社会保险基金管理风险警示教育活动，围绕“以案促改、防控风险”活动主题，建立常态化警示教育机制，做到教育对象无遗漏全覆盖。加强年轻干部教育，组织年轻干部签订廉政承诺书；印制社保基金警示教育宣传资料、社保工作人员“二十个不准”，并分发至每一位工作人员。

【江北区推进“社银通”国家试点】2022 年，江北区作为宁波市唯一人社部基本公共服务标准化试点，系统推进“社银通”试点建设，通过增加网点承接事项数量、提高办事权限、创新经办服务模式，建成“城区步行 10 分钟、乡村辐射 3 公里”人社服务圈。创新推出“社保共富贷”，相关做法在《人民日报》客户端、“甬有共富”宣传报道，并成功入选中共宁波市委组织部第十九期“两个先行、争先进位”先锋榜先进事迹、全市新闻《第 1 发布》、2022 年度宁波人社十大民生新闻。

（丁　于）

6 月，浙江省人社厅调研指导江北区“社银通”工程（胡能君　摄）

医疗保障

【概况】2022 年，江北区医疗保障局紧抓医保改革契机，以“稳待遇、强监管、优服务”为工作主线，健全完善多层次的医疗保障体系、规范医疗机构管理、依法加强基金日常监管，稳步做好医疗保障领域各项工作。

医保惠民　统筹推进基本医疗保险和商业补充医疗保险参保扩面。推进群众参保“网上办”“自助办”，同时制订扩面提质计划，统筹指导辖区街道做好居民医保年度申报工作，并实现学生医保申报新模式平稳过渡。召开“天一甬宁保”参保工作推进会，会同全区各机关单位和 10 家投保商业保险公司，进行参保动员部署；协调联合保险公司在公共场所开展宣传动员和参保服务工作。截至 12 月底，江北区“天一甬宁保”参保人数 13.13 万人。推进困难人员帮扶化解，开展困难群众因病致贫返贫专项治理。协同有关部门做好个人年度自负超 5 万元的困难人员帮扶化解工作，对确定需要化解高额医疗费用的 9 人，区医疗保障局进行详细核实，积极联系街道化解帮扶。继续与慈善、民政、残联等部门加强沟通，探索化解高额医疗费用的社会救助帮扶长效机制。持续深化宁波市长期护理保险制度建设，江北区率先在全市开展试点工作，不断扩大长期护理保险普惠面。截至 12 月底，全区审核准入 26 家护理服务机构作为定点机构，累计受理长期护理申请 416 人，完成失能评估 203 人，符合重度失能标准122人，享受长期护理待遇110人，累计提供机构护理1003床日、居家护理服务5235小时，发放长期护理保险待遇31.48万元。

医保服务　深化医保改革实践，制定《江北区推进医保经办行风建设工作方案》，明确2022—2023年工作目标和八项具体举措。建立江北医保“（0574）87386554”咨询服务热线一号通，形成“一号对外、集中受理、分类处置、各方联动、及时反馈”的工作机制，形成涵盖受理—办理（转办）—回复—回访环节的“闭环式”工作流程。同时，通过走出去、请进来的方式对辖区各街道和社区医保经办人员进行业务培训、政策宣讲，推进服务下沉，不断深化区、镇街、村社三级经办架构，实现“小事不出村、大事不出镇”，提高辖区群众医保体验感和获得感。截至12月底，实现医保服务事项下沉基层24项，组织业务培训8场次300余人次，及时接听、办结咨询服务热线2万余件次。高质量建设智慧医保平台，第一时间成立工作专班，制定应急预案，扎实开展“智慧医保”系统上线各项准备工作。提前模拟就医、购药全流程，同时指导公立医院门诊建立应急预案。加大对定点医药机构接口改造、联调验证测试工作进度把控，指定专人开展督查，完成全区202家医药机构信息系统接口改造和测试。组成3个指导组做好实地走访、现场服务和对口指导，分批次开展培训交流，培训220余人次。3月1日，“智慧医保”平台上线。

机构管理　严格落实“宁波市种植牙医保限价支付政策”，确定12家口腔类医疗机构作为医保种植牙项目重点机构，与其统一签订医保种植牙项目实施承诺书。截至12月底，22家医疗机构开展医保种植牙1467颗，涉及8个品牌。联合卫健部门开展医保种植牙项目专项检查，未发现品牌串换、多收费等违规行为；督促定点医疗机构在醒目处公示当前使用的医保种植体信息，设立监督专线，及时受理群众投诉、举报。落实药品耗材带量采购有关政策，督促医疗机构按时完成约定量并及时回款，按照采购周期及时完成协议续签工作，确保所有药品、耗材均在入库后的次月月底前完成货款支付；省级带量耗材、非带量耗材均应在入库后90天内支付货款。全年实施国家药品带量采购6批、国家耗材带量采购2批、省级药品带量采购3批、省级耗材带量采购2批、宁波市级耗材带量采购1批。完善异地就医直接结算机制。积极推进长三角医保一体化，扩大异地就医定点医疗机构“一站式”结算报销范围。截至12月底，有39家医疗机构纳入异地结算范围，占全区医保定点医疗机构的54.1%。自“智慧医保”平台上线起，参保人员在浙江省外临时就医的，无须办理任何手续，可持医保电子凭证或社保卡，在省外已开通异地就医结算的医疗机构直接结算医疗费。

基金监管　依法加强定点医药机构日常监管，严厉打击“假病人”“假病情”“假票据”等欺诈骗保行为。选聘32名医保基金协管员，畅通举报投诉方式，宣传举报奖励办法。联合市场监管、卫健等部门，做好定点医药机构“双随机、一公开”监管执法、稽查处理工作，全年完成53家零售药店、36家医疗机构现场检查，中止服务协议2家，涉及违规医保费用24.25万元，责令整改3家；调查约谈参保人1人，涉及违规医保费用12.05元。开展白内障人工晶体植入专项检查等基层医疗机构“三假”专项治理工作，做好定点医药机构规范使用医保基金自查自纠。区医疗保障局互联网+监管执法实现掌上执法开通率100%，掌上执法激活率100%，监管事项入驻率100%。开展“织密基金监管网　共筑医保防护线”基金监管集中宣传月活动。在“江北医保”

2月，江北区定点医疗机构智慧医保上线培训会在江北区新日月育才大酒店举行

微信公众号开设基金监管普法知识专栏，利用电子屏在区行政服务中心和办公场所楼道（电梯）口以图文、视频等多种形式开展政策宣传，发布基金监管知识专栏8期、23篇，有奖竞答1期；"线上""线下"进两定，利用定点医药机构钉钉群组织定点医药机构开展《医疗保障基金使用监督管理条例》等政策法规集中学习，观看短视频宣传片，印发张贴"医保信用承诺书"202份，其他各类宣传海报3300余份。

【江北区试点宁波市深化长期护理保险工作】 为进一步深化宁波市长期护理保险制度建设，江北区出台《江北区试点宁波市深化长期护理保险工作实施方案》《宁波市深化长期护理保险试点江北区方案实施细则》等11个相关配套文件，率先在全市开展试点工作，并于5月17日起在慈城镇先行先试，全面启动申请、评估、服务、经办、管理的全流程闭环试点。7月13日，浙江省副省长成岳冲专题调研宁波市长期护理保险试点工作，对江北区开展的居家护理服务进行走访，现场观摩护理人员培训过程，对江北区积极稳妥推进长护险深化试点工作取得的明显成效予以高度肯定。

（樊晓光）

民政事务

【概况】 2022年，江北区民政局积极履行"三基职责"，基层治理"一件事"入选全国基层治理创新典型案例，省级"共富型社会建设——特困群体救助集成服务"应用模块建设试点顺利通过验收，江北区慈善组织孵化基地获评浙江省慈善基地，"打造线上管理云平台推动专职社区工作者队伍专业化职业化建设"获评第四批省级社区治理和服务创新实验区。

养老服务体系建设 区民政局高质量完成4项省政府民生实事项目，在慈城镇社会福利中心建设完成48张认知障碍照护专区床位；完成以洪塘福利院为试点的智慧养老院、10家镇（街道）居家养老服务中心无感服务智能终端建设；75人通过持证养老护理员初级、中级考试，每万名老年人拥有持证护理员人数达到36名。完成2项市政府民生实事，完成慈孝乐园、慈城步韬益寿院、甬江街道湾头片区居家养老服务中心食堂、文教双东坊居家养老服务站食堂、洪塘街道嘉护养老院、庄桥街道河东中心、甬江街道朱家社区及庄桥敬老院建设，并开展试运营；推进外滩街道AAAAA级居家养老服务中心建设。完成家庭养老床位试点建设，共有160位老人享受智能设备监护以及上门医护服务。以"活力养老"及"快乐养老"为宗旨，对庄桥街道居家养老服务中心、文教街道双东坊居家养老服务站进行活力化改造提升。做好养老机构防疫管理及常态化防疫应急预案，根据形势有序开放。严格落实专项整治工作，拉网式排查全区139个养老服务机构，各街道（镇）居家养老服务中心、站点，有序开展全区城镇居家养老服务保障专项治理工作、全区打击养老服务诈骗专项行动和整治非法宗教活动遏制宗教渗透蔓延专项工作。

基层社会治理 江北区出台《关于进一步加强专职社区工作者队伍建设的通知》，规范准入招录机制，全年招聘社工109名，超额完成城镇人口每万人配备18名社工的目标。加强专职社区工作者规范科学和高效管理，获评"省级第四批社区治理和服务创新实验区"。优化现代社区建设，通过市级福彩金和区级财政筹集资金110万元，全面铺开11个居民会客厅建设，完成全部前期方案设计。其中，望江社区、双东坊社区、日湖社区、兰庭社区等完成硬装。同时，推动居民会客厅社区服务模式向邻里化、亲情化转变的功能作用，提升"五社联动"

9月2日，宁波市深化长期护理保险试点工作现场会在江北召开

的功能成效。以“社区共同体”为创建思路打造江北区2022年清廉社区示范点，成功打造孔浦街道“青·廉小镇”，创设“包家社区→湾头社区→未来盛园社区”的精品清廉路线。建立全市首个“慈善综合体”，开展宁波市（江北区）慈善组织服务中心建设，创立“两厅、两中心、一站和一空间”的慈善共富新平台，发挥多功能慈善组织作用。

社会救助体系　印发《江北区2022年社会救助综合治理实施方案》，持续开展社会救助常态化治理工作；规范审核审批程序，印发《关于印发江北区社会救助审批权下放街道（镇）工作实施方案的通知》，7月实现街道(镇)审批权100%下放。持续推动“爱在江北”救助服务行动，开展生活帮扶、能力提升、社会融入等涵盖“物质＋服务”需求帮扶服务。第一期12个项目为8000多人次提供服务，为80多户困难群众圆梦微心愿。第二期8个项目正式落地，协调3个新可连接资源。全年探访困难群众探访关爱率和幸福送达率实现双100%。江北区成功获批省级“共富型社会建设——特困群体救助集成服务”应用模块建设试点，该场景于9月上线并在浙江省推广试运行，服务和管理全省特困供养对象超3.5万人次。12月，顺利通过区大数据发展中心专家组评审。稳妥保障残疾人两项补贴精准发放，全年发放2113.09万元。探索未成年人三级保护体系模式，打造完成江北未保“1+8+135”模式（1个区未保中心、8个街道未保站、135家儿童之家），实现全区覆盖率100%。建立困境儿童家庭精准化需求帮扶体系，建立“一人一档”规范化档案，走访280人次，为98名困境儿童达成微心愿。成立全市首个未成年人保护专家督导团，打造“七彩童年守护”系列儿童项目品牌，开展活动200余次，3000余人受助。

社会公共服务　提升社会组织登记审批效能，通过编制社会组织登记审批办事指南，重塑社会组织登记审批内部流程，稳步提升办事效能，受理民办非企业单位变更登记22件，成立登记22件，注销登记15件；社会团体登记注册2件，变更登记6件。申报江北区龙皇堂生态墓区创建省级生态安葬示范点，12月顺利迎接省市检查。落地《江北区殡葬设施布局专项规划》重点项目，联合区自规部门确认生态保护红线边界范围，聘请第三方进行测绘，初步明确公墓名称为“慈城镇清明山公益性墓地”，并纳入《宁波市江北区殡葬设施布局专项规划》。扩展婚姻登记服务，打造国家AAAA级婚姻登记场所。联合妇联、宣传等部门开展家庭日推广活动，创办婚姻家庭辅导调解项目，开展网络调解、热线调解、面对面调解“三调”工作，有效降低离婚率，有效离婚调解180件。开展全省集中补领婚姻登记证试点工作，完成补证5122件。

社会公共事务管理　落实水库移民慰问和日常帮扶，坚持属地管理、户籍地复核原则，与检察院、人社局等部门进行协调对接，核减三类人员13人。落实大中型水库移民后期扶持直补资金的发放工作，为1497名移民发放资金89.82万元。实施移民项目，全年安排水库后扶项目5个，重点安排在滩坑水库以及小库周边相对困难的移民安置村，投入安排资金280万元。持续落实地名地址“一址通”项目门牌采集工作，完成319个住宅小区（建筑物）、35个行政村、26000余个门牌采集工作。开展道路名称统一试点，对更名后的风华路进行门牌、路牌的编制和设置。

【江北区获批省级“共富型社会建设——特困群体救助集成服务”应用模块建设试点】　江北区充分利用云计算、大数据技术、互联网技术等现代科技，打破信息壁垒，以“弱有众扶”社会救助综合改革为主题的“共富型社会建设——特困群体

11月23日，庄桥街道滨江社区新时代文明实践中心“慈爱”编织工作室的志愿者为越西儿童送温暖

救助集成服务”应用模块获批省级“共富型社会建设——特困群体救助集成服务”应用模块建设试点。率先实现特困供养信息共享；提升特困供养申请对象的救助精准性，解决特困人员认定不精准、供养不规范、服务不到位等一系列问题。加快形成托底保障有力、统筹衔接有序、管理服务有效的特困人员救助供养工作格局。

【江北区打造线上管理云平台推动专职社区工作者队伍专业化职业化建设】 为解决传统社工队伍管理模式效率低下、信息沟通不畅等问题，江北区坚持数字赋能，创新打造全市首个“社工管理云平台”。围绕全周期培养管理体系，聚焦准入招录、人才培养、人才使用、考核管理、激励保障、问责退出6项职业关联业务，对标新手社工、中级社工、资深社工等职业成长重要阶段，分设“助力营”“培力营”“拓展营”三层次培训体系模块，形成全流程培育档案，强化全过程工作监督。

（丁宇沁）

退役军人事务

【概况】 2022年，江北区以党建引领退役军人事务工作，深入学习贯彻习近平总书记关于退役军人工作的重要论述，紧扣“让军人成为全社会尊崇的职业”这一总目标，聚焦主责主业，在退役军人服务保障、安置就业、优抚优待、双拥共建、英烈褒扬等方面扎实推进，取得新进展。

退役军人服务保障体系建设 2022年，江北区退役军人事务局（以下简称区退役军人事务局）完善三级“五有”退役军人服务保障体系建设，创建完成退役军人示范型服务站31家、浙江省新时代“枫桥式”退役军人服务中心（站）11家。9月，成立江北区关爱退役军人协会，召开区关爱退役军人协会第一届会员大会，推选出会长单位浙江宝成机械科技有限公司、副会长单位9家、理事单位21家，并通过章程和相关制度，由40家单位会员和12位个人会员组成。公开招募轮值站长500余人、退役军人志愿者1100余人。打造河西老兵志愿服务队、句章志愿服务队、铁血老兵志愿服务队等在全省市具有影响力的志愿服务品牌，其中，慈尚军嫂助茧成蝶——江北区帮扶现役随军军嫂志愿服务项目在市首届“邮储杯”退役军人志愿服务项目大赛获银奖（第二名）。不断浓厚退役军人服务保障社会氛围，以“虎年再立新功”“退伍不褪色、卸甲立新功”为主题在《新江北》报开设专栏，讲述12个优秀退役军人和团队的故事；制作“老兵故事”展板，在各街道（镇）举行巡回展；对获评市区“十佳”“最美”的优秀退役军人进行宣传和表彰；在宁波美术馆举办的江北主题书画展中，设退役军人事务工作主题展。6月，区委退役军人事务工作领导小组第四次全体（扩大）会议暨2022年区双拥领导小组会议召开。

退役军人就业安置 2022年，区退役军人事务局坚持阳光安置，克服疫情影响，邀请人大代表、政协委员监督举办选岗会，完成军转干部、由政府安排工作的退役士兵和退出消防员安置任务。保障退役士兵返乡报到，接受全市第一例逐月领取退役金退役军官并完善上报全服务工作流程。3月，江北区举办首场“甬尚老兵·北岸情深”退役军人、军属就业创业精准对接会；5月，在军创园召开大学生退役士兵就业创业座谈会，举办3场退役军人精准对接会；7月，区退役军人事务局参加江北“政务服务 每月我直播”，在八一建军节和一年一度的退伍季即将来临之际，推出退役军人事务及双拥专场，建立全区377家军创企业库，提供200平方米创业空间，成功引进5家军创企业；9月，江北区举行2022年度由政府安排工作的退役士兵和自主就业退役士兵返乡欢迎仪式，组织退役士兵开展“3天线下+7天线上”适应性培训。

退役军人服务 3月起，江北区开展退役军人和其他优抚对象建档立卡和优待证申领。召开全区退役军人和其他优抚对象建档立卡工作部署会和培训会，部署优待证申领并正式开始推进相关工作，举行全区退役军人及其他优抚对象优待证集中发放仪式。11月，完成建档立卡存量清零工作；截至12月，优待证申领率98.7%。深入开展“爱心献功臣”行动，春节、八一建军节期间，发放慰问金及物品，走访慰问重点优抚对象、烈属、三代军人家庭等退役军人；向31名特困、低保、低边困难退役军人发放补助5.25万元。完成全区享受国家抚恤补助的优抚对象年度确认工作，录入浙江省优抚服务应用管理系统，并积极宣传讲解《中华人民共和国退役军人保障法》等。组织开展优抚对象短期疗养和体检活动，分三批次组织江北区三属、两参人员、残疾军人等重点优抚对象到余姚梁弄短期疗养；分两批组织生活困难优抚对象120余人到宁波市民康医院进行免费体检。

双拥共建 2022年，区退役军人事务局全力做好“全国双拥模范城”迎检工作。努力为部队办实事，协调解决 93 名部队官兵子女入学问题；完成 10 名随军家属安置工作。7 月，委托斌霖科技开展军属技能提升培训，20 余名军嫂参加；组织 53 名军属，在双拥直播基地参加随军家属技能培训。投入资金建成双拥运动场（人和运动场），并举办 2022 年“宝成科技杯”军地双拥足球邀请赛。开展“守好红色根脉、永葆军人本色”爱在优抚系列活动——“欢度元宵书画赏析”；开展“老兵喜迎二十大”系列活动，组织 2022 年转业干部、士官、退伍士兵集中观看中国共产党第二十次全国代表大会开幕会；开展军地青年联谊活动。在慈城镇建成双拥公园、双拥长廊，继续拓展“崇军联盟”影响力，新增成员单位 52 家，江北区呈人之美工作室获评全省首批社会化拥军成绩突出单位。弘扬英烈精神，完成慈湖烈士陵园改造，并在清明节、公祭日举行纪念活动。

【“老兵喜迎二十大”系列活动】 9 月 25 日下午，江北区“老兵喜迎二十大”系列活动在江北区退役军人服务中心开展。现场为 2021 年度宁波市江北区“最美退役军人”“最美拥军人物”“最美退役军人工作者”“最美退役军人工作团队”颁奖，省模范退役军人王绍龙、庄桥河西老兵志愿突击队队长俞海良、兵支书余国平、慈尚军嫂志愿队发起人陈文娟讲述自己的故事，邀请宁波市正师级军休干部崔平均宣讲老兵故事。

【维修改造慈湖烈士陵园】 2022 年，江北区投入经费 670 万元，对慈湖烈士陵园进行维修改造。新建纪念碑、背景墙，对墓碑、绿化、大门进行升级，将原管理用房改造为革命烈士纪念馆。3 月，举行开园仪式，区退役军人事务局领导，各街镇退役军人工作人员，部分退役军人代表、烈属代表等 40 余人参加。

【举行烈士纪念日公祭仪式】 9 月 30 日上午，江北区在慈湖烈士陵园举行烈士纪念日公祭仪式，区四套班子主要领导、各界代表出席仪式。区级机关、驻地部队向革命烈士敬献花篮，瞻仰革命烈士纪念碑、烈士墓，参观革命烈士纪念馆，向革命烈士致以深切哀思和崇高敬意。

（冯光琪）

9 月 25 日下午，在江北区退役军人服务中心开展“老兵喜迎二十大”系列活动

社会矛盾纠纷调处化解工作

【概况】 2022 年 4 月，江北区委机构编制委员会批准《宁波市江北区社会治理中心机构编制规定》。区社会治理中心为区委、区政府直属公益一类事业单位，机构规格为正局级，保留宁波市江北区社会矛盾纠纷调处化解中心牌子，主任由区委副书记兼任，第一副主任由常务副区长兼任；设主持日常工作的副主任 1 名（正局长级）。该中心以数字化改革为引领，依托“一中心四平台一网格”基层治理体系，加快推进“县乡一体、条抓块统”改革，防范化解社会矛盾风险，平安护航党的二十大，提升区域社会治理能力和治理体系现代化。矛调大厅全年接待各类来访群众 6570 批次，12372 人次，受理矛盾纠纷 6476 件，化解率 97.26%；E 宁波、民生 E 点通、智慧城管等平台受理问题 68.57 万件，办结率 99.67%。

基层治理 聚焦党建统领，推动基层治理变革。优化功能定位，建立扁平化运行机制；提升区社会治理中心功能，强化综合信息指挥室的主干和枢纽作用，迭代升级区和街道（镇）综合信息指挥室组织体系，构建简约高效的基层管理体制。推进行业作风建设，健全网络民生诉求处置工作机制，民生 E 点通平台两年积案实现清零。加强网格智治，设置治理最小单元，形成平战一体、高效灵敏的治理最小单元作战体系。因地制宜优化设置全区网格 827 个，设网格长、专（兼）职网络员、网络指导员，并将“两代表一委员”“三

官三师”等组团力量编组。建立“一格两群”(网格力量钉钉群和网格服务微信群)，实现基层治理共建共治共享格局。完善网络管理，开展网格业务培训、网格专项拉练行动9次。助力应对疫情防控、极端天气灾害(台风洪涝)等工作，健全三级联防联控工作机制。

研判调处　坚持和发展新时代“枫桥经验”，健全矛盾纠纷全周期管理，助力除险保安工作。严抓考核，推进矛调大厅标准化、规范化，形成中心统一管理、部门联调联办的模式。牵头召开疑难复杂纠纷协调会议40余次，处置众多群体性纠纷事项。构建基层诉源治理新模式，共建特色“共享法庭”，推动律师参与公益法律服务等。江北区诉前纠纷调解率52.16%，全省排名第12名，全市排名第3名。9月，江北区上线16个调解机构、8个区级人民调解委员会，街道(镇)全部开通“浙江解纷码”(线上矛调中心)，由街道(镇)人民调解委员会专人负责，全区累计调处3000余件。成立婚姻家庭调解(辅导)工作室，参与调解法院案件49件、调解成功15件；积极发挥宁波调解学院、五老智囊团、矛调云平台、江北区人民调解基金等作用，促进常态化工作的开展。

运行管理　加快推进城市运行管理服务体系建设，推动城市管理向城市治理跨越。新智慧城管平台在全区铺开正式运行，立案处置巡查案件16.6万件。开展“迎亚运、创典范”提升行动，通过巡查、督查上报案件近400件，推动行业主管部门开展专项整治行动；完成江北区空中飞线线缆整治任务；协同对“无主”案件进行现场确权，有效化解5起疑难积案。严格未办结案件通报制度，落实代整治经费，开展无主案件确权12次，发放代整治协办单，完成案件代整治1009件。助力“疫情防控”常态管理，发挥线上线下巡查功能。通过实时自动抓拍预警实行扁平化监管。

数字赋能　集成57类治理全要素数据，谋划建设“1+7+N”(1个总驾驶舱，7个功能模块，N个特色应用)的区级社会治理中心智治云图应用，参加全省数字化改革成果展，在市委改革委第二次全体(扩大)会议暨全市数字化改革工作推进会上，作为典型应用交流项目。深化“161”系统重大应用贯通承接，率先实现4个省级应用、1个市级应用有效贯通、落地实战。创新设计“一件事”集成改革模式，江北区有8个“一件事”场景应用列入省市跑道；相关经验做法被《人民日报》《浙江日报》等媒体报道。其中，江北区垃圾、秸秆露天焚烧问题治理“一件事”入选第二批全省生态环境系统共同富裕最佳实践。基层社会治理工作绩效评价应用系省委政法委揭榜挂帅项目，升级为宁波市基层社会治理工作绩效考评应用模块。承接改革创新试点工作，参与的“县乡一体、条抓块统”改革获全省改革突破金奖。江北区基层智治系统建设工作排名浙江省第三。

【江北区垃圾、秸秆露天焚烧问题治理“一件事”入选第二批全省生态环境系统共同富裕最佳实践】　区社会治理中心与生态环境江北分局通过数字赋能、流程再造，首创生态环境问题智能发现与基层智治综合应用技术贯通，实现垃圾、秸秆露天焚烧治理从智能发现、自动推送、自动流转到有效处置“一件事”集成，形成多部门协同治理、联合监管、联合执法的新模式。

(熊婧如)

慈善事业

【概况】　江北区紧紧围绕新时代慈善事业高质量发展的总要求，深入践行《中华人民共和国慈善法》，凝聚慈善力量，助力共同富裕。2022年，区慈善总会募得善款3000.7万

6月29日，江北区人民检察院慈善分会成立(王一涵　摄)

元，其中“慈善一日捐”及其他善款1368.2万元，村级慈善帮扶基金到位387.7万元，企业冠名基金到位1244.8万元。江北区制定《关于开展2022年“慈善一日捐”活动的实施意见》，其中机关事业单位募集善款484万余元。5月，江北区慈善总会以通讯形式召开三届五次理事会，启动2022年度慈善助学活动。推进基层慈善“四大工程”建设，考核命名外滩街道外滩社区等38家基层慈善工作站为“第一批区级示范慈善工作站”；制定《关于建立社区慈善基金的实施意见》，全区83个社区均建立“社区慈善基金”。成立江北区人民检察院慈善分会。创建江北区第十轮“慈善村（社区）”。加强义工管理，组织发动各慈善分会落实并完善慈善总会系统义工队伍数字化填报，通过宁波We志愿服务平台进行活动发布、报名和计时统计等；深入基层开展党员活动、志愿服务等系列活动。继续推进社区小微慈善小组建设，重点扶持“胡椒微公益”“繁景邻里邦”等社区慈善品牌；衍生“漂有所属”志愿服务，“青漕荷美”“小树苗之家”慈善义工等优秀项目。开展慈善文化“六进”系列活动。加强宣传，通过线上线下联动，形成慈善宣传合力。

抗疫救灾 在常态化疫情防控期间，宁波恒帅股份有限公司向江北区慈善总会捐赠1万个N95口罩，定向用于北仑区疫情防控；宁波矮子馅饼捐赠价值5.2万元的4000盒矮子馅饼，分拨送给江北区疫情防控一线的工作人员；宁波市江北永发运输公司捐赠30万元、宁波鸿晨建设有限公司捐赠20万元，定向用于庄桥街道疫情防控。

常规救助 探索建立慈善救助社会化、网络化、多元化模式，推进慈善精准化救助。全年支出救助款2636.4万元，帮扶困难群众17902人次，特别是对困难的老人做到应助尽助。其中，助困支出454.4万元，救助6130人次；助医支出414.9万元，救助10124人次；助老支出61.3万元，救助1463人次；助学支出31.2万元，救助185人次；助残支出19.8万元；赈灾支出69.8万元；扶持社会福利和公益项目27项，支出1585万元。

项目救助 区慈善总会结合乡村振兴、健康宁波、平安宁波、文明宁波建设，制定《江北区慈善救助工作方案》，确定21个重点救助项目。与区委两新组织、宁波甬城农商银行联合开展关爱快递员工行动，甬城农商银行设立300万元“关爱快递员工爱心基金”，每年出资20万元，对快递员出现家庭困难、交通意外等情况进行帮扶。“爱在江北”专项基金全年筹集资金140余万元，通过“七彩童年守护”“银发长者关爱”“金色阳光助残”“绿色生命助医”“微光助爱”五大类系列项目，为困难群众提供精准化精细化服务。区慈善总会与宁波甬城农村商业银行股份有限公司共同设立“消薄基金”，对辖区内570余户经济薄弱村低收入家庭给予救助。设立“关爱妈妈冠名基金”帮扶亚虎企业职工母亲及辖区内部分困难妇女，全年救助31人，救助金额1.5万元。持续做好帮扶项目、对口帮扶工作。“江北区恩惠公益慈善关爱基金”开展救助135人次；“非机动车道路交通事故救助基金”全年救助困难群众15人，金额5.54万元；推进“关爱近视学生配镜”项目，为学生配近视眼镜1079副；推进慈善扶贫基地建设，投资302万元，持续帮扶3家市级慈善扶贫基地、1家区级慈善扶贫基地，累计带动周边180余户困难农户。向凉山州越西县捐赠150万元，用于购买森林消防专用车；向丽水市莲都区捐赠60万元，用于乡村振兴示范点建设。继续向库车市慈孝书院捐赠15万元，主要用于购置阅览室相关设备及困难学生和教师的午餐和晚餐营养补贴；助力对口支援西藏工作，与区委组织部、区委党校联合发起“奋进新征程”百名比如县学生圆梦微心愿暨“陪你成长”助学公益活动，援助100名比如县贫

6月24日，江北区“关爱妈妈冠名基金”启动仪式举行（王一涵　摄）

困学生，每人发放助学金500元。

【年度新设慈善基金】 江北区年度新签订企业冠名基金18家，基金规模达8100万元（增值额6%）。其中，宁波市牛奶集团有限公司设立2000万元冠名基金（增值额6%），至2031年每年向总会捐赠120万元。同时，加强与企业及各部门的合作联动。区慈善总会与区人民检察院合作设立“江北区检察关爱公益基金”，由宁波东力传动设备有限公司出资1000万元，用于帮助因犯罪侵害等导致陷入困境的困难人群，将司法救助融入社会救助格局。与区公安分局、区交警大队及区科技局联合设立“鸿晨一线人员关爱基金”，由鸿晨建设有限公司出资1000万元，用于辖区内辅警、协警的褒扬和救助、科技科研工作者及基层社区工作人员的困难救助；与区对口扶贫办合作建立“星星点灯”慈善专项基金，由浙江天港建设集团有限公司等多家企业筹措资金100余万元，为越西县在册在校孤儿购置阅读包、文体用品、校服等学习用品，并设立助学基金。9月16日，江北区慈善总会委托昆仑信托有限责任公司设立“善行江北”东西部帮扶慈善信托，总规模150万元，主要用于对口开展扶贫、济困、扶老、救孤、恤病等符合慈善法规定的其他慈善活动等。

【慈善文化“六进”系列活动】 区慈善总会以“我的慈善心·365公益行”为主线，开展慈善文化进机关、进企业、进校园、进社区、进农村、进家庭“六进”系列活动。在重阳节开展慰问活动，区慈善总会与各慈善分会走访困难老人600余户。

【创建第十轮慈善村（社区）】 9月21日，江北区启动第十轮慈善村（社区）创建活动，庄桥街道东邵村、孔家村被授予“慈善村”荣誉称号，外滩街道日湖社区、孔浦街道北站社区、洪塘街道望江社区、慈城镇景明社区4家单位被授予“慈善社区”荣誉称号。

（王一涵）

6月14日，江北区“鸿晨一线人员关爱基金”签约仪式举行

（王一涵 摄）

人口与生育

【概况】 江北区助力“浙有善育”，率先在宁波市将普惠托育纳入区级基本公共服务范畴。2022年，全区有户籍人口出生（含补报）1376人，一孩出生887人，一孩率为64.46%；二孩出生457人，二孩率为33.21%；三孩出生31人，三孩率为2.25%；人口出生性别比107.00%。引导新生儿父母通过“浙里办”App掌上办理出生“一件事”，全年办理生育登记948例，其中，一孩登记人数633例，两孩登记人数283例，三孩登记人数32例。提高婴幼儿照护服务人员能力，参与组建家庭健康指导员队伍，创“育见小北”婴幼儿照护服务品牌。积极推进母婴室规范化建设，四、五星级母婴室占比73.91%。区计生协以五星级基层协会评选为契机，指导7个街道（镇）计生协完成换届工作。创建“企鹅爸爸”志愿服务品牌，加强新型婚育文化宣传，提高群众参与度和自治性。

重点人群健康服务 持续提升区级妇幼保健机构综合能力，积极实施母婴安全行动计划，连续5年未发生孕产妇死亡，婴儿死亡率1.53‰，5岁以下儿童死亡率2.29‰，逐年下降。8月，江北区产筛机构资质通过市级验收；9月，启动全区的无创产前基因检测。规范药具服务管理，增设免费药具发放网点30个，免费计划生育药具获得率达90%以上，免费计划生育技术服务覆盖率达100%。加大孕前保健宣传教育力度，婚检率达93.43%，孕前优生健康检查率109.80%。提高孕期出生缺陷发现率并实施早期干预，辖区户籍血清学筛查90.61%，非户籍86.62%。新生儿疾病筛查率和新生儿听力筛查率均达99%以上。9月，江北区获宁波市出生缺陷防治科普竞赛团体二等奖。

0～3岁婴幼儿照护服务　江北区高度重视婴幼儿照护服务工作，“善育江北”连续三年纳入区政府民生实事工程。以家庭为主体、社区为依托、机构为补充的托育养育与健康促进相协同的婴幼儿照护服务体系初步建立。截至12月底，每千人口托位数达4.04个，街道镇托育机构实现全覆盖，婴幼儿托位数居全市前三、获市政府督查激励，大闸等7个社区入选省首批共富基本单元“一老一小”服务场景。开展托育服务人员素养提升行动、家庭养育指导员培训及保育师技能培训，创建“育见小北”江北区家庭养育照护服务活动品牌。依托“浙有所育”育婴数字化平台，对辖区内机构实行线上监管。

（李双双）

7月4日，江北区在宁波成功育婴职业培训学校开展2022年第一期家庭养育健康指导员技能培训

老龄事业

【概况】江北区推动老龄事业和产业协同发展，构建和完善养老服务体系，持续提升老龄服务水平，满足老年人日益增长的多层次、高品质健康养老需求。2022年，全区有户籍老年人口（60周岁以上）7.3万人，占户籍总人口的26.2%，80周岁及以上高龄老人9695人，占老年人口的13.2%，百岁老人27人。

老龄健康　实施疾病早期筛查和干预，开展国家、省级心血管、城市癌症和慢阻肺筛查、心理关爱、防跌倒等防治项目和65岁以上老年人免费接种流感疫苗等民生实事工程，提前完成老年人免费流感接种任务为2万人。开展主题为“改善老年营养，促进老年健康”的2022年老年健康宣传周活动，累计服务1600余人次。积极做好“漠视侵害群众利益专项治理”工作，确保城乡居民获得相应的免费健康检查和优质医疗资源，全区参保60岁及以上老年人参与体检17008人。建设第二批老年友善医疗机构工作，建成率达88.9%。宁波大学医学院附属医院与宁波市社会福利院、宁波市南山老年疗养院就“老年医护康养体系建设”开展合作签约仪式，打造全市首家“医护康养样板基地”，探索医护康养“四位一体”新型养老发展模式，实现医养融合、优势互补、资源共享。做实做细医养结合机构健康防疫工作，督促机构严格落实防疫管控要求，开展实操演练，严控人员、物资进出，做好院内每日“两消两测”等工作。全面做好60岁以上老年人“健康防疫包”发放，重点关注社区（村）5类人群底数以及落实“五包一”防疫帮扶，做好关心关爱，开通就医优先的绿色通道，保障老年人正常就医需求。

宣传活动　9月，江北区承办宁波市庆祝全国第十个老年节暨2022年“敬老月”活动启动仪式，同步举行老年医学中心的授牌仪式、宁波市老年健康专家库的成立仪式，并设置“百岁人生　健康先行”特别报道现场连线以及“百岁人生”的健康“密码”专家访谈。依托“新江北”“江北发布”“健康江北”微信公众号等媒体平台，以“反诈防骗、敬老助老”为主题，在全区范围内开展反诈防骗宣传、走访慰问帮扶、智慧助老、惠老公益文体等6类活动，弘扬孝亲敬老传统美德，维护老年人合法权益。文教街道选送的反诈视频获省级二等奖。文教街道北岸琴森社区、洪塘街道姚江社区被评为市级老年友好型社区。

老龄服务　坚持以老年人实际需求为导向，积极为老年人办实事、解难事、做好事。春节、重阳节，区老龄委联合区红十字会、区民政局等部门及各街道（镇），走访

9 月 28 日，宁波市庆祝全国第十个老年节暨 2022 年“敬老月”活动启动仪式在江北区青少年活动中心举行

慰问百岁老人、80 岁以上困难老人。对 118 位老人和 100 名公办养老机构工作人员给予物质慰问，向 15 位 2022 年新增百岁老人赠送“福寿康宁”牌匾。以老人们喜闻乐见的方式弘扬孝亲敬老传统美德，维护老年人合法权益。公安机关对近 5 年相关案件进行大起底大梳理；检察院、法院对近 5 年以来已结和未结的涉养老诈骗案件进行倒查。

（李双双）

街道、镇

外滩街道

【概况】 外滩街道位于宁波三江口北岸，江北区东南面，东至定英路，往南至大庆北路，向西至人民路，到庆丰桥下，南、东南至甬江，西南至姚江，西北至通途路(新马路段)及清河路，北至环城北路，是中共宁波市江北区委、江北区人民政府所在地。街道下辖浮石、新马、盐仓、外滩、白沙、日湖、包家、湖西8个社区，辖区面积3.9平方千米，总人口约3.76万人，户籍人口约2.9万人。2022年，老外滩街区连续获评国家旅游休闲街区；外滩街道获浙江省“五水共治”工作考核优秀乡镇、2022年度全市“五水共治”工作示范型乡镇（街道）、宁波市“无违建达标乡镇（街道）”等荣誉。

经济发展 2022年，实现财政总收入13.2亿元，比上年增长-6.3%；一般公共预算收入实现8.0亿元，比上年增长-4.2%；完成固定资产投资36.6亿元。各项经济指标企稳回升，实现社会消费品零售总额5.1亿元，比上年增长24.5%，较上半年提升17%；完成固定资产投资36.6亿元；其他营利性服务业营业收入53.9亿元，增幅236.9%；规模以上（简称规上）服务业增加值15.9亿元，增幅约19.7%；累计实现进出口额83.8亿元，比上年增长-1.4%。聚焦疫情缓解后的“助企纾困”，通过走访调研、座谈交流等措施，重振企业发展信心，累计走访服务企业200余家，完成政策资金兑现近5000万元。坚持“做优产业”和“招大引强”和弦共振，聚焦金融保险、港航服务、高端现代服务业等板块，通过招强引优、腾笼换业、重点扶持等措施，与区级职能部门共同招引兴业银行宁波分行、北京银行宁波市分行2家市级金融总部落地，迪橙供应链、申远臻享建筑装饰设计、云智能钢铁等一批项目落地。实施招商项目跟踪包干机制，密切关注甬兴证券营业部、经证融资租赁、QFLP境外有限合伙企业等项目的洽谈进度。

老外滩建设 以“四大工程”为重点，“品质老外滩”形象凸显。景观和交通改造工程于6月全面完工，重构三幕场景、四大街区、五组广场，并通过实施点睛改造，打造优质滨水休闲空间。夜游灯光改造工程点亮外马路沿江、人民路等范围内40余处建筑，天主教堂灯光秀成为网红打卡点。智慧街区项目完成软件开发和硬件改造，老外滩展览馆布局智慧展厅、智慧指挥平台等功能模块，7月正式投入使用。防洪墙加固工程于12月初完工。以“业态升级”为突破，“魅力老外滩”功能升级。重点地标项目进程提速，浙江省首家国家主题综合馆泰国馆于国庆期间试营业，成为重点地标打卡地；老外滩6#地块拟由市区两级国资公司合作开发；选址原中国银行，打造老字号商业项目状元楼·锦绣四明酒店并试营业；万豪MOXY主题潮玩俱乐部正式落地，进行施工。聚焦主导业态开展靶向招商，20余个优质项目成功落户，招商落户率达95%；创新打造老外滩警务站平安、普法宣传阵地，融合咖啡与警务元素，“阿Sir请你喝咖啡”成为热搜，点击量达上亿次。争取到业态提升专项资金3000万元，为老外滩商户提供“一站式”绿色通道服务。以“文化赋能”为核心，“品牌老外滩”口碑攀升。打造《雷雨》《有间客栈》沉浸式演艺剧目，演出300余场，超2万人打卡体验；外滩ART艺术展馆开馆，推动美术馆周末和节假日夜间开放。进行美陈布置，江边巨型“玫瑰熊”“中秋兔”成为新晋拍照打卡点；举办引流活动40余场，中秋期间“点亮宁波灯”无人机飞行秀表演得到央视《新闻联播》等各大媒体报道。开展多维度推介，日均人流达1.5万人次，节假日最高达3万人次以上。

项目建设 同步推进白沙历史

文化街区征拆清零与房屋拆除，成功完成6户未签约住户签约搬迁、依法强制腾空1户；完成人民路351号房屋腾空，联通公司购房、对接宁波海事局房源置换事宜，规划方案与土地出让同步谋划。协同区资规、区城投公司等部门，与市城投公司建立双周协商机制，累计完成4次街区概念规划设计方案讨论，明确做地主体和二级开发模式等相关事宜。新马路13号房屋解危拆迁项目于9月23日完成意愿征询，同意率93.75%。涉军房产置换项目完成测绘，进行评估工作。配合轨道交通建设，6号线取得下穿街道西侧军产房同意批复，正大花园地块征拆协同区铁办与市轨交公司开展整体开发沟通；7号线与来福士、凯德置地（上江邑）、竹林人家达成借地共识。街道班子成员联系服务重点工程项目，有序推进万科、中海、康赛妮总部大楼等在建项目。10月底，浮石、新马片区老旧改项目竣工验收，日湖琴云类老旧小区改造项目进场施工。湖西社区未来社区建设完成方案初稿及指标体系搭建，完成江北区首个省级污水零直排样板区创建。

城市品质 维护辖区稳定，聚焦党的二十大，第一时间制定维稳安保工作方案，成立维稳安保工作专班和4支应急处置队伍，建立专班每日会商工作机制。开展信访积案化解清零行动，累计化解6件信访积案。全面开展“决战保平安，攻坚争先进”专项行动，推进辖区重点区域、领域安全隐患排摸整治，对自主排查发现的重大风险、安全隐患落实闭环管理。提升街道疫情防控应急水平和作战能力，构建“15分钟核酸采样服务圈”。创新基层治理方式，打造宁波市首个服务商业街区智能警务站，搭建“守望联盟”互助平台，组建“邻里守望”志愿服务队伍，构建“老外滩智能防控圈”，建成宁波首个涉外调解工作室。推进“大综合一体化”改革，建立健全综合执法日常检查巡查制度、会商制度、考核办法等，整合运用8支执法队伍合力。开展和谐外滩建设，民生服务聚焦“一老一小”，启动AAAAA级居家养老中心，湖西社区“养老服务场景”入选浙江省首批共同富裕现代化基本单元“一老一小”服务场景。助力江北中心学校建成投用，上海交大教育集团宁波实验学校正式揭牌。启动“居民会客厅示范点”“清廉社区示范点”“社工加油站”专职社区工作者素质提升示范点项目。扎实做好稳就业惠民生工作，采取就业帮扶、发放补助、劳动调解、技能培训等举措。加强基层党建，建立机关支部书记、社区党委书记“头雁领航”工程；以“5号空间”、来福士党群人才服务中心等党群服务阵地为圆点，构建“15分钟党群服务圈”。建立11个甬爱E家站点，实现甬爱E家站点建设全覆盖。

【老外滩入选首批国家级旅游休闲街区】 1月29日，文旅部公布首批国家级旅游休闲街区名单，宁波老外滩位列其中，系宁波市唯一入选街区。老外滩拥有商家、企业140余家，涵盖酒吧、餐饮、文创、零售、功能性业态等诸多领域。每年开展创意集市、时尚秀展、露天音乐会等各类特色活动，连续4年成功举办中东欧国际人文交流活动。

【宁波首个涉外调解工作室在江北成立】 8月，江北区司法局联合宁波市公安局江北分局、外滩街道，在宁波老外滩设立外滩涉外调解工作室，这也是宁波首个涉外调解工作室。由3名经验丰富的人民调解员、6名具备受理涉外调解纠纷和涉外民商事诉讼与仲裁资格的优秀律师入驻，建立定期值班制度，义务开展公益性涉外调解、涉外法律咨询、法治宣传、法律援助等服务，维护中外公民、企业的合法权益。

【宁波市首个服务商业街区智能警务站——宁波老外滩警务站成立】 6月，位于车站路53号的宁波老外滩警务站暨老外滩智慧指挥中心分中心正式亮相。警务站集纳联席调解区、安保指挥区、合成作战区、民辅警休息区、休闲区等功能区块，

1月29日，宁波老外滩入选首批国家级旅游休闲街区

6月，宁波市首个服务商业街区智能警务站——宁波老外滩警务站成立

依托智慧外滩，以数字赋能加强城市精细化治理，全面融入城市治安防控体系建设，是宁波“街道警务站”的首次实践探索。实行“3+X”模式，以交警、特警、派出所民警三警常驻为基础，建立与街道、社区、综合行政执法、企事业单位、社会力量等部门畅通联动机制。通过召开警务站联席会议形成合力，将普法宣传、安全生产、矛盾化解、疫情防控等工作融入平安建设和社会治理体系。

【外滩街道获评2021年度全省“五水共治”工作优秀街道】 3月，外滩街道上榜浙江省美丽浙江建设领导小组“五水共治”办公室公布的2021年度全省“五水共治”工作优秀乡镇(街道)名单。街道历时5年，按照“能分则分、难分必截”“应纳尽纳、全面收集”的原则，先后对辖区内24个小区、居民点进行零直排改造和查缺补漏“回头看”，涉及200多幢居民楼，惠及6000余户居民，铺设雨水管网35.82千米，污水管网34.74千米，实现管网全覆盖。各级河长巡查率约达到100%。

（汪　林）

文教街道

【概况】 文教街道成立于1988年，位于宁波市中心城区，地跨姚江两岸，环城北路横贯中部，总面积3.42平方千米，下辖大闸、范江岸、育才、翠东、繁景、双东坊、北岸琴森、永红8个社区居委会，1个经济合作社。2022年，文教街道规上服务业增加值5.14亿元，比上年增长19.8%；其他营利性服务业营收入13.37亿元，比上年增长9.3%；限上商品销售总额62.6亿元，比上年增长47.4%；固定资产投资13.78亿元，完成全年任务；实到外资976万美元，居城区街道首位；进出口总额完成26.80亿元，占全市20.12‰，达到考核指标。

经济发展　招商引智引进企业128家，注册资本7.41亿元，其中注册资本1000万元及以上企业9家，新上规企业27家。江北区唯一的二手车出口试点企业澳泊森进出口公司落地，全年成交1400辆；引进冷链多多、丰裕奥科等大宗贸易企业，实现上半年落地上半年上规；引进建筑总承包特级资质企业下属建筑劳务公司宁波广硕建筑劳务有限公司、建筑劳务企业宁波众宏建筑劳务有限公司。全年申报省级引才项目3个，甬江引才工程25个，其中21个项目进入复审，8个进入终审，4个入选，占江北区1/6。港航发展以港航创新发展区建设为抓手，依托北岸物流中心集聚效应，重点招引港航服务业，包括大型船舶制造企业宁波盛浩船舶工程有限公司；在做好航运企业固投申报的同时，做好企业航运运力统计工作，全年新增航运运力14.4万吨。浙江海港交付投入运行6条船，宁波远洋、浙江海港陆续交付4条船。以港航服务为支撑，北岸财富中心1幢、2幢税收超过1亿元，平方效益超过1.5万元/平方米，辖内楼宇合计新增入驻企业面积2828平方米。

城市建设　大闸社区入选省第四批未来社区试点创建项目，以场景空间提升、软件服务优化、数字化平台建设为抓手，攻破老龄化社区转向未来社区、城市配套成熟社区的数字化赋能及智治两大课题，完成现场验收、数字化路演、省级评选，被成功评为首批“浙里未来社区在线”应用贯通优秀案例。大闸社区托育服务场景入选浙江首批共富基本单元，打造成智治共富社区。城市更新围绕“新三江口形象新地标、产城新高地”，高标准谋划、快节奏推进、高水平招商永红区块。完成年度6个老旧改工程和街区微更新整治等设计方案。姚江大桥扩建工程、滨江绿化带新建工程如期完工，姚江东路三标段工程建成开放并通车。辖区内的19个小区、642幢楼宇的消防设备设施进行综合维修更新，涉及1.26万户居民；加装完成3台电梯，1台启动施工。宁波四中周边人行道打造平安护学路。清河路入选2022年宁波十佳最美人行道。

社会事业 街道对180人次低保低边特困持证对象进行临时救助，累计救助金额31.18万元，有8家企业申请小额贷款，成功放贷约170万元。200余家单位申报江北区企业外来员工自行返岗交通补助，159家单位申报场租等补贴，22人申报创业带动就业，24人申报一次性创业补贴，约1200人次办理灵活就业补贴。新增失业人员89人，失业人员帮扶6975人次，帮扶回访1052人次。受理30起劳动争议案件，帮助50余人，追回工资40余万元。组织辖区企业事业单位和居民献血165人。积极参加申报评级，翠东社区成功申报市级高质量就业社区，文教街道残疾人之家建设完成并成功评定2星级，大闸社区托育服务场景入选浙江省首批共富基本单元“一小”场景。做好疫情防控工作，街道工作人员坚守抗疫一线50余天；深入辖区单位、沿街店铺、社区小区巡查、宣传疫情防控政策50余次，制作防疫推文100余篇，发放疫苗接种口袋宣传页1800余份。9月，在重阳节来临之际，专门推出“幸福长者”四助计划。

9月24日，文教街道开展青年干部喜迎二十大红色之旅活动

（吴云彬 摄）

9月，重阳节来临之际，文教街道推出“幸福长者”四助计划

（吴云彬 摄）

基层治理 在58个网格基础上，精划374个微网格，形成“1+8+58+374”的社区治理体系。严格落实“1+3+N”网格力量配备，根据法治化工作需求不断扩充N力量；推动“一支行政执法下沉人员”融入网格，吸纳公用事业单位、共建单位志愿者进入网格。把家庭、企事业单位、店铺等各类治理要素织入网络，梳理形成“三册”，分别建立“三群”，确保各类政策、信息的精准传达落实；成立由派出所流动人口协管员、物业管理员、专职网格员和兼职网格员组成的“人员底数工作小组”。强化紧急状态下的处置效率，街道智治平台在双东坊社区试点，每天产生告警10余件，借助智能监控和识别告警，掌握社区内不同区域的特性。持续深化大平安建设，对标“除险保安”百日攻坚专项行动总体要求，全面梳理辖区内重点领域和重点场所的隐患风

险清单。引入第三方专业技术力量，对600处重点场所开展安全生产消防问题专项排查与分析。借助“大综合一体化”执法力量，围绕电动车安全管理、经营性合用场所和自建房安全等重难点问题组织联合执法行动。公共安全防控围绕“一图一指数”评价体系，加强信访化解工作，上半年街道信访五色图显示绿色，是全区唯一无扣分项的街道（镇）。办结群众来电来信8758件，按期受理率、按期办结率、回访核实率均实现100%。

（黄　琳）

孔浦街道

【概况】 孔浦街道地处宁波市中心城区的东北角，东至镇海区边界线，南至甬江，西至定英路，往南至大庆北路向西经人民路，沿庆丰桥下至甬江，北至环城北路，沿中官新路至东昌路，沿东昌路至镇海边界线，整体呈带状分布。辖区面积8.7平方千米，下辖红梅、绿梅、白杨、北站、怡江、双桥、文竹7个社区和路林1个行政村，辖区内有6个专业市场及3所高校。户籍人口1.96万人。街道办事处驻江北区环城北路东段647号。

经济发展 孔浦街道主要经济指标亮灯数位居城区第一，全年完成一般公共预算收入3.5亿元，剔除契税，比上年增长30%，完成固定资产投资总额59亿元，其他营利性服务业营业收入比上年增长56%，限上社会消费品零售总额比上年增长10%。实施“大招商、招大商”的全员招商行动，引进美喵科技、连枝科技、比亚迪汽车等优质产业项目和盛玖建筑劳务等税源性项目，总产值超5亿元，税收贡献超3000万元。系统盘活辖区可利用空间，对接落地磐诺医疗等重大产业项目，持续推进大庆北路318号、云创1986周边、常洪停车场、公运二手车等周边低效地块转型提升。利用文创港、创业创新产业园和北高教园区等科创资源，引进各类人才1108名，申报国家级引才项目5个、“甬江引才工程”24个。8号公园艾欧迪互联科技入选“浙江省领军型创业团队”，获评市侨联侨界创新创业基地。大昌1885产业园获评市级众创空间。

城市管理 持续推进“精特亮”线路及未来社区创建，其中“城市田园融合线”获评全区唯一一个2022年度市级“最美精品线路”。全域完成老旧小区改造，实施改造项目9个，改造建筑面积10.64万平方米，受益户数1192户。积极推进辖区内水质环境提升，完成云创小镇、毓秀庄园污水零直排改造，启动孔浦片区污水零直排改造提升项目，积极谋划红梅、绿梅排水管网改造项目。开展辖区内除险保安工作，完成3个小区飞线整治、8个物业管理住宅小区房屋消防设施设备维修改造，完成对10余个小区燃气报警装置推广和燃气软管更换工作。全面落实防汛防台部署，积极开展宣传、演练工作，定期检查防汛防台物资储备，有效保障在台风“轩岚诺”“梅花”期间辖区内居民的生命财产健康安全，街道获评省2021年度防汛防台先进集体。深化“三改一拆”工作，全年拆除违法建筑6处、2.59万平方米，任务数完成率居全区各街道首位，获评市2021年度“无违建达标乡镇（街道）”。

城市拆迁 围绕“提效清零清场”任务目标，抓牢重要节点以及工程进度，全力推动征拆项目清零清场。提前完成下白沙路（归源路—宁波大学南门）工程建设协议拆迁项目、征拆用地38.8亩，于3月底完成签约，为2022年全区首个完成签约的征拆计划项目，并于6月底完成地块相关房屋拆除工作。用时14天完成主桥接线至环城北路的清零工作，保障中兴大桥主桥道路通车。稳步推进轨道孔浦站南侧地块项目，完成邮政过渡用房装修，并于11月底移交邮政公司。

社会事业 开展各类社区教育活动250场次、覆盖33727人次。发放独生子女奖励津贴和死亡一次性补助、高龄人口津贴50.76万元。推进怡江社区居民会客厅建设，注册成立白杨社区居家养老服务站。街道拥有居家养老服务中心1个、社区养老站点6个，全年提供就餐服务类3978人次，上门服务类6880人次、服务工时累计8120小时。街道办理灵活就业补贴1202人次，发放补贴238.85万元；办理一次性法人补贴、创业带动就业补贴73家，发放补贴58万元。做好社保、医保政策宣传，推进企业职工基本养老保险和医保参保率；对失业人员、就业困难人员等重点人员提供相应的帮扶，提供针对性的就业服务和政策支持，推动实现就业有支持，落实创业场地租金补贴、一次性创业社保补贴、创业带动就业补贴等社保补贴政策；进一步加强全省农民工工作信息化建设，提高农民工工作整体智治水平，完成农民工基础信息采集961人。积极创建以“风华里”为主阵地的慈善空间，获全市首批慈善空间荣誉称号。

社会治理 强化防疫管控保障，建立运行数据核查、快编快转等十大专班。建成“风华里”全国首个高教园区社会工作站，推进怡江、文竹“清廉”品质社区创建，以点带面提升民生服务保障水平。统筹建强网格体系，结合辖区实情，分类推行覆盖居民、企业、店铺、工地和专业市场的“五张摸排清单”，夯实252个微网格数据，微网格人员入库率达到100%。结合文明典范创建每日督察工作，开展月度考评、“一口清”主题拉练，激发网格治理效能。深化一支队伍管执法试点改革，积极构建“大综合一体化”治理格局。发挥高校周边志愿力量，打造云创1986区域型甬爱E家站点、劳动者“幸福之家”。其中，“劳动者之家”服务案例获中央电视台《焦点访谈》栏目报道。全面建成标准化的街道和社区“统战之家”示范阵地，怡江统战之家建设工作得到市委统战部领导高度肯定。

12月，甬凉两地仓货物运输司机技能精英赛举行

【中通物流集团司机之家获评2022年全国最美工会户外劳动者服务站点】 12月，全国总工会发布2022年“最美工会户外劳动者服务站点”名单，宁波市中通物流集团司机之家获评。该站点位于江北区孔浦街道，以“空间共享、服务多元”为建设理念，打造集“工会活动、服务职工、教育培训、协商议事、文化宣传”等功能于一体的综合阵地。司机之家致力于把服务户外劳动者、关爱户外劳动者落到实处，除提供停车就餐、饮水充电、图书借阅、快递收发、母婴健身等服务设施外，还在传统节日按习俗送上腊八粥、春联、粽子、香包等物品。

【2022年甬凉两地仓货物运输司机技能精英赛】 12月4日，江北区孔浦街道总工会、凉山州消费协作联合会、江北区现代物流业协会、宁波中通物流集团有限公司协办的2022年甬凉两地仓货物运输司机技能精英赛，在甬凉两地仓宁波公共仓、凉山州分设赛场，通过直播连线，开启“云上”技能比武。来自四川省凉山彝族自治州越西县、宁波各区（县、市）的12支参赛队，24名大型货运车驾驶员选手参加，通过竞赛等平台不断深化江北、越西两地交流。

（俞利清　刘娴娜）

12月，中通物流集团司机之家获评2022年全国最美工会户外劳动者服务站点

甬江街道

【概况】 甬江街道因曾靠甬江而得名，街道总面积为15.78平方千米，东至329国道，西至姚江湾头—庄桥机场界—西大河，南至环城北路—中官新路，北至北环高架。下辖河东、河西、夏家、外漕、畈里塘5个行政村，湾头、万丰、万润、西管、压赛堰、朱家、梅堰、万象、万宁、甬江10个社区（其中，万宁社区、甬江社区正在筹建），户籍人口约1.8万人，常住人口约5.7万人。“外漕经验”作为浙江省唯一典型，入选全国《农村集体产权制度改革村级案例——60例》；湾头社区成为全省最大的未来社区示范样板；人力

资源产业园被评为浙江省唯一的“建筑产业工人培育基地”。办事处驻环城北路东段225号。

经济建设 2022年，街道财政总收入16.02亿元，比上年下降6%，一般公共预算收入9.97亿元，比上年增长0.71%。可用财力为1亿元。全年固投项目16项，合计投入37.48亿元，其中房地产项目6项，占总投资95.68%；工业技改项目7项，比上年增长119.59%，占总投资2.56%。新增入库5个技改项目，贡献0.85亿元。“服务业百强”新增6家，累计达到19家，占江北区总量的1/5。国际汽车城累计吸引法拉利等15家知名品牌落户，着手打造全市首家专业“绿能”汽车销售服务基地。湾头商圈年营收超27亿元，客流量超1400万人次。

城市建设 高效完成压赛安置房、轨道3号线的清零清场，全周期保障河西15亩保障性租赁用地开工建设。聚焦村企危房整治，拆除重大隐患建筑1.47万平方米，作为（区/市）唯一街镇代表在全市交流经验。压赛堰社区更新改造被列入“浙江省重点民生项目”，压赛二期、河东村梳理式改造全面启动建设。湾头社区入选浙江省第四批未来社区名单，是全省最大的未来社区示范样板。外漕未来乡村建设取得阶段性成果，完成项目方案设计，新建居家养老中心，完成结构工程建设，作为典型在全市交流经验。水环境治理，3个雨污分流改造项目顺利落地，争取治水资金9500余万元，湾头岛头围堰完成施工。甬江TOD体育公园首批五个项目陆续开工，项目总投资超6800万元，涵盖篮球、羽毛球、游泳、足球、橄榄球、网球等运动。

社会事业 推进湾头、压赛党群服务中心建设，集聚城市图书馆、公共文化客厅等各类基层服务模块，补充基层公共服务短板。抓好“红色物业”模式，组建红色党建联盟，新增万象华府一期、青秀澜湾小区2个市级“红色物业”项目。开设“小候鸟”夏令营，由真人真事改编拍摄的微电影《候鸟季节》，在全国党员教育电视片观摩交流活动中获“一等奖”，被评为十佳编导作品；“小候鸟夏令营筑梦十二载”被中国政府网、新华社发布。整合村庄托育点、甬江街道中心幼儿园、达人村等教育资源，进一步完善幼儿园活动室内外空间及配套设施。新建居家养老中心（老年食堂）。开展“文昌故里 书香越西”图书捐赠，街道整合多方力量，捐书1630册，总价32495元。为帮扶地区捐款47.64万元，其中宁波市教育培训行业促进会捐款20.64万元、村企结对5万元，企业定向捐款雄镇公益事业10万元、冠名星星点灯孤儿帮扶项目12万元；开展消费帮扶，越西县200万元、丽水50万元帮扶额度均已完成。

社会治理 街道先后开展“村级物业”“农村自建房”“压赛群租房”“危化企业”等专项整治，实现所有村级物业企业“安全顾问”全覆盖，村属厂房“安责险”投保全覆盖；442户隐患房屋全部纳入日常巡查和技术监测；对17处群租房进行安全整改，查处1家非法储存危化品的企业，对22家危化品使用企业的107条安全隐患予以消除。开展防养老诈骗、防疫宣传、反诈宣传、除险保安、三非排摸、文明城市、矛盾纠纷等9次网格拉练。创新打造“智慧村居”，整合“议事直播”“人大夜聊”“委员议事”直播互动平台，同时集中“三务公开”与“我要反馈”功能，收集群众反馈意见566件，处置率99%。坚持减存量、防变量、控增量，连续5年信访办结率100%，矛盾调解率100%，积案化解率超85%。做好疫情防控，加强宣传，注重实效，央级媒体录用86篇、省级30篇、市级100余篇。其中，央视三次聚焦北郊片区盘活农村资产、农旅融合的美丽乡村新发展；聚焦“城市田园·欢乐乡村”国家农村产业融合发展示范园创建，甬江街道“以片区转型促惠农富民”共富经验，被国家发展改革委专题刊发。

【城乡社区治理和服务创新实验区试点】 2022年，甬江街道创建浙江省民政厅第三批省级社区治理和服

12月15日，省人大农工委主任委员一行到甬江街道调研乡村振兴工作

务创新实验区。在“新田园城区”的试点引领下，街道在北郊片区成功引入“达人村”“巴蜀村”农旅融合项目，实施“农村社区变景区”建设。开展压赛堰“融合型大社区大单元”试点，凝聚驻地部队、辖区村民、社会组织等多元力量。承接“大综合一体化”赋权试点，综合行政执法甬江中队挂牌，吸收“1+8”部门34名执法队员，建设三大执法网格。

【外漕经验入选全国《农村集体产权制度改革村级案例》】 甬江街道积极推进股份合作制持续改革，激活制度活力，盘活资源资产，实现集体增收、农民增益。2022年，外漕村股份经济合作社实现收入822.66万元，其中经营性收入699.65万元。同时探索农村土地所有权、承包权和经营权“三权分置”制度改革，将完善土地流转模式作为改革的突破点，主动帮助农户收回低价出租的土地经营权，并通过土地股份合作、发放安置补助费等形式鼓励农户向村集体交回承包地。村民股份分红从2006年每股10元，上升到2022年每股170元。作为全省唯一案例入选农业农村部《全国农村集体产权制度改革村级案例——60例》。

【建筑产业工人培育基地】 5月，江北人力资源产业园被浙江省建设厅命名“浙江省建筑产业工人培育基地”。该基地作为宁波市住建委2022年唯一重点试点单位，吸引30余家龙头型和引领型企业入驻，成为市区两级重要的产业平台，产业规模约占全市建筑劳务产业的1/4。

【湾头社区成为全省最大的未来社区示范样板】 宁波市江北湾头未来社区规划单元面积150公顷，实施单元面积88公顷，包含湾头、万丰、万润、万象社区，受益人数25000余人。12月，宁波市江北湾头未来社区的养老服务场景［湾头片区居家养老（残）服务中心、社区食堂］、托育服务场景（万象幼儿园托育部、蒙润园托育中心）上榜浙江省第二批共同富裕现代化基本单元“一老一小”服务场景名单。

【全市首家专业“绿能”汽车销售服务基地】 2022年，甬江石材市场蝶变成为新能源汽车城，甬江国际汽车城占地190亩，投资额1.5亿元。截至12月，入驻小鹏、极氪、腾势、比亚迪等新能源汽车一线品牌，以及法拉利等豪华品牌16个；街道聚力整合“一城一楼一条街”汽车经销产业矩阵，将老环城北路汽车一条街向中官新路延伸。

（孙　越）

庄桥街道

【概况】 庄桥街道地处宁波新三江口姚江北岸，东邻329国道，南邻姚江，西接洪塘街道，北靠灵山，与镇海相隔，区域面积35.3平方千米。街道下辖14个行政村、18个社区、1个牧场、2个渔业队。辖区总人口13.9万人，其中，户籍人口6.8万人，暂住人口7.1万人。2022年，街道完成财政总收入19.27亿元，其中中央级财政收入7.5亿元，一般公共预算收入11.77亿元。街道办事处驻江北区北环西路500号。三和嘉园平安小区建设，获全国第二届幸福小区范例奖；庄桥街道居民周宁当选“浙江好人”，并作为全省唯一代表入选“2022年新时代慈孝典范”，创新推出钕铁硼“整治五法”填补行业空白，入选浙江省工业企业安全风险防范典型案例。

经济发展 街道主要经济指标始终保持稳步增长态势，规上工业增加值、外贸自营进出口等经济指标增幅位居全区第一；实际利用外资、固定资产投资等经济指标超额完成。其中，规模以上工业增加值完成27.6亿元，比上年增长12.3%；规上服务业增加值完成6.74亿元，比上年增长48.0%；限上社会消费品零售总额完成24.3亿元，比上年增长2.1%；其他营利性服务业完成营业收入5.64亿元，比上年增长16.6%；完成工资总额2.34亿元，比上年增长51%；外贸自营进出口完成77.1亿元，比上年增长55.9%；固定资产投资完成40.7亿元，实际利用外资完成3119.9万美元。东风全品牌中心、宁波高发电子有限公司年产300万套汽车电子换挡系统项目、鸿晨总部大楼等项目成功落户庄桥，未来社区、远洲周边、马径周边等11宗土地顺利出让，总面积超过700亩，土地出让金超60亿元，占全区40%。

城市建设 远洲大酒店周边（北侧）地块、玛思伟地块、康桥南路东侧区块的安置房及北侧地块顺利完成清退拆除。轨道交通3号线完成房屋清退拆除，7号线项目完成签约，联群村拆迁项目完成100%签约。庄桥街道全力保障轨道交通提质攻坚，在宁波市现场会上作经验交流发言，并获评市级先进集体。九万里地块征收项目年底前完成签约。新兴产业育成区指挥部和江北区城市（庄桥）拓展区指挥部两大指挥部征拆建设顺利推进。奇艺国、创意1956等地块顺利清退。中海项目、保利项目、天鑫未来社区安置房地块、东风汽车项目、高发汽车项目等多项目开工建设。东风汽车、高发电子、鸿晨建设项目等11块地块成功出让，宁波水表、星城电子、荣吉西路综合供能站项目完成竣工验收。街道西侧地块10月底完工；金辉、祥生项目年底前完成竣工验收；再生水厂项目完成工程总量90%，地面小微产业园桩基施工完成35%；应嘉丽园南侧地块安置房项目6月初开工，提前完成桩基施工；浙东轻纺城、小袁陈、天鑫未来社区安置房地块完成拆迁。成功建成江北区首个“小区污水零直排”智治项目；四斞新村、费市家苑老旧小区在全区率先完成改造提升，丽庄西苑一期、二期老旧小区完成改造提升，提前完成重大项目决策平台考核任务。

环境建设 街道优化提升人居环境，强势推进“三改一拆”“四边三化”“两路两侧”整治，获评市级“治违控违示范乡镇”。以庄桥城管中队为核心，联合公安、街道、社区组建联合执法队伍，对开展垃圾分类工作中遇到的各类违法案件加大处罚力度，实现垃圾分类案件处理常态化。推进垃圾分类工作，建立全市首个“一点一码”数字化监管体系。全面开展“五水共治”，以“一江两河”为核心推进全域水环境治理，获评市级“水美乡镇”；顺利完成庄桥慈江（旅游精品线）片区水系环通工程、江北区区级骨干（后大河、浜子港）河道整治工程。

社会事业 疫情防控期间，街道成立11个工作专班助力疫情防控工作。加速推进复工复产，建立以城建、交通、经济等条线干部为主要力量的“助企团”12支，提供一对一靠前服务，解决原材料物流受阻、场地消杀等问题72件。组建159支网格小分队，保障辖区“一老一小”平稳度过感染高峰，《人民日报》肯定庄桥经验。完成庄桥街道居家养老（助残）服务中心活力提升、物业+养老试点任务，通过招投标成功引入第三方开展运营，是江北区首家完成居家养老站点连片运营的街道。街道与宁波瑞合康复医院共同合作的康养联合体项目成功申报市级试点。天合社区居家养老服务站无感智能终端站点建设顺利完成，姚家村老年食堂获市民政局颁发的“优秀老年食堂”荣誉。三和嘉园平安小区获全国第二届幸福小区范例奖。创新推出基层“共享法庭”机制，打造“一站式诉讼服务、一站式多元化解、一站式基层治理”最小基点的做法在全区推广。圆满完成党的二十大等重要会议活动期间安保任务。成功化解3件信访积案，荣获江北区“十佳政法单位”“信访工作突出贡献集体”称号。党建引领，创新推出“有礼巴士”宣讲流动课堂，柿子树下“传党音”等模式，在中央、省市媒体报道。组织开展“周末暖心日”服务活动20余次，走访解决群众关心关注的“关键小事”300多件。

6月8日，区领导调研老旧小区改造工作，实地走访三和嘉园小区

【三和嘉园平安小区获全国第二届幸福小区范例奖】 街道首创以党建引领为核心，“自治、德治、法治、智治”融合的“一核四治”基层治理模式，多方联动，助力三和嘉园平安小区建设，先后多次承办全国和全市党建引路老旧小区改造现场会，获全国第二届幸福小区范例奖。

【制定钕铁硼加工企业废料存放“技防”整治标准】 街道在钕铁硼废料存储设置、水量预警、火势处置方面创新制定“技防”整治标准，以“技防”代替“人防”，将钕铁硼安全事故风险降至最低，填补了行业空白，成为全省工业企业安全风险防范典型案例。

【“浙江好人”周宁入选“2022年新时代慈孝典范十大人物”】 周宁，1960年出生在军人家庭。弟弟因公牺牲，他孤身一人将刚呱呱坠地的侄儿抚养至12岁；用10年时间照顾瘫痪在床的母亲直至去世，又花10年为病重的父亲养老送终。2022年，因孝老爱亲获评“浙江好人”，入选“2022新时代慈孝典范十大人物”。

【宁波市首个“一点一码”数字化监管体系】 庄桥街道开展垃圾分类源头治理，先行先试建立宁波市首个垃圾分类“一点一码”数字化监管体系，构建街道统领、社区监督、物业巡查、全民参与、执法介入的“4+1”监督制度。全年开展巡查16.8万次，劝阻居民乱丢弃垃圾6000余次，进行专职执法教育850余次，相关经验由区城管局召开工作现场会推广“庄桥做法”。

（叶诊志）

洪塘街道

【概况】 洪塘街道位于江北区中西部，东北与庄桥街道毗邻，江北大道以北部分边界不变，以南部分以洋市中心河东侧岸线为基准；南邻姚江；西至茅家河西侧岸线，往西北沿江北大道，与慈城交接。面积22.3平方千米，总人口约9.78万人，户籍人口约4.01万人，下辖安山、慈江、洪塘、下沈、赵家5个行政村，姚江、宁沁、和塘雅苑、云水湾、宁静、亲亲、汇嘉、逸嘉、洪都、鸿盛、北欣、洪塘、颐和、江畔、望江、祥北、苏湖17个社区。

经济发展　2022年，街道主要经济指标呈现“六升五降”的发展态势。完成财政总收入13亿元，比上年下降24%；其中一般公共预算收入8.08亿元，比上年下降27%。实现规上工业总产值37.45亿元，比上年下降14.4亿元；实现规上工业增加值10亿元，比上年下降10.91%。辖区44家规上工业企业同比增长的有18家，占比为42.8%，其中4家区50强企业产值占比为42%，9家亿元以上企业产值占比为64%。规下工业营业收入纳入统计的企业有13家，规下工业加权后营业收入比上年上涨0.05%。其他营利性服务业营业收入完成2.46亿元，比上年增长37.1%；规上服务业增加值完成8亿元，比上年下滑15.4%，其他营利性服务业工资总额完成4591万元，比上年增长106%。限上商品销售额纳统的企业有35家，完成销售163.7亿元，比上年下滑19.6%；社会消费品零售总额完成42.3亿元，比上年增长4.1%。外贸自营进出口额完成进出口总额36.9亿元，占全市31.65‰，高出目标任务5‰；增速比上年增长21.67%，比区平均高出1.3个百分点。完成固定资产投资57.9亿元，实现外资119万美元。

街道经济基本面向好，回升速度慢，其中，其他营利性服务业营业收入和限上社会消费品零售总额等指标由负转正。强化招商一号工程，极链国际、珪双商贸、浮沉矿业等服务业项目和宁波大经、山青水绿、阿迪儿科技等项目成功落户；电商直播类项目落户达64家。初步形成浙江创新中心北岸中心、大连理工大学宁波科技园等3个小微科技服务园区，入驻科技服务业企业58家。洪塘湾聚焦“三创融合+直播赋能”的双创模式，以“一中心牵引、大环境提升、大资金保障”为主线，成功推动浙江创新中心北岸中心、太中工匠理想谷、宁波时尚文化双创中心、设计师孵化中心等近10个双创孵化平台的落地；集聚抖音电商直播基地、跨境电商直播园、海鲜直播平台，实现GMV超百亿，培训带货主播600余名。招引企业500多家，带动近万名青年人就业创业。9月被评为省级双创示范基地。

城市建设　全面完成下沈村、赵家村及恒威数控等拆迁项目，完成征拆面积约20万平方米，涉及住宅700余户，非住宅约16.2万平方米。苏湖南地段调整方案获得市政府批复，朱家山、应家弄等180亩招商地块完成农转用报批。绿色学校研学旅营地主体工程超进度建设，奥特莱斯项目基本具备规划条件和政策补助外的其他商务条件。完成宁静、宁沁、姚江花园老旧小区改造项目，鞍山村成功引进康喜乐嘉中央厨房及一尖设计部落项目，鞍保线、鞍前线、鞍山共富单元、郊野公园二期等建设项目顺利推进。有序推进精品线路提升工程，其中，视觉系统工程、洪塘湾标识标牌及青林湾大桥西侧景观提升项目完工；稳步推进保荪区块开发建设项目，朱家山塘整治工程及应家弄地块围墙砌筑均完工；孙家丽园、星健兰亭、洪塘菜场、兴都菜场及北外环以北沿街店铺雨污分流改造提升项目竣工验收。洪塘工业A区沿街雨污分流改造提升及养护管理项目拟铺设雨污管道8000米，完成工程量的80%。完成周陈村大严家、鞍山村后赵、鞍山村补遗、周陈村陈家、鞍山村余家留、鞍山村下洋等农村生活污水处理设施运行维护，终端设施纳管及提升改造，实现雨污管道改造3000米，鞍山村接户率达到80%。完成街道亲亲家园、姚江花园、鸿盛家园等16个居住小区退红空间的停车管理。完成南区住宅消防维修工程，涉及16个小区，更换水泵30个、消防主机28台。

城市环境　抓模式创新，树洪塘新亮点。汇嘉、宁静、宁沁、姚江、北欣5个社区被评为宁波市市级绿色社区；江北灵山慈水县域风貌区被评为宁波市市级县域风貌样板区；江北区庄桥洪塘片区美丽城镇集群化案例被评为2022年度美丽城镇集群化建设市级优秀案例；姚江社区入选浙江省第五批未来社区，9

月开工建设，直接受益人数约4500人；洪塘村省级美丽宜居示范村创建，完成省级验收工作。办理区智慧城管案件24443件，结案24277件，道路交通安全治理案件62件。完成三改面积58.24万平方米，一拆面积11.7万平方米，铁路两侧整改点位42处。完成村民建房审批工作，71户用地面积5491.1平方米。

社会事业　围绕“家园秀美、人文纯美、治理善美、生活乐美、共享智美”的和美品质社区建设目标，结合民政局“五社联动”示范点创建要求，谋划社区“一社一品”，打造望江、洪都居民会客厅。精准施策稳定就业，开展两场“春风送岗位　携手共富路”春风行动余缺调剂招聘会，达成招聘意向300多人；开展“甬上乐业　真情助你”精准帮扶，达成初步意向300人。受理失业登记693人，失业人员档案管理50人，失业人员管理、帮扶993人。失业保险金核准561人，失业保险关系转移、接续2人；失业补助金核准39人、失业生育补助金3人；两车（残疾人三轮车、人力三轮车）人员自谋职业补贴3人。灵活就业登记149人（含异地），灵活就业人员管理439人，灵活就业补贴446人；职业推荐86人，发布用工信息43家。自行返岗交通补贴216家企业，留甬补贴31家企业，新增招工补贴5家企业。创业带动就业13家企业，创业者社保补贴29家，创业场地补贴219人；用工监测9家企业，创业担保贷款资格认定1家；组织技能培训420人。做好社保医保集中工作，办理企业社保参保登记630件、居民社保参保登记646件，办理个人社保终止277件，新增被征地养老保险参保3人，新增城乡养老保险参保11人。办理个人医保参保2219人，零星报销363人，医保关系转移20人，家庭共济网办理445人，医保一次性补缴197人。办理退休132人，异地退休认证6人，接收国企退休人员社会化管理8人，发放退休人员慰问品450份，办理丧葬金补贴60人，工资卡变更536人，办理退役士兵10余人。处理欠薪纠纷案件98起、其他劳动纠纷15起，结案率100%。洪塘街道便民服务中心创建标准化便民服务中心示范点，有18个岗位113项可办事项，全年办件5.32万件。

社会治理　探索符合洪塘实际的“店事通”应用场景获省《竞跑者》杂志报道推介，并成为全区唯一一个上线“浙里办”的乡镇级线上系统。顺利完成“大综合一体化”和乡镇街道大部制等改革。全年累计化解信访积案7件，成功实现积案清零目标。召开辖区村社社会救助综合治理会议，设立社区发展民生“微公益”基金。谋划“未来社区”智慧养老大综合一体，区域化打造居家养老服务联片化运营，实现居家养老服务站点健康小屋全覆盖。对公共服务中心进行无障碍改造，谋划汇嘉亚萍工作室年度帮扶计划。借助人大夜聊平台，开展“点一盏心灯亮一片心空”青少年心理健康夜聊活动；牵线成立里学校心理健康公益合作项目、社区发展民生微公益基金项目。对辖区内的健身路径及体育设施设备进行维护维修或拆除。完成街道本级赛事并开展3项公益类体育活动，策划绘制辖区15分钟体育文化旅游电子地图；协办浙江省青少年轮滑比赛，配合完成市社区运动会的比赛项目。完成60名体育指导员“浙里办”网上开课履职，受委托管理鸿盛家园西侧篮球场。老年大学在册学员1047人次，做好疫情防控期及日常的教学和巡视。做好双证制成人高中136人培训，完成165人报名工作。以“艺创鞍山”为基础，申报市教育服务乡村产业振兴创新项目。对街道级和村社级避灾安置场所进行排摸，完成洪塘实验学校、洪塘中学、江畔社区、宁沁社区避灾安置点申报省、市避灾安置规范化建设。落实江北区语言文字规范化督查工作，打造语言文学规范化一条街和示范村。

【安置房地块改造项目100%签约保障8号线工程如期开工】　3月31日，借力宁波轨道交通8号线工程实施，启动下沈安置房地块改造项目签约，用时30天实现全部405户100%签约。6月19日，启动后张停车场征拆项目及赵家村旧村改造征拆项目，用18天实现273户村民的100%签约。

【和美品质社区建设“一社一品”】10月，望江社区居民会客厅被作为江北区居民会客厅建设现场会示范点参观进行推介，江畔社区建立社会组织党群服务中心。和塘雅苑完成社区服务综合体“三个阵地”打造，在姚江社区未来社区建设中融入居家养老区域智慧化大综合，洪塘社区打造“银龄合伙人项目”。加大社区人才队伍培育力度，开展社区名师工作室人才培育计划，邀请洪塘本土8名老书记作为导师，每位带6～7名徒弟，以“口口相传＋沉浸式教学＋讲座沙龙＋实地参观学习＋外出参访学习”的形式开展教学。结合辖区技能人才培养，为社工群体开展短视频培训并提供考证服务。

【洪塘湾获批省级双创区域示范基地认定】　8月22日，省发展改革委公布的2022年省级双创示范基地拟认定名单正式结束公示，洪塘湾成功入选区域示范基地。街道成立洪塘湾重大区域开发建设指挥部以及领导小组，编制出台专项规划，以一个中心全面统筹、多方携手全力推进的“大平台”格局推进双创工作。持续优化营商环境，打通服务、政策、成本等要素壁垒，积极构建全链条双创生态体系。在项目落地各环节手续实行全程引导、代办、协调，试点推行江北直播电商经济发展的若干扶持政策。创新投融资机制，重点探索“政府主导、市场运作”的运营模式。通过投入2亿元的高品质营商环境改造费用，吸引近10亿元的社会资本共同参与洪塘湾双创基地建设。

（袁　帅）

前江街道

【概况】 前江街道位于江北区中西部，东以茅家河西侧岸线为界；东北至江北大道，与洪塘街道接壤；南、西南至姚江，与海曙区高桥镇相望；西、西北与慈城镇交界，西以官山河为界，西北与慈城原山东村为界；北与观庄村为界；面积16.7平方千米。街道辖裘市、西江、横山、朱界、邵家渡5个村，长兴、未来盛园、星旅、西洪、云谷、兰庭6个社区，截至12月底，人口45283人，其中外来人口31999人。

经济发展　2022年，街道（含新兴产业服务中心）实现财政总收入19.5亿元，其中一般公共预算收入10.4亿元，比上年增长28.8%。规上服务业增加值4.3亿元，比上年增长34.4%；规上工业总产值269.9亿元，比上年增长3.6%；规上工业增加值完成63.5亿元，比上年增长5.5%。固定资产投资13亿元；进出口总额170.8亿元，比上年增长10.5%；限上商品销售额158.2亿元，比上年增长26.3%；限上社会消费品零售总额38.4亿元，比上年增长44.9%；实到外资4551万美元。规上服务业企业42家，规上工业企业130家。引进项目53个，出让云水湾二期地块；治理“低散乱污”企业46家。投入规上工业研发费用比上年增长4.7%，高新技术产业投资比上年增长37.8%，规上科技服务业企业营业收入比上年增长0.1%。指导企业污水零直排22家；上报七张问题清单环保问题，全部整改完毕；上报省级督查在线问题10个；工业企业固废系统注册填报98%，协助环评审批项目5个，处理信访投诉件。推进助企纾困政策兑现，帮助企业获评区三星级绿色工厂5家。推进省农村集体经济数字管理平台运行，开通6个股份经济合作社网上支付功能，开启财务支出事项线上审批收付；加强土地承包数字化管理；依托区“智管家”系统，实行测绘上图公开。深化农村股份制改革，落实清产核资，邵家渡、横山、朱界股份经济合作社股权从动态转为静态管理，完成10个股份经济合作社2020—2021年财务收支及农村小微权力清单落实情况审计。

城乡建设　开展小型建设工程项目招投标和服务类政府采购25项，发布工程项目造价咨询申请及公告87项。完成沿街店铺和裘市菜场周边雨污分流改造提升，老旧小区雨污管道排查清淤、立方寓屋顶漏水修补等工程项目，并投入使用；加强城管、交通辅助临时用工管理，道路保洁、市政设施维护、园林绿化养护，以及农村片区垃圾收运等服务外包招投标工作；完成区住宅小区房屋消防设施设备维修项目十标段施工；受理民生项目的结算、设计和招投标。实行稳产保供，推进姚江新城地块表土剥离再利用工作，报批地块237亩，其中申请剥离136亩，动员农户种植早稻201亩；建立农产品快速检测室，完成130批次检测并上传省平台；落实肥药两制农户10户及政策性农村住房保险。做好重点项目相关集体土地的征收补偿与结算工作；拆迁邵家渡大桥及接线工程涉及村标准厂房2.05万平方米，拆除城中村改造项目旧房和工业区遗留建筑19.72万平方米，完成云水湾小区安置房结算及交房346套。新增公租家庭270户，其中城镇中低收入住房困难家庭7户，为外来务工人员家庭发放租赁补贴263户；加强直管公房动态管理并收取租金。实行农村住房保险和房屋安全动态监测，设立房屋安全员6名，推进危房日常巡查；落实自建房安全排查，未发现危房。开展城房住宅小区房屋外观普查及动态监测。加强物业管理，对反映房屋安全、违规装修、业委会筹建等信访件进行查处办结，做好347户村民安置房物业费补助工作；制定物业管理考核评优实施办法。

城乡环境　处理城市运行管理服务和城乡一体服务监管执法两个平台案件、三级网格案件，答复信访、民生E点通。农村公路、桥梁、道路保洁养护联网全覆盖，其中乡道3.201千米，绿化面积2.09万平方米。实行农村公路2天全巡制度，建立完善养护单位考核督查和上级监管制度；实施路面修复，绿化修剪，更换养护牌和桥名牌，健全百米桩和里程碑。做好管网养护，安装市政管道、下水口防坠网。巩固垃圾分类工作模式，率先改造投放点、归集点、垃圾房“两点一

前江街道新时代文明实践所

房”，垃圾分类推广覆盖率、撤桶并点、定时定点、厨余垃圾破袋投放完成率、市级示范小区占比率“5个100%”，省级示范小区占比40%以上。提升农村生活垃圾分类工作水平，跻身全市生活垃圾源头分类工作评价蓝榜，在101个乡镇中排第11名。日常巡查辖区违法建筑和违章搭建，完成“拆违”16.7万平方米，“三改”33.5万平方米。开展清洁江北、“两路两侧”及亚运通勤道路红线范围外田园环境整治等专项行动，清理卫生死角及乱堆放，清运垃圾300余立方米，清除乱张贴小广告；督促拆迁村保持环境整洁，定期进行考评；改进裘市、西江村农村污水运维中的堵塞与损坏，纳管改造西江农污处理设施。开展野外防火，布局山林区域二处消防装备。完善防台防汛设施，修复山下沈河排涝站水毁项目；率先创建市级美丽河湖片区（前江片）、“水美乡镇”及河滩铺河美丽河湖。创建云谷社区“一刻钟便民服务圈”。

社会事业 新招引科技服务业企业17家，认定高新技术企业19家；新增科技型中小企业国家级88家，省市级42家。新增就业大学生334人，入选国家级人才2人、省级2人、市级2人。开展就业推介帮扶，提供岗位6600余个，帮扶5260余人次；审核企业员工留甬返岗补贴284家，创业补贴431家；办理企业和个人医保514家4628人次。受理劳动争议案件60起，联动处理、调解7起，集中受理办结流转案件105起，咨询392件；为企业提供用工健康审查和电子合同指导。举办家庭养育活动10次；发放失业人员独生子女费361人。老年大学前江分校入选2022年宁波市标准化社区老年大学，学分银行成果录入7256个。成立街道文联，设立协会，会员76名；培育企业、村社文艺团队。开展体育活动，举办市级赛事1场，发展社会体育指导员60名。打造“文明有礼前江”实践品牌，成立前江街道新时代文明实践所（江北图书馆前江分馆、街道党群服务中心）。开通“前江潮”微信公众号。推行第三方入户调查，低保家庭34户，低保边缘户家庭3户，特困人员3户；临时救助46户，发放春节慰问金5.85万元。完善低收入农户动态监测管理，认定低收入农户26户，其中特困户3户。落实困境儿童生活补贴；核放高龄津贴300人，享受居家养老上门服务183人，选址建设标准化老年食堂。推进残疾人精准康复，为8人提供辅助器具、3人实施无障碍家庭改造；发放残疾人各类补贴救助71.15万元。村民申请黄夹岙生态坟25穴。

社会管理 完成国家劳动力、人口变动情况、市高质量发展建设共同富裕先行市民众四感监测网络等社情民意类抽样调查统计。申报“五社联动”示范点4个，14人通过全国社会工作者职业水平考试。

加强网格智治，配备专职网格员56名，全年上传网格事件17812件，办结率100%。推行“大综合一体化”改革，办案数量在宁波市赋权街镇中排名第一，其中涉及人防、人社领域的两个案件系全市首案；前江执法中队获评市“最佳实践”中队。探索重大信访“六个一”工作法，化解积案3个；受理信访件、党政接访平台及来电，满意率、回访率、效能指数均100%；受理民生一点通等平台投诉，实行三色（绿色正常、黄色预警、红色超期）预警管理。加强宪法和民法典宣传，成立宁波交通高级技工学校“小工匠”法治教育基地。覆盖平安三率和反诈知识宣传，实行“小班制”“菜单式”强基培训。推进公共法律服务，安排律师驻点企业集聚中心和农村人口集聚裘市片区，创建企、园、警、检、律“5+N”联调机制，开展防范电信网络诈骗和“养老反诈”专项活动。建立老裘调解工作室，社区调解员、法律顾问参与化解矛盾纠纷54件。加大企业安全生产执法力度，开展“筑安”“护航”专项执法检查。实现“安管通”服务全覆盖，完成首轮签约，整改隐患1275项；做好除险保安工作，排查企业95家。开展消防安全大排查大整治行动，完善设施并加强管理。分批次组织企业开展安全生产系统培训，进修企业开展安全生产月活动。办理流动人口积分入学89件、公租房668件、落户1件。

【前江街道两家企业入选国家级专精特新“小巨人”企业】2022年，蓝野医疗入选重点支持国家级专精特新“小巨人”企业名单，开利控股入选国家级专精特新“小巨人”企业。

【前江街道做好疫情防控工作】2022年，街道协助23家规上工业企业创建无疫工厂。成立农村疫情防控专班，组建农企复工、春耕复产服务组；成立转运专班，开展道路货运疫情防控和重点物资运输保障工作。

（钟惠萍）

慈城镇

【概况】2022年，慈城镇辖35个行政村、10个社区、5个撤村建居股份经济合作社和姚渔一场，镇域面积102.57平方千米，户籍人口5.5万人，常住人口12万人。全镇实现地区生产总值150亿元，比上年增长11%；财政总收入39.8亿元，比上年增长21%；全社会固定资产投资80亿元，比上年增长15%；限上商品销售额835亿元，比上年增长17%。“千年慈城”入选全省首批“浙江文化标识”培育项目，上榜全省首批城乡风貌样板区，成为宁波市非遗旅游景区和市级民宿产业集聚区。《慈城古县城控制性详细规划》顺利通过宁波市城市规划委员会办公室审议，《慈城古城复兴综合规划》完成省级论证。“慈城十二时辰　假装你在宋朝”主题系列活动，先后5次登上央视荧屏。慈城镇获千年古城复兴全省第一批试点单位2021年考核第一名、省级小城市培育试点单位第一类2021年度考核第三名，“一支队伍管执法”改革工作在全省“大综合一体化”行政执法改革大会上作交流发言。

经济发展　产业结构持续优化，三次产业结构比重调整为1.7∶66.3∶32.0。全年实现规上工业总产值620.6亿元，其中亿元以上企业31家。都市工业大盘稳定，金力永磁、爱柯迪、向隆机械等一批在建重点项目加快建设，双鹿电池、艾克姆、共盛电气等竣工项目加速投产。盛世前程、省勘院、坤吉劳务、巨量引擎等服务业企业接续发力，规上服务业实现增加值20.5亿元，比上年增长26.8%，住餐业零售额3354万元，降幅4.71%，呈收窄趋势。全年新招引企业近900家，注册资金超70亿元，国内招商引资到位资金32.25亿元、浙商回归到位资金19亿元、实际利用外资完成3300万美元。新落地柯力、澳玛特、新昇（浙江）商贸、双鹿能量等项目，贡献税收超11亿元。新增高新技术企业18家，累计达到63家，完成高新技术产业投资15.9亿元，比上年增长53.3%，规上工业研发投入8.8亿元，比上年增长19.2%。金田铜业与大连理工大学宁波研究院共建宁波铜基新材料产业联盟，长阳科技等头部企业牵头建设省级功能膜创新中心，新增威孚天力、伊士通、惠尔顿、大央科技4家国家级重点“小巨人”企业，艾克姆新材料成功入选国家单项冠军示范企业名单。江北功能材料产业平台入选省第四批“万亩千亿”新产业平台培育名单，江北高新技术产业园区通过省级高新园认定，膜幻动力小镇连续2年获省级考评优秀。做好疫情防控期间畅通保供关键环节，打通国内供应链；成立助企稳贸小分队，建立企业出国“白名单”，精准组织企业“走出去”拓市场抢订单，全年完成进出口总额299.5亿元，比上年增长21.21%。强化项目保障力度，澳玛特动力电池装备项目用时3个月即实现全链开工。创新开展人才“引育留用”全生命周期创业创新服务，全年申报国家级引才工程9人、省级引才工程8人、市甬江引才工程

23人，入选3人。

城镇建设　健全基础设施，持续推进“西进西出”工程，国家AAAAA级旅游景区补短项目启动谋划。慈城美术馆、周信芳戏剧艺术馆相继开馆，百年抱珠楼重启开放。扎实推进文明典范城市创建等常态化工作。慈城南片区古城拆改项目入选全省十佳拆改示范典型，城南旧事街区荣获全市“席地而坐”城市客厅示范区域称号。成功创建全市首个“无废城镇”，一般工业固体废物分拣中心正式投运，装修（大件）垃圾、园林垃圾分类处理中心试运营。加大城市旧改力度，投资2.55亿元完成4个老旧社区改造项目和2个未来社区建设项目，投资8000万元实施小区污水零直排改造项目，开展市政管网修复及古城西片区等5个住宅小区雨污分流提升。稳步做好危旧房屋监测和巡查工作，新鉴定的14幢C、D级危房全部完成拆除解危。加强文保建筑修缮，完成慈城大耐堂等古建筑民居消防安全整治工作。加强基层治理，“一支队伍管执法”行政执法改革工作成为全省标兵，推动区级“1+8”部门下沉执法人员49名，承接行政执法事项631项，基本解决交叉执法、重复执法、监管缺位等问题。“网格化管理、组团式服务”进一步迭代优化，近6万件网格事件实现有效流转和按期处理。推进征地拆迁，全年征收集体土地455亩，完成征拆签约、拆除面积2.6万平方米，有力保障通苏嘉甬铁路、宁波市应急物资库、轨道4号线西延工程等重大项目实施。违章整治保持高压态势，全年拆违面积18.2万平方米。

新农村建设　常态化、精细化推动“田长制”各项工作，全年粮食产量实现1.3万吨，比上年增长46%，全年生猪出栏0.55万头，超额完成年度保供任务。加快推进耕地“非农化”“非粮化”整治，全年整治面积11263亩，新增高标准农田1344亩，占全区近80%。进一步培养壮大特色果蔬产业，精品果蔬荣获2项市级金奖和3项市级银奖，成功举办精品盆景联盟十二届盆景交流会暨拍卖会，成交额超350万元。投资近亿元，先后启动姚江古渡、红色根脉传承精品线项目及和美北山示范带沿线提升项目，为沿线乡村开展立面、绿化景观改造。投资4400万元，完成农村生活污水处理设施纳管及提标改造。创建省级未来乡村1个，成功打造省级美育村1个、省级美丽宜居示范村3个，促进五联村风貌提升、半浦村美丽乡村建设。启动“慈城年糕”提质增效行动，发布慈城年糕品牌口号征集令，推动年糕品牌塑造与产业迭代升级。以农民丰收节、杨梅音乐节等本土特色活动为载体，充分展示国家AAAA级旅游景区达人谷、生态毛岙、云湖环湖绿道等景点农文旅魅力，乡村旅游接待游客95.1万人次，旅游总收入6800万元，成功创建市级乡村旅游共同富裕示范区。全镇农民人均纯收入达4.2万元，全面完成9个年经营性收入30万元以下经济薄弱村“消薄”任务。

公共服务保障　强化疫情防控力度。在全市率先制定出台疫情防控“一本通”。常态化开展“一扫三查”专项督察，成为首批入选省疫情防控执行力指数评价优秀乡镇。打造“2+4+X”全域化养老布局，步韬益寿院和社会福利中心，建有床位数280张，其中有失智症照护床位70张；慈城镇居家养老共养体、三个区域性（示范型）居家养老服务中心，辐射片区周边村社提供送餐、助老、托养等服务；有AAA级站点4个、AA级站点14个。形成15分钟养老服务圈，慈湖人家社区获评全国示范性老年友好社区，步韬益寿院获浙江省四星级养老机构等级认定，每万名老年人持证护理人员比例达27人，位居全市前列。完成424名重点失能（失智）人员基础信息采集及上报，成为全市“深化长期护理保险试点工作”唯一试点。保障性住房胡坑基安置房开工建设。新城九年义务学校新建工程、普迪学校迁建工程、镇中心卫生院迁建工程进展顺利。15分钟品质文化生活圈全面铺开，慈城镇成功入选浙江省文化礼堂示范乡镇，全年开展各类文化惠民活动100余次；“1心9站35点”社会服务全面覆盖，慈城镇社会组织服务中心入围2022年全省优秀乡镇（街道）社会组织服务平台20强。稳步推进平安建设，完成7项重大社会风险项目评估，重点信访积案化解清零。圆满完成护航二十大重大安保任务。落实辖区食品安全包保责任制，成功创建浙江省五星级食安办。推动应急管理责任体系全覆盖，全镇未发生一起较大以上生产安全事故。全面开展自建房“百日攻坚”专项整治工作，3万余幢自建房如期完成排查。“轩岚诺”“梅花”台风期间，全镇未发生重特大灾情事故。

【宁波抱珠楼开馆】　7月23日，宁波抱珠楼开馆仪式在慈城举行。该楼原为当代著名作家冯骥才祖上冯本怀创建，距今已有183年历史。修缮后的抱珠楼占地面积约5090平方米，建筑面积约3279平方米，共有4幢主体建筑，包括抱珠楼本体、始平路4号冯氏故居、螺旋藻井四面亭、恒温恒湿藏书库。开馆当天，冯骥才以视频形式发起“天下读书爱书人，共建共享藏书楼”倡议。

7 月 23 日，冯骥才以视频形式发起“天下读书爱书人，共建共享藏书楼”倡议

【周信芳戏剧艺术馆开馆】 12 月 9 日，位于慈城镇尚志路 18 号的周信芳戏剧艺术馆正式开馆。戏剧艺术馆分为主馆和地方戏曲馆。主馆展示周信芳家乡情缘、艺术人生、麒派艺术与门人以及家庭生活四大篇章，地方戏曲馆主要展示甬剧、姚剧、宁海平调等宁波地方剧种及宁海三坑调、象山鸡鸣三坑班、三角棣紫云乱弹等地方小剧种。首任馆长为甬剧研究传习中心主任、宁波市戏剧家协会主席、浙江省戏剧家协会副主席王锦文。

（王亚青）

附　录

中共江北区委重要文件目录

北区委办

中共江北区委办公室关于印发《江北区深化基层管理体制改革促进“1612”体系与“141”体系全面贯通试点工作方案》的通知（北区委办〔2022〕12 号）

中共江北区委办公室关于实施年轻干部全链条教育管理监督“风纪扣”工程的意见（2022 年 5 月 24 日）（北区委办〔2022〕23 号）

中共江北区委办公室　江北区人民政府办公室关于印发《江北区加快推进“大综合一体化”行政执法改革试点工作的实施意见》的通知（北区委办〔2022〕28 号）

中共江北区委办公室　江北区人民政府办公室关于印发《江北区城乡现代社区建设实施方案》的通知（北区委办〔2022〕33 号）

中共江北区委办公室　江北区人民政府办公室印发《关于进一步强化安全生产责任落实坚决防范遏制重特大事故的实施意见》的通知（北区委办〔2022〕42 号）

中共江北区委办公室　江北区人民发办公室关于印发《2022 年度江北区推进城乡融合发展促进共同富裕重点工作任务》的通知（北区委办〔2022〕45 号）

中共江北区委办公室　江北区人民政府办公室关于印发《江北区街镇结对发展促进共同富裕工作方案（2022—2024）》的通知（北区委办〔2022〕46 号）

中共江北区委办公室　江北区人民政府办公室印发《关于加强网络文明建设的实施意见》的通知（北区委办〔2022〕47 号）

中共江北区委办公室　江北区人民政府办公室关于印发《江北区高水平推进应急救护工作实施方案》的通知（北区委办〔2022〕58 号）

中共江北区委办公室印发《中共江北区委关于推进新时代人民法院工作高质量发展的意见》的通知（北区委办〔2022〕59 号）

中共江北区委办公室　江北区人民政府办公室关于印发《江北区全面推行耕地保护“田长制”的实施方案》的通知（北区委办〔2022〕61 号）

中共江北区委办公室　江北区人民政府办公室印发《江北区关于建立大招商统筹机制的实施意见》的通知（北区委办〔2022〕64 号）

中共江北区委办公室印发《江北区关于迭代构建基层大党建、大统战、大治理融合体系的实施意见》的通知（北区委办〔2022〕75 号）

江北区人民政府重要文件目录

北区政发

关于支持高质量打造特色小镇升级版的实施意见（北区政发〔2022〕14 号）
关于印发《宁波市江北区全民健身实施计划（2021—2025）》的通知（北区政发〔2022〕16 号）
关于全面提升实体经济能级　加快建设现代化滨海大都市创智和美城区的指导意见（北区政发〔2022〕21 号）
关于同意《宁波市江北区慈城官山河以东区域水域调整方案》的批复（北区政发〔2022〕28 号）
关于印发《江北区新一轮制造业“腾笼换鸟、凤凰涅槃”攻坚行动方案》的通知（北区政发〔2022〕29 号）
关于印发《宁波市江北区文化遗产保护委员会工作制度》的通知（北区政发〔2022〕34 号）

北区政办发

关于支持企业留工优工促生产的通知（北区政办发〔2022〕1 号）
关于印发《江北区建设浙江省健康促进区实施方案》的通知（北区政办发〔2022〕6 号）
关于印发《江北区推进街道（镇）便民服务标准化建设实施方案》的通知（北区政办发〔2022〕7 号）
关于印发《江北区 2022 年道路交通安全“遏重大”攻坚提升行动方案》的通知（北区政办发〔2022〕9 号）
关于印发《江北区违法建设和违法违规审批专项清查行动工作方案》的通知（北区政办发〔2022〕10 号）
关于印发《江北区基本建设项目竣工“综合预验收”实施方案（试行）》的通知（北区政办发〔2022〕11 号）
关于印发江北区试点宁波市深化长期护理保险工作实施方案的通知（北区政办发〔2022〕13 号）
关于印发《江北区纾解企业困难促进稳定发展若干措施》的通知（北区政办发〔2022〕14 号）
关于印发《江北区创建浙江省体育现代化区实施方案》的通知（北区政办发〔2022〕16 号）
关于印发《江北区建设省级可持续发展创新示范区工作实施意见》的通知（北区政办发〔2022〕18 号）
关于印发《江北区加快高新技术企业培育发展行动方案（2022—2025 年）》的通知（北区政办发〔2022〕31 号）
关于印发《〈浙江省人民政府关于深化数字政府建设的实施意见〉宣传贯彻实施方案》的通知（北区政办发〔2022〕33 号）
关于印发《江北区流动人口学历提升行动方案（2022—2025 年）》的通知（北区政办发〔2022〕35 号）
关于印发《江北区农村产权交易管理办法（试行）》的通知（北区政办发〔2022〕39 号）
关于印发《宁波市江北区“菜篮子”商品保障应急预案》的通知（北区政办发〔2022〕40 号）
印发《关于推进江北区托幼一体化服务体系建设的实施意见（试行）》的通知（北区政办发〔2022〕43 号）
关于印发《江北区全域“无废城市”建设实施方案（2022—2025）》的通知（北区政办发〔2022〕48 号）

组织机构及其主要负责人名录

【中国共产党宁波市江北区委员会】

书　记：张国锋
副书记：杨正平（8月免）
许会祥
李冠杰（8月任）
常　委：黄华斌
吴耀明
余　宁
何　川
潘卫锋
顾国兴
吴微勋（9月任）
童明荣（11月免）
胡文斌（11月任）

区委办公室

主　任：余拥锋（3月免）
孔　宇（3月任）
副主任：钟海州（3月免）
李善基（3月任）
应朝富（兼）
戴孟雷（兼）
朱剑光（12月免）
金　晶
夏　冠
王建新（12月任）
办公会议成员：王　颖
姚春生（12月任）
区机要局局长：叶方伟
区档案局局长：姚　英（12月免）
金　晶（12月任）
区接待服务中心主任：王　颖
区台办副主任：吕裕波（12月免）
姚春生（12月任）

区委台湾工作办公室（区政府台湾事务办公室）

主　任：余拥锋（3月免）
孔　宇（3月任）
副主任：吕裕波（12月免）
姚春生（12月任）

区史志中心（区档案馆、区委党史研究室）

主　任：姚　英

区委组织部

部　长：何　川（9月免）
吴微勋（9月任）

区直属机关工委

书　记：何　川（9月免）
吴微勋（9月任）

区委党校（区行政学校）

副校长：陆依布（分管日常工作）

区委宣传部

部　长：童明荣（12月免）
胡文斌（12月任）

区人民武装部

部　长：张　伟
政　委：付　欣
第一书记：张国锋
党委书记：付　欣

区委统一战线工作

部　长：李云来（1月免）
潘卫锋（1月任）
常务副部长：张利君

区民族宗教事务局

局　长：姜秋香

区侨务办公室

主　任：张利君

区委政法委员会

书　记：许会祥（9月免）
李冠杰（9月任）
常务副书记：王仲凯（12月免）
陆志峰（12月任）

区社会矛盾纠纷调处化解中心（4月，江北区委机构编制委员会批准《宁波市江北区社会治理中心机构编制规定》，保留江北区社会矛盾纠纷调处化解中心牌子）

主　任：黄前潮（9月免）
党组书记：黄前潮（9月免）

区社会治理中心（区社会矛盾纠纷调处化解中心）

主　任：李冠杰（9月任）
副主任：黄前潮
（9—12月，主持日常工作）
陈晓东
（12月任，主持日常工作）
党组书记：黄前潮
（9—12月，主持日常工作）
陈晓东（12月任）

区委政策研究室

主　任：钟海州（3月免）
李善基（3月任）
副主任：楼　一
王建新（12月免）

区委机构编制委员会办公室

主　任：赵慧敏

区信访局
局　长：戴孟雷
党组书记：戴孟雷

区委老干部局
局　长：黄修军

【江北区人民代表大会常务委员会】
主　任：费伟华
副主任：谢德维
戴　瑜
施樱芬
张立伟
孙新土（1月免）
励可达
许光明（1月任）
党组书记：费伟华
党组副书记：谢德维
党组成员：施樱芬
张立伟
孙新土（1月免）
励可达
许光明（1月任）
田万获

区人大常委会办公室
主　任：田万获
副主任：严　昀
董　辉

区人大常委会监察和司法工作委员会
主　任：郑伟明
副主任：张涛琳

区人大常委会财政经济工作委员会
主　任：程　璐
副主任：陈天舒

区人大常委会城建环保工作委员会
主　任：郁明彪
副主任：接金宝

区人大常委会教科文卫民宗侨外工作委员会
主　任：武献敏
副主任：周晓慧

区人大常委会农业农村和旅游工作委员会
主　任：吴易凝
副主任：孙　宏

区人大常委会社会建设工作委员会
主　任：项水平
副主任：张珊丹

区人大常委会代表工作委员会
主　任：杨建荣
副主任：李宁宁

【江北区人民政府】
区　长：杨正平（8月免）
代区长：许会祥（8月任）
常务副区长：吴耀明
副区长：顾国兴
张　颖（1月免）
朱恩青
潘卫锋（1月免）
程　莉
邹　刚（1月任）
余拥锋（1月任）
片田野
党组书记：杨正平（9月免）
许会祥（9月任）
党组副书记：吴耀明
党组成员：顾国兴
朱恩青
潘卫锋（1月免）
邹　刚（1月任）
余拥锋（1月任）
片田野
陈宏雄

区政府办公室
主　任：孔　宇（3月免）
田向杰（3月任）
副主任：俞闻寰（3月免）
姚　杰（3月免）
叶海明
顾旭东
顾向科
竺志军
吴　剑
吴　侃（3月任）
陈　路（3—12月）
贺　彬（12月任）
流管办副主任：徐春艳
发展研究中心主任：王　斌
发展研究中心副主任：童　力
陈　华
大数据发展服务中心主任：
叶建军（3月免）
钟海州（3月任）
党组书记：孔　宇（3月免）
田向杰（3月任）
党组成员：叶建军（3月免）
翁坚军（12月任）
王　斌
俞闻寰（3月免）
姚　杰（3月免）
叶海明
顾旭东
顾向科
竺志军
吴　剑
吴　侃（3月任）
陈　路（3—12月）
贺　彬（12月任）

区发展和改革局
局　长：张　云
党组书记：张　云

区经济和信息化局
局　长：施晓亮
党组书记：施晓亮

区教育局（体育局）
局　长：夏伟飞
党委书记：夏伟飞

区科学技术局
局　长：孙雄鹰
党组书记：孙雄鹰

区民政局
局　长：步　捷
党组书记：步　捷

区司法局
局　长：林幼红
党组书记：林幼红

区财政局
局　长：李　斌（1月免）
　　　邹旭明（3月任）
党组书记：李　丹

区人力资源和社会保障局
局　长：叶欣海
党组书记：叶欣海

区住建局（交通运输局）
局　长：应立波
党组书记：应立波

区农业农村局
局　长：周朝辉
　　　（兼区乡村振兴局局长）
党委书记：周朝辉

区气象局
局　长：胡春蕾
党组书记：胡春蕾

区商务局
局　长：戴雪嵘
党组书记：戴雪嵘

区文化广电旅游局
局　长：李善基（3月免）
　　　周少植（3月任）
党组书记：李善基（3月免）
　　　　周少植（3月任）

区新闻出版局
局　　长：谢碧波

区卫生健康局
局　长：孙俊伟
党委书记：孙俊伟

区退役军人事务局
局　长：董其练
党组书记：董其练

区应急管理局
局　长：陆志峰
党委书记：陆志峰

区审计局
局　长：邬文珍
党组书记：邬文珍

区市场监督管理局
局　长：任剑峰
党委书记：任剑峰

区统计局
局　长：姚杰（3月任）
党组书记：刘红伟（3月免）
　　　　姚　杰（3月任）

区医疗保障局
局　长：虞祖平
党组书记：虞祖平

区综合行政执法局（城市管理局）
局长、综合行政执法大队大队长：
　　刘鸿雁
党委书记：刘鸿雁

浙江前洋经济开发区管委会（宁波电商经济创新园区管委会）
党工委书记：余拥锋（3月任）
管委会主任：朱仰钢（3月任）

区招商投资促进中心
主　任：龙　刚
党组书记：龙　刚

区金融发展服务中心
主　任：周春辉
党组书记：周春辉

区行政服务中心（审管办、公管办）
主　任：罗国荣
党组书记：吴耀明

区机关事务局
局　长：马利民
党组书记：马利民

区公共项目建设中心
主　任：何建荣
党组书记：何建荣

区房屋征收管理服务中心（征地折迁管理服务中心、旧城改造中心）
主　任：舒峰鹤
党组书记：舒峰鹤

区铁路建设管理服务中心（庄桥火车站广场管理服务中心、区轨道建设管理服务中心）
主　任：胡剑宇
党组书记：胡剑宇

宁波市文创港开发建设中心
主　任：褚有为（12月免）
　　　肖红民（12月任）
党组书记：褚有为（12月免）
　　　　肖红民（12月任）

宁波市江北区新兴产业服务中心
党组书记：章　宁（3 月免）
　　　　　叶建军（3 月任）
主　任：邹旭明（3 月免）
　　　　叶建军（3 月任）

宁波江北高新技术产业园区管理委员会
主　任：鲁旭鹏（3 月任）
党工委书记：余　宁（3 月任）

宁波北坤投资控股集团有限公司
董事长、总经理：王天华
党支部书记：王天华

城投公司
董事长、总经理：李　瑜
党支部书记：李　瑜

宁波市江北区旅游投资开发有限公司
董事长、总经理：朱薛成

宁波市江北开发投资集团有限公司
董事长、总经理：金　晓
党委书记：金　晓

区慈善总会
会　长：丁月珍

【中国人民政治协商会议宁波市江北区委员会】
主　席：邹宇明
副主席：贺　斌（1 月免）
　　　　李云来（1 月任）
　　　　张　颖（1 月任）
　　　　丁月珍
　　　　罗世均
　　　　葛黎明
　　　　李　斌（1 月任）
　　　　徐　锋（1 月免）
　　　　张亦平（1 月免）
秘书长：翁　卫
党组书记：邹宇明
党组副书记：贺　斌（1 月免）
　　　　　　李云来（1 月任）
党组成员：张亦平（1 月免）
　　　　　丁月珍
　　　　　翁　卫

区政协办公室
主　任：吴海冰
副主任：饶建辉（4 月免）
　　　　周昀毅（12 月任）

区政协提案委员会
主　任：陈健群
副主任：俞香亚

区政协委员工作委员会
主　任：王　任
副主任：姚大华

区政协财政经济委员会
主　任：李冠晓
副主任：林旭科

区政协农业农村和城建资源环境委员会
主　任：章建国
副主任：周　波

区政协教科卫体文化文史和学习委员会
主　任：朱佩韵
副主任：程丽珍

区政协社会法制和港澳台侨委员会
主　任：朱　吉
副主任：虞益民

【区纪委（区监察委）】
纪委书记：黄华斌
监委主任：黄华斌

【公安、检察院、法院】
宁波市公安局江北分局
局　长：片田野
党委书记：片田野

区人民检察院
代检察长：董顺来（3 月免）
检察长：董顺来（3 月任）
党组书记：董顺来

区人民法院
代院长：傅　勇（1 月免）
院　长：傅　勇（1 月任）
党组书记：傅　勇

【民主党派】
民革江北基层委员会
主　委：李　斌

民盟江北总支部
主　委：葛黎明

民建江北基层委员会
主　委：郎　强

民进江北基层委员会
主　委：朱建明

农工党江北基层委员会（8 月，由农工党江北支部升格为农工党江北基层委员会）
主　委：邹旭明

致公党江北综合支部
主　委：王之野

九三学社江北基层委员会
主　委：董科奇

【社会团体】
区文学艺术联合会
主　席：周少植（3 月免）
　　　　李慧彬（7 月任）

区台胞台属联谊会
会　长：张倪尧

区归国华侨联合会
主　席：张利君

区总工会
主　席：孙新土（3 月免）
　　　　许光明（3 月任）
党组书记：周建强

共青团宁波市江北区委员会
书　记：朱浩玮

区妇女联合会
主　席：夏慧君
党组书记：夏慧君

区科学技术协会
主　席：周德华
党组书记：孙雄鹰

区残联
理事长：程欲晓
党组书记：程欲晓

区工商联
主　席：罗世均（3 月免）
　　　　张银冲（3 月任）
党组书记：楼卫星
秘书长：王鹏翔

区红十字会
会　长：张　颖（7 月免）
　　　　邹　刚（7 月任）
党组书记：应庆伟
副会长：应庆伟
　　　　（1 月任，主持日常工作）

区关心下一代工作委员会
主　任：毛鸣鹤
专职副主任：张　波

【市直属管理单位】

宁波电商经济创新园区综合服务中心
主　任：杨光辉

宁波电子商务城管理中心
党组书记：无
主　任：龚喜喜

宁波电商城投资开发有限公司
董事长：徐　欣
总经理：竺铁军（7 月免）
　　　　徐　欣（7 月任）
党支部书记：徐　欣

国家税务总局宁波市江北区税务局
局　长：张震宙（12 月免）
　　　　戴　晔（12 月任）
党委书记：张震宙（12 月免）
　　　　　戴　晔（12 月任）

自然资源规划江北分局
局　长：何建军（6 月免）
　　　　褚有为（6 月任）
党组书记：何建军（6 月免）
　　　　　褚有为（6 月任）

生态环境江北分局
局　长：唐文彪（9 月免）
　　　　王　晨（9 月任）
党组书记：唐文彪（9 月免）
　　　　　王　晨（9 月任）

消防救援大队
党委书记、政治指导员：董秋根
大队长：余忠林

中国电信江北分局
局　长：干立波
党总支书记：干立波

移动通信江北分公司
总经理：陈　兆
党支部书记：陈　兆

中国联通江北分公司
总经理：胡焕民
党支部书记：胡焕民

【金融企业】（排名不分先后）

中国工商银行江北支行
行　长：童晓松

中国建设银行江北支行
行　长：张　炤

农业银行江北分行
行　长：毛　威

中国银行江北支行
行　长：王云伟

交通银行江北支行
行　长：周小平

上海浦东发展银行江北支行
行　长：桑鸿斐

广发银行宁波分行
行　长：陈志强

光大银行三江支行
行　长：俞良龙（4 月免）
　　　　周文泉（4 月 3—11 日）
　　　　王小华（4 月任）

招商银行江北支行
行　长：杨艺鹏

中信银行江北支行
行　长：杨　骁

兴业银行江北支行
行　长：高百字

宁波银行江北支行
行　长：岑园叶

渤海银行宁波分行
行　长：许　萍

鄞州银行江北支行
行　长：邵卫明（9月免）
　　　　蒋奉奕（10月任）

宁波甬城农商银行
董事长：李友增

临商银行江北支行
行　长：何志峰

杭州银行江北支行
行　长：黄　昕

民生银行江北支行
行　长：谢恩焕

江北富民村镇银行
行　长：刘　旭

上海银行江北支行
行　长：许　宁

温州银行江北支行
行　长：陈腾辉（8月免）
　　　　陆小波（8月任）

徽商银行江北支行
行　长：彭燕萍

台州银行江北支行
行　长：沈鲁栋

泰隆银行江北支行
行　长：杜林建（7月免）
　　　　黄诗恒（7月任）

通商银行江北支行
行　长：冯　充

平安银行江北支行
行　长：戚金科（3月免）
　　　　黄丹青（3月任）

华夏银行江北支行
行　长：崇庆华（2月免）
　　　　陈　晔（2月任）

浙商银行江北支行
行　长：杨俊彦

民泰银行江北支行
行　长：徐　侃（3月免）
　　　　章凌钢（3月任）

中国邮政储蓄银行宁波江北区支行
行　长：何信定

中国邮政集团有限公司宁波市分公司江北分局
总经理：卢成达

华夏人寿保险股份有限公司宁波分公司
总经理：龙华平

中国太平洋人寿保险股份有限公司宁波分公司
副总经理：王　珏（主持工作）

安盛天平财产保险有限公司宁波分公司
总经理：高　俊

泰康养老保险股份有限公司宁波分公司
总经理：潘　云

泰山财产保险股份有限公司宁波分公司
副总经理：林　海（主持工作）

中韩人寿保险有限公司宁波中心支公司
总经理：陈　刚

利宝保险有限公司宁波中心支公司
总经理：施杨焱

浙商财产保险股份有限公司宁波中心支公司
总经理：栗茂文

中美联泰大都会人寿保险有限公司宁波中心支公司
总经理：冯佩军

中国人民财产保险股份有限公司宁波市江北支公司
总经理：赖琼华

人保财险宁波分公司车商第二营业部
副总经理：乐婷婷（主持工作）

中国太平洋财产保险股份有限公司宁波市江北支公司
总经理：楼俊士

中国平安人寿保险江北支公司
负责人：赵延申

中国平安财产保险股份有限公司宁波市江北支公司
总经理：刘晓华

中国人寿城区第四支公司
总经理：王海咪（7月任）
副总经理：王海咪
　　　　（主持工作，7月免）

中国人寿财产保险股份有限公司宁波市分公司江北支公司
总经理：金剑光（12月免）
　　　　张泽兰（12月任）

英大泰和财产保险股份有限公司江北支公司
总经理：江剑慈

中国人寿保险股份有限公司宁波市分公司江北营销服务部（12月，撤销）
总经理：黄奇国（1—11月）

永安财产保险股份有限公司宁波江北支公司
负责人：张宇波

富德生命人寿保险江北支公司
负责人：竺泽文

中国大地财产保险股份有限公司宁波市江北支公司
总经理：曹　弘

兴业证券宁波分公司
总经理：吴伟强

【街道（镇）机构】

外滩街道
党工委书记：邹　刚（3月免）
　　　　　　缪成章（3月任）
办事处主任：戴高乐
人大工委主任：胡方一

文教街道
党工委书记：胡梓超
人大工委主任：仇艳艳
办事处主任：缪成章（3月免）
　　　　　　殷玮杰（12月任）

孔浦街道
党工委书记：邵　波（3月免）
　　　　　　吴震波（3月任）
人大工委主任：陈武英
办事处主任：殷玮杰（12月免）
　　　　　　梅　雪（12月任）

甬江街道
党工委书记：许光明（3月免）
　　　　　　陶　俊（3月任）
人大工委主任：汪荣秋（9月免）
　　　　　　　黄前潮（12月任）
办事处主任：王　勇

庄桥街道
党工委书记：田向杰（3月免）
　　　　　　邵　波（3月任）
人大工委主任：罗冠奇
办事处主任：诸　鸣

洪塘街道
党工委书记：陈海波
人大工委主任：徐晓庆
办事处主任：陈海源

前江街道
党工委书记：章　宁
人大工委主任：熊其军
办事处主任：陶　俊（3月免）
　　　　　　姚　静（12月任）

慈城镇
党委书记：余　宁
人大主席：林坚强
镇　长：杨志丰

（各承编单位提供、区史志中心整理）
（备注：没有标注具体年份的，默认为2022年）

索　引

主题索引

图片索引

2022 年

1 月

2 月

3 月

4 月

5 月

6 月

7 月

8 月

9 月

10 月

11 月

12 月